Steinle / Eggers/ Lawa

Zukunftsgerichtetes Controlling

Claus Steinle/Bernd Eggers/
Dieter Lawa (Hrsg.)

Zukunftsgerichtetes Controlling

Unterstützungs- und Steuerungssystem für das Management

Mit Fallbeispielen

2., erweiterte Auflage

GABLER

Prof. Dr. Claus Steinle ist Universitätsprofessor für Unternehmensführung und Organisation an der Universität Hannover.

Dr. Bernd Eggers ist Senior Associate bei McKinsey & Company, Inc. in Frankfurt.

Dipl.-Ök. Dieter Lawa ist Consultant in der NORD/LB Unternehmens- und Beteiligungsberatung in Hannover.

Die Deutsche Bibliothek - CIP-Einheitsaufnahme

Zukunftsgerichtetes Controlling : Unterstützungs- und Steuerungssystem für das Management; mit Fallbeispielen / Claus Steinle ... (Hrsg.) - 2., vollst. erw. Aufl.
- Wiesbaden : Gabler, 1996
ISBN 3-409-22144-1
NE: Steinle, Claus:

1. Auflage 1995
2. Auflage 1996

Der Gabler Verlag ist ein Unternehmen der Bertelsmann Fachinformation.

Lektorat: Jutta Hauser-Fahr / Annegret Heckmann

Druck und Buchbinder: Lengericher Handelsdruckerei, Lengerich/Westf.
Printed in Germany

ISBN 3-409-22144-1

Vorwort der ersten Auflage

Dieses Buch entstand aus drei Beweggründen, der in der Praxis stark wachsenden "Ratgeber-Funktion" des Controlling, einem langjährigen, controllingzentrierten Dialog zwischen Universität und Praxis und dem Zusammentreffen einer Herausgebertriade.

Bei der heute vorherrschenden Diskontinuität, Komplexität und der "neuen Unübersichtlichkeit" relevanter Unternehmungsinwelt- und -umweltmerkmale muß sich das Controlling von seiner primär nachrechnenden Funktion lösen und sich zunehmend als proaktives und zukunftsgerichtetes Unterstützungs- und Steuerungssystem für das Management verstehen.

Eine entsprechende Bedeutungserhöhung und Umorientierung des Controlling zeigt sich in Unternehmungsberichten und in der Wirtschaftspresse. Auch die zunehmende Zahl von Monographien sowie von entsprechenden Themenheften der betriebswirtschaftlichen Fachzeitschriften verdeutlichen, daß für den Bereich der zukunktsbezogenen und strategisch orientierten Gestaltung des Controlling ein großer Diagnose- und Gestaltungsbedarf besteht.

Seit 1989 führen wir an der Abteilung Unternehmensführung und Organisation der Universität Hannover im Rahmen unseres Arbeitskreises "Planung/Controlling" regelmäßig Veranstaltungen zu den einzelnen Facetten des Controllings durch. Aus dem regen Informationsaustausch zwischen den in diesem Bereich tätigen Führungskräften und dem intensiven Dialog zwischen Universität und Unternehmungen ergaben sich so viele anregende Schilderungen, Erkenntnisse und Gestaltungsempfehlungen, daß der Wunsch entstand, dieses praxis- und theoriegestützte Wissen - unter Einbezug weiterer Beiträge - einem größeren Kreis zugänglich zu machen.

Zusammen mit meinen Mitarbeitern und Arbeitskreisbetreuern Dr. B. Eggers und Dipl.-Ök. D. Lawa wurde dann die Idee zu diesem Buch konkretisiert.

Allen Autorinnen und Autoren sprechen wir an dieser Stelle unseren herzlichen Dank aus. Trotz des in Führungs- und Beratungspositionen unvermeidlichen Arbeitsdrucks haben sie engagiert und überwiegend auch recht termintreu ihre Beiträge erstellt.

Dank gebührt auch den Herren R. Hörder und H. Schiele, die die eingehenden Manuskripte in eine einheitliche Form gebracht haben.

Hannover

Claus Steinle
Bernd Eggers
Dieter Lawa

Vorwort der zweiten Auflage

Bereits nach sechs Monaten haben wir vom Verlag eine gute und eine schlechte Nachricht erhalten: unser "Zukunftsgerichtetes Controlling" ist über Erwarten schnell ausverkauft und somit für eine größere Veranstaltung leider nicht verfügbar.

Wenn wir uns auf die positive Botschaft konzentrieren, dann zeigt sich darin, daß diese Schrift auf einen merklichen Bedarf in Wissenschaft und Praxis gestoßen ist.

Größere Änderungen scheinen uns derzeit nicht erforderlich zu sein. Allerdings hat sich im dritten Kapitel eine - wie wir hoffen - informative und schlüssig in das Konzept passende Erweiterung um zwei Beiträge zum "Target Costing" sowie zu "Controller-Rollen" realisieren lassen.

Hannover

Claus Steinle
Bernd Eggers
Dieter Lawa

Inhalt

2. Kapitel: Controlling in der Praxis: Anwendungsbeispiele in Produktions- und Dienstleistungsunternehmen

A) Funktionsbereichsorientierte Sichtweisen

B) Funktionsbereichsübergreifende Aspekte

3. Kapitel: Controlling: Zurück in die Zukunft?

Kapitel 4: Zusammenfassung und Ausblick

Einführung

Zukunftsgerichtetes Controlling: Konzeption des Buches und einleitende Standortbestimmung

Claus Steinle / Bernd Eggers / Dieter Lawa

Die Sicherung eines langfristigen Unternehmungserfolges hängt in verstärktem Maße von der Fähigkeit der Unternehmungen ab, sich dem rasant beschleunigenden Wandel der Umweltgegebenheiten frühzeitig anpassen zu können. Eine noch weiter zunehmende Internationalität der Wettbewerbsbedingungen, plötzliche Veränderungen herkömmlicher und das Auftreten neuer Technologien, stark verminderte Wachstumserwartungen, ein weiter zunehmendes Bewußtsein für ökologische Zusammenhänge und ein allgemein zu beobachtender Wertewandel kennzeichnen das heutige Umfeld der Unternehmungen. Aus der Dynamik und Komplexität der Umwelt, die durch die Zunahme abrupter Änderungen gekennzeichnet ist, resultiert zudem eine wachsende Unsicherheit hinsichtlich zukünftiger Ereignisse. Demzufolge muß genau an dieser Stelle ein zukunftsorientiertes Controlling seinen Ansatzpunkt finden, zumal das generelle Ziel des strategischen Controlling die langfristige Existenzsicherung und Entwicklung der Unternehmung durch eine systematische Erschließung von Erfolgspotentialen ist. Ein zukunftsorientiertes Controlling muß über eine strategische Analyse zukünftiger Potentiale, das Management der strategischen Planung und Kontrolle sowie deren Koordination mit Hilfe einer strategischen Informationsversorgung verfügen, um damit einen Beitrag zur Unterstützung der strategischen Führung einer Unternehmung zu leisten.

Vor diesem Hintergrund hat sich dieses Buch somit ein komplexes Ziel gesetzt. Die hier zusammengeführten Beiträge benennen und beleuchten die zentralen Gestaltungs- und Handlungsfelder eines solchen zukunftsgerichteten Controlling. Dies erfolgt aus der Sicht von Praktikern, Wissenschaftlern sowie Beratern, die seit Jahren über fundierte Controllingkenntnisse und -erfahrungen verfügen. Dabei werden Erfahrungs- und Gestaltungsgrundsätze für ein zukunftsgerichtetes Controlling entwickelt, aber auch Anregungen für die wissenschaftliche Diskussion sowie für die Träger einer entsprechenden Qualifikationsentwicklung gegeben.
Unser umfangreiches und vielschichtiges Vorhaben beruht auf der Überzeugung, daß nur im Rahmen eines intensiven Erfahrungs- und Erkenntnisaustausches zwischen Wissenschaft und Praxis sowie zwischen Controllern und Controllingbetroffe-

nen begründete Hinweise für eine optimale Gestaltung eines zukunftsorientierten Controlling entstehen können.

Demzufolge werden in diesem Werk sehr unterschiedliche Sichtweisen und Erfahrungshorizonte gegenübergestellt und "zusammengebunden". Die Heterogenität der Autorenschaft, aber auch die Unterschiedlichkeit der Herangehensweise an das Objekt "Zukunftsgerichtetes Controlling" führt - bei einer Gesamtbetrachtung - zu neuen und informationsmächtigen Gestaltungsempfehlungen.

Rahmenbedingungen, Kernfaktoren sowie Anwendungsbeispiele aus Produktions- und Dienstleistungsunternehmen aber auch die Berater-, Verwaltungs- und Wissenschaftsperspektive für ein zukunftsgerichtetes Controlling werden im folgenden in drei Kapiteln aufgezeigt und diskutiert:

Das erste Kapitel betrachtet das Controlling aus Sicht des Managements. Im Vordergrund steht dabei insbesondere die Entwicklung eines zukunftsorientierten Controllingverständnisses.

Steinle wendet sich zunächst in seinem Beitrag "Strategisch orientiertes Controlling als Erfolgsgarant" den Begriffen Planung und Kontrolle zu, um darauf aufbauend den Strategieentwicklungsprozeß mit dem strategischen Controlling zu verbinden und Aufgabenfelder sowie Hinweise für ein erfolgreiches Zusammenwirken herauszuarbeiten. Reiß/Grimmeisen gehen in ihrem Aufsatz "Komplexitätsmanagement im Dienste des Controlling - Optimierte Projektkostenstrukturen durch komplexitätsorientiertes Schnittstellenmanagement" insbesondere auf das Komplexitätsphänomen ein, das in Bezug auf Controlling im konkreten Anwendungsfeld "Projektsteuerung" untersucht und über Gestaltungshinweise optimiert wird. Bertram stellt in seinem Beitrag "Höhere Effektivität des Controlling durch Nutzung der Früherkennungsphilosophie" heraus, daß insbesondere diese in der Lage ist, eine Unternehmung auf gravierende Veränderungen in der Zukunft vorzubereiten. Eggers/Ahlers beschreiben danach in ihrer Ausarbeitung "Vernetzendes Controlling im Rahmen eines ganzheitlichen Managements: Identifikation und Handhabung von Erfolgsfaktoren" zunächst eine Neuorientierung des Controlling im Rahmen des ganzheitlichen Managements und zeigen darauf aufbauend Anwendungsmöglichkeiten der PUZZLE-Methodik zur Identifikation und Handhabung von Erfolgsfaktoren in der Unternehmenspraxis auf. Botschatzke geht auf die "Koordination und Informationsversorgung als Kernfunktionen des Controlling" ein, und stellt die Aufgaben des Controlling im Rahmen der Unternehmenssteuerung in den Mittelpunkt seiner Überlegungen, während Bruch/Lawa im Anschluß daran den "Beitrag des Controlling im Rahmen schlanker Unternehmungsführung" untersuchen.

Das zweite Kapitel wendet sich dem Controlling in der Praxis zu, wobei zunächst "zukunftsakzentuierte" und auf die betrieblichen Teilfunktionen ausgerichtete (Teil-) Konzepte betrachtet werden, um im zweiten Teil auf funktionsbereichsübergreifende Aspekte und entsprechende Praxiskonzepte einzugehen.

Im ersten Beitrag wendet sich Exeler dem "Marketing-Controlling bei Continental" zu. Er verdeutlicht in seinem Beitrag sowohl Determinanten als auch Elemente des Marketing Controlling des Continental Konzerns. Danach zeigt Fürstenwerth den Weg "Vom F&E-Controlling zum Innovationscontrolling" auf und stellt insbesondere die Instrumente des Innovations-Controlling dar. Vor diesem Hintergrund beschreibt Wesch dann zunächst Konzept und Ausprägungsformen des "Produktions-Controlling bei der PolyGram", einem der weltweit größten Unternehmen in der Unterhaltungsindustrie. Stockmann verdeutlicht in seinem Aufsatz "Vertriebs-Controlling unter besonderer Berücksichtigung der Zusammenarbeit zwischen Vertrieb und Logistik" Charakteristika des Vertriebs-Controlling der Großbäckerei Harry-Brot. Den Abschluß dieser funktionsbereichsbezogenen Sichtweise bildet der Beitrag "Personal-Controlling in einem Versicherungsunternehmen" von Simons/Langemeyer/ Greife. Gerade als "Querschnittsfunktion" fordert "Personal" eine ganz besondere Aufmerksamkeit durch das Controlling.

Den Anfang des funktionsübergreifenden Teils dieses Kapitels stellt "Das Controlling von Kapitalbeteiligungsgesellschaften" von Egger dar. Hier werden insbesondere Aufgabenbereiche und Instrumente des Beteiligungs-Controlling verdeutlicht. Danach beschreibt Fischer sehr ausführlich "Konzept und Organisation des Controlling im Continental-Konzern", bevor Bergmann auf die "Steuerung von Beteiligungsgesellschaften am Beispiel der Volkswagen Asia-Pacific" eingeht. In ihrem Beitrag "Betriebliches Umweltcontrolling in der Praxis" stellen Schulz/Schulz sehr kenntnisreich einen aus verschiedenen Instrumenten bestehenden und heute schon wohlgefüllten Werkzeugkasten eines "Umweltcontrollers" vor. Zum Abschluß dieses Kapitels rückt dann Focke in seinem Beitrag "Der Kunde als Mittelpunkt eines Strategischen Controlling in der Assekuranz" die Kundenorientierung in das Zentrum seiner Überlegungen, wobei er insbesondere die Bedeutung des Zielgruppen- und Kundensegment-Controlling herausstreicht.

Das dritte und abschließende Kapitel wirft unter der etwas provokanten Überschrift "Controlling: Zurück in die Zukunft?" die Frage auf, wohin sich künftig die unterschiedlichen Entwicklungsströmungen des Controlling bewegen werden bzw. ob überhaupt eine gemeinsame Grundströmung vorliegt. Denn bereits heute ist als ein Trend eine gewisse Orientierung "Zurück zu den Wurzeln" spürbar. Nachdem sich das Controlling in den achtziger und frühen neunziger Jahren vom Rechnungswesen immer weiter entfernt hatte, ist durchaus eine Rückschau und Rückbesinnung zur kostenrechnerischen Basis festzustellen, wobei sich diese Basis allerdings verändert und weiterentwickelt hat, was in aktuellen Konzepten des "Target Costing" und der "Prozeßkostenrechnung" deutlich wird. Daneben sind aber gleichfalls Trends im Rahmen einer "Vorbestimmung" in Form von Lernprozessen wie einem Potentialmanagement spürbar.

Hardt wendet sich in ihrem Beitrag "Von der flexiblen Plankostenrechnung zur Prozeßkostenrechnung: Theoretisches Konzept und empirische Umsetzung am Beispiel des Werkes Hamburg der Mercedes-Benz AG" der flexiblen Plankostenrechnung zu und beschreibt danach ihre Erfahrungen mit der Prozeßkostenrechnung. Anschließend ordnen Steinle/Thiem/Rothenhöfer zunächst Target Costing in das Führungssystem der Unternehmung ein, um dann den Durchführungsprozeß des Zielkostenmanagements - auch anhand eines Praxisfalls bei Volkswagen de México - ausführlich zu beschreiben, bevor Claassen/Hilbert in ihrem - mit Gestaltungsvorschlägen versehenen Beitrag - "Controlling: Vom Rechnungswesen zum Potentialmanagement" die controllingseitigen Voraussetzungen für ein erfolgreiches Potentialmanagement erarbeiten. Im Anschluß an diese Gedanken stellt Sommerlatte in seinen Ausführungen "Controllingsysteme 2005: Szenarien aus der Sicht eines Unternehmensberaters" den Controller als Moderator von Lernprozessen in den Mittelpunkt seiner Überlegungen.

Abgerundet wird dieses Kapitel mit einer aktuellen Analyse der Controller-Rolle. Steinle/Bruch/Michels ermitteln aufgrund von Stellenanzeigen, Interviews in niedersächsischen Unternehmungen sowie entsprechender Literatur Anforderungsprofile und Entwicklungstendenzen für Controller.

Den Abschluß dieses Buches bildet der Beitrag "Zukunftsorientierung des Controlling und Controlling in der Zukunft" von Steinle/Eggers/Lawa, wobei die Autoren überblicksartig die wesentlichen Entwicklungstendenzen des Controlling zusammenfassen.

1. Kapitel:

Controlling: Eine Betrachtung aus Sicht des Managements

Strategisch orientiertes Controlling als Erfolgsgarant

Claus Steinle

1. Planung, Kontrolle und Controlling im Überblick

1.1 Planung als antizipative Denkhaltung

Planung kann zunächst als Intention verstanden werden, das nur teilweise gestaltbare, ökonomische Geschehen in der Unternehmung einer zweck- und zukunftsorientierten Gestaltung zu unterwerfen. Planung ist damit als Denkhandeln zu charakterisieren, das dem eigentlichen Tätigwerden vorgelagert ist. Diese Denkhaltung ist auf die Beschreibung zukünftiger Sachverhalte gerichtet. Sie zeigt sich dabei als Reflexion von Handlungsalternativen einerseits sowie von Umweltgegebenheiten andererseits. Dieses Durchdenken kann - im Sinne eines umfassenden Planungsverständnisses - bis in die Ausarbeitung von Gestaltungs- und Handlungsempfehlungen reichen, die dann in Plänen zusammengefaßt werden.

Planung ist damit auch als **antizipatives Entscheidungshandeln** zu charakterisieren, das systematisch Ziele, Umfeld- und Infeldbedingungen und zielerreichende Maßnahmen und Instrumente verknüpft.

Orientierungsgrößen der Planung sind Sachverhalte, die dem Bereich der Unternehmungspolitik und der strategischen Grundhaltung entstammen und im Rahmen von **Erfolgsfaktorenkonzepten** verdeutlicht werden können: die Aufrechterhaltung und Verbesserung von Erfolgsgrößen, die Nutzung und Entfaltung von Erfolgspotentialen und die Realisation unternehmungspolitischer Grundprinzipien wie z. B. Potentialorientierung, Evolutionsfähigkeit herausbilden und eine visionsorientierte Umweltanpassung und -gestaltung erreichen. Daraus resultieren Grundfunktionen der Planung, die bereits von Wild (vgl. Wild 1974, S. 15 ff.) beschrieben wurden als

- Erfolgssicherung bzw. Effizienzsteigerung,
- Risikoerkenntnis und -reduzierung,
- Flexibilitätserhöhung (Anpassungsfähigkeit durch Handlungsspielraumschaffung),
- Komplexitätsreduktion,
- Synergieeffekte durch Integration.

Insgesamt wird mit diesen Überlegungen die "empfangende" oder bedingte Rolle der Planung im Sinne eines Ausgehens von unternehmungspolitischen Grundsachverhalten und von der strategischen Grundhaltung her deutlich (vgl. hierzu Abbildung 1: "Managementprozeß im Überblick").

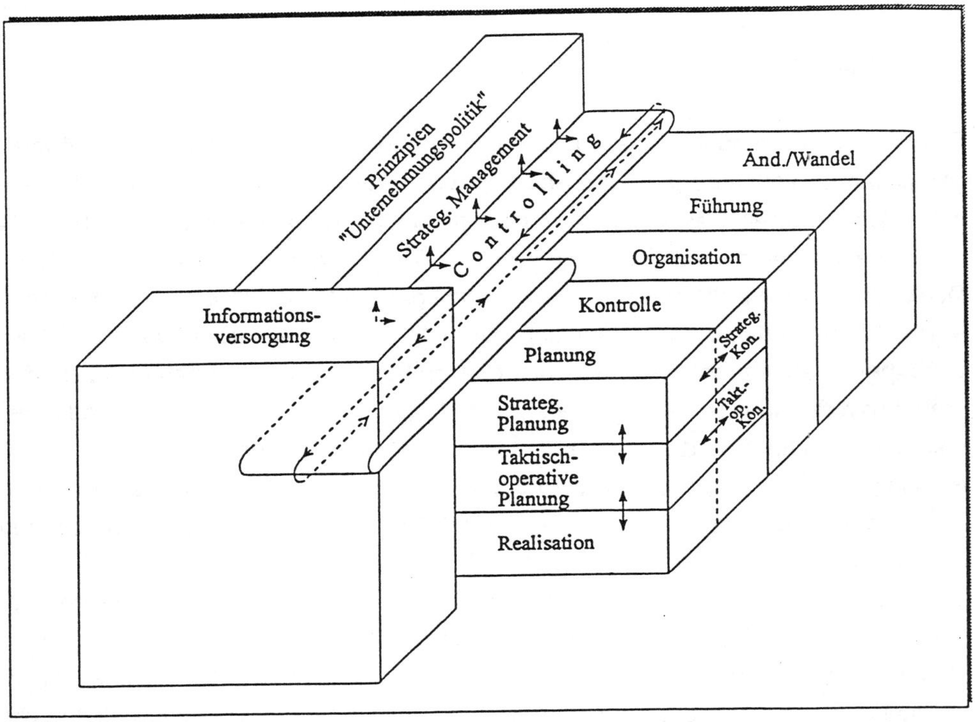

Abb.1: "Managementprozeß im Überblick"

Die fundamentale Eigenschaft der Planung liegt in ihrer Handlungsraumschaffung. Wird hier davon ausgegangen, daß Planungsträger das unternehmerische Geschehen nur teilweise beeinflussen können, dann erfordert die Erreichung von Zielen ständig (Um-)Dispositionen, die neben den unternehmungspolitischen Zielen und ihrer Weiterentwicklung insbesondere diese Infeld- und Umweltbedingungen und ihre Veränderung berücksichtigen müssen.

Die **unternehmungspolitische** Grundzielplanung umfaßt die Bestimmung und Fortentwicklung von Prinzipien, Grundsätzen und der strategischen Grundhaltung. Insofern ist hierin eine "nach oben" bedingende Rolle der Planung zu sehen (vgl. hierzu Abbildung 1: "Managementprozeß im Überblick").

Die **strategische** Planung ist einerseits auf die Bestimmung der Strategien in den einzelnen Geschäftsfeldern beziehungsweise auf die Bestimmung der Grundstrategie (wenn die Unternehmung nur ein einziges Geschäftsfeld bearbeitet) gerichtet.

Andererseits erfolgt durch die strategische Planung auch die Rahmenbestimmung für die Organisations-, Personal- und Betriebsmittelgestaltung. Dies verdeutlichen Querverbindungen mit anderen Prozessen und Bereichen innerhalb des abgebildeten Managementkubus.
Die **taktisch-operative** Planung widmet sich der Bildung von Programmen und ihrer Budgetierung und damit der Ausdifferenzierung von Anleitungen für die Realisationsprozesse in den Funktionsbereichen beziehungsweise Geschäftseinheiten.

Wird der **Planungsprozeß** als Informationsprozeß verstanden, dann können in logisch-genetischer Perspektive die Phasen der (Problem-) Analyse und Prognose, der Zielbildung, der (Alternativen-)Suche und Auswahl sowie die Implementationsvorbereitung unterschieden werden. Die sich daran anschließenden Phasen der Durchsetzung, Realisation, Kontrolle und Abweichungsanalyse erweitern den Planungsbegriff im engeren Sinne zu einem umfassenden Managementverständnis, zeigen aber auch die vielfältigen Bezugspunkte zur Kontrolle (hier der Ergebniskontrolle) auf.

1.2 Planung, Kontrolle und koordinationsorientiertes Controlling

Planung als antizipatives Entscheidungshandeln ist zukunftsgerichtet. Da aber entsprechende Entwürfe für das Handeln stets dem Irrtumsrisiko der "falschen" Wahl und des "falschen" Entwurfs ausgesetzt sind und zudem bis zum Wirksamwerden geplanter Handlungsergebnisse stets Zeit verbraucht wird, wodurch sich in der Planung nicht erfaßte Änderungen in Umfeld- und Infeldgegebenheiten ergeben, resultiert zwingend die Notwendigkeit der Kontrolle. Planung und Kontrolle stehen in engen Wechselwirkungen zueinander: "*Planung ohne Kontrolle ist daher sinnlos, Kontrolle ohne Planung unmöglich*" (Wild 1974, S. 44). Kontrollen ohne eine entsprechende Basis in Form von Plänen oder Zielen sind nicht durchführbar, während andererseits die Planung ihre handlungssteuernde und zielbezogene Funktion ohne die Bereitstellung einer Datenbasis nicht erfüllen kann. Die Inhalte der Kontrolle haben sich mit der Herausbildung des strategischen Management und der dort stark betonten Bedeutung eines entwicklungssichernden Aktivitätenkomplexes in den letzten Jahren wesentlich verändert. Von der ursprünglichen Zentrierung auf den am Planungsende durchzuführenden Soll-Ist-Vergleich als Ergebniskontrolle (vgl. Wild 1974, S. 44) ist - analog zur Planung - eine Aufspaltung in eine strategische und eine taktisch-operative Kontrolle zu sehen (vgl. Hasselberg 1989; Steinmann/ Schreyögg 1993).

Insgesamt zeigt die Kontrolle dabei die Funktion einer **nachforschenden Infragestellung**: Sie prüft einerseits auf planbezogene Ordnungsmäßigkeit und stellt im Rahmen der Überwachung andererseits inadäquate Ziel- und Planbestandteile in Frage.
Darüberhinaus sollte ein zielorientiertes Kontrollsystem auch Anregungen für die Entwicklung neuer Strategien und Pläne geben und insofern eine Zuarbeit zum entwicklungsbezogenen Aktivitätskomplex des strategischen Management leisten - in enger Abstimmung mit der strategischen Planung.

Die **operative Kontrolle** ist auf die Bestimmung und Analyse von Soll-Ist-Abweichungen im Rahmen der Plan- bzw. Strategierealisation gerichtet. Sie erfolgt am Ende der jeweiligen Planungsperiode bzw. der Strategie- und Programmrealisation. Sie ist deshalb auch als Ergebniskontrolle zu bezeichnen (vgl. Pfohl 1988, S. 804 f.).

Im ganzen gesehen verdeutlichen diese Überlegungen, daß Planung und Kontrolle nicht nur starke Affinitäten, sondern unabdingbare Wechselwirkungen aufweisen. Beide rücken damit eng zusammen, was auch in Abbildung 1: "Managementprozeß im Überblick" verdeutlicht wird.

Schließlich ist im Rahmen von Planung und Kontrolle auf das Entstehen und die Einordnung eines eigenständigen **Controllingsystems** einzugehen. Wird davon ausgegangen, daß im Rahmen des strategischen Management und der strategischen Planung eine Vielzahl von Prinzipien und unternehmungspolitischen Leitlinien zu berücksichtigen, eine darauf bezogene interne Anpassungs- und Reaktionbereitschaft und -fähigkeit herzustellen, markteffiziente Strategien zu entwickeln und eine Behandlung der hohen Komplexität und Dynamik in Geschäfts- und Marktfeldern sicherzustellen sind, dann resultiert aus der Vielzahl der entsprechenden Informationsprozesse eine **Überlastung** maßgeblicher Handlungsträger und ein stark erhöhter **Koordinationsbedarf**. Diese Überlastung und der erhöhte Koordinationsbedarf kann über die Konzeption eines koordinationsorientierten Controlling aufgefangen und geleistet werden (vgl. zu den Zielen des Controlling in der deutschen Unternehmungspraxis: Amshoff 1993, S. 149 ff.; zur Entwicklung eines koordinationsorientierten Controlling: Lehmann 1992).
Die Abbildung 2: "Grundlegender Zusammenhang von Planung, Kontrolle, Controlling und Information" verdeutlicht zunächst generell die Überlappungsbereiche und die Koordinationsfunktion des Controlling bezogen auf Planung und Kontrolle.

Weiter zeigt die Abbildung, daß Planungs-, Kontroll- und Controllingsysteme vor dem Hintergrund eines (hypothetischen) Informationssystems zu sehen sind, das alle Unternehmungsebenen, -bereiche und -prozesse überlagert und durchdringt.

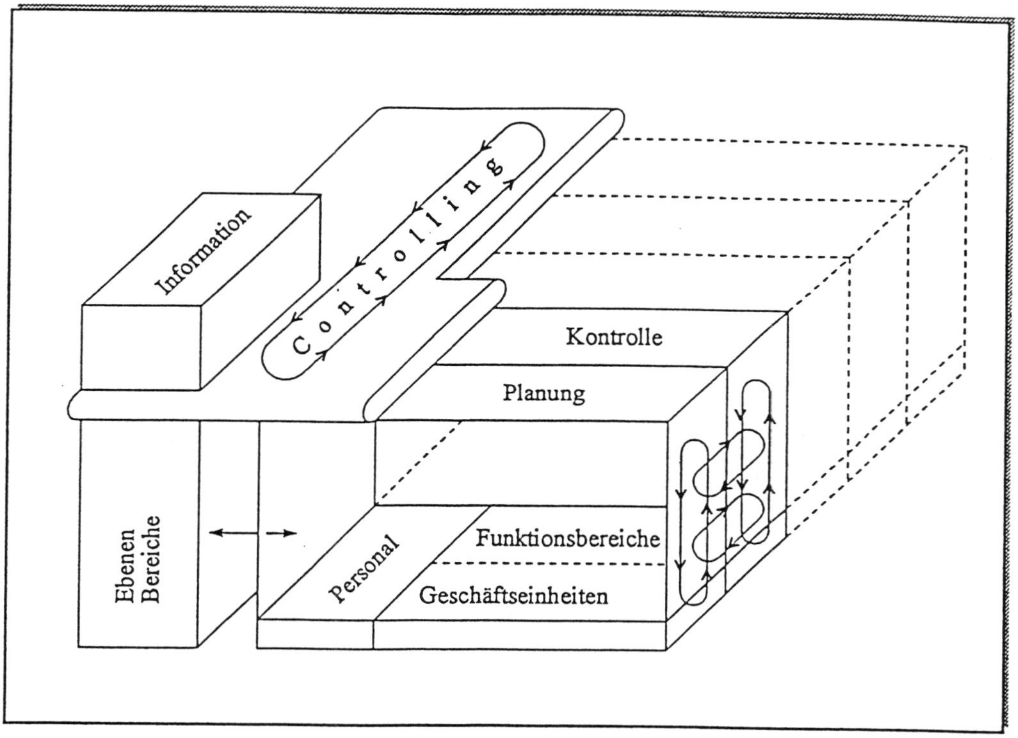

Abb. 2: "Grundlegender Zusammenhang von Planung, Kontrolle, Controlling und Information"

2. Strategische Planung und Strategieentwicklung

2.1 Orientierungsfelder strategischer Planung

Etwa seit Mitte der sechziger Jahre zeigte sich im deutschsprachigen Raum eine zunehmende **Dynamisierung** der Umwelt, die von Unternehmungen als (hoch-) komplexe Problemsituation wahrgenommen wurde: Stark veränderliche (Außen-) Beziehungen im Zeitablauf, Zirkularität in Marktbeziehungen, eine abnehmende

Transparenz und Erfaßbarkeit von Unternehmungsprozessen durch starkes Wachstum und eine geringer werdende Beeinflußbarkeit des Unternehmungsgeschehens durch sachrationale Managementprozesse verdeutlichten die Notwendigkeit einer strategischen Orientierung der Planung. Solche zunehmend "verwickelteren" Situationen sollten über eine Verbesserung der Anpassungsflexibilität und Innovationsfähigkeit der Unternehmung angegangen werden (vgl. Hahn 1990, S. 3 ff.). Dies kann nur über ein entsprechendes **"Vor"-Denken** im Sinne der strategischen Planung geschehen. Demzufolge sollte insbesondere der Prozeß der Strategieentwicklung als systematischer Planungsprozeß erfolgen.

Wegen der Vielzahl von Begrenzungen und kritischen Einwendungen (z. B. Umsetzungsproblematik, reaktive Anpassungsmentalität, strikte Varietätsreduktion) scheint eine Erweiterung des Begriffsinhalts der Strategieentwicklung entsprechend dem Verständnis des strategischen Management zwingend nötig.
Dies erfordert insbesondere eine Umorientierung von einer eher strikt geplanten, Zweck erfüllenden Grundhaltung und einer überwiegend linearen Planungslogik zu einer eher entwicklungsoffenen ("geplant-evolutionären") und interpretativ orientierten Grundhaltung, die von der Grundprämisse einer alles umfassenden **Plan- und Machbarkeit** zunehmend Abstand gewinnt.
Dabei tritt im Rahmen der Konzeption der Strategie die enge Verzahnung mit den Grundprinzipien und der Unternehmungspolitik und der strategischen Grundhaltung in den Vordergrund. Speziell ist die Notwendigkeit von Unternehmungsgesamtstrategien zu betonen, die originär zu entwickeln sind und sich nicht als aufsummiertes Ergebnis portfoliobestimmter Geschäftsfeldstrategien zeigen sollten.
Weiterer Bestandteil der "strategisch geprägten" Strategieentwicklung ist die **Implementationsvorbereitung**, um die Umsetzung im Rahmen des operativen Management und die Mobilisierung der entsprechenden Träger sicherzustellen. Schließlich ist eine Sicherung und Entwicklung der Grundstrategie über ein entsprechend ausgebildetes Controlling zu gewährleisten.

2.2 Strategieentwicklung als Prozeß

Die Strategieentwicklung ist somit als Prozeß der strategischen Problemsuche, -analyse und -lösungsvorbereitung bestimmt (vgl. hierzu und zum folgenden: Steinle/Lawa/Kolbeck 1994, S. 377 ff.). Als **zirkulärer Prozeß** weist er zwar eine - meist logisch-genetisch beschreibbare - Struktur auf, durch Iterationen und bewußte Offenheit bezüglich der beteiligten Personen und Verfahren wird jedoch auch der

Einbezug irrealer und intuitiver Strategieentwicklungselemente - die ihn dann aus der linearen Bahn drängen - gewährleistet.

Für die nachfolgenden Überlegungen wird eine vierstufige **Schrittfolge** für Strategieentwicklungsprozesse zugrunde gelegt. Dabei werden unterschieden:
(1) Strategische Analyse und Prognose
(2) Strategische Zielbildung
(3) Strategische Suche und Strategieauswahl
(4) Implementationsvorbereitungen.

Diese Stufen werden jeweils hinsichtlich ihrer Ausgestaltung in der Ebene von **Gesamtunternehmungsstrategien** sowie von **Geschäftsfeldstrategien** mit entsprechenden Inhalten ausgefüllt (vgl. hierzu Abbildung 3). Die in der Aufeinanderfolge aufscheinende "Stufenrationalität" wird durch die Irrationalität möglicher Rückkopplungsbeziehungen sowie die Offenheit hinsichtlich der Interessen der beteiligten Träger abgeschwächt bzw. im Extremfall ganz aufgehoben (vgl. zum Zusammenwirken des "rationalen" und "intuitiven" Moments bei Strategieentwicklungsprozessen Riekhof 1989, S. 167 ff.). Darüber hinaus ist zu beachten, daß die Problemsituation durch die benannte, sachrationale Stufenfolge nur in begrenztem Umfang beherrschbar ist. Die **Strategieformulierung** muß sich somit primär auf die lenkbaren Größen richten, die zielorientiert zu beeinflussen sind. Die Veränderung und Entwicklung nichtlenkbarer Größen ist durch die strategische Kontrolle und das Früherkennungssystem zu erfassen und durch das strategische Controlling zu überwachen.

3. Strategieentwicklungsprozeß und strategisches Controlling: Aufgabenfelder und Hinweise für ein erfolgreiches Zusammenwirken

3.1 Aufgabenkatalog des strategischen Controlling

Bei der einleitenden Skizzierung des grundlegenden Zusammenhangs von Planung, Kontrolle und strategischem Management ist auf das Entstehen und die Einordnung eines eigenständigen Controllingsystems hingewiesen worden. Im Rahmen des strategischen Management und der strategischen Planung und Kontrolle ist eine Vielzahl von Prinzipien und unternehmungspolitischen Leitlinien zu berücksichtigen

und eine darauf bezogene interne Anpassungs- und Reaktionsbereitschaft und -fähigkeit herzustellen. Dann sind markteffiziente Strategien zu entwickeln und es gilt, eine Behandlung der hohen Komplexität und Dynamik in Geschäftsfeldern sicherzustellen.
Genau diese Problemfelder können durch den Einsatz eines **unterstützenden Controlling-Systems** angegangen werden (vgl. hierzu und zum nachfolgenden Abschnitt die wesentlich ausführlicheren Überlegungen bei Steinle/Lawa/Kolbeck 1994, S. 379 ff.; ein Beispiel für die Gleichsetzung von strategischem Controlling und Strategieentwicklung bei Liessmann 1990).

Vor der Vielfalt dieser Orientierungsrichtungen und Ausprägungsformen des strategischen Controlling fällt es schwer, ein sinnvolles und präzise beschreibbares Aufgabenfeld zu bestimmen. Dennoch soll mit **fünf Aufgabenkomplexen** ein Katalog systembildender und systemkoppelnder Aktivitätsfelder umrissen werden, die das hier vorgeschlagene, koordinationsorientierte strategische Controllingverständnis inhaltlich beschreiben (vgl. zu Merkmalen des strategischen Controlling auch: Mann 1990, S. 100 ff.).

(1) Mitwirkung bei der Schaffung/Weiterentwicklung des Planungs- und Kontrollsystems ("Metaplanung")

Dem strategischen Controlling fällt als metaplanerische Aufgabe im Bereich der systembildenden Koordination das Handlungsfeld einer maßgeblichen Mitwirkung bei der **Konzeption, Implementation und Entwicklung** des Planungs- und Kontrollsystems zu. Die Koordinationsfunktion äußert sich dabei in der Erarbeitung und Weitergabe entsprechenden Wissens sowie durch "autorisierte" Anweisungen zur Wahrnehmung der Planungs- und Kontrollaufgaben. Wichtig in diesem Zusammenhang ist das **Planungshandbuch**, das die Ergebnisse der Metaplanung fixiert und damit eine Dokumentation des Planungs- und Kontrollsystems darstellt (vgl. Horváth 1992, S. 235). Die Metaplanung liefert dabei die organisatorische Bedingungsstruktur für das Zusammenwirken von Strategieentwicklung und strategischem Controlling.

(2) Aufgaben des Planungsmanagements

Im Rahmen der **Planungsmanagementfunktion** beeinflußt das Controlling auf der Basis des verabschiedeten Planungshandbuches die Prozeßabläufe der Strategieentwicklung sowie die entsprechenden Handlungen der beteiligten Handlungsträger (vgl. Weber 1991, S. 51 ff.). Teilaufgaben liegen dabei in der **Vorbereitung, Organisation, Einberufung** und **Leitung** von Planungsrunden sowie von Ideenfindungsprozessen. Zeitliche Problemfelder sind über die Festlegung des Zeitbedarfs einzelner Planungsschritte und über die Sicherstellung der Zeitplaneinhaltung anzugehen (vgl. Ziegenbein 1992, S. 19). Über die **Gewährleistung von Vor- und Rückkopplungen** kann die notwendige Flexibilität des Planungsprozesses sichergestellt werden. Basis dieser Veränderungsschleifen sind neue und abweichungsbedingte Informationslagen: Dies wiederum erfordert die Aufrechterhaltung einer permanenten **"Betriebsbereitschaft" des Früherkennungssystems** durch das Controlling.

(3) Serviceaufgaben zur inhaltlichen Planung

Hierunter sind insbesondere Servicefunktionen im Sinne einer Entscheidungsvorbereitung für diejenigen Bereiche zu verstehen, wo das Controlling keine inhaltlichen Mitentscheidungsrechte hat. Diese **Planungstechnikerfunktion** (vgl. Deyhle 1991, S. 369 ff.; Horváth 1985, S. 103; Szyperski/Müller-Böling 1984, S. 125 ff.) umfaßt die **Aufbereitung und Vorlage** von Planungsunterlagen und Planentwürfen in allen Prozeßstufen.

Dazu gehört insbesondere auch die Zurverfügungstellung der Informationen aus dem **Früherkennungsbereich** aber auch aufbereiteter Daten aus dem **Berichtswesen**, mit deren Hilfe Früherkennungsinformationen gewürdigt aber auch induziert werden können.

Hohe Bedeutung kommt dabei einem unternehmungsspezifisch erarbeiteten **Katalog kritischer Erfolgsfaktoren** zu, der einerseits umweltbezogene Gelegenheiten/Gefahren als Ergebnis der Markt-, Wettbewerbs- und Lieferantenanalyse enthält und andererseits Stärken/Schwächen aus der unternehmungsbezogenen Leistungs- und Leistungspotentialanalyse.

Schließlich ist auf das Aufgabenfeld der **methodentechnischen Hilfestellung** zu verweisen, wobei der EDV-technischen Unterstützung des Strategieentwicklungsprozesses eine nicht zu vernachlässigende Rolle zukommt (vgl. Mertens et al. 1991).

(4) Inhaltliche, materielle Planungsaufgaben

Die Beteiligung des Controlling an der eigentlichen Planer- und Strategieentwicklungstätigkeit ist zwar umstritten, jedoch haben die bisherigen Überlegungen an einer ganzen Reihe von Stellen gezeigt, daß eine gewisse **Planerfunktion** durchaus notwendig und sinnvoll erscheint (vgl. Horvath 1985, S. 103; Szyperski/Müller-Böling 1984, S. 125). Dies läßt sich insbesondere mit Synergiepotentialen verdeutlichen, die im Rahmen der strategischen Analyse und Prognose und der Strategiengenerierung auftreten, wenn über das Wissen der Planer hinaus, in diesen Such- und Definitionsprozessen das breite Wissensspektrum des Controlling mitgenutzt wird. Hauptaufgabe des Controlling liegt in diesem Zusammenwirken in der Sicherstellung von **Zielorientierung** und **Realistik** aller zu treffenden Entscheidungen. Dabei geht das strategische Controlling nicht im strategischen Management auf, da die Festlegung von Prämissen, die Bewertung von Chancen und Risiken und die Auswahl strategischer Ziele und Sollwerte originäre Aufgaben der Unternehmungsplanung bzw. der Unternehmungsleitung bleiben (vgl. Horváth 1985, S. 103).

(5) Einbezug operativer Controllingelemente

Der Strategieentwicklungsprozeß ist neben strategischen Informationen letztlich in allen seinen Phasen immer auch auf Informationen aus dem operativen Bereich angewiesen: Dies zeigt sich bei der Bestimmung interner Stärken und Schwächen (in der Strategischen Analyse) ebenso wie bei der Strategieauswahl. Besonders auffällig wird dies, wenn aus extern gewonnenen Früherkennungsinformationen prognostizierte **Trends** oder Hypothesen durch intern erfaßte Zahlen des Rechnungswesens **bestätigt** oder **verworfen** werden. Die stellen- bzw. trägerbezogene Zusammenfassung der strategischen und operativen Controllingbereiche in einem Stab bzw. einer Abteilung gewährleistet die schnelle Überprüfung operativer Informationen auf ihren strategischen Gehalt (und umgekehrt) in bezug auf eine gerade zu entwickelnde Strategie. Auch dies sichert schnelle, koordinierende Rückkopplungsprozesse.

3.2 Ausgestaltung einer erfolgreichen, phasenspezifizierten Zusammenarbeit

3.21 Bildung der Verknüpfungsmatrix

Die im vorangehenden Abschnitt entwickelten Aktivitätskomplexe im Prozeß strategischer Planung werden nachfolgend mit dem Aufgabenkatalog des strategischen Controlling in Form einer Matrix kombiniert. Aus der hieraus entstehenden Abbildung 3: "Verknüpfung von Strategieentwicklung und strategischem Controlling" läßt

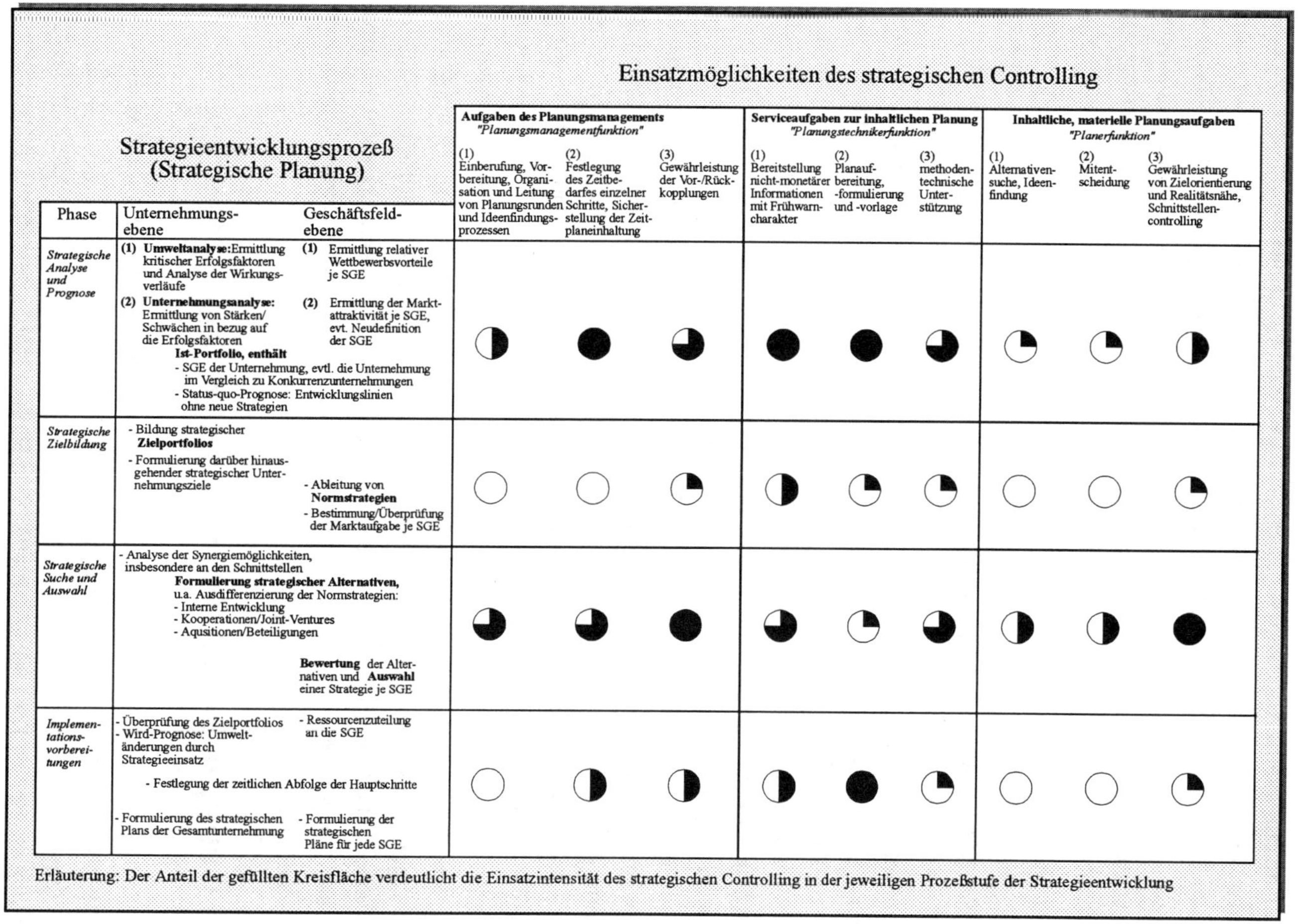

Abb. 3: "Verknüpfung von Strategieentwicklung und strategischem Controlling"

sich insbesondere der schwerpunktorientierte Einsatz bestimmter Controllingaufgaben in spezifischen Strategientwicklungsphasen entnehmen (vgl. zur Abbildung Steinle/Lawa/Kolbeck 1994, S. 388). Bei dieser Abgrenzung ziel- und aufgabenbezogener Planungs- und Controllingelemente bleiben auf der Controllingseite die metaplanerischen sowie die operativen Elemente unberücksichtigt, da erstere die Prozeßstruktur festlegen und letztere für diesen Überblick nur von geringerer Bedeutung sind.

3.22 Strategische Analyse/Prognose und Controlling

Der entscheidungsvorbereitende und informationsgenerierende Charakter dieser Phase macht sie zu einem der wichtigsten Einsatzfelder des strategischen Controlling. Neben der permanenten Erarbeitung und Aufbereitung von **Früherkennungsinformationen** als planungstechnische Servicefunktion und der bereits oben skizzierten Planerfunktion besitzt das strategische Controlling im Rahmen seiner Planungsmanagementaufgabe hier insbesondere eine **Alarmfunktion**. Dies bedeutet das Erkennen eines strategischen Planungsbedarfs und die Auslösung entsprechender Prozesse. Planungsbedarf kann aber auch dann gegeben sein, wenn gegenwärtige Strategien unternehmungspolitischen Zielen entgegenlaufen, ohne daß dies vom Früherkennungssystem aufgezeigt würde. Weiter fordert ein effizientes Planungsmanagement die zeitliche Eingrenzung von Analyse-, Prognose- und Suchprozessen, damit ein rechtzeitiges unternehmerisches Handeln möglich wird. Da die informationserhebenden Aktivitäten auf unterschiedlichen Ebenen der Unternehmung durchgeführt werden und dabei gleichzeitig an der Umwelt und der Unternehmungsinwelt orientiert sind, liegt eine weitere Aufgabe des Controlling in der **Koordination** dieser Tätigkeiten und der abschließenden Zusammenfassung ihrer Ergebnisse in Ist-Portfolien oder einer strategischen Bilanz.

3.23 Strategische Zielbildung und Controlling

Durch die Analyse- und Prognoseaktivitäten hat das Controlling bereits wesentliche Vorbedingungen für "realistische" Zielformulierungen geschaffen. Sein Einfluß auf die eigentliche Zielbildung tritt im Vergleich zur ersten Phase deutlich zurück. Erwägenswert im Rahmen der materiellen Planungsaufgaben dürfte allerdings eine stetige **Informationsfunktion** hinsichtlich der Mitberücksichtigung ökologischer Zielsetzungen sein (vgl. hierzu Steinle/Lawa/Jordan 1995).

Auch die Planungsmanagementfunktion ist in der Zielbildungsphase eingeschränkt: Sie sollte sich auf Überzeugungsarbeit zur Termineinhaltung beziehen und primär den daran beteiligten Unternehmungsträgern überlassen bleiben. Im Rahmen der Planungstechnikerfunktion ergeben sich jedoch **Initiativfunktionen** immer dann, wenn Änderungen der Informationslage eintreten, die für die Zielbildung relevant erscheinen; darüber hinaus sind Beratungs- und Informationsdienste im Rahmen von "Zielbildungsrunden" anzubieten.

3.24 Strategische Suche/Auswahl und Controlling

Häufig liegen die zunächst zu identifizierenden internen Potentiale in Form unerkannter Synergien vor, die an Unternehmungsschnittstellen auftreten können. Diese Planerfunktion des strategischen Controlling wird sich in der frühen Phase der Suche als **Schnittstellencontrolling** zeigen. Die aus Gründen der Wettbewerbsorientierung vorangetriebene Schaffung von objekt-, verrichtungs- und regionalzentrierten Handlungseinheiten kann eine unkoordinierte, zersplitterte Struktur nach sich ziehen. Ihre Koordination ist die Aufgabe des Schnittstellencontrolling (vgl. Horváth 1991, S. 4 ff.). Weiter findet das strategische Controlling im Rahmen der Planungstechnikerfunktion wichtige Tätigkeitsfelder, indem es durch Kreativitätstechniken unterstützte Ideenfindungs- und **Problembewältigungsprozesse** vorbereitet und dabei wiederum Früherkennungsinformationen einspeist. Im Bereich der Planungsmanagementfunktion stellt es die Zeitplaneinhaltung bei einer als ausreichend angesehenen Zahl möglicher Strategiealternativen sicher und löst bei unzureichenden Ergebnissen Rückkopplungen in bezug auf neu zu startende Zielbildungsprozesse aus. Schließlich wird im Rahmen der Planerfunktion die Zielorientierung und Realistik bei der Auswahl der durchzuführenden Strategien eine besondere Aufgabenstellung des Controlling sein. Die inhaltliche Mitplanung scheint aufgrund der Leitung der Ideengenerierungsprozesse und des breiten Informationsspektrums erforderlich.

3.25 Implementationsvorbereitungen und Controlling

Implementation als operative Aktionsplanung und -budgetierung und die Schaffung strategieadäquater Organisations- und Führungsstrukturen und -prozesse - vor dem Hintergrund der gewählten Strategie - ist ein permanenter Vorgang, wenn eine dauerhafte Strategieumsetzung erreicht werden soll. In der Planungstechnikerfunktion ist vom strategischen Controlling insbesondere der **Budgetierungsprozeß** - als

Verteilung der finanziellen Ressourcen auf strategierealisierende Zeiträume - vorzunehmen. Hierdurch kann insbesondere die **Planungsintegrität** sichergestellt werden. Aus den strategischen Budgets leitet dann das **operative Controlling** Jahresbudgets ab, wodurch die Schnittstelle zwischen der grund- und sachzielbezogenen Strategieentwicklung und der monetär- und formalzielbezogenen operativen Planung im Sinne einer "Schloß-Schlüsselkombination" gestaltet wird. Eine Mitbeteiligung des strategischen Controlling bei den Wird-Prognosen im Rahmen der Planungsmanagementfunktion sollte gegeben sein, um dabei gegebenenfalls notwendige neue Strategieentwicklungen initiieren zu können. Dies gilt gleichfalls für die **Festlegung des Zeitbedarfs** der Hauptimplementationsschritte, da hierzu Potentialkenntnisse erforderlich sind. Schließlich ist das strategische Controlling verantwortlich für die **termingerechte Formulierung** der strategischen Pläne und deren Vorlage zur endgültigen Beschlußfassung durch Unternehmungsleitung und Planungsabteilung sowie durch Sparten- und Funktionsbereichsleitungen.

4. Grenzen der Strategieunterstützung durch das Controlling

Durch die Einführung des koordinationsorientierten strategischen Controlling ergeben sich neue Koordinationsprobleme insbesondere dann, wenn die vorhandene Struktur der Weisungsbeziehungen nicht den tatsächlichen Machtverhältnissen entspricht (vgl. zu diesem Abschnitt Steinle/Lawa/Kolbeck 1994, S. 392 f.).
Die Problematik einer organisatorischen Eingliederung liegt in den unterschiedlichen Machtbasen von Unternehmungsleitung (und Planungabteilung) einerseits und Controllingstelle/-abteilung andererseits. Das Controlling wird seine Macht primär aus Informationsvorsprüngen ableiten, während der Unternehmungsleitung insbesondere die Machtbasen der Sanktion, Identifikation und Legitimität zur Verfügung stehen. Sanktions- und legitime Macht verlieren jedoch zugunsten der Informationsmacht zunehmend an Bedeutung, so daß das strategische Controlling auch bei (formalen) Alleinentscheidungsrechten der Unternehmungsleitung diese Entscheidungen durch sein Expertenwissen maßgeblich beeinflussen und damit eine Veränderung der realen **Weisungs-/Machtstruktur** herbeiführen kann.
Andererseits könnte die Unternehmungsleitung ihre Machtbasen so einsetzen, daß die Planungsmanagement- und Serviceaufgaben des strategischen Controlling ignoriert oder boykottiert werden.
Diese Kollision funktionaler Weisungsbefugnisse des Controlling mit den eher disziplinarischen Weisungsrechten der Unternehmungsleitung kann im Rahmen der

Institutionalisierung eines strategischen Controlling letztlich nur unter der Zielrichtung einer "produktiven Nutzbarkeit" entsprechender Konflikte angegangen werden.
Wichtige **Erfolgsfaktoren** für das gute Funktionieren des strategischen Controlling nach seiner Einführung in der Unternehmung liegen im Vorhandensein eines **kooperativen Führungsstils**, in der Akzentuierung der **strategischen Mobilisierungsfunktion** in Form der fünf Aufgabenfelder des Controlling, der Schaffung einer **strategischen Anreiz- und Belohnungsstruktur** und in der Beachtung interner und externer **Kontextfaktoren** (z. B. bisherige Planungsorganisation; Zugang zu Informationsquellen).
Hinsichtlich möglicher Widerstände im personellen Bereich hat sich das Konfliktmanagement bezüglich der Einführung des strategischen Controlling primär mit **Akzeptanzproblemen** zu beschäftigen. Dabei kommt es weniger darauf an, daß Führungskräfte objektiv an Einfluß verlieren oder stärker "controlliert" werden, sondern daß sie dies befürchten können und befürchten werden (vgl. Schwarz 1989, S. 299). Diese Klippe scheint im Rahmen einer zunehmenden Verwirklichung kooperativer Führung jedoch umschiffbar. Nachhaltiger Problemcharakter in bezug auf die Motivation zu einem strategischen Controlling dürfte dagegen dem häufigen **Fehlen eines strategischen Anreizsystems** in der Praxis zukommen, welches das mit unternehmerischem Weitblick verbundene Entdecken zukünftiger Erfolgspotentiale systematisch belohnen würde (vgl. Bleicher 1989, S. 389).

Literaturverzeichnis

Amshoff, B., Controlling in deutschen Unternehmungen. Realtypen, Kontext und Effizienz, Wiesbaden 1993.

Bleicher, K., Strategische Anreizsysteme; in: Riekhof, H.-Ch. (Hrsg.), Strategieentwicklung. Konzepte und Erfahrungen, Stuttgart 1989, S. 377-399.

Deyhle, A., Entwicklungsperspektiven des Controlling; in: Risak, J./Deyhle, A. (Hrsg.), Controlling. State of the Art und Entwicklungstendenzen, Wiesbaden 1991, S. 359-385.

Hahn, D., Stand und Entwicklungstendenzen der strategischen Planung; in: Hahn, D./Taylor, B. (Hrsg.), Strategische Unternehmungsplanung. Strategische Unternehmungsführung. Stand und Entwicklungstendenzen, 5. Aufl., Heidelberg 1990, S. 3-30.

Hasselberg, F., Strategische Kontrolle im Rahmen strategischer Unternehmensführung, Frankfurt/Main (u.a.) 1989.

Horváth, P., Strategisches Controlling: Fallbeispiele aus der Praxis. Vortrag anläßlich der Herbsttagung der Gesellschaft für Strategische Planung (GSP) in München am 28.9.1984; in: Strategische Planung, Bd. 1, 1985, S. 99-120.

Horváth, P., Schnittstellenüberwindung durch das Controlling; in: Horváth, P. (Hrsg.), Synergien durch Schnittstellencontrolling, Stuttgart 1991, S. 1-23.

Horváth, P., Controlling, 4. Aufl., München 1992.

Lehmann, F.-O., Zur Entwicklung eines koordinationsorientierten Controlling-Paradigmas; in: Zeitschrift für betriebswirtschaftliche Forschung, Nr. 1, 1992, S. 45-61.

Liessmann, K., Strategisches Controlling als Aufgabe des Management; in: Mayer, E./Weber, J.(Hrsg.), Handbuch Controlling, Stuttgart 1990, S. 303-323.

Mann, R., Strategisches Controlling; in: Mayer, E./Weber, J.(Hrsg.), Handbuch Controlling, Stuttgart 1990, S. 93-116.

Mertens, P./Back-Hock, A./Fiedler, R., Einfluß der computergestützten Informations- und Wissensverarbeitung auf das Controlling; in: Albach, H./Weber, J. (Hrsg.), Controlling: Selbstverständnis, Instrumente, Perspektiven, ZfB/Ergänzungsheft, Wiesbaden 1991, S. 37-59.

Pfohl, H.-Ch., Strategische Kontrolle; in: Hentzler, H.A.(Hrsg.), Handbuch Strategische Führung, Wiesbaden 1988, S. 801-824.

Riekhof, H.-Ch. Einleitung: Das Handwerkszeug des Strategen; in: Riekhof, H.-Ch. (Hrsg.) Strategieentwicklung. Konzepte und Erfahrungen, Stuttgart 1989, S. 167-170.

Schwarz, H. (1989), Konfliktmanagement im Controlling; in: Stehle, H./Rössle, W./ Leuz, N. (Hrsg.), Jahrbuch für Betriebswirte, 14. Jg., 1989, S. 296-301.

Steinle, C./Lawa, D./Kolbeck, F., Strategieentwicklung und strategisches Controlling - Plädoyer für eine klare Aufgabentrennung und Gestaltungshinweise zum Zusammenwirken; in: Betriebswirtschaftliche Forschung und Praxis, Nr. 4, 1994, S. 375-395.

Steinle, C./Lawa, D./Jordan, W., Elemente und Instrumente eines ökologiebezogenen Controlling - Überblick und Implementationshinweise; in: Betriebswirtschaftliche Forschung und Praxis, Nr. 1, 1995, S. 99-117

Steinmann, H./Schreyögg, G., Management. Grundlagen der Unternehmensführung. Konzepte - Funktionen - Fallstudien, 3. Aufl., Wiesbaden 1993.

Szyperski, N./Müller-Böling, D., Aufgabenspezialisierung in Planungssystemen. Eine konzeptionelle und empirische Analyse; in: Zeitschrift für betriebswirtschaftliche Forschung, 36. Jg., Nr. 2, 1984, S. 124-147.

Weber, J., Einführung in das Controlling, Teil 1: Konzeptionelle Grundlagen, 3. Aufl. Stuttgart 1991.

Wild, J., Grundlagen der Unternehmungsplanung, Reinbek b. Hamburg 1974.

Ziegenbein, K., Controlling, 4. Aufl., Ludwigshafen 1992.

Komplexitätsmanagement im Dienste des Controlling -
Optimierte Projektkostenstrukturen durch komplexitätsorientiertes Schnittstellenmanagement

Michael Reiß / Markus Grimmeisen

1. Erfolgsfaktor "Komplexitätsmanagement"

In den letzten Jahren zeichnet sich in der Managementszene ein Trend ab, zahlreiche Grundprobleme des Managements auf Überkomplexität zurückzuführen. Komplexität wird für diverse Effizienzdefizite und Mißstände verantwortlich gemacht, allen voran für mangelnde Übersicht, Verzettelung, Unbeweglichkeit, Chaos und schließlich - was den Controller besonders interessiert - ungünstige Kostenniveaus und Kostenstrukturen. Dem direkten Kurzschluß von Komplexität und Controlling verdanken wir die neue Kostenkategorie der "**Komplexitätskosten**" (vgl. Becker 1992, Fischer 1993, S. 29 f.). Ein Controller wird folglich danach beurteilt, wie elegant er Überkomplexitäten aus der Welt schaffen kann. Er muß sich vor allem im Kampf gegen Variantenreichtum (etwa durch Elimination von Exoten), überdimensionierte Fertigungstiefen (Outsourcing), steile Hierarchien und bürokratisch-zentralistische Strukturkosten im Overhead behaupten (vgl. Roever 1991). Hierbei greift er auf einen Fundus an Standardinstrumenten zur Komplexitätsbeherrschung zurück (vgl. Abb. 1).

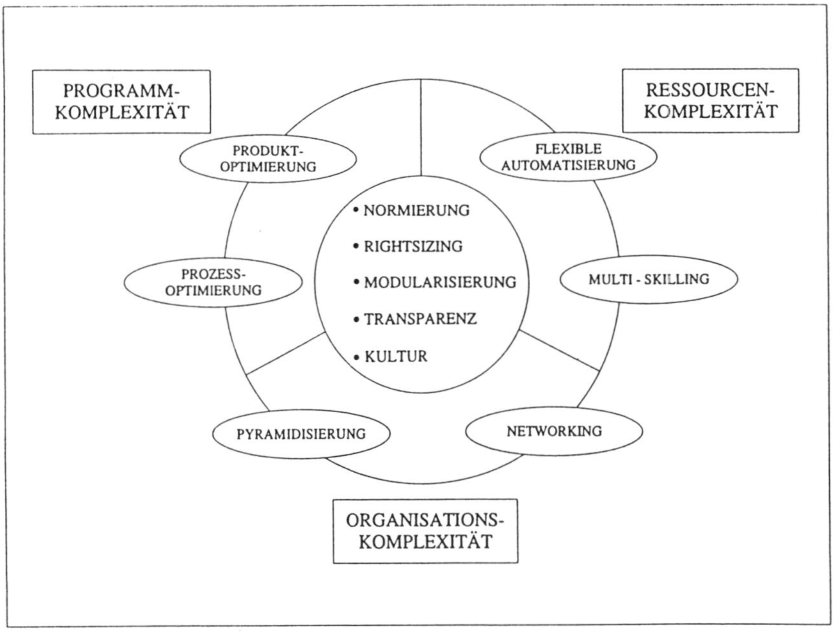

Abb. 1: Standardinstrumentarium des Komplexitätsmanagements

Sie unterstützen ihn auf allen drei zentralen "Kriegsschauplätzen", also bei der Auseinandersetzung mit komplexen Leistungsprogrammen, der Bekämpfung bürokratischer Organisationsstrukturen und der zahlreichen Komplexitäten im Ressourcenbereich (Inkompatibilitäten, Sprachbarrieren usw.).

Das Komplexitätsmanagement verdankt seine boomhafte Verbreitung vornehmlich der Plausibilität und Vertrautheit des Komplexitätsphänomens: Welche Führungskraft leidet nicht unter dem Stress eines übermächtig komplexen Markt- und Konkurrenzgeschehens und wer hat nicht ab und zu den Eindruck, im eigenen Unternehmen den Wald vor lauter Bäumen nicht mehr erkennen zu können? Eine nüchterne Überprüfung der tatsächlichen Tauglichkeit des plausiblen Komplexitätsdenkens muß sich zunächst mit der Frage beschäftigen, ob hier nicht lediglich eine bloße Umbenennung altbekannter Dinge betrieben und einmal mehr doch nur der berüchtigte alte Wein serviert wird. Darüber hinaus ist der praktische Nährwert eines Vorgehens zu prüfen, durch das mehrere, im Prinzip bekannte Phänomene unter dem neuen Sammelbegriff der Komplexität angegangen werden. Vor allem ist Skepsis angebracht gegenüber der einseitigen Gleichsetzung von Komplexitätshandhabung mit **Komplexitätsreduktion** (wie bei Rommel u.a. 1992). Ähnliche Verkürzungen und Vereinfachungen haben sich auch in andere aktuelle Managementströmungen eingeschlichen und dort als fatal erwiesen. Man denke etwa an die Verwechslung von Lean Management mit einem "gewöhnlichen" Rationalisierungsprogramm, dessen Erfolg ausschließlich in Köpfen von eingesparten Mitarbeitern und Managern gemessen wird.

Angesichts derartiger Gefahrenmomente empfiehlt sich ein distanzierter Umgang mit den Versprechungen des Komplexitätsmanagements. Wer sich in dieser aufgeklärten Manier auf die Suche nach dem wahren und harten Kern des Komplexitätsmanagements macht, erkennt schnell, daß dieser nicht in der Komplexitätsreduktion besteht. Das Wirtschaftsgeschehen erweist sich in Sachen Komplexität eher als ein geschlossenes System: Die Verringerung der Komplexität (bzw. von einer Spielart der Komplexität) an einer Stelle provoziert in aller Regel an einer anderen Stelle eine Steigerung der Komplexität. So entlastet Outsourcing zwar einerseits, beschert aber andererseits bekanntlich sehr diffizile Probleme im Relationship-Management mit den Zulieferern. Fazit: Komplexitätsmanagement sollte sich am Leitbild eines **Ausgleichs** von komplexitätsreduzierender Vereinfachung und komplexitätssteigernder Anreicherung orientieren (vgl. Reiß 1993a, S. 14 ff.). Nicht das einseitig simplifizierende Downsizing, sondern nur ein ausgewogenes Rightsizing eignet sich als Paradigma für eine ganzheitliche Komplexitätsbeherrschung. Komplexitätsmanagement als Komplexitätsoptimierung umfaßt folglich auch den Kampf gegen Unterkomplexität, etwa durch Ausbau statt Abbau von Flexibilitätspotentialen als Antwort auf turbulente Marktverhältnisse. Nur eine dergestalt ganzheitliche Betrachtung von Verringerung und von Steigerung der Komplexität kann Auskunft darüber geben, ob ein komplexitätsbewußtes Management mit seinen Bemühungen nicht bloß vom Regen in die Traufe gelangt.

2. Komplexitätsmanagement als Handwerkszeug des Controllers

Als Grundlage des Handwerkszeugs der Komplexitätshandhabung dient eine komplexitätsspezifische **Perspektive der Modellierung** des Unternehmungsgeschehens, ähnlich wie bei der mittlerweile in Ehren ergrauten Systemperspektive ("In Elementen und Relationen denken !") oder wie bei der momentan so lautstark propagierten Prozeßperspektive ("In Prozessen statt in Funktionen denken !"). Auch beim Komplexitätsmanagement handelt es sich um eine ganzheitliche Perspektive der Analyse und Gestaltung des Unternehmungsgeschehens. Der Verwandtschaftsgrad mit dem Systemdenken ist recht hoch: Komplexitätsbewußte Organisatoren denken beispielsweise in den Kategorien "Stellenballast" (Elementenkomplexität) und "Schnittstellenballast" (Relationenkomplexität). Sie sind außerdem für die Gegenläufigkeit dieser beiden organisatorischen Komplexitätsparameter sensibilisiert. Ein komplexitätsbewußter Controller setzt sich mit komplexen **Mengengerüsten** von Kosten auseinander. Dabei betreibt er nicht nur klassisches **Stellen-Controlling** (Kostenstellen, Center-Bildung), sondern zusätzlich auch modernes **Schnittstellen-Controlling** (vgl. Reiß 1994a, S. 446 f.; Horváth 1991). Hierzu muß er nicht zuletzt auf Erkenntnisse über typische organisatorische Komplexitätstreiber zurückgreifen: Er ist u. a. darüber informiert, daß man durch Entkopplung (Segmentierung, Parallelausstattung usw.) die Anzahl der Schnittstellen reduzieren kann und daß bestehende Schnittstellen innerhalb einer Organisationseinheit mit einem geringeren Zeitaufwand überwunden werden können als zwischen zwei Organisationseinheiten. Es zeichnet sich bereits ab, daß das **Schnittstellenmanagement** offensichtlich einen Dreh- und Angelpunkt im Handwerkszeug des Komplexitätsmanagers darstellt.

Ein ganzheitlich angelegtes Komplexitätsmanagement, das die Schwächen des attraktiven, aber naiven Modells der einseitigen Komplexitätsreduktion vermeidet, muß zwangsläufig auf einem komplex konstruierten Komplexitätskonzept aufbauen. Dieses Gebilde umfaßt mehrere Sektoren und mehrere Faktoren der Komplexität, zwischen denen ein Komplexitätsausgleich herzustellen ist.

Die **Sektoren der Komplexität** werden durch die Bereiche des Unternehmens und des relevanten Umsystems repräsentiert. Die Idee des Komplexitätsausgleichs begegnet uns hier in den mannigfaltigsten Formen: So muß beispielweise zur Sicherstellung einer zügigen Ideenimplementierung nach japanischem Vorbild in die Ideengenerierung investiert werden. Mit Hilfe eines Just-in-Time-Konzepts läßt sich das Umlaufvermögen nur verringern, wenn zuvor Investitionen in das Anlagevermögen (Logistische Infrastruktur, DFÜ, Qualitätssicherungssystem usw.) vorgenommen wurden.

Die **Faktoren der Komplexität** lassen sich auf die vier Parameter "Vielzahl" (Menge, Volumen, Stückzahl usw.), "Vielfalt" (z. B. Unterschiedlichkeit, Divergenz), "Vieldeutigkeit" (Unschärfe, Intransparenz u. ä.) und "Veränderlichkeit" (Dynamik, Wachstum/Schrumpfung, Diskontinuitäten usw.) verdichten (vgl. Abb. 2).

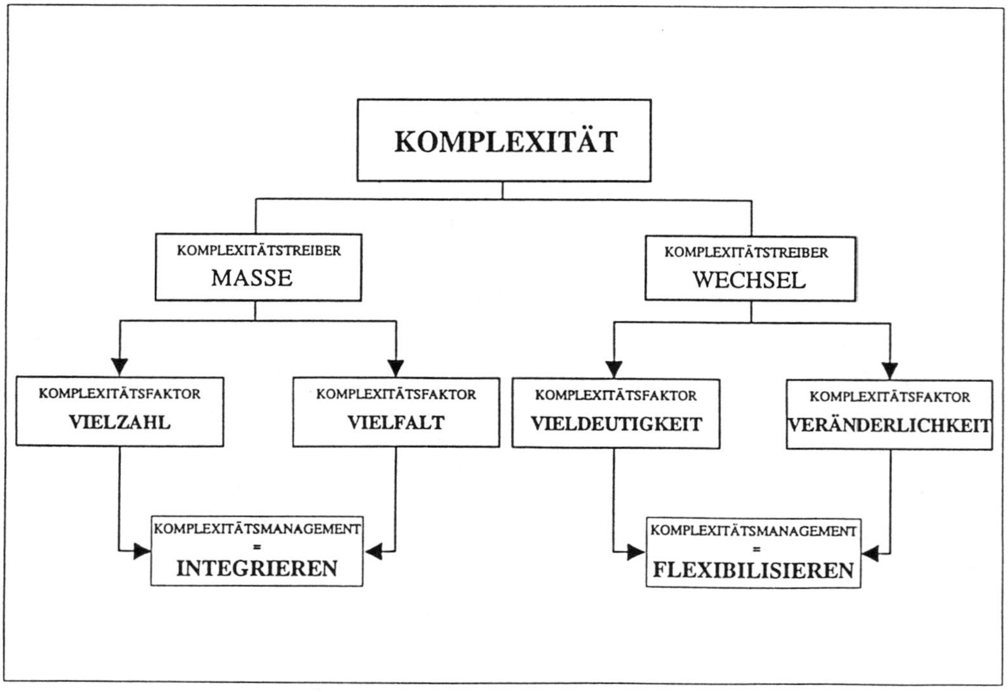

Abb. 2: Anatomie der Komplexitätshandhabung

Sie resultieren aus zwei wesensverschiedenen Komplexitätstreibern (Masse und Wechsel), die das Komplexitätsmanagement in zwei Hemisphären unterteilen: Komplexitätsmanagement als Handhabung von Masse-Problemen erfordert das Integrieren einer Vielzahl heterogener Elemente bei hoher Schnittstellendichte. Komplexitätsmanagement als Handhabung von Phänomenen des Wechsels kreist um Maßnahmen des Flexibilisierens bei Unsicherheit und Dynamik.
Ein ergiebiges Anwendungsfeld für das Komplexitätsmanagement im Controlling ist die **Analyse spezifischer Kostenstrukturen**. Unter Rückgriff auf das Komplexitäts**sektoren**-Konzept läßt sich beispielsweise besser nachvollziehen, daß die Orte der Kostenfestlegung und die Orte der Kostenentstehung nicht übereinstimmen müssen. So ist es mit Blick auf Kostensenkungsmaßnahmen wenig aufschlußreich, die hohen Kosten eines Produkts im Produktionssektor zu ermitteln. Denn über einen hohen Prozentsatz dieser Produktionskosten (Faustregel: 70 %) wird nämlich nicht erst in der Produktion, sondern bereits im F&E-Bereich entschieden. Bemühungen um eine Kostenreduktion müssen also bereits an der Konstruktion (etwa mit Hilfe der Design for Manufacturing-Methodik) ansetzen. Unter Rückgriff auf die verschiedenen Komplexitäts**faktoren** (vgl. Abb. 2) kann man ferner die Zusammensetzung der Kosten auf den Dimensionen "Fixe/variable Kosten" und "Gemein-/Einzelkosten" besser analysieren und optimieren.

Sowohl für das Fixkosten- als auch für das Gemeinkostenproblem sind mehrere Komplexitätsfaktoren gleichzeitig verantwortlich. **Fixkosten** werden - in **statischer** Betrachtung - bekanntlich dann zu einem Problem, wenn durch unausgelastete Kapazitäten Leerkosten entstehen. Zu einer Unterauslastung kommt es, wenn die Kapazitäts-Masse und die Beschäftigungs-Masse nicht aufeinander abgestimmt sind. Derartige Fehldimensionierungen gehen letztlich auf das Konto einer schlechten Teilbarkeit von Potentialfaktoren wie auch von Aufgaben. Ein komplexitätsorientiertes Controlling muß folglich für eine aufeinander abgestimmte Dimensionierung von Aufgaben- und Kapazitätsvolumen sorgen. In **dynamischer** Betrachtung provoziert die schlechte zeitliche Veränderlichkeit von Fixkosten einen Vor- bzw. Nachlauf der Kosten gegenüber der Beschäftigung (Kostenpräkurrenz und Kostenremanenz, vgl. Reiß/Corsten 1992, S. 1483 f.). In beiden Fällen schlagen sich fixkostenlastige Kostenstrukturen in einer **Verschwendung** von Ressourcen nieder.

Gemeinkosten bereiten den Controllern deswegen Kopfzerbrechen, weil nur eine unscharfe und insofern vieldeutige Zuordnung zwischen einem Aufgabenpool und einem Ressourcenpool vorgenommen werden kann. Eine verursachungsgerechte Kostenzuordnung auf einzelne Produkte, Projekte oder Prozesse wird unmöglich. Das Gemeinkostenproblem wächst mit der Masse der gepoolten Ressourcen, etwa mit dem Umfang von bürokratisch agierenden Zentralbereichen. Gemeinkostenlastige Kostenstrukturen gehen wegen der bestehenden Kosten-Intransparenz stets mit der Gefahr einer falschen **Verwendung** von Ressourcen einher und verursachen deshalb in aller Regel Opportunitätskosten.

Die Komplexitätsperspektive macht schließlich auch folgendes deutlich: Wesentliche Einflußgrößen auf die Kostenstrukturen stammen aus der **Organisationsgestaltung**. Die Auslastung von Ressourcen hängt u. a. von ablauforganisatorischen Maßnahmen zur optimalen Maschinenbelegung, die Verwendung von Ressourcen vom Grad der aufbauorganisatorischen Zentralisation oder Dezentralisation der Leistungsfunktionen ab. Keiner besonderen Begründung bedarf es, daß organisatorische Entscheidungen einen bestimmenden Einfluß auf die Stellen- und Schnittstellen-Komplexität und damit auf das Mengengerüst der Kosten haben. Genau diese Denkweise liegt bekanntlich auch dem Reengineering-Konzept zugrunde.

Im folgenden soll eine komplexitätsfokussierte Analyse von Kostenstrukturen durchgeführt werden. Als praxisrelevantes Anwendungsgebiet wurden die stellen- und schnittstelleninduzierten Kostenstrukturen ausgewählt, die sich im Gefolge der Einrichtung einer **Projektorganisation** ergeben - eine Organisationsform, die sich in der aktuellen Restrukturierungsszene wachsender Beliebtheit erfreut.

3. Komplexitätscontrolling im Projektmanagement

In der Praxis läßt sich eine explosionsartige Zunahme des Umfangs und eine signifikante Aufwertung der Projektarbeit diagnostizieren (vgl. auch Reiß/Morelli 1994, S. 55 ff.). Dieser Boom steht im Zusammenhang mit der Fülle von Restrukturierungsprojekten, die in Zeiten des Umbruchs initiiert werden. Projektorganisation unterstützt das Change Management in der Führungsorganisation, weil Hierarchie und verkrustete Strukturen durch die flexible Projektarbeit ("Zeltorganisation statt Palastorganisation") umgangen, aufgeweicht und letztlich auch überwunden werden können. Bei klassischen Projekten der Produkt- und Systementwicklung setzt sich immer mehr die Vorfahrtsregel "Projekt vor Linie" durch, weil man die Projektleiter zu Schwergewichtsprojektmanagern macht (wie etwa im Fall der 'Baureihenmanager' bei BMW), damit sie sich besser gegen die Funktionsbereichsinteressen durchsetzen können.

Vor dem Hintergrund einer zunehmenden Breite und "Tiefe" des Projektmanagements ist ein Management der Projektkosten angesagt, das auf dem Gedankengut des Komplexitätsmanagements aufbaut. Nur so läßt sich vermeiden, daß die Projektarbeit selbst zum Komplexitätstreiber wird (vgl. Reiß 1994b, S. 88 ff.). Dieser Verdacht wird durch das Entstehen zusätzlicher Linie-Projekt-Schnittstellen und diverser Intransparenzen infolge der Überlagerung der Linienorganisation durch eine Projektorganisation genährt.

Eine Stärke des komplexitätsfokussierten Projektcontrolling liegt in der besseren Handhabung der projektspezifischen Fixkosten- und Gemeinkosten**strukturen**. Die Optimierung des Niveaus der Projektkosten wird bereits durch das herkömmliche Instrumentarium des Projektcontrolling, sprich durch Kostenschätzungen und -verfolgung, Meilensteinkonzepte u. ä. geleistet. Eine ganzheitliche (simultane) Analyse der Fix- und Gemeinkostenstrukturen auf der Basis des Komplexitätsmanagements trägt auch der Gegenläufigkeit dieser beiden Kostenstruktur-Phänomene Rechnung. So hat sich gerade im Zusammenhang mit der Unternehmenssegmentierung (vor allem der Fertigungs- und Geschäftssegmentierung) ein **Kostenstrukturdilemma** herauskristallisiert: Segmentierung entschärft einerseits die Gemeinkostenproblematik, verschärft aber andererseits die Fixkostenproblematik (vgl. Reiß 1994a, S. 444 ff.).

4. Projektcontrolling von Gemeinkostenstrukturen

Projekt-Linie-Gemeinkosten waren für das Projektcontrolling immer schon ein Thema. Derartige Schnittstellen kommen zustande, weil Projekt und Linie bei den üblichen Formen der Projektorganisation auf dieselben Ressourcen zugreifen. Es findet gewissermaßen ein unternehmensinternes **Leasing** von Projektressourcen statt. Nur im Rahmen der sog. "reinen" oder auch "autarken" Projektorganisation (vgl. etwa Clark/Fujimoto 1992, S. 248 ff.) lassen sich derartige Gemeinkostenprobleme durch Dedizierung von Mitarbeitern, Räumlichkeiten, EDV usw. vermeiden. Allerdings führt diese Dedizierung - wie angedeutet - meist zu einer Verschärfung der Fixkostenproblematik in Form von Leerkosten (vgl. Abschnitt 5.).

Projekt-Projekt-Gemeinkosten bilden eine der zentralen Herausforderungen eines Multiprojekt-Controlling. Derartige Interprojekt-Schnittstellen entstehen auf allen drei Ebenen der Projektorganisation (vgl. Reiß/Grimmeisen 1994, S. 319 ff.): Erstens teilen sich mehrere Projekte einen gemeinsamen **Projekt-Überbau** aus Koordinationseinrichtungen, vor allem einen gemeinsamen Lenkungsausschuß ("Suprastruktur"). Zweitens greifen verschiedene Projekte auf einen gemeinsamen **Projekt-Unterbau** zurück, konkret auf einen Pool von Moderatoren, Experten, Trainern usw. ("Projekt-Infrastruktur"). Drittens kann es auch zu Überschneidungen zwischen den Kern-Mannschaften mehrerer Projekte kommen. In diesen (Ausnahme-) Fällen fungieren dieselben Mitarbeiter gleichzeitig als Bestandteil der **Projekt-Basisstruktur** mehrerer Projekte.

Das Komplexitätsmanagement der Interprojekt-Schnittstellen kreist um den optimalen Zentralisationsgrad einer Multi-Projektorganisation. Die verschiedenen Optionen einer "Autarkisierung" bzw. einer "Poolung" sind anhand der jeweils verursachten Stellenkosten (Ausstattungskosten) und Schnittstellenkosten (Koordinationskosten zwischen Projekten) zu beurteilen, und zwar differenziert nach den drei Ebenen "Überbau", "Unterbau" und "Basisstruktur" der Projektorganisation (vgl. Reiß/Grimmeisen 1994, S. 321). Unter Komplexitätsgesichtspunkten erweisen sich hier vor allem Formen eines **verteilten** Projektmanagements als vielversprechend: Um die hohen Gemeinkosten einer klassischen Poolung in Form einer zentralen Projekt-Infrastruktur zu vermeiden, übernehmen einzelne Projekte als **Kompetenzzentren** bestimmte infrastrukturelle Funktionen der Projektarbeit, etwa die Methodenkompetenz auf den Gebieten Netzplantechnik und Projekt-Software.

5. Projektcontrolling von Fixkostenstrukturen

5.1 Fixkosten im Projekt - Fehlanzeige?

Die Analyse der Fixkostenproblematik im Projektmanagement muß sich zunächst mit der plausiblen These befassen, daß Fixkosten für die flexible und unbürokratische Zeltorganisation gar kein echtes Thema darstellen können. Es wird in der Projektarbeit ja nach dem Leasing-Prinzip vorgegangen, das eine **bedarfsgerechte Alimentierung** der Projekte mit Ressourcen ermöglicht. Durch eine derart maßgeschneiderte Bedarfsorientierung können, so die Argumentation, die Über- bzw. Unterauslastung von Kapazitäten sowie der mit Kapazitätsaufbau und -abbau verbundene Kostenvorlauf (Präkurrenz) bzw. -nachlauf (Remanenz) vermieden werden.

Wer so argumentiert, ignoriert die dem Projektmanagement zugrundeliegende Mechanik der Komplexitätssektoren und Komplexitätsfaktoren. Der "virtuelle" Charakter einer adhocratisch funktionierenden Projektorganisation ("Bedarfsgerechte Verfügbarkeit umfangreicher Ressourcen unter Vermeidung der Nachteile der Masse") schützt nicht vollkommen gegen Leerkosten oder Remanenzkosten. Mit Hilfe der Komplexitätsmechanik lassen sich die verborgenen Fixkostenprobleme aufdecken und diverse, im folgenden skizzierte **Zwickmühlen** einer ganzheitlichen Optimierung von Projektkostenstrukturen besser bewältigen.

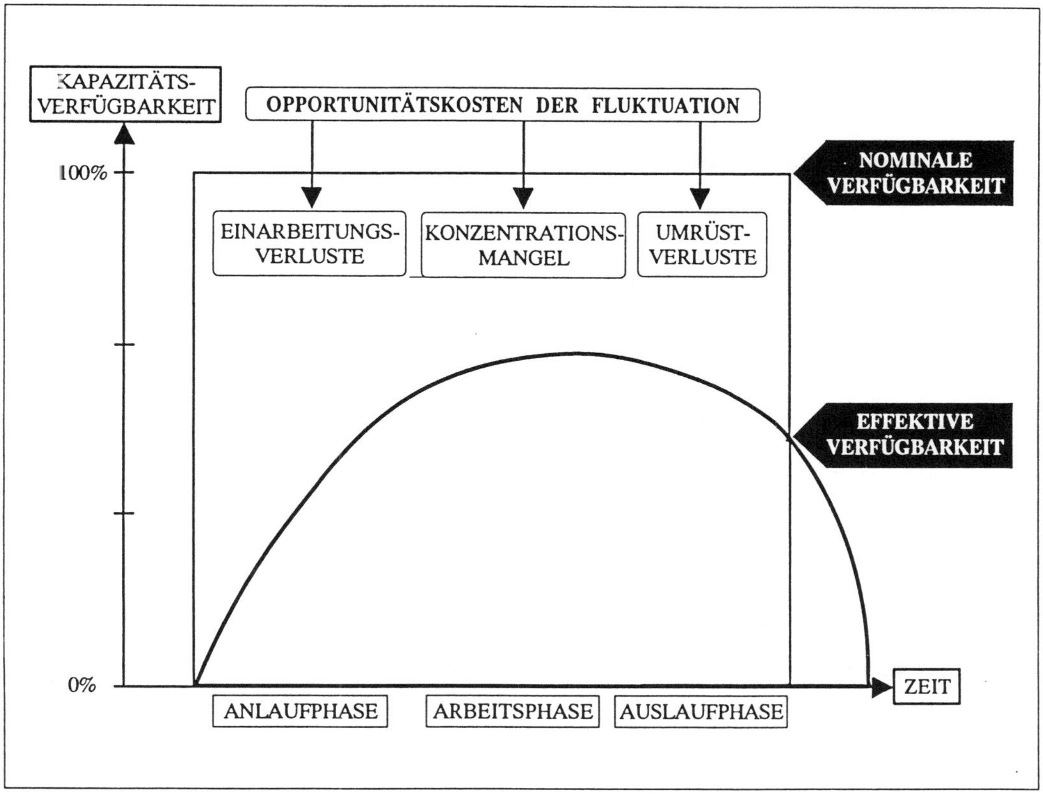

Abb. 3: Nominale versus effektive Verfügbarkeit von Projektmitarbeitern

5.2 Fluktuationskosten

Eine mengen-, art-, orts- und zeitgerechte Bereitstellung von Projektmitarbeitern läßt sich nur über eine variable Freistellung von der Linienarbeit bewerkstelligen. Diese Form der Flexibilität hat aber ihren Preis: Der Wechsel zwischen Linie und Projekt oder zwischen zwei Projekten ist zwangsläufig mit **Fluktuationskosten** verbunden. Es kann nicht davon ausgegangen werden, daß eine (mentale) Verfügbarkeit der Mitarbeiterkapazität von 100% gegeben ist (vgl. Abb. 3). Um die nominale Kapazität auch effektiv zu erreichen, müßten zusätzliche Arbeitskräfte verpflichtet werden, die sich dann allerdings in ausgabenwirksamen Mehrkosten niederschlagen. Andernfalls müßte man Opportunitätskosten veranschlagen, die sich bspw. durch eine Verlängerung der Projektlaufzeit ergeben. Zu erklären sind die Fluktuationskosten mit "geistigen Rüstzeiten" (Umstellung, Einarbeitung, Entlernen usw.). Diese können ihren Ursprung in der Unterschiedlichkeit der fachlichen Aufgaben oder in den unterschiedlichen Arbeitsbedingungen (hierarchisch/partizipativ, Einzelarbeit/Gruppenarbeit usw.) haben.

5.3 Kostenpräkurrenz und Kostenremanenz

Zur Vermeidung von Fluktuationskosten wird nun von einigen Autoren vorgeschlagen (vgl. z. B. Vetter/Wiesenbauer 1994, S. 228), einen Freistellungsgrad der Projektmitarbeiter von 100% sicherzustellen. Darunter leidet allerdings der Charme der flexiblen "Leasing-Lösung" einer schnell auf- und abbaubaren Zeltorganisation. Man ist dann gezwungen, das Projekt via **Autarkisierung** zu "institutionalisieren" und provoziert damit häufig eine zeitliche Diskrepanz zwischen Inanspruchnahme und Verfügbarkeit der Projekt-Manpower: Angesichts der Unsicherheit von Projekten, etwa der Verzögerung von Projektstart und/oder -ende, des eventuellen Projektabbruchs, des Abspeckens oder Aufbohrens von angelaufenen Projekten erscheint eine exakte Synchronisierung von Kapazitätsangebot und -nachfrage unmöglich. Es kommt folglich zu **Kostenpräkurrenz** und/oder Kostenremanenz. Selbst bei sicheren Routineprojekten muß häufig schon vor Projektstart in die projektspezifische Infrastruktur (z. B. bauliche Veränderungen für einen adäquaten Projektarbeitsraum) oder in die Qualifikation der Projektmitarbeiter investiert werden. Zudem stellt sich das Problem, daß die Ausgliederung der Mitarbeiter aus der Linie genau mit dem Projektstart zusammenfallen muß, wenn wartezeitinduzierte Leerkosten (ebenfalls präkurrente Kosten) vermieden werden sollen.

Bei der **Kostenremanenz** handelt es sich um einen altbekannten Fixkosteneffekt. Durch eine vollständige Freistellung der Mitarbeiter hält diese Problematik auch in das Projektcontrolling Einzug. Denn bei sinkendem Kapazitätsbedarf können die Personalkosten nicht entsprechend angepaßt werden, was Leerkosten zur Folge hat. Bei Abschluß des Projektes stellt sich das Problem des Übergangs zur Linie ähnlich wie bei der Präkurrenz. Um in dieser Phase Leerkosten zu vermeiden, müßte ein perfektes Wiedereingliederungstiming gelingen.

5.4 Outsourcing von Projektressourcen

Als Radikalkur gegen Vor- und Nachlauf von Kosten, ja gegen Projektfixkosten überhaupt, wird mitunter das Outsourcing von Projektleistungen in Erwägung gezogen. Durch ein externes Leasing von Promotorenkapazität, mittels Management auf Zeit, von freien Beratern fremdbezogene Methodenunterstützung usw., bekommen die hierdurch entstehenden Personalkosten **variablen** Charakter, da der Leistungsbezug bedarfsgerecht gesteuert werden kann und die Kosten damit im Normalfall auch kurzfristig abbaubar sind (z.B. Kündigung eines Beratervertrages).

Den unbestreitbaren Vorteilen der Fixkostenumwandlung stehen jedoch erhebliche Nachteile gegenüber, die aus **Schnittstellenproblemen** resultieren. Zunächst ist damit zu rechnen, daß auch die Unternehmensberatung hausintern keine perfekte Personaleinsatzplanung für die verschiedenen Klientenaufträge realisieren kann und die daraus entstehenden "Leerlauf-Kosten" der Präkurrenz bzw. Remanenz über das Honorar auf den Klienten überwälzt. Außerdem wird der Berater durch höhere Einarbeitungskosten gegenüber der Eigenerstellungsalternative teurer. Weitaus stärker fallen im Make or Buy-Kalkül jedoch die höheren **Transaktionskosten** ins Gewicht (einschließlich der Vorsichtsmaßnahmen zur Vermeidung von Know-how-Verlust usw.), die gewissermaßen den Preis für die erzielte Umwandlung von fixen in variable Kosten darstellen (zu Transaktionskosten vgl. Picot/Dietl 1990).

Weitere Vor- und Nachteile des Eigen- bzw. Fremdbezugs von Leistungen zur Projektpromotion sind der Abb. 4 zu entnehmen. In dieser Abbildung wird vereinfachend von einem konstanten Bedarf an Beratungsleistungen (Fach-, Methoden- und Sozialkompetenz) ausgegangen, der entweder unternehmungsintern oder -extern zu befriedigen ist. Wichtig ist dabei auch, daß bei strategischen Projekten, wie z. B. Reengineeringvorhaben immer eine Kombination der Beratungsquellen gewählt werden sollte, um die spezifischen Nachteile von internen und externen Promotoren wenigstens teilweise zu kompensieren.

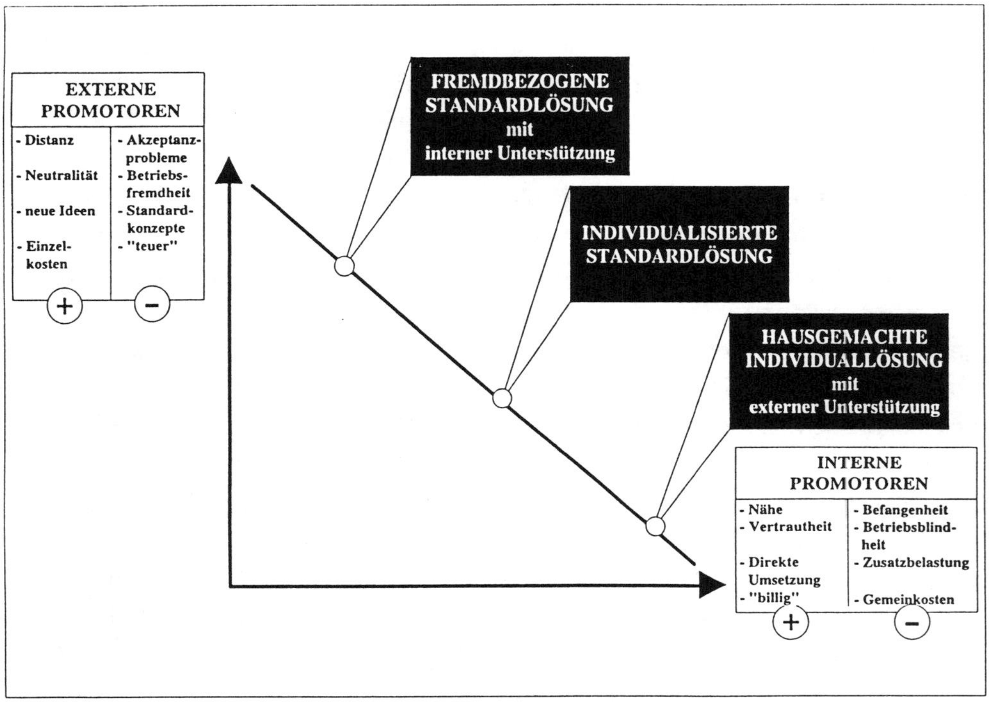

Abb. 4: Kombination von externen und internen Promotoren

5.5 Redimensionierung von Projektauftrag und Projektressourcen

Anstelle der nicht rundherum überzeugenden Outsourcing-Lösung kommt für eine radikale und proaktive Handhabung des Fixkostenproblems durch Fixkostenvermeidung auch eine unternehmensinterne Lösung in Betracht. Hierzu bedarf es einer Optimierung der Intraprojekt-Schnittstellen zwischen den Teilprojekten, um so zu einer **abgestimmten Dimensionierung von Projektaufgabe und Projektressourcen** zu gelangen. Zu diesem Zweck ist sowohl für eine erhöhte **Teilbarkeit** der Projektressourcen als auch der Aufgabenpakete innerhalb eines Projektes zu sorgen. Die Dekomposition eines Projektes in einzelne Aufgabengebiete muß dabei kongruent und synchron mit der Ressourceneinsatzplanung erfolgen.

Soll also ein Projekt möglichst autark mit eigenen Ressourcen ausgestattet und ohne Leerkosten abgewickelt werden, müssen die Teilprojekte aufgabenseitig auch genügend groß geplant werden, um eine Unterauslastung der dedizierten Ressourcen zu vermeiden. Aber auch die optimale Dekomposition eines Projekts stellt ein echtes Optimierungsproblem dar (vgl. Nayak 1990, S. 16) und läßt sich folglich nicht über die Bildung von rein formal definierten Projekt-Einheiten (z. B. Tagespensen) lösen. Die Handhabung der Schnittstellen zwischen Teilprojekten vollzieht sich in einem Spannungsfeld zwischen zwei gegenläufigen Zielen, nämlich der optimalen **Koordination** zwischen den Teilprojekten einerseits und der optimalen **Motivation** der Projektmannschaft andererseits. Größer dimensionierte Projekte vereinfachen in aller Regel die Koordinationsarbeit (mehr interne, weniger übergreifende Schnittstellen), während kleinere Einheiten infolge ihrer Überschaubarkeit motivationsfördernder sind (vgl. Reiß 1995, S. 540 ff.).

5.6 Umlastung und Umsetzung

Existierende Disparitäten zwischen Projektaufgabe und Projektkapazitäten lassen sich reaktiv durch Strategien der **Fixkostenflexibilisierung** handhaben (vgl. Oecking 1993, S. 83 ff.). Da die meisten Projekte in einer Multiprojekt-Umgebung eingebettet sind, kann man eine **Umsetzung** (etwa von Spezialisten für Projektmanagementtechniken) oder eine **Umlastung** von Arbeitspaketen zwischen "benachbarten" Projekten mit "verwandter" Projektaufgabe und vergleichbarer Personalqualifikation ins Auge fassen. Konkret könnte man sich bspw. vorstellen, daß der Pkw-Bereich eines Automobilherstellers bei Zeitdruck Teile einer neu zu entwickelnden Radaufhängung bei der Lkw-Sparte in Auftrag gibt, wo sich Projekte mit gleichen oder ähnlichen Fragen beschäftigen und zudem nicht voll ausgelastet sind, weil bspw. das Nutzfahrzeugprojekt in Verzug geraten ist. Für das Gesamtunternehmen wäre dieser Synergieeffekt doppelt vorteilhaft: Zum einen bräuchte im Pkw-Bereich kein Kapazitätsaufbau vorgenommen werden und zum anderen würden in der Lkw-Sparte die Leerkosten reduziert.

Die Entschärfung der Leerkostenproblematik geht allerdings einher mit zunehmenden Koordinationskosten (vgl. Abschnitt 6.). Im Rahmen eines fixkostenorientierten Projektmanagements wird dann zu klären sein, welche Koordinationsmechanismen für die beiden praxisnahen und realistischen Strategien der Kapazitätsumsetzung bzw. Arbeitsumlastung zwischen Projekten zur Verfügung stehen.

6. Interprojekt-Koordination zur Handhabung von Fixkostenproblemen

6.1 Koordinationsbedarfe und Koordinationsinstrumente

Das schnittstellenfokussierte Projektcontrolling trägt der Tatsache Rechnung, daß alle Formen der Umlastung bzw. Umsetzung zwischen Projekten einen Koordinationsbedarf nach sich ziehen, der nicht "zum Nulltarif" gedeckt werden kann. Als Determinanten dieses Bedarfes lassen sich
- die Zahl der Projekte,
- die Heterogenität der Projektaufgaben und erforderlichen Mitarbeiterkompetenzen,
- der Grad der Rivalität (oder Komplementarität) zwischen den Projekten,
- die Dauer der Projekte und
- das Selbstorganisationspotential der Mitarbeiter

feststellen. Je stärker oben genannte Indikatoren ausgeprägt sind (Ausnahme: je geringer das Selbstorganisationspotential), umso größer ist der Koordinationsbedarf zwischen den Projekten.
Bei dieser Interprojekt-Koordination geht es konkret um die Ressourcenzuteilung und um die Prioritätenfestsetzung bei verschiedenen Projekten. Für die Koordination können im wesentlichen zwei Archetypen der Projektkoordination (vgl. Laux/ Liermann 1993, S. 212 ff.) zum Einsatz kommen: Die zentrale, **planwirtschaftliche** Koordination über den Lenkungsausschuß als Koordinationsorgan oder die dezentrale, **marktwirtschaftliche** Koordination zwischen den Projekten über ein Börsen- oder ein Basar-Modell.

6.2 Projektkoordination durch den Lenkungsausschuß

Koordinationsarbeit wird typischerweise vom Lenkungsausschuß als dem Überbau ("Suprastruktur") der Projekte geleistet, der darüber hinaus noch die Koordination der Projekte mit der Linie gewährleistet und je nach Projektorganisation auch innerhalb eines Projektes koordinierend tätig wird. Typische Vertreter dieser Suprastruktur sind Lenkungsausschüsse, Synergieausschüsse, Steuerungsteams sowie Planungs- und Kommunikationsgremien (vgl. Burghardt 1993, S. 83 ff.).

Grundsätzlich ist der Lenkungsausschuß dazu prädestiniert, auch für einen Ausgleich zwischen den Projektkapazitäten und -aufgaben zu sorgen. Durch die exponierte Stellung außerhalb der eigentlichen Projektarbeit, die in der Regel noch durch das hierarchische Potential der Ausschußmitglieder verstärkt wird, gelingt es, den **Überblick** über die verschiedenen Projekte eines Unternehmens zu behalten. Im Rahmen eines so organisierten Multiprojektmanagements darf darauf vertraut werden, daß Fehlallokationen von Projektressourcen aufgrund zu geringer Kenntnisse über das Projektspektrum eines Unternehmens vermieden werden. Unter Fehlallokation ist dabei die aus Gesamtunternehmenssicht suboptimale Ressourcenverteilung auf die Projekte zu verstehen (z. B. entgangene Synergien oder eine leerkostenverursachende Kapazitätszuteilung).

Demgegenüber muß befürchtet werden, daß einer zentralen Koordination der Ressourcen via Suprastruktur der notwendige **Durchblick** fehlt. Dies könnte dadurch zu einer Fehlallokation führen, daß der Lenkungsausschuß nicht mehr genügend Nähe zu den Projekten besitzt und damit nicht mehr ausreichend über die tatsächlichen Bedarfe, Risiken usw. der einzelnen Projekte informiert ist. Abhilfe könnten hier aussagefähige, aber aufwendige Projektinformationssysteme schaffen.

Ein weiterer Nachteil der zentralen Koordination auf **Verhaltensebene** ist die negative Wirkung auf die Motivation der Projektleiter (und unter Umständen auch auf die der Projektmitarbeiter). Die Projektverantwortlichen haben nur die Möglichkeit der Bedarfsformulierung, wirken aber ansonsten am Entscheidungsprozeß über die Ressourcenallokation nicht mit. Dies führt bisweilen zu Dysfunktionalitäten, die sich bspw. in über dem Bedarf liegenden Forderungen niederschlagen, ein projektspezifisches Budget Game, das wiederum bei entsprechender Zuteilung zu Überkapazitäten und damit Leerkosten führt. Zur Vermeidung dieser unerwünschten Effekte eignet sich möglicherweise eine stärkere Partizipation der Projektverantwortlichen am Budgetierungsprozeß.

6.3 Börsen-Modell der Projektkoordination

Eine weniger zentralistische Koordination des Kapazitätsausgleichs ist über das marktwirtschaftliche Instrument einer **Börse** möglich. Dabei wird den Projektverantwortlichen mehr Eigeninitiative und Selbstabstimmung zugestanden: Die Verantwortlichen der einzelnen Projekte melden ihren Bedarf bzw. Überschuß (an Aufgaben bzw. Ressourcen) an eine zentrale Clearingstelle, eben die Börse, die versucht, zu einem Ausgleich von Angebot und Nachfrage zu kommen (vgl. auch Luhmer 1992, S. 558). Hier wird bereits deutlich, daß für die ausgetauschten Kapazitäten bzw. Arbeitspakete auf jeden Fall von der Börse eine Art Preis festgelegt werden muß, denn ansonsten wäre es illusionär zu glauben, daß Projektleiter freie Kapazitäten melden würden. Letztlich wird dieser Preis nicht zur Markträumung führen, da sich eine zentrale Börse auch ein gewisses Steuerungspotential erhalten sollte, mit dem sie Partialoptimierungen einzelner Projekte vermeidet. Mit anderen Worten sind die anzusetzenden Verrechnungssätze für Mitarbeiter oder technische Anlagen auch durch das Ziel der Gesamtoptimierung auf Unternehmensebene bestimmt. Damit kann gewährleistet werden, daß eine solche Börse durch den direkten Kontakt mit den Projektleitern die erforderliche Nähe (den Durchblick) behält, darüber hinaus aber auch das übergeordnete Interesse des Gesamtunternehmens berücksichtigt, so daß ebenso für den erforderlichen Überblick gesorgt ist. Das Risiko der Fehlallokation ist vergleichsweise gering. Allerdings kommen auf das Unternehmen zusätzliche Kosten für die Einrichtung der Börse (Personal, Informationssysteme, Kosten der Ausschreibung von Arbeitspaketen) zu, die allesamt als Koordinationskosten (Transaktionskosten) zu qualifizieren sind. Unter Motivationsgesichtspunkten ist das Modell einer Börse sicher nicht optimal, da die Projektleiter nur begrenzten Einfluß auf die (Verrechnungs-)Preisfindung haben, und damit nur eine eingeschränkte unternehmerische Initiative (im Sinne eines Intrapreneuring) entfalten werden.

6.4 Basar-Modell der Projektkoordination

Den höchsten Partizipationsgrad der Betroffenen ermöglicht das durch gegenseitige direkte Verhandlungen zwischen den Projekten gekennzeichnete Basar-Modell. Im Falle von Überschüssen oder Engpässen muß der betroffene Projektleiter Kontakt mit den übrigen Projektverantwortlichen aufnehmen und mit ihnen in eine regelrechte Verhandlung über Objekte und Bedingungen der Überlassung eintreten. Es sind dann bilateral die Quantität, Dauer, evtl. Qualität und der Preis der Ressourcenüberlassung/Dienstleistung festzulegen. Dieses marktwirtschaftlichste aller Modelle krankt an der mit der Anzahl der Projekte exponentiell zunehmenden Zahl der erforderlichen Transaktionen. Es ist folglich im Vergleich zur Börse mit **höheren Transaktionskosten** verbunden, wenn davon ausgegangen wird, daß das Wertgerüst (z. B. Stundensätze der verhandelnden Personen) bei beiden Modellen unverändert bleibt. Weiterhin besteht die Gefahr, daß es durch zweiseitige Verhandlungen zur Bildung von Suboptima kommt und damit zu Fehlallokationen. Es wäre z. B. vorstellbar, daß es einem besonders geschickten Verhandlungsführer gelingt, Ressourcen zu beschaffen, die für ein aus Unternehmenssicht wichtigeres Vorhaben dringender benötigt würden. Der große Vorteil der Basar-Lösung kann folglich nur in der **Motivationssteigerung** bei den Projektleitern und unter Umständen auch der übrigen Teammitglieder liegen, die als Unternehmer agieren und sich ihre Ressourcen über interne Märkte selbst beschaffen dürfen.

7. Ausblick: Die zwei Gesichter der Fixkosten

Das Controlling von Projektkosten innerhalb eines Multiprojektmanagements muß auf der Basis eines umfassenden und ganzheitlich angelegten Optimierungsansatzes in Angriff genommen werden. Nur so kann man die zahlreichen, mitunter verborgenen Zwickmühlen und Dilemmata bewältigen, die sich aus Gegenläufigkeiten zwischen Gemeinkosten- und Fixkostenproblematik, zwischen Bereitstellungs- und Transaktionskosten usw. ergeben. Und nur so läßt sich verhindern, daß man bei den Optimierungsbemühungen lediglich vom Regen in die Traufe gelangt. Das komplexitätsfokussierte Projektcontrolling liefert einen derart umfassenden Gestaltungsrahmen. Durch die Berücksichtigung mehrerer Komplexitätsfaktoren (Anzahl, Schnittstellendichte, Intransparenz, Unsicherheit, Instabilität usw.) sowie der zwischen diesen bestehenden "Komplexitätsmechanik" gelingt es, das äußerst komplexe Mengengerüst der relevanten Projektkosten flächendeckend im Auge zu behalten. Lassen sich die Kosten zumindest näherungsweise abschätzen, kann eine Projektstruktur gefunden werden, die sich nach Saldierung der gegenläufigen Kosten als die relativ günstigste erweist. Durch sie lassen sich die Gemein- und Fixkostenprobleme und die damit gekoppelten Risiken der Fehlverwendung bzw. der Verschwendung von Projektressourcen in Grenzen halten.

Abschließend soll klargestellt werden, daß ein komplexitätsfokussiertes Controlling die Fixkosten keinesfalls radikal und undifferenziert bekämpft. Fixkosten können bekanntlich entsprechend dem Nutzungsgrad der sie begründenden Kapazitäten in Nutz- und Leerkosten unterteilt werden. Entsprechend implizieren Leerkosten immer auch verfügbare Kapazitäten für den unvorhergesehenen Bedarfsfall. Der hierin enthaltene "**organizational slack**" stellt eine wertvolle Waffe im Kampf gegen Unsicherheiten dar. Diese Feststellung gilt ganz allgemein und speziell für das Management von Projekten, die von Natur aus mit erheblichen Risiken behaftet sind. Kein Projektmanager kann es sich langfristig leisten, vollkommen auf Personalreserven, Ersatz-Rechner, Verfügungsräume usw. zu verzichten. Aus diesem Grund haben Slack-Potentiale eine notwendige Funktion als "Quelle" von Flexibilität (vgl. Bleicher 1979, S. 60 f.). Bei zu üppiger Reservehaltung liegt allerdings ein Verschwendungsphänomen vor, so daß sich ein Optimierungsproblem bezüglich der adäquaten Slack-Ausstattung und damit auch bezüglich der tolerierbaren Höhe von Leerkosten ergibt (vgl. Weidermann 1984, S. 103).

Literaturverzeichnis

Wolfgang Becker, Komplexitätskosten; in: Kostenrechnungspraxis, Heft 3, 1992, S. 171 - 173

Knut Bleicher, Unternehmungsentwicklung und organisatorische Gestaltung, Stuttgart, New York 1979

Manfred Burghardt, Projektmanagement, 2. Auflage, Berlin, München 1993

Kim B. Clark / Takahiro Fujimoto, Automobilentwicklung mit System, Frankfurt/Main, New York 1992

Wolfgang Dernbach, Komplexitätsreduzierung - Wie Sie Ihre Reaktions- und Kostenflexibilität zurückgewinnen können; in: Kompetenz, Heft 15, 1992, S. 37 - 48

Thomas M. Fischer, Variantenvielfalt und Komplexität als betriebliche Kostenbestimmungsfaktoren; in: Kostenrechnungspraxis, Heft 1, 1993, S. 27 - 31

Eberhard Groetschel, Matrixprojektorganisation, München 1989

Péter Horváth (Hrsg.), Synergien durch Schnittstellen-Controlling, Stuttgart 1991

Helmut Laux / Felix Liermann, Grundlagen der Organisation, 3. Auflage, Berlin u. a. 1993

Manfred Layer, Prognose, Planung und Kontrolle fixer Kosten; in: Kostenrechnungspraxis, Heft 2, 1992, S. 69 - 76

Alfred Luhmer, Fixkosten-Controlling: Ökonomische Grundlagen und Kalküle; in: Spremann, K. / Zur, E. (Hrsg.), Controlling, Wiesbaden 1992, S. 541 - 569

Fredmund Malik, Strategie des Managements komplexer Systeme, 3. Auflage, Bern, Stuttgart 1989

P. Ranganath Nayak, Planning Speeds Technological Development; in: Planning Review, Nov./Dec., 1990, S. 14 - 19

Georg F. Oecking, Strategisches und operatives Fixkostenmanagement; in: Controlling, Heft 2, 1993, S. 82 - 90

Dieter Pfaff, Fix- und Gemeinkostenallokation im Lichte der ökonomischen Theorie; in: Die Unternehmung, Heft 3, 1994, S. 183 - 196

Arnold Picot / Helmut Dietl, Transaktionskostentheorie; in: Wirtschaftswissenschaftliches Studium, Heft 4, 1990, S. 178 - 184

Arnold Picot / Ralf Reichwald / Horst G. Schönecker, Eigenerstellung oder Fremdbezug von Organisationsleistung - ein Problem der Unternehmensführung (II); in: Office Management, Heft 10, 1985, S. 1029 - 1034

Michael Reiß, Optimieren der Unternehmenskomplexität; in: io Management Zeitschrift, Heft 7/8, 1992, S. 40 - 43

Michael Reiß, Komplexität beherrschen durch 'Orga-Tuning'; in: Reiß, M. / Gassert, H. / Horváth, P. (Hrsg.), Komplexität meistern - Wettbewerbsfähigkeit sichern, Stuttgart 1993a, S. 1 - 41

Michael Reiß, Komplexitätsmanagement, Teil I und II; in: Das Wirtschaftsstudium, Heft 1 und 2, 1993b, S. 54 - 60 und S. 132 - 137

Michael Reiß, Unternehmertum als Herausforderung für das Controlling; in: Scheer, A.-W. (Hrsg.), Rechnungswesen und EDV, 15. Saarbrücker Arbeitstagung, Heidelberg 1994a, S. 439 - 454

Michael Reiß, Optimale Komplexität von Führungsorganisationen; in: Die Unternehmung, Heft 2, 1994b, S. 83 - 97

Michael Reiß, Reengineering: radikale Revolution oder realistische Reform; in: Horváth, P. (Hrsg.), Kunden und Prozesse im Fokus, Stuttgart 1994c, S. 9 - 26

Michael Reiß, Temporäre Organisationsformen des Technologiemanagements; in: Zahn, E. (Hrsg.), Handbuch Technologiemanagement, Stuttgart 1995, S. 521 - 552

Michael Reiß / Hans Corsten, Gestaltungsdomänen des Kostenmanagement; in: Männel, W. (Hrsg.), Handbuch Kostenrechnung, Wiesbaden 1992, S. 1478 - 1491

Michael Reiß / Markus Grimmeisen, Kostentransparenz im strategischen Projektcontrolling; in: Kostenrechnungspraxis, Heft 5, 1994, S. 317 - 323

Michael Reiß / Frank Morelli, Projektmanagement im Zeichen von Lean Management; in: Office Management, Heft 3, 1994, S. 54 - 58

Michael Roever, Tödliche Gefahr - Ein verhängnisvolles Leiden grassiert: Überkomplexität; in: Manager Magazin, Heft 10, 1991, S. 218 - 233

Günter Rommel u. a., Einfach überlegen: das Unternehmenskonzept, das die Schlanken schlank und die Schnellen schnell macht, Stuttgart 1993

Norbert Scharfenkamp, Organisatorische Gestaltung und wirtschaftlicher Erfolg, Berlin, New York 1987

Christof Schulte, Komplexitätsmanagement; in: Schulte, Ch. (Hrsg.), Effektives Kostenmanagement: Methoden und Implementierung, Stuttgart 1992, S. 83 - 94

Rolf Vetter / Ludwig Wiesenbauer, Teamarbeit - Kritischer Erfolgsfaktor im Projekt; in: Zeitschrift Führung + Organisation, Heft 4, 1994, S. 226 - 231

Peter H. Weidermann, Das Management des Organizational Slack, Wiesbaden 1984

Höhere Effektivität des Controlling durch Nutzung der Früherkennungsphilosophie

Ulrich Bertram

1. Anforderungen an eine erfolgreiche Unternehmenssteuerung

Die Qualität unternehmerischer Entscheidungen hängt wesentlich von den ihr zugrundeliegenden Informationen ab. Ein Steuerungskonzept muß folglich sicherstellen, daß die "richtigen" Informationen zum "richtigen" Zeitpunkt an der "richtigen" Stelle in die Entscheidungsprozesse eines Unternehmens einfließen. Diese Anforderung schlägt sich in folgenden **Gestaltungsproblemen** nieder:

- Zunächst ist die Frage nach dem Umfang der benötigten Informationen zu beantworten ("Mengenproblem").
- Eng damit verknüpft ist der Aspekt der Entscheidungsrelevanz der jeweiligen Information ("Qualitätsproblem").
- Aktualität und damit Frequenz der Informationsbeschaffung und -bereitstellung sind festzulegen ("Zeitproblem").
- Letztlich ist das Problem zu lösen, wie eine Information vom Ort ihrer Entstehung bzw. ihres Bekanntwerdens an die Stelle bzw. zu der Person gelangt, wo sie benötigt wird ("Kommunikationsproblem").

Die Frage nach dem richtigen Rezept zur Lösung dieser Probleme wird in der Praxis seit vielen Jahren durch die Einführung von - meist sehr aufwendigen - Controlling-Systemen beantwortet. Treffsichere Steuerungsimpulse liefern diese Systeme allerdings nur, solange das jeweilige Unternehmen nicht mit gravierenden Wandlungsprozessen in seinem Umfeld konfrontiert wird. Schmerzvolle Erfahrungen in vielen Branchen zeigen seit rund 20 Jahren die Grenzen des Controlling-Ansatzes auf.

Einen theoretischen **Lösungskeim** zur Beseitigung dieser Schwachstellen bietet das schon in den 70er Jahren von Ansoff entwickelte Konzept der "Strategischen Reaktionen auf Schwache Signale". Den auf diesem Gedankengut basierenden Früherkennungssystemen war in der Praxis bisher jedoch wenig Erfolg beschieden. So titelte die Wirtschaftswoche erst jüngst "Hellauf entsetzt: Die meisten strategischen Planungssysteme unterdrücken schwache Signale neuer Trends" (vgl. Deutsch 1994, S. 86).

In diesem Artikel wird den Ursachen für ein mögliches Versagen des Controlling auf den Grund gegangen und ein Vorschlag unterbreitet, wie Controlling-Systeme durch Einbezug der **Früherkennungsphilosophie** effektiver gestaltet werden können (die folgenden Überlegungen beruhen im wesentlichen auf Bertram 1993).

2. Wirkprinzip und Leistungsgrenzen des Controlling

2.1 Aufgabenstellung und -verteilung im Rahmen des Controlling

Die Grundidee des Controlling besteht in der Sicherstellung der Erreichung der Unternehmensziele, insbesondere durch eine zielgerichtete Koordination aller Maßnahmen auch über Bereichsgrenzen hinaus. Dies umfaßt die Entwicklung und Implementierung einer "zukunftsorientierten Steuerungsphilosophie" und die zu ihrer Realisierung notwendigen Instrumente. In der Praxis werden mit der Einführung von Controlling-Systemen häufig folgende **Erwartungen** verbunden:

- Formulierung und regelmäßige Überprüfung einer Unternehmensstrategie,
- bessere Operationalisierung und Durchsetzung der daraus resultierenden Unternehmensziele,
- abgestimmte Planungs- und Steuerungsprozesse über alle Unternehmensbereiche und -ebenen,
- schnellere Reaktion auf Veränderungen durch gezielte Gegensteuerungsmaßnahmen,
- koordinierte, bedarfsgerechte Information der Entscheidungsträger,
- betriebswirtschaftlich fundierte Entscheidungsfindung.

Der Controlling-Ansatz dient damit primär der **Optimierung von Entscheidungen** in Richtung auf die Unternehmensziele. Die Verantwortung hierfür liegt gemeinschaftlich bei Führungskräften und Controllern. Die Aufgabe der Führungskräfte ist es dabei, für ihren Verantwortungsbereich Ziele zu setzen, zu planen, Maßnahmen zu entwickeln und zu entscheiden. Sie sind verantwortlich für die Zielerfüllung und müssen daher permanent den Grad ihrer Zielerreichung beobachten und bei wesentlichen Abweichungen Steuerungsmaßnahmen ergreifen. Die Hauptaufgabe der Controller ist die Unterstützung der Entscheidungsträger bei deren Arbeit. Zu diesem Zweck haben sie Instrumente zu entwickeln, Informationen zu liefern, Analysen durchzuführen etc. Ein Controller ist dabei vor allem für die Abstimmung sämtlicher Aktivitäten als Koordinator zuständig. Dies beinhaltet beispielsweise auch eine Vermittlerrolle zwischen den Führungskräften, in der er insbesondere dafür sorgen muß, daß übergreifende Zielsetzungen und Strategien berücksichtigt werden (vgl. Horváth 1990, S. 27f.).

2.2 Der "klassische" Controlling-Prozeß

Institutionalisiert werden die Aufgabenstellungen des Controlling in Planungs- und Kontrollsystemen, durch die sowohl die Zuständigkeiten und Verantwortlichkeiten von Führungskräften und Controllern als auch die einzusetzenden Instrumente detailliert geregelt werden. Hiermit werden auch Einzelfaktoren wie relevante Planungsgrößen, Aufbau der Pläne, Berichtszyklen, Planungs- und Prognosemethoden, Abstimmregelungen, Informationsbedarf, technische Unterstützung etc. festgelegt. Die Funktionsweise heute gängiger Systeme basiert dabei auf dem Wirkprinzip des Controlling-Prozesses (vgl. hierzu Abbildung 1).

Die **Idee des Controlling** reicht über den reinen Plan-Ist-Vergleich (Ergebniskontrolle), die zugehörigen Abweichungsanalysen und die daraus resultierenden Korrekturmaßnahmen hinaus ("rechter Zweig"). Der **Controlling-Prozeß** umfaßt vielmehr **zusätzlich Prämissen-** und **Planfortschrittskontrollen**, durch die auch - potentielle - künftige Entwicklungen in die Entscheidungen mit einfließen können ("linker Zweig"). Hierzu ist es zum einen erforderlich, nicht nur die schon eingetretenen Ergebnisse des betrieblichen Transformationsprozesses mit der ursprünglichen Planung abzugleichen, sondern bereits während der Realisierung Überlegungen bezüglich des erwarteten Ergebnisses anzustellen und dann dieses auf die Erfüllbarkeit der Planung hin zu analysieren ("Forecast"). Zum anderen ist auch die Berücksichtigung potentieller Störungen aus der Unternehmensumwelt Bestandteil des Controlling-Prozesses. Hierbei kann sich die Notwendigkeit von Plankorrekturen oder sogar direkter Gegensteuerungsmaßnahmen ergeben, wenn bei der Planung unterstellte Prämissen, bezüglich Marktentwicklung etc. keine Gültigkeit mehr haben (vgl. Bertram 1993, S. 53 f.).

2.3 Leistungsgrenzen von Controlling-Systemen

Trotz der Anwendung von Controlling-Systemen werden Unternehmen immer wieder von unerwarteten Entwicklungen überrascht. Liegt dies an individuellen Fehlern dieser Unternehmen bei der Umsetzung des Controlling? Oder existieren objektive Leistungsgrenzen im Wirkprinzip des Controlling-Prozesses? (Vgl. hierzu und zum folgenden Bertram 1993, S. 116-126)

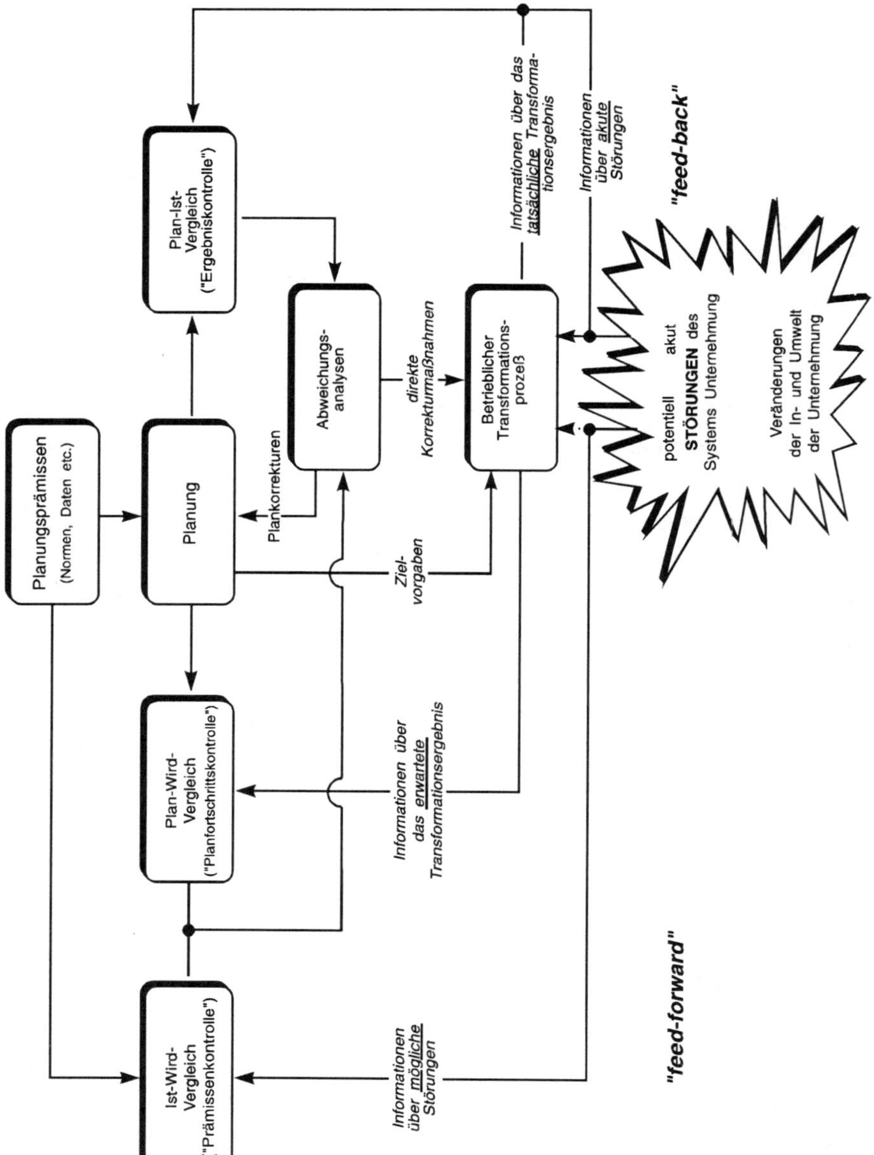

Abb. 1: Der "klassische" Controlling-Prozeß

Der **Erfolg des Controlling** in der Praxis hängt zunächst ganz wesentlich davon ab, wie es in einem Unternehmen ausgestaltet wird und in welchem Grad die Einbettung in das gesamte Führungskonzept eines Unternehmens gelungen ist. Merkmale für eine erfolgreiche Implementierung sind ein gutes Planungsklima und -bewußtsein, zielorientierte Führung mit einem hohen Maß an Planungs- und Kontrollbeteiligung aller Verantwortlichen, die Möglichkeit, aus Fehlern lernen zu dürfen, sowie entsprechende Aus- und Weiterbildungsmaßnahmen. Sind diese Faktoren nicht erfüllt, entsteht häufig eine "Controller-Bürokratie", die sich nur mit sich selbst beschäftigt und keinen Einfluß mehr auf die tatsächlichen Entscheidungen hat. Ursprüngliche Funktionen des Controlling, wie das Wecken von Kreativität und Eigeninitiative bei den Verantwortlichen sowie Nutzung ihrer Erfahrungen und ihres Gespürs für künftig notwendige Aktivitäten bleiben dann in den formalisierten Systemen ungenutzt. Diese Erfahrung mußten viele größere Unternehmen schon in den 80er Jahren machen.

Daneben gibt es jedoch **Grenzen**, die mit der Idee des Controlling grundsätzlich verbunden sind und dessen Leistungsfähigkeit in bestimmten Situationen einschränken. Die wesentliche Leistung eines Controlling-Systems besteht darin, das komplexe Unternehmensgeschehen und seine Umwelt auf erfolgs- und zielrelevante Faktoren zu reduzieren. Im Rahmen des Controlling-Prozesses findet in der Planungsphase eine Auswahl von zu beplanenden Faktoren (wie z. B. Umsatz, Kosten, Produktionsmengen) statt. Hierdurch wird zwangsläufig die Leistungsfähigkeit der darauf aufbauenden Kontrollen auf die ausgewählten Planungsgrößen beschränkt, d. h. mittels Controlling wird immer nur der Teil der relevanten Unternehmenswirklichkeit erfaßt, der zum Planungszeitpunkt wichtig erscheint.

Vor diesem Hintergrund wird ein **weiteres** - noch gravierenderes - **Problem** sichtbar, das sich aus dem grundlegenden Wirkprinzip des Controlling ergibt. Strategien und Pläne sind nämlich das Ergebnis eines Transformationsprozesses, in den gezielt neben den Werturteilen der Planenden auch ein vorher definierter Umfang an Informationen eingeht und zwar genau in der Menge, Qualität und zeitlichen Frequenz, die zur Handhabung des jeweiligen, spezifischen Controlling-Systems erforderlich ist. Vor allem Art und Anwendung der eingesetzten Methoden beeinflussen die Qualität der Planungs- und Kontrollergebnisse; denn mittels Controlling wird versucht, die Realität den angewendeten Modellen und Methoden anzupassen und nicht umgekehrt. Dabei können oft nur quantifizierbare Entwicklungen verarbeitet werden.

Diese **Selektivität wird zum Problem**, wenn ein Unternehmen mit einem diskontinuierlichen, tiefgreifenden Wandel seiner Umfeldfaktoren konfrontiert wird (vgl. Konrad 1991 sowie Steinle 1985, S. 534 ff.). Die wesentliche Stärke des Controlling-Ansatzes, die Reduktion komplexer Situationen auf steuerungsrelevante Merkmale, wird dann zu seiner Schwäche. Die unter 1. genannten Anforderungen an eine erfolgreiche Unternehmenssteuerung können in einer solchen Situation nicht mehr erfüllt werden, weil nur die Informationen in den Entscheidungsprozeß einfließen, die aufgrund der vordefinierten Planungsparameter und eingesetzten Methoden relevant erscheinen. Damit ist per se die Berücksichtigung von überraschenden Einflüssen ausgeschlossen.

3. Wirkprinzip und Leistungspotential der Früherkennungsphilosophie

3.1 Grundidee der Früherkennung: Die veränderte Bedeutung von Informationen im Steuerungsprozeß

Diesen "Teufelskreis" des Controlling-Prozesses durchbricht Ansoffs Ansatz des "Strategic Response to Weak Signals", der vor rund 20 Jahren eine umfängliche Diskussion um Früherkennung als Managementinstrument eingeleitet hat (vgl. Ansoff 1976). Das große Verdienst Ansoffs besteht in einer **Umkehrung des "klassischen" Wirkprinzips** des Controlling-Ansatzes: Nicht die angewendeten Methoden definieren den Informationsbedarf. Vielmehr ist auf Basis der zu einem bestimmten Zeitpunkt vorliegenden Informationen zu überlegen, welche Reaktionen möglich und sinnvoll sind.

Diesem Ansatz liegt die **Idee** zugrunde, daß strategisch relevante Veränderungen nicht abrupt auftreten, sondern sich durch Signale in Form von bloßen Vermutungen, mehr oder weniger abgesicherten Prognosen, kurzfristig erwarteten Ereignissen, sich akzentuierenden Trends und Entwicklungen oder sogar bereits eingetretenen Geschehnissen auf anderen Gebieten ankündigen. Diese Informationen verdichten sich im Zeitablauf von einer ersten vagen Vermutung bis hin zu einem Informationsstand, in dem beispielsweise gesetzmäßige Ursache-Wirkungs-Zusammenhänge erkennbar sind. Erst letzterer genügt den Ansprüchen heute gängiger Controlling-Systeme.

Nutzt ein Unternehmen hingegen die Möglichkeit, auf Basis von Informationen mit geringerem Aussagegehalt zu (re-)agieren, so können diese **"schwachen Signale"** die Entscheidungsträger, bei rechtzeitiger Wahrnehmung und Einleitung entsprechender präventiver Maßnahmen, in die Lage versetzen, einem diskontinuierlichen, tiefgreifenden Wandel in aktiver Form zu begegnen. Je früher solche Signale wahrgenommen und systematisch ausgewertet werden können, desto sicherer kann letztlich ihre Bedeutung abgeschätzt werden und um so größer wird die Zeitspanne zur Einstellung auf die veränderte Situation.

Dieses **Wirkprinzip** impliziert ein anderes bzw. zusätzliches Verhaltensmuster für die Unternehmenssteuerung als das des Controlling-Ansatzes: Das Verhältnis zur Umwelt wird nicht mehr vorrangig als Anpassungsproblem interpretiert, bei dem auf eingetretene Veränderungen reagiert wird. Vielmehr wird das Unternehmen zum Aktor, indem es schon Maßnahmen einleitet, bevor externe Wandlungsprozesse realisiert sind, diese also gewissermaßen antizipiert (vgl. hierzu beispielhaft Krystek/Müller-Stewens 1993).

3.2 "Neue" Handlungspotentiale durch Früherkennung

Wie kann ein Unternehmen "schwache Signale" zu seinem Vorteil nutzen? Heute gängige Controlling-Systeme können derartige Informationen nicht verwerten und deshalb nicht in Pläne oder konkrete Gegensteuerungsmaßnahmen umsetzen. Demzufolge reicht es nicht aus, "schwache Signale" lediglich wahrzunehmen, es muß vielmehr ein zusätzliches **Repertoire an Reaktionsmaßnahmen** aufgebaut werden:

- Maßnahmen, die gezielt die Wahrnehmungsfähigkeit erweitern und zwar sowohl hinsichtlich eigener Stärken und Schwächen ("Engpaßfaktoren") als auch hinsichtlich "gefährlich" erscheinender Umweltbereiche.
- Maßnahmen, die die Fähigkeit erhöhen, flexibel auf vage Bedrohungen und Chancen zu reagieren (z. B. durch flexible Fertigungssysteme oder durch hochqualifiziertes, vielseitig einsetzbares Personal).
- Maßnahmen zur Erzeugung einer unternehmensinternen Bereitschaft zum Handeln.

Diese Maßnahmen können in Abhängigkeit vom jeweils vorliegenden Informationsstand abgestuft eingeleitet werden. So kann bei Vorliegen einer lediglich vagen Vermutung einer Diskontinuität mit einer intensiveren Beobachtung des entsprechenden Umfeldsegmentes reagiert werden. Ist darüberhinaus das Bedrohungs- bzw. Chancenpotential für das Unternehmen abschätzbar, können bereits Maßnahmen zur Erhöhung der Handlungsbereitschaft (z. B. durch Alternativpläne, Mitarbeiterqualifikation) ergriffen werden (vgl. Hammer 1988, S. 218 ff.).

Worin besteht dabei konkret das **Potential der Früherkennungsphilosophie** zur Effektivitätssteigerung des Controlling? Diese Frage läßt sich am besten vor dem Hintergrund der Schwachstellen des Controlling-Prozesses beantworten. Zunächst hängt die Leistungsfähigkeit der "feed-forward-Funktionen" fast ausschließlich von der Qualität der einfließenden "Wird"-Informationen ab. Da in formalisierten Controlling-Systemen nur Informationen verarbeitet werden können, für die zu diesem Zeitpunkt entsprechende Methoden vorhanden sind, ist der Anspruch an die Ausprägung der Informationen hoch: Sie müssen quantitativer Art und für die Festlegung der Planungsprämissen bzw. -parameter erforderlich sein. Diesem Problem begegnet die Früherkennungsphilosophie mit einer Umkehrung des Wirkprinzips: Ausgangspunkt sind hier die zur Verfügung stehenden Informationen und nicht die Anforderungen des Controlling-Systems an den Informationsgehalt. Damit kann das Spektrum der zur Entscheidungsfindung dienenden Informationen maßgeblich vergrößert werden.

Der zweite Schwachpunkt des Controlling-Prozesses besteht in den **eingeschränkten (Re-)Aktionsvarianten**. Zunächst sind als Bezugspunkt für die "Wird"-Informationen nur die Planungsprämissen bzw. die Pläne selbst vorgesehen. Dabei bleiben Parameter wie Unternehmensgrundsätze, Erfolgsfaktoren, Unternehmenskultur etc. unberücksichtigt. Aber selbst wenn unterstellt werden könnte, daß diese Faktoren als Bestandteile der Pläne anzusehen wären, bleibt die Beschränkung, daß aus der im Anschluß an die "Ist-Wird"- und "Soll-Wird"-Vergleiche durchzuführenden Abweichungsanalysen nur zwei Reaktionsformen resultieren können: direkt wirkende Korrekturmaßnahmen oder die Anpassung der Planungen. "Schwächere" Formen der (Re-)Aktion sind nicht möglich, was teilweise aus dem ersten Problemkreis resultiert. Auch diese Problematik ist bei Anwendung des Wirkprinzips der Früherkennung lösbar. Auf Informationen, die noch keine direkte Auswirkung auf den betrieblichen Transformationsprozeß haben, kann beispielsweise mit Reaktionsweisen wie "Weiterbeobachtung von wahrgenommenen Phänomenen" und "Flexibilitätserhöhung" begegnet werden (vgl. Bertram 1993, S. 157 ff.).

4. Ein Vorschlag zur Nutzung der Früherkennungsphilosophie für die Effektivitätssteigerung des Controlling

4.1 Leitlinien für eine erfolgreiche Nutzung der Früherkennungsphilosophie

Trotz der überzeugenden Grundidee war die **Umsetzung von Früherkennung** in die Praxis bisher wenig erfolgreich. Ein wesentlicher Grund dafür besteht in der starken Methodenorientierung (z. B. durch Indikatorenkataloge) der Diskussion. Früherkennung wurde zur Aufgabe spezialisierter Stäbe und war somit mit den „realen" Entscheidungsprozessen organisatorisch und auch "kulturell" nicht verbunden. Diese Schwachpunkte lassen sich beseitigen, wenn Früherkennung analog zu der unter 2.1 beschriebenen Aufgabenverteilung mit dem Controlling organisatorisch verknüpft wird. Zusätzlich sind für eine erfolgreiche Nutzung der Früherkennungsphilosophie die in Abbildung 2 aufgeführten Leitlinien zu berücksichtigen.

Festlegung von Beobachtungsbereichen

- Unternehmensziele und die daraus abgeleiteten Strategien, Programme und Maßnahmen sind Ausgangspunkt für die Festlegung von Beobachtungsbereichen.
- Klarheit und Operationalität der Bezugsgrößen (wie z. B. der Unternehmensziele) bei allen Beteiligten sind notwendige Voraussetzung.
- Eine gezielte "Umnutzung" existenter Statistiken, Zeitschriften, Daten-Pools etc. ist - gegenüber völlig neuartigen Instrumenten - mit geringerem Aufwand und höherer Akzeptanz bei den Nutzern verbunden.
- Es darf jedoch keine vollständige Determinierung von Früherkennungsaktivitäten erfolgen. Es ist vielmehr sicherzustellen, daß auch Signalen Beachtung geschenkt wird, die nicht aus den vordefinierten Quellen stammen.

Eingebaute Filter und Bewertungskriterien

- Im zu definierenden Prozeß sind die Punkte zu fixieren, an denen Signale gezielt ausgefiltert werden können bzw. sollen. Unwillkürliche "Wahrnehmungsfilter" müssen den Entscheidungsträgern bewußt gemacht werden.
- Gleichzeitig müssen Regelungen geschaffen werden, wie die Ausfilterung ablaufen soll. Dabei sollten auch differenzierte, individuelle Einschätzungen zugelassen werden, die dann verschiedene Konsequenzen nach sich ziehen können.
- Für die Bewertung sind nachvollziehbare Kriterien zu entwickeln. Darüberhinaus muß ein "früherkennungsfreundliches" Klima geschaffen werden, um den Entscheidungsträgern die Einschätzung der Relevanz derartiger Informationen zu erleichtern.

"Informations-Recycling" und Form des Prozeßablaufs

- Der Prozeßablauf darf nicht strikt linear ausgerichtet sein. Je nach Art des aufgenommenen Signals müssen unterschiedliche Wege im Prozeßmodell durchlaufen werden können ("Differenzierung").
- Notwendige Voraussetzung eines "Recycling" von Informationen ist deren Dokumentation und damit physische Speicherung.
- Neben dem gezielten Einsatz technischer Speicher ("Datenbanken") ist die Nutzung der Speicherkapazität der beteiligten Personen im Sinne eines "kollektiven Gedächtnisses" unabdingbar ("Wissensbank").
- Es muß Mechanismen geben, damit einmal ausgeschiedene Informationen zu einem späteren Zeitpunkt wieder in die Entscheidungsprozesse einfließen können ("Retrieval").

Verknüpfung der Reaktionsstrategien mit dem Controlling-System

- Grundsätzlich müssen die Phasen der Früherkennung mit denen des Controlling-Prozesses verknüpft werden.
- Dabei gibt es Phasen, die zur Informationsgewinnung dem herkömmlichen Controlling-Prozeß vorgelagert sind.
- Ohne Zweifel muß aber der gesamte Komplex der Maßnahmenplanung, -durchführung und -kontrolle im Rahmen bzw. in Abstimmung mit dem formalisierten Controlling-Prozeß erfolgen.

Abb. 2: Leitlinien für eine erfolgreiche Nutzung der Früherkennungsphilosophie

4.2 Der "früherkennungsorientierte" Controlling-Prozeß

Wie das Wirkprinzip des Controlling ist auch Früherkennung als Prozeß darstellbar. Dabei lassen sich folgende Phasen(-gruppen) unterscheiden (vgl. Bertram 1993, S. 211-225):

- Abgrenzung der relevanten Umwelt, Festlegung der zu beobachtenden Bereiche.
- Gewinnung, Identifikation, Erfassung von Früherkennungs-Signalen.
- Analyse der Ursachen, Diagnose, Prognose der Auswirkungen der beobachteten Signale.
- Feststellung der Relevanz der Signale und der Dringlichkeit der Reaktion.
- Entwicklung, Auswahl, Durchführung und Kontrolle von Reaktionsmaßnahmen.

Grundlage für eine organisatorische und personelle **Integration von Früherkennung und Controlling** wäre die logische Verknüpfung der ablaufenden Prozesse. Im folgenden wird hierfür ein Vorschlag unterbreitet (vgl. dazu Bertram 1993, S. 238-245 sowie Abb. 3).

Ausgangspunkt des "früherkennungsorientierten" Controlling-Prozesses ist die **Beobachtung der In- und Umwelt**. Hierbei wird sowohl gezielt auf vorab definierte Beobachtungsbereiche zurückgegriffen als auch zufällig aufgefangene Signale verwertet. Welche Signale dabei in ein Unternehmen gelangen, hängt von der Art des jeweiligen Wahrnehmungsfilters ab. Dieser Filter kann sowohl in der beschränkten "Sicht" bei der Beobachtung infolge der eingesetzten Methoden als auch in der mangelnden Wahrnehmungsfähigkeit der zur Beobachtung eingesetzten Personen bestehen.

Daraufhin werden die Signale einer ersten, groben bzw. subjektiven **Relevanzprüfung** unterzogen. Damit soll verhindert werden, daß derzeit nicht relevante Signale den Entscheidungsprozeß verkomplizieren. Wie mit jeder Filterung ist auch mit dieser die Gefahr verbunden, daß wichtige Informationen verlorengehen. Deshalb ist an dieser Stelle eine "Sicherung" eingebaut; denn als nicht-relevant eingestufte Signale werden gespeichert und regelmäßig einer neuerlichen Prüfung unterzogen. Kann die Relvanz von Signalen zum Beobachtungszeitpunkt nicht eingeschätzt werden, so sind diese einer weiteren, gezielten Beobachtung zu unterziehen ("phänomenorientierte Früherkennung"). Hierzu müssen die festgelegten Beobachtungsbereiche überprüft und ggfs. neu definiert werden. Ebenso wie die Auswahl der regelmäßig auszuschöpfenden Informationsquellen Auswirkungen auf das Spektrum wahrzunehmender Signale hat, spielen Werthaltungen, Erfahrungen und Fachwissen der beurteilenden Personen eine entscheidende Rolle bei der subjektiven Relevanzprüfung.

Die Signale, die beide Filter passiert haben, müssen anschließend auf ihren Aussagegehalt geprüft werden. Dabei gibt es je nach Informationsgehalt vier verschiedene **Typen von (Re-)Aktionsmaßnahmen:**

(a) Informationen, die lediglich die vage Vermutung eines diskontinuierlichen, tiefgreifenden Wandels beinhalten, sind einer Ursachenanalyse (noch) nicht zugänglich. Eine sinnvolle (Re-)Aktion bestünde darin, dieses Phänomen gezielt weiter zu beobachten bzw. einen spezifischen Beobachtungsbereich hierfür zu schaffen.

(b) Informationen, bei denen der Bedrohungs- bzw. Chancencharakter erkennbar ist, müssen zunächst einer detaillierten Analyse bezüglich ihrer Ursache und Verknüpfungen mit anderen Entwicklungen unterzogen werden. Im Normalfall erbringt die Analyse Ergebnisse, die in der Folge zumindest eine grobe Einschätzung der weiteren Entwicklung erlauben.

(c) Informationen, die in Form von Hypothesen bzw. Wahrscheinlichkeitsaussagen vorliegen, eignen sich bereits für die Prognose bzw. Einschätzung ihrer Weiterentwicklung in der Zukunft. Diese Gruppe von Informationen sollte gezielten Prognosen bzw. der Entwicklung von signalspezifischen Szenarien unterzogen und danach der weiteren Beurteilung zugeführt werden.

(d) Informationen, die auf bekannten Ursache-Wirkungs-Beziehungen basieren und bei denen die Entwicklung des signalisierten Ereignisses einigermaßen gesichert vorliegt, können direkt auf ihre Relevanz für die Unternehmensziele untersucht werden.

Das Ziel dieser verschiedenen Maßnahmen ist es, Informationen mit einem Informationsgehalt zu erzeugen, der hoch genug ist, damit eine intersubjektiv nachvollziehbare **Relevanzprüfung** vollzogen werden kann. Den Maßstab hierfür bilden die strategischen und operativen Zielsetzungen eines Unternehmens.

Informationen, die in dieser Phase für relevant erachtet werden, genügen den Anforderungen des herkömmlichen Controlling-Prozesses und können dort weiterverarbeitet werden. Dringlichkeit und Intensität der dort möglichen Maßnahmen hängen zum einen vom ermittelten Grad der Auswirkung auf die Zielerfüllung, zum anderen von der Eintrittswahrscheinlichkeit des sich ankündigenden Ereignisses ab.

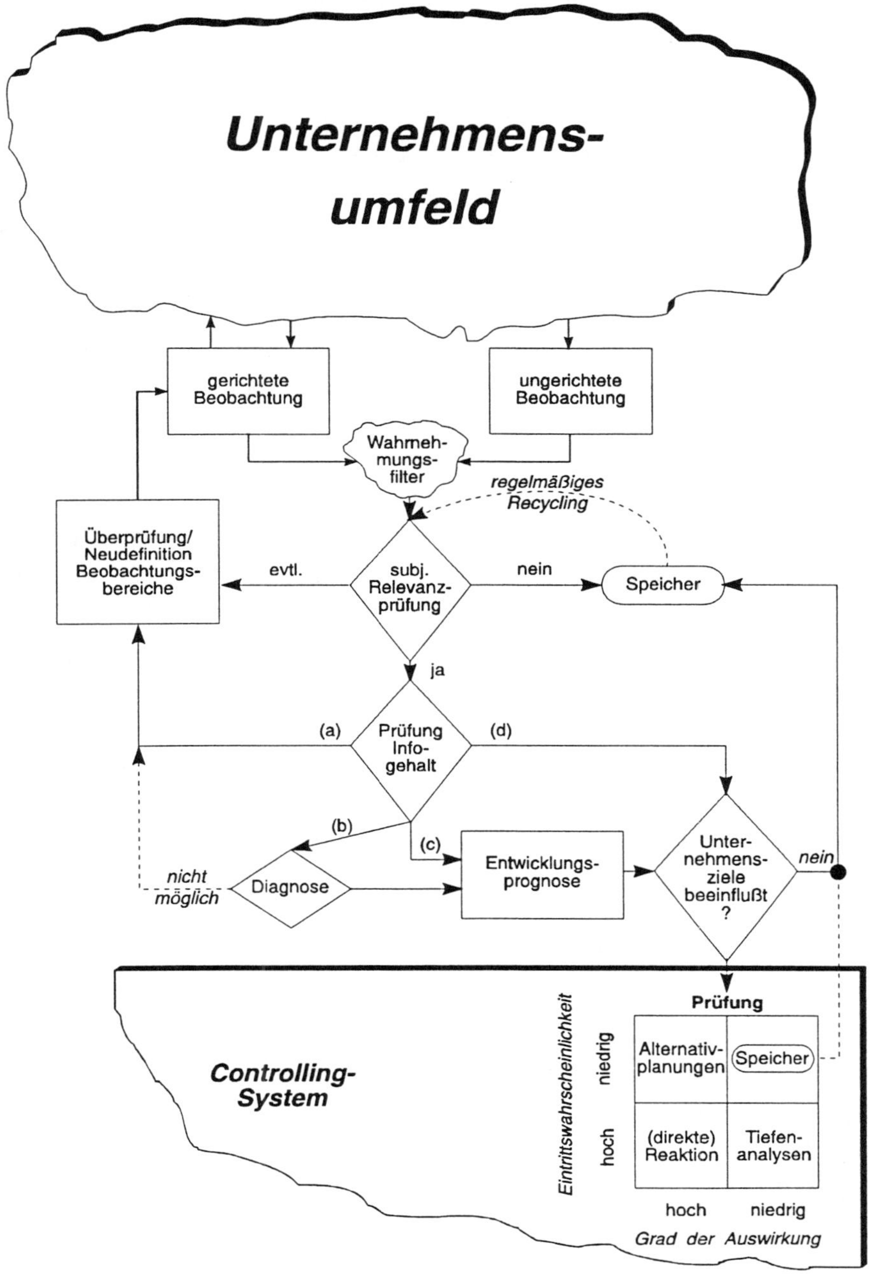

Abb. 3: Der "früherkennungsorientierte" Controlling-Prozeß

4.3 Hinweise zur organisatorischen Umsetzung

Bei dem dargestellten "früherkennungsorientierten" Controlling-Prozeß handelt es sich um ein logisches Modell. In der Praxis muß dieses mit Leben erfüllt werden. Der **Erfolg der Umsetzung** hängt in wesentlichem Maße von Fähigkeit, Wissen und Engagement der beteiligten Führungskräfte und Mitarbeiter ab. Es empfiehlt sich ein stufenweises "Vertrautmachen" aller mit der erforderlichen Denkweise. Deshalb sollten die vorhandenen Controlling-Verfahren als "Keimzelle" benutzt werden, beispielsweise durch aktiven Einbezug aller Entscheidungsträger in die "Forecast"-Verfahren. Auf diese Weise wird eine Auseinandersetzung mit der nahen Zukunft des eigenen Unternehmens initiiert und eine Sensibilisierung für das Gedankengut der Früherkennung erreicht (vgl. zu entsprechenden Anwendungsbeispielen Bertram 1993, S. 246-278).

Diese ersten Erfahrungen sind in weiteren Schritten auszubauen. In Form von **problembezogenen Workshops** können gezielt relevante Themenschwerpunkte - auch unter Hinzuziehung externer Experten - aufgearbeitet werden. Hierfür bietet die PUZZLE-Methodik einen konzeptionellen Rahmen (vgl. hierzu Eggers 1994, S. 250 ff.). Die Ergebnisse dieser Workshops sind entsprechend des in 4.2 dargestellten (Re-)Aktionsrasters in die formalisierten Controlling-Verfahren einzuarbeiten. Wichtig ist in diesem Zusammenhang, daß die Entscheidungsträger in stufenweisen Lernprozessen für "Schwache Signale" und deren Weiterverarbeitung sensibilisiert und geschult werden; denn in der Endstufe soll "früherkennungsorientiertes" Controlling ein von den Führungskräften und Mitarbeitern getragener Prozeß sein, der quasi "von selbst" funktioniert.

Auch wenn für die Zukunft methodische Verbesserungen durch die Nutzung von Verfahren der Künstlichen Intelligenz durchaus möglich erscheinen, hängt die erfolgreiche Umsetzung des "früherkennungsorientierten" Controlling-Prozesses in die Praxis vor allem von der Schaffung der hierzu **erforderlichen Rahmenbedingungen** ab:

- Der wichtigste Erfolgsfaktor liegt in Phantasie, Können und Erfahrungen von Führungskräften und Mitarbeitern begründet. Es gilt deshalb, durch entsprechende Schulungsmaßnahmen eine hohe Problemsensibilisierung zu erreichen, gleichzeitig aber eine "Alarmneurose" zu verhindern. Dies kann durch eine stufenweise Einführung unterstützt werden. Im Zusammenhang mit dem Tagesgeschäft erlernte

Verhaltensweisen bilden dann die Grundlage für die notwendigen Früherkennungsaktivitäten.

- Im Wirkprinzip der Früherkennung ist es - im Gegensatz zum herkömmlichen Controlling-Denken - nahezu unmöglich, jede Entscheidung formal-betriebswirtschaftlich zu begründen. Es ist mehr der "Bauch" gefragt. Werden die Entscheidungsprozesse in einem Unternehmen demgegenüber von "Zahlengläubigkeit" geprägt, wird "früherkennungsorientiertes" Controlling nahezu unmöglich.
- Neben den grundsätzlichen Wertvorstellungen und der notwendigen Eignung der Mitarbeiter entscheidet vor allem deren Motivation über die erfolgreiche Umsetzung. Anreize hierfür lassen sich beispielsweise in Zielvereinbarungsprozessen verankern. Die Motivation zur aktiven Beteiligung an "früherkennungsorientierten" Controlling-Prozessen dürfte sich schwerlich durch monetäre Anreize erzeugen lassen, zumal sich eine Erfolgskontrolle schwierig gestaltet. Es ist zu vermuten, daß potentielle Beteiligte nur zur aktiven Mitarbeit bereit sind, wenn diesen Aktivitäten im jeweiligen Unternehmen ein allgemein anerkannter, hoher Wert beigemessen wird.

5. Fazit

Die Nutzung von Ideen der Früherkennung zur Effektivitätssteigerung des Controlling mag zunächst theoretisch, vielleicht gar esoterisch erscheinen. Sie hilft jedoch dabei, ein Unternehmen besser auf mögliche gravierende **Veränderungen in der Zukunft** vorzubereiten. Um dieses Ziel zu erreichen, mögen ausgeklügelte Methoden hilfreich sein, notwendig sind aber Menschen mit der Fähigkeit, zukünftige Anforderungen zu erkennen und dem Mut, heute noch nicht vollständig absicherbare Entscheidungen zu treffen sowie eine Unternehmenskultur und -struktur, die dieses Verhalten fördert und nicht bestraft.

Literaturverzeichnis

Ansoff, H. I., Managing Surprise and Discontinuity - Strategic Response to Weak Signals; in: Zeitschrift für betriebswirtschaftliche Forschung, 1976, S. 129-152

Bertram, U., Früherkennungsorientierte Steuerung, München und Mering 1993

Deutsch, C., Frühwarnsysteme: Hellauf entsetzt; in: Wirtschaftswoche, Nr. 42, 1994, S. 96 -98

Eggers, B., Ganzheitlich-vernetzendes Management: Konzepte, Workshop-Instrumente und Puzzle-Methodik, Wiesbaden 1994

Hammer, R. M., Strategische Planung und Frühaufklärung, München und Wien 1988

Horváth, P., Controlling, 3. Aufl., München 1990

Konrad, L., Strategische Früherkennung: Eine kritische Analyse des "Weak-Signals"-Konzeptes, Dissertation Bochum 1991

Krystek, U./Müller-Stewens, G., Frühaufklärung für Unternehmen, Identifikation und Handhabung zukünftiger Chancen und Bedrohungen, Stuttgart 1993

Steinle, C., Organisation und Wandel: Konzepte - Mehr-Ebenen-Analyse (MEA) - Anwendungen, Berlin und New York 1985

Vernetzendes Controlling im Rahmen eines ganzheitlichen Managements: Identifikation und Handhabung von Erfolgsfaktoren

Bernd Eggers / Friedel Ahlers

1. Neuorientierung des Controlling im Rahmen eines ganzheitlichen Managements

1.1 Vorüberlegungen zu einem Controlling-Verständnis

Controlling wird häufig mit Kontrolle (fehl-)übersetzt. To control bedeutet jedoch Steuerung und nicht Kontrolle. Obwohl eine steuerungsorientierte Controlling-Philosophie mittlerweile von der Mehrzahl der Wissenschaftler und einem großen Anteil von Praktikern getragen wird, sind die **Controlling-Konzeptionen** immer noch überwiegend **kontrollbezogen**. Dies wird insbesondere mit Blick auf operative Kontrollrechnungen wie Soll-Ist-Vergleiche deutlich, die in vielen rechnungswesendominierten Controlling-Abteilungen vorzufinden sind.

Gerade von der Wissenschaft und sehr fortschrittlichen Unternehmen wird jedoch zunehmend betont, daß ein operatives Controlling durch ein **strategisches Controlling** zu ergänzen ist. Dieser Forderung ist wenig entgegenzuhalten, stimmt man der Auffassung zu, daß es nur dann Sinn macht, z. B. kurzfristige Erfolgsrechnungen zu erstellen, wenn aufgrund einer dynamischen Umwelt bewußte Strategieprozesse stattfinden. Eine konsequente Einlösung dieser Forderung in der Praxis setzt voraus, daß Controllingaufgaben zu einem nicht unerheblichen Teil vom Linienmanagement wahrgenommen werden. Damit sind Managerinnen und Manager angesprochen, denn nur diese haben in aller Regel vertiefte Kenntnisse über die Marktentwicklung und die Ursachen für Abweichungen vom operativen Soll-Ergebnis. Daß es auch in Zukunft noch **zentrale Controllingabteilungen** (Controllership) geben wird, ist notwendig, um von "neutraler Seite" Steuerungsimpulse zu geben.

Folgt man der Annahme einer engen Verzahnung operativer und strategischer Steuerung, die zunehmend von Linienführungskräften gefordert wird, erhebt sich die Frage nach den Teilfunktionen des Controlling (vgl. Horváth (1991), S. 238 ff.).

1.2 Teilfunktionen des Controlling

Controlling im Sinne von Steuerung basiert auf Planung, Kontrolle und Informationsversorgung, die im Hinblick auf operative oder strategische Fragestellungen auf unterschiedliche Objekte fokussiert ist (vgl. Eggers/Eickhoff (1996), S. 5 f.).

Unter **Planung** ist ein systematisch-methodischer Prozeß mit dem Ziel der zukunftsorientierten Erkenntnisgewinnung zu verstehen. Konkret ist dieser Prozeß auf Ziele, Verhaltensweisen und Umweltzustände gerichtet. Obwohl Phasenschemata der Planung immer wieder kritisiert wurden, zeigt z. B. das Vorgehen in der Praxis, daß es gerade bei komplexen Planungsvorhaben unumgänglich ist, Phasen wie Zielbildung, Problemerkenntnis, Alternativensuche, (Wirkungs-)Prognose und Bewertung voneinander abzugrenzen und entsprechende Aktivitäten zu entfalten (vgl. Wild (1974), S. 13 ff. sowie Zangemeister (1976), S. 20). Sicherlich ist es sinnvoll und notwendig, in iterativer Weise Vor- und Rücksprünge im Planungsprozeß vorzunehmen, die genannten Phasen stehen jedoch in einem logisch-genetischen Zusammenhang und werden bei der praktischen Planungsarbeit als gute Strukturierungshilfe angesehen.

Nach einem modernen Controlling-Verständnis ist **Kontrolle** mehr als nur "der Blick in den Rückspiegel", d. h. die Durchführung vergangenheitsorientierter Soll-Ist-Vergleiche. Die Feedback-Kontrolle ist durch eine Feedforward-Kontrolle zu ergänzen, die von Schreyögg und Steinmann im Sinne der strategischen Kontrolle wie folgt differenziert wird (vgl. zur Rolle der strategischen Kontrolle im Rahmen der Unternehmungsführung ausführlich Schreyögg/Steinmann (1985), S. 391 ff.):

Prämissenkontrolle
Bereits mit der Verabschiedung eines strategischen Plans sind die getroffenen Annahmen permanent zu überprüfen. Im Unternehmungsalltag ist eine permanente Durchführung einer Kontrolle von Planungsprämissen sicherlich ein ausgesprochen hoher Anspruch, der nicht immer erfüllt werden kann. Wichtige Annahmen sind jedoch in kürzeren Zeitabständen (z. B. vierteljährlich) oder fallbezogen zu kontrollieren.

Planfortschrittskontrolle
Die klassische Auffassung "Planung - Durchführung - Kontrolle" ist bei der Umsetzung langfristiger Pläne allein nicht hinreichend. Gerade die Diskussionen zum Projektmanagement haben gezeigt, daß die Aufteilung einer strategischen Wegstrecke in zahlreiche Etappen und damit verbundener Meilensteine sinnvoll ist. Dies verhindert, nicht nur unter Einsatz von viel Energie an einem falschen Ziel anzukommen; vielmehr werden dadurch Motivationseffekte freigesetzt, z. B. wenn "Etappensiege" gefeiert werden.

Strategische Überwachung
Steuerung bedeutet auch die Berücksichtigung völlig neuartiger Entwicklungen in bezug auf eine selektierte Strategie. Deshalb ist die Kontrolle zur Kompensation und Selektion von Risiken auch in Richtung Früherkennung von Chancen und Risiken einzusetzen, um z. B. feststellen zu können, daß es sinnvoll sein kann, eine verfolgte Strategie zugunsten einer "Schubladenstrategie" bzw. einer neu entwickelten Strategie abzulösen. Deshalb sollte stets ein strategisches Radar auf Umwelt- und Unternehmensentwicklungen gerichtet sein, wobei die Strategie den Bezugspunkt bildet.

Da sowohl Planungs- als auch Kontrollprozesse im wesentlichen Vorgänge der Informationsverarbeitung darstellen, ist ein **Informationsverarbeitungssystem** wesentlicher Bestandteil des Controlling. Zukunftsorientierte Informationsverarbeitung im Rahmen des Controlling ist vor allem auf eine zielorientierte Verdichtung und Verknüpfung entscheidungsrelevanten Wissens gerichtet.

2. Vernetzendes Controlling als Subsystem eines ganzheitlichen Managements von Erfolgsfaktoren

2.1 Vernetzendes Controlling und ganzheitliches Management

Vor dem Hintergrund der Analyse des Controllingbegriffes ist Horváth zu folgen, der unter Controlling ein Subsystem des Managements versteht, das durch Planung, Kontrolle und Informationsversorgung systembildend und systemkoppelnd wirkt und damit die Adaption der Unternehmung an die Umwelt unterstützt (vgl. ausführlich Horváth (1991)).

Diese **systemorientierte Controllingauffassung** deutet darauf hin, daß einem Steuerungsprozeß ein Vernetzungsprozeß vorangehen muß. Denn die Systembildung und -koppelung können nur auf der Grundlage der Kenntnis von Interdependenzen im Sinne von Wirkungsbeziehungen zwischen Faktoren einer Unternehmung und denen der relevanten Umwelt vorgenommen werden. Im folgenden soll deshalb von **vernetzendem Controlling** im Sinne zukunftsorientierter Unternehmenssteuerung gesprochen werden, wobei der Begriff vernetzend als ein Ziel von Planungs-, Kontroll- oder Informationsverarbeitungsprozessen zu verstehen ist. Es handelt sich dabei um den Anspruch, nicht eindimensional die Ausprägung bestimmter Faktoren zu erfassen, sondern auch Wirkungszusammenhänge controllingrelevanter Faktoren und deren Ausprägungen herzustellen, die die Grundlage einer auf Synergie und Optimierung abgestellten Steuerung darstellen (vgl. Malik (1991), S. 195 ff.).

Ein solches Controllingverständnis weist enge Affinitäten zum **ganzheitlichen Management** auf. Steinle versteht unter Management im funktionalen Sinn die Teilprozesse Unternehmenspolitik, Planung, Organisation, Menschenführung, Kontrolle und Organisationsänderung, die sich auf unterschiedlichen Ebenen in allen Unternehmensbereichen vollziehen (vgl. Steinle (1988), S. 243 ff. sowie Eggers (1994), S. 114 ff.). Vor diesem Hintergrund ist Management gegenüber Controlling ein Metasteuerungssystem, ein Gesamtsystem der Unternehmenssteuerung. Sicherlich finden sich auch die Funktionen Unternehmenspolitik, Organisation, Menschenführung und Organisationsänderung im Controlling wieder. Den Kern machen jedoch Planung, Kontrolle und Informationsversorgung aus. Diese Abgrenzung zeigt auch, warum ein Manager eben nur einen Teil seiner Arbeit mit Controllingaufgaben verbringen sollte.

Als Zwischenfazit ist festzuhalten, daß Controlling operative und strategische Steuerung bedeutet, die primär auf Planung, Kontrolle und Informationsversorgung beruht. Management im Sinne von Unternehmensführung ist in institutionaler Hinsicht ein übergeordnetes System bestehend aus Linienführungskräften, die in funktionaler Hinsicht weit mehr als die Steuerung im skizzierten Sinne betreiben. Denn was wäre Management z. B. ohne Aufbau- und Ablauforganisation, Motivation, kontinuierliche Verbesserungsprozesse, Tagesgeschäft etc.?

2.2 Vernetzendes Controlling von Erfolgsfaktoren

Ausgehend von den vorgenannten Überlegungen lassen sich die "key drivers" im Rahmen von betrieblichen Geld- und Güterströmen auf drei Größen reduzieren: Kosten, Erlöse und Fähigkeiten. Abgesehen davon, daß sich z. B. Kosten nach Stellen, Trägern, Arten und prozeßbezogenen Aktivitäten differenzieren lassen, Erlöse in unterschiedlichster Hinsicht zusammengesetzt sind und auch Fähigkeiten vom technischen Know-how bis zur Sozialkompetenz reichen, verbergen sich hinter diesen **Erfolgspotentialen** ganze Geflechte von **Erfolgsfaktoren**. Solche Erfolgsfaktoren sind z. B. der EDV-Einsatz oder das marketingbezogene Instrumentarium (Product, Promotion, Price, Place).

Studien der Erfolgsfaktorenforschung haben sich in der Vergangenheit in erster Linie mit der Erhebung **kritischer Erfolgsfaktoren** beschäftigt, d.h. denen, die in besonderem Maße auf die Erfolgspotentiale Kosten, Erlöse und Fähigkeiten wirken (vgl. hierzu etwa Kolks (1990)). Als Ergebnis dieser "Search of Excellence" sind z. B. die weitverbreiteten Ergebnisse von Peters und Waterman (vgl. Peters/Waterman (1993)) zu nennen, die folgende Erfolgsfaktoren eruiert haben (hier S. 36-39):

- Primat des Handelns
- Nähe zum Kunden
- Freiraum für Unternehmertum
- Produktivität durch Menschen
- Sichtbar gelebtes Wertesystem
- Bindung an das angestammte Geschäft
- Einfacher, flexibler Aufbau
- Straff-lockere Führung.

Gerade die Studie von Peters und Waterman wurde einer umfassenden **Kritik** unterzogen, die zu großen Teilen sicherlich berechtigt ist. Durch diese Untersuchung hat die Erfolgsfaktorenforschung allerdings erheblich an Schwungkraft gewonnen.

Das Management bzw. Controlling von Erfolgsfaktoren war weniger ein Thema von Peters und Waterman als von Pümpin (vgl. Pümpin (1983)), der sich explizit dem Management strategischer Erfolgspositionen zugewandt hat. Ein vernetzendes Controlling auf der Basis strategischer Erfolgsfaktoren steht noch weitgehend aus (siehe jedoch die Überlegungen bei Steinle/Lawa/Schmidt (1993) und Steinle/Eggers/Kirschbaum/Kirschbaum (1994)).

Im Hinblick auf die in diesem Sammelband beabsichtigte Fokussierung auf Zukunftsaspekte des Controlling und die Bewältigung der Zukunft durch das Controlling soll im folgenden ein anwendungsorientiertes Verfahren zur Durchführung vernetzender Controllingprozesse vorgestellt werden.

3. Anwendungsmöglichkeiten der PUZZLE-Methodik zur Identifikation und Handhabung von Erfolgsfaktoren in der Unternehmenspraxis

3.1 Grundlagen der PUZZLE-Methodik

Die teamorientierte PUZZLE-Methodik (vgl. Steinle/Eggers (1991) sowie ausführlich Eggers (1994), S. 250-408) ist als problem- bzw. entscheidungsorientiertes Verfahren auf ein vernetzendes Denken und Handeln (siehe hierzu auch Vester (1983) und Ulrich/Probst (1990)) gerichtet. Der Name "PUZZLE" weist enge Affinitäten zu den Aktivitäten bei der Zusammensetzung eines Puzzles als auch zu heuristischen Prozessen des steuerungsorientierten Problemlösens auf. Damit deutet der Name PUZZLE auf Kernaktivitäten bzw. -objekte der einzelnen Phasen des methodikspezifischen Problemlösungsprozesses hin. Abbildung 1 enthält eine Übersicht zu den einzelnen Phasen dieser Methodik.

Anhand dieser Abbildung wird deutlich, daß ein **unstrukturierter** (Problem-)**Zustand** durch den PUZZLE-Prozeß in einen **wohlstrukturierten Zustand** überführt werden soll.

Zentrale Elemente eines entsprechenden Prozesses sind adäquate Problemlösungs- und Workshoptechniken einschließlich eines Moderatorenkonzepts.

Vor diesem Hintergrund ist **PUZZLE als Methodik zur Problemhandhabung** und Strategierevision im Rahmen von Umentscheidungsprozessen definiert worden. Dabei ist sie als flexibles Verfahren zu betrachten, um komplexe strategieorientierte Entscheidungsprozesse zu unterstützen. Trotz eines idealtypischen Prozesses und eines entsprechenden Instrumenteneinsatzes in den einzelnen Phasen besteht Flexibilität im Rahmen dieses Workshop-Ansatzes, um ein situationsspezifisches Vorgehen zu ermöglichen.

Da die PUZZLE-Methodik in hohem Maße auf Chancen und Risiken eines Entscheidungsfeldes gerichtet ist, bestehen auch starke Bezüge zu Erfolgsfaktoren. Die angesprochene Orientierung an den Leitmotiven Ganzheitlichkeit und Vernetzung bildet einen guten Ausgangspunkt, um **Anwendungsmöglichkeiten von PUZZLE** im Rahmen eines vernetzenden Controlling von Erfolgsfaktoren zu entwickeln.

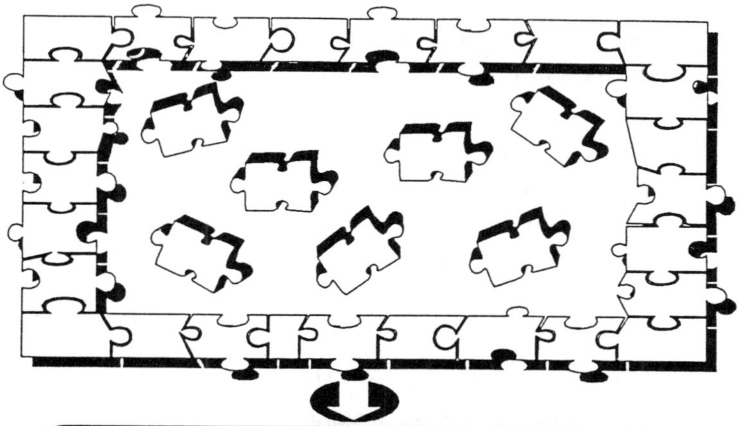

Phänomene :	Erfassung und Beschreibung komplexer Ausgangssituationen
Untersuchungen :	Sammlung, Analyse und Strukturierung von Problem(facett)en
Zielplanung :	Bildung einer "ganzheitlichen" Ziellandkarte
Zentralprojekte :	Identifikation potentieller strategie-orientierter Aktionsbereiche
Lösungsideen :	Entwicklung von Einzel-/Teilprojektalternativen
Entscheidungen :	Bewertung von Projektstrategien und Maßnahmen

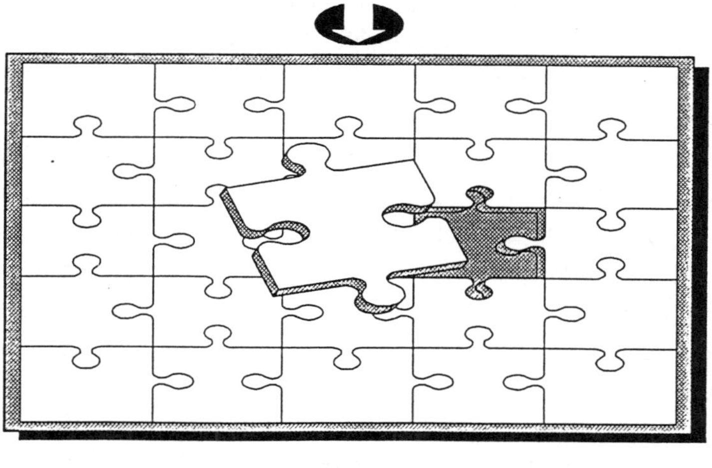

Abbildung 1: Phasen der PUZZLE-Methodik im Überblick

3.2 Phasen und Instrumente eines erfolgsfaktorbezogenen PUZZLE-Prozesses

Jedem Unternehmen, Geschäftsfeld oder Produkt liegen Erfolgs- und Mißerfolgsfaktoren zugrunde. Nach dem Verständnis eines ganzheitlichen Managements bilden diese die **Stellhebel künftiger Unternehmensgewinne**. Das konventionelle Controlling stellt jedoch nur selten eine vernetzende Betrachtung an, um diese Größen in ihrem Zusammenwirken zu erkennen und zu gestalten.

In der PUZZLE-Sprache können Erfolgsfaktoren als Phänomene betrachtet werden, die vor der eigentlichen Steuerung "durchleuchtet" werden müssen: welche Faktoren werden den künftigen Unternehmenserfolg maßgeblich bestimmen und wie sind sie auszugestalten?

Ein pragmatischer Vorschlag lautet: Bestandsaufnahme einer verfolgten Strategie auf der Grundlage von Erfolgsfaktoren. Eine erste Vorstellung von dieser Aufgabe im Rahmen eines Workshops mit Hilfe der PUZZLE-Methodik ist daher die Beschreibung des zu untersuchenden Objektbereichs - eine häufig nicht einfach zu beantwortende Frage. Jeder betriebliche Transformationsprozeß läßt sich jedoch auf Kernaktivitäten zurückführen, denen Erfolgsfaktoren inhärent sind.

Im Rahmen des moderierten PUZZLE-Workshops würde die Leitfrage zu **Phänomenen** im Sinne von Erfolgsfaktoren lauten: Benennen Sie alle Faktoren, die den Erfolg des betrachteten Untersuchungsbereiches ausmachen (nicht der derzeit verfolgten Strategie). In organisatorisch-handwerklicher Perspektive hat sich hierzu eine Kärtchenabfrage nach Metaplanart (Brainwriting) sehr gut bewährt. Nach einer Sammlung entsprechender Faktoren wie z. B. Mitarbeiterqualifikation, maschinelle Anlagen, Managementsysteme, Logistiksystem etc. ist eine detaillierte Diskussion zur erfolgversprechendsten Ausgestaltung dieser Faktoren zu führen. Außerdem ist eine Vernetzung dieser Faktoren notwendig, um ihr Zusammenwirken erkennen zu können, das erhebliche Implikationen auf den Wertschöpfungsprozeß hat. Allein dieser Vorgang kann aus Sicht des Controlling in einem Team bereits sehr positive Erkenntnisse zu Tage fördern, die durch die Einsicht in Grundkreisläufe gewonnen werden können.

Wie aus Abbildung 2 hervorgeht, sind die Intensitäten der Vernetzungen abzubilden. Dies läßt sich z. B. vornehmen, indem ein durchschnittliches Gruppenurteil gebildet wird, wobei z. B. die Zahl 1 für eine schwache Intensität, die 2 für eine mittlere und die 3 für eine starke Intensität steht.

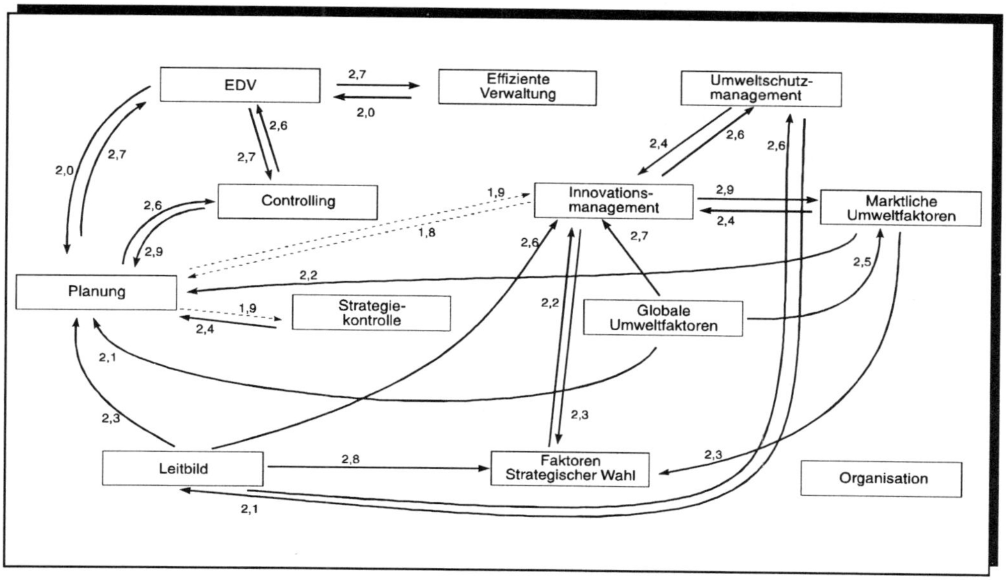

Abbildung 2: Beispiel für ein Erfolgsfaktoren-Netzwerk
Quelle: Steinle/Eggers/Kirschbaum/Kirschbaum (1994), S. 16

In der Phase **Untersuchungen** sind dann Chancen und Risiken in bezug auf die einzelnen Erfolgsfaktoren und auch ganze Prozeßketten zu eruieren - erneut im Rahmen eines Brainwriting, um die Kreativität der Teilnehmer eines Workshops nicht zu beschneiden. Dabei ist in Form gedanklicher Szenarien über die Tage der Gegenwart hinauszublicken, denn Planung ist ein wesentlicher Teilzweck eines vernetzenden Controlling. Die erhobenen Chancen und Risiken sollten nach ausführlicher Diskussion in das bereits erstellte Erfolgsfaktorennetzwerk eingeflochten werden, um die Grundlagen für künftige Steuerungsimpulse zu schaffen.

In der Phase **Zielplanung** sind nun die verfolgten strategischen Ziele in bezug auf den fokussierten Objektbereich (z. B. Produkt-Markt-Kombination) zu beziehen. Auch an dieser Stelle sollte mit der Herstellung von Vernetzungen fortgefahren werden, um die in der Realität gegebene Komplexität zunächst annähernd vollständig abzubilden; denn nach Asby kann nur Varietät Varietät zerstören (vgl. Asby (1971), S. 207). Nach Abschluß der bis zu diesem Zeitpunkt - zugegebenermaßen äußerst intensiven Filigranarbeit - haben die beteiligten Manager und ggf. externen Teilnehmer eine ganzheitliche Strategielandkarte vorliegen, auf deren Basis eine abgestimmte Steuerung kritischer Erfolgsfaktoren diskutiert werden kann.

Dieser nächste Schritt ist Gegenstand der PUZZLE-Phase **Zentralprojekte**, die den Entwurf eines Planes zur synergetischen Steuerung der Erfolgsfaktorengeflechte und damit verbundener akuter und potentieller Chancen und Risiken vorsieht. Konkret geht es darum, auf der Grundlage einer Strategiedebatte Handlungsfelder zu identifizieren, um den Erfolg vorsteuern zu können. Zur Beurteilung von Verbesserungsmöglichkeiten, Reengineering-Bedarf, der Notwendigkeit von Outsourcing etc. müssen im Team unterschiedliche Problembereiche diskutiert und verglichen werden. Denn nur in den seltensten Fällen können alle Erfolgsfaktoren in simultaner Weise (um-)gesteuert werden. Die vorgenommene Vernetzung hilft jedoch dabei, Randaspekte und Nebenwirkungen zu bedenken und den Objektbereich als (Sub-) System zu begreifen. Ein Zentralprojekt kann etwa die Umstellung der Produktion vom tayloristischen Fertigungsprinzip in Richtung fraktale Fabrik oder die Entwicklung von Maßnahmen zur Gestaltung der Unternehmenskultur sein.

Mit dem Erkennen solcher Aktionsbereiche ist noch nicht viel erreicht. Deshalb sieht die PUZZLE-Methodik zum Zwecke der Steuerung die Entwicklung konkreter Projekte in der Phase **Lösungsideen** vor. Im Hinblick auf die Generierung von Plänen zur zukunftsorientierten Handhabung von Erfolgsfaktoren werden Kleingruppen gebildet, die einige Stunden lang mit der ersten Operationalisierung von Zentralprojekten beauftragt werden. Damit die daraus resultierenden Steuerungsimpulse nicht zu Insellösungen führen, ist vorzusehen, daß dies in vermaschten Teams geschieht. Der Gedankenaustausch zwischen den Gruppen bereits während der Lösungssuche und Lösungsentwicklung hat sich in der Praxis als äußerst gewinnbringend erwiesen. Abbildung 3 zeigt ein für diesen Zweck entwickeltes Planungsformular, das in hohem Maße zur Strukturierung der Überlegungen dient.

Die letzte Phase von PUZZLE ist auf die Herbeiführung von **Entscheidungen** gerichtet. Im Rahmen eines Überzeugungsprozesses muß z. B. gegenüber dem Vorstand oder der Geschäftsführung bewiesen werden, daß die Steuerung bestimmter Erfolgsfaktoren in der vom Team verabschiedeten Weise hohe Erfolgswirkungen verspricht. Hierzu sieht PUZZLE ein Konfrontationsmeeting vor, das nur dann erfolgreich verlaufen wird, wenn auch alle entscheidungsrelevanten Faktoren im Vorfeld beachtet werden.

Erfolgsfaktor: Vernetzungen zu weiteren Erfolgsfaktoren:
Controlling-Ziel:
Konkrete Maßnahmen:
Träger:
Termine:
Planungsprämissen:
Investitionen/Kosten:

Abbildung 3: Planungsformular

4. Ganzheitliches Management und vernetzendes Controlling: Potentialbestimmung und Entwicklungsperspektiven

Bislang verwenden nur wenige Unternehmen Instrumente und Systeme eines vernetzenden Controlling im beschriebenen Sinne. Das heißt jedoch keinesfalls, daß die Entscheidungsträgerinnen und Entscheidungsträger in diesen Unternehmen nicht vernetzend denken und handeln. Es ist vielmehr anzunehmen, daß gerade sehr erfolgreiche Managerinnen und Manager eine Vielzahl von Faktoren eines Entscheidungsfeldes in ihrem Zusammenwirken berücksichtigen (vgl. hierzu Eggers (1994), S. 170 ff.).

Es ist einfach (eine menschliche Eigenschaft), Komplexität zu reduzieren. Die Kunst besteht jedoch darin, diese auf das richtige Maß zu beschränken und an den richtigen Stellschrauben des Erfolges in die richtige Richtung zu drehen. Hier ist das Potential entsprechender Methodiken wie PUZZLE zu sehen, denn diese können Controllingprozesse unterstützen. Sie werden allerdings immer nur ein Hilfsmittel bleiben.

Das klassische Controlling sollte zukünftig stärker auf die Entwicklung von "tools" ausgerichtet sein, um Erfolgsfaktoren in ihrem Zusammenwirken zu erfassen und zu steuern. Mit Blick auf die Unternehmenspraxis ist von diesen zu fordern, einfach und ökonomisch in ihrer Anwendung zu sein. Sofern dieser "Erfolgsfaktor" beachtet wird, dürften auch "klassische" Controller und Manager solchen Konzepten sehr interessiert gegenüberstehen.

Literaturverzeichnis

Asby, W. R. (1971)
An Introduction to Cybernetics, 5th edition, London 1971

Eggers, B. (1994)
Ganzheitlich-vernetzendes Management: Konzepte, Workshop-Instrumente und strategieorientierte PUZZLE-Methodik, Wiesbaden 1994

Eggers, B./Eickhoff, M. (1996)
Instrumente des Strategischen Controlling, Wiesbaden 1996

Horváth, P. (1991)
Controlling, 4. Auflage, München 1991

Kolks, U. (1990)
Strategieimplementierung - ein anwendungsorientiertes Konzept, Wiesbaden 1990

Malik, F. (1991)
Controlling und vernetztes Denken, strategische Früherkennung; in: Risak, J./Deyhle, A. (Hrsg.), Controlling: State of the Art und Entwicklungstendenzen, Wiesbaden 1991, S. 195-230

Peters, T. J./Waterman, R. H. (1993)
Auf der Suche nach Spitzenleistungen: was man von den bestgeführten US-Unternehmen lernen kann, 4. Auflage, Landsberg am Lech 1993

Pümpin, C. (1983)
Management strategischer Erfolgspositionen, 2. Auflage, Bern/Stuttgart 1983

Steinle, C. (1988)
Betriebswirtschaftlslehre als Führungsleere? Mehrebenenanalytische Skizze zur führungszentrierten Betriebswirtschaftslehre; in: Wunderer, R. (Hrsg.), Betriebswirtschaftslehre als Management- und Führungslehre, 2. ergänzte Auflage, Stuttgart 1988, S. 243-264

Steinle, C./Eggers, B. (1991)
Ganzheitliches Problemlösen auf Basis der PUZZLE-Methodik; in: Zeitschrift für Planung, 2. Jg. (1991), H. 4, S. 295-317

Steinle, C./Eggers, B./Kirschbaum, J./Kirschbaum, V. (1994)
Erfolgsfaktoren-Beziehungsanalyse: Ergebnisbericht eines Praktiker-Workshops - Erfolgsfaktoren, Erfolgspotentiale und Erfolg aus Sicht der Praxis, Diskussionspapier Nr. 187 des Fachbereiches Wirtschaftswissenschaften der Universität Hannover, Hannover 1994

Steinle, C./Lawa, D./Schmidt, C. (1993)
Entwicklung eines planungsstützenden Erfolgsfaktorenmodells; in: Zeitschrift für Planung, 4. Jg. (1993), H. 3, S. 195-214

Schreyögg G./Steinmann, H. (1985)
Strategische Kontrolle; in: Zeitschrift für betriebswirtschaftliche Forschung, 37. Jg. (1985), H. 5, S. 391-410

Ulrich, H./Probst, G. J. B. (1990)
Anleitung zum ganzheitlichen Denken und Handeln, 2. Auflage, Bern/Stuttgart 1990

Vester, F. (1983)
Unsere Welt - ein vernetztes System, München 1983

Wild, J. (1974)
Grundlagen der Unternehmungsplanung, Reinbek 1974

Zangemeister, C. (1976)
Nutzwertanalyse in der Systemtechnik, 4. Auflage, München 1976

Koordination und Informationsversorgung als Kernfunktionen des Controlling

Wolfgang Botschatzke

1. Einführung: Koordination und Informationsversorgung als zukunftssichernde Aufgaben im Managementprozeß

Die Situation des Managements hinsichtlich der Zukunftsaufgaben ist dadurch gekennzeichnet, daß sich der Bedingungsrahmen der Unternehmensführung in den vergangenen Jahrzehnten tiefgreifend geändert hat und sich mit einer ungebrochenen Dynamik weiterentwickeln wird. Die Ursachen hierfür sind vielschichtig.

Grundsätzlich ist zu beobachten, daß die Geschwindigkeit von extern bedingten Veränderungen, z. B. das Entstehen neuer Märkte, Wettbewerber, Produkte, gesetzliche Anforderungen oder plötzliche Diskontinuitäten, die Unternehmensleitungen zu ständiger Aufmerksamkeit und weitsichtigem Handeln zwingt. Aber auch aus der „eigenen" Unternehmung heraus entsteht eine zunehmende **Komplexität und Dynamik**, indem gut ausgebildete, innovative Fachkräfte neue Markt-/Produktstrategien oder Organisationsstrategien entwickeln und diese umsetzen möchten.

Unternehmungen werden damit zu ständigen Innovationen gezwungen, sie erweitern ihre Produktpalette, verkürzen deren Lebenszyklen und werden auf immer mehr Märkten in der gesamten Welt tätig.

Diese komplexe Situation überfordert mehr denn je solche Unternehmensleitungen, die ihren Existenzsicherungsaufgaben und die einer erfolgsorientierten Unternehmenssteuerung mehr intuitiv auf Basis „unvollständiger Informationen" nachgehen. So sehr auch der dynamische Unternehmer im Sinne Schumpeters ein Leitbild vieler Verantwortlicher ist, so notwendig ist gleichzeitig die **Verteilung von Managementaufgaben** auf verschiedene Kompetenzträger und deren Unterstützung durch das Controlling.

Zur informationsbasierten Entscheidungsvorbereitung ist insbesondere die Beschaffung von Kunden-, Markt- und internen Informationen erforderlich, aber auch die Koordination der vielfältigen Planungs- und Entscheidungsprozesse bildet eine wesentliche Aufgabe, für die eine Unterstützung des Managements erforderlich ist.

Die im folgenden beschriebenen Koordinations- und Informationsversorgungsaufgaben bilden damit wichtige Aufgaben im Rahmen eines controllingunterstützten, zukunftsorientierten Managementprozesses, die stetig ausgebaut und weiter verfeinert werden sollten.

2. Die Aufgaben des Controlling im Rahmen der Unternehmenssteuerung

2.1 Die Führungsunterstützungsfunktion des Controlling

Bevor die Koordinations- und Informationsversorgungsaufgaben im einzelnen diskutiert werden, ist zunächst die Grundlage für ein einheitliches und modernes Controlling-Verständnis zu schaffen. Denn entsprechend zum Bedingungsrahmen der Unternehmensführung hat sich auch das **Controlling-Verständnis** und der Instrumenteneinsatz gewandelt.

Lange Zeit war das Controlling lediglich in einzelnen Wirtschaftszweigen, hauptsächlich in der Industrie verbreitet, weil es galt, die produktionsorientierten Engpaßsektoren der Unternehmung optimal zu steuern und mit Hilfe von Produkterfolgsrechnungen den Produktionsprozeß sowie dessen Kosten transparent zu machen. Insbesondere veränderte Rahmenbedingungen, wie eine starke Marktsättigung, den Handlungsspielraum einengende gesetzliche Anforderungen sowie die beginnende Energiekrise führten in den 70er Jahren zu einer veränderten Sichtweise.

Der vergangenheits- und kostenorientierte Controllinggedanke wich einer managementorientierten Sichtweise, die durch folgende Aspekte gekennzeichnet ist:
- die Ausbreitung des Controlling-Gedankens auf alle Wirtschaftszweige und Verwaltungen,
- die Anwendung des Controlling auf alle Bereiche einer Unternehmung und
- die Zukunftsorientierung des Controlling.

Die **Hauptaufgabe des Controlling** besteht nach dieser managementorientierten Sichtweise darin, die Unternehmensleitung bei ihren Führungsaufgaben zu unterstützen. Diese Führungsunterstützungsfunktion soll zur Sicherung rationaler Entscheidungen beitragen und die Fähigkeit einer Unternehmung erhöhen, sich an veränderte Rahmenbedingungen anzupassen. Konkret bedeutet dies, daß es Aufgabe des jeweiligen Unternehmungs-Controlling ist,
- ein Controlling-System zu entwickeln und
- das Controlling-System zu betreiben.

Bei der Entwicklung eines Controlling-Systems geht es darum, ein Planungs- und Kontrollsystem, einen entsprechenden Prozeß sowie die Controlling-Instrumente bereitzustellen, während es sich beim Betrieb um die tägliche Führungsunterstützungsarbeit des Controllers handelt. In diesem Zusammenhang sind drei Kernfunktionen des Controlling zu nennen, die im folgenden überblicksartig dargestellt werden:

- Planungs- und Kontrollaufgaben,
- Koordinationsaufgaben und
- Informationsversorgungsaufgaben.

2.2 Planungs- und Kontrollaufgaben

Planung und Kontrolle sind zentrale Managementaufgaben, die dazu dienen, die zukunftsbezogenen Willensbildungs- und Entscheidungsprozesse einer Unternehmung zu systematiseren und inhaltlich zu konkretisieren sowie deren Umsetzung zu überwachen.

Die Verantwortung für die Durchführung von Planung und Kontrolle liegt bei den einzelnen Führungskräften der Unternehmung, d. h. der Controller ist grundsätzlich nicht für die Erstellung von Einzelplänen verantwortlich. Die Ausnahme hierfür bildet die Planung des Controllers bezüglich seines eigenen Bereiches bzw. seiner selbst durchzuführenden Aufgaben.

Die **Verantwortung des Controllers** im Rahmen der Planung besteht darin,
- das Planungs- und Kontrollsystem aufzubauen und laufend zu verbessern,
- die Führungskräfte bei der Planungsdurchführung zu unterstützen,
- den Planungs- und Kontrollprozeß zu koordinieren und
- die Einzelpläne zu einem Gesamtplan zusammenzufassen.

Eine weitere Aufgabe des Controllers ist in der Einführung eines EDV-Systems zur Unterstützung der Planungs- und Kontrollaufgaben zu sehen.

Den eigentlichen, dauerhaften **Schwerpunkt der Controllertätigkeit** bilden aber die Aufgaben im Rahmen der Koordination des Planungs- und Kontrollprozesses sowie die Versorgung von Führungskräften mit Informationen.

2.3 Koordination als zentrale Controlling-Aufgabe

Die Koordinationsaufgaben des Controllers beziehen sich im wesentlichen auf den Planungs- und Kontrollprozeß. Hierbei ist zunächst eine inhaltliche Koordination erforderlich, d. h. es ist festzulegen, was in der Unternehmung überhaupt geplant werden soll. In diesem Zusammenhang ist davon auszugehen, daß durch die Verfeinerung der Controlling-Instrumente ein ständiger Anpassungs- und Erklärungsbedarf für die Planungsträger entsteht.

Wurden früher lediglich Größen wie Umsatz, Kosten oder Produktionsmengen geplant, sind es heute immer differenziertere Einzelparameter, die zur Zukunftssicherung und Feinsteuerung einer Unternehmung festzulegen sind. Dabei kann es sich um folgende Planungsgegenstände handeln:

- Umsatz / Mengen,
- Margen / Deckungsbeiträge,
- Kosten,
- Budgets,
- Maßnahmen / Projekte,
- Konditionen,
- Personal oder
- sonstige Ressourcen.

Durch den Controller ist zu koordinieren, wer in der Unternehmung welche Gegenstände plant. Denn es ist davon auszugehen, daß aufgrund der Verschiedenartigkeit der Aufgaben nicht alles von jedem zu planen ist. So hat z. B. eine Vertriebsabteilung andere Planungsziele und -inhalte als eine Organisationseinheit aus dem Backoffice.

Weiterhin ist eine zeitliche Planungskoordination erforderlich. Hierbei ist in Abhängigkeit der Planfristigkeiten (z. B. Dreimonatsplan, Jahresplan, Fünfjahresplan) festzulegen, bis zu welchem Zeitpunkt welche Planung durch wen erfolgen soll.

In diesem Zusammenhang ist zu beachten, daß die einzelnen Planungsträger nicht autonom agieren können, weil durch die Vielzahl der Interdependenzen in einer Unternehmung die Planung einzelner Stellen Auswirkungen auf andere Abteilungen haben kann. Die Aufgabe des Controllers besteht in diesem Zusammenhang darin, dafür zu sorgen, daß die Einzelpläne

- auf Schnittstellen zu anderen Teilplänen geprüft sind,
- Auswirkungen auf andere Maßnahmen berücksichtigen,
- in Abstimmung mit anderen Betroffenen aufgestellt werden und
- zur Lösung von Widersprüchen oder Konflikten führen.

Als Vorgehensweise wird in diesem Zusammenhang oftmals eine **Gegenstromplanung** durchgeführt, d. h. auf Basis der Zielvorgaben der Unternehmunsgleitung (top-down) planen die einzelnen Planungsträger ihre Einzelpläne (bottom-up), diese wiederum werden vom Controlling verdichtet bzw. zusammengeführt und bewertet.

Nach einer „Knet- bzw. Priorisierungsphase" erfolgt die Entscheidung über die Genehmigung dessen, was letztendlich in der kommenden Planungsperiode durchzuführen bzw. zu erreichen ist. Für die Koordination des gesamten Prozesses ist der Controller verantwortlich.

Er ist auch zuständig für die **instrumentellen Aspekte** in diesem Planungsprozeß, d. h. er stellt innerhalb der Einzelplanungen eine einheitliche Vorgehensweise sicher, indem die gleichen Methoden angewendet werden, die ggf. erforderlichen Berechnungen auf den gleichen Prämissen beruhen und die selben Verfahren angewendet werden. Dazu gehört auch die Bereitstellung von einheitlichen EDV-Programmen, Spread-sheets, Formularen oder sonstigen Tools.

Hierfür ist in der betrieblichen Praxis oftmals ein erheblicher Zeitaufwand erforderlich, da durch unterschiedliche Kenntnisse, Einstellungen und Ziele der jeweiligen Planungsträger die Einzelplanungen „geneigt sind", sich inhaltlich und/oder methodisch voneinander zu entfernen. Der Koordinationsaufwand des Controllers besteht in diesem Falle darin, unterschiedliche Inhalte und Darstellungen zu vereinheitlichen und nachvollziehbar darzustellen.

Die **EDV-Unterstützung** kann dabei für den Controller ein wichtiges Koordinationsinstrument sein, indem über technische Planungswerkzeuge die Planungsträger quasi gezwungen werden, durch eine einheitliche Methodik der Tendenz nach einheitliche Planungen durchzuführen. EDV-Systeme hierzu existieren sowohl im Großrechner- als auch im PC-Bereich, die über Client-Server-Architekturen miteinander vernetzt werden können.

Bezogen auf die Koordinationsaufgaben des Controllers im Rahmen der Kontrollaufgaben ist festzuhalten, daß hier die wesentliche Aufgabe in der Zusammenführung von Ergebnissen einzelner Aufgabenträger besteht. Die **Kontrolle** als solche ist **ureigenste Aufgabe** der Führungskräfte, die zusammenfassende Darstellung, das Aufzeigen von abhängigen Aufgaben/Projekten, die über einen einzelnen Verantwortungsbereich hinausgehen, ist aber Aufgabe der Controller. Hierbei handelt es sich um den Komplex der Informationsversorgung, der im folgenden erläutert wird.

2.4 Informationsversorgung als zentrale Controlling-Aufgabe

Informationen werden in jeder Unternehmung benötigt. Besonders bedeutsam sind Informationen in Dienstleistungsunternehmen, da sie hier Grundlage der Produktion von Leistungen sind bzw. weil das Produktionsergebnis ein immaterielles Wirtschaftsgut ist, das u. a. durch die Beschaffung und Verknüpfung von Informationen entstanden ist.

Unter Information wird hier zweckgerichtetes Wissen verstanden; insofern ist eine klare Trennung von Daten vorzunehmen, die genau diese Eigenschaft nicht besitzen. Aus Controlling-Sicht sind die Informationen relevant, welche für die Wahrnehmung der Controlling-Aufgaben benötigt werden. Hierbei handelt es sich der Zwecksetzung des Controlling entsprechend um solche Informationen, die ausschließlich darauf gerichtet sind, die Leitung bei ihren Führungsaufgaben zu unterstützen. Hierbei kann es sich um

- Einzelinformationen,
- verdichtete Informationen (z. B. Summen) oder um
- verknüpfte Informationen (z. B. Kennzahlen)

handeln. Während die Einzelinformationen einfach „nur beschafft" werden müssen, ist die Verdichtung von Einzelinformationen oder die Verknüpfung wesentlich zeitaufwendiger und im Vorfeld analytisch zu durchdringen, weil nur so der Aussagewert und damit der Nutzen der Information bestimmt werden kann.

Je nach Art der Führungsaufgabe benötigen die verschiedenen Managementebenen unterschiedliche Führungsinformationen, die vom Controller zur Verfügung zu stellen sind. Als **Adressaten von Führungsinformationen** können grundsätzlich die verschiedenen Entscheidungsebenen einer Unternehmung differenziert werden: Hierbei handelt es sich um

- das strategische Management,
- das taktische Management und
- das operierende bzw. operative Management.

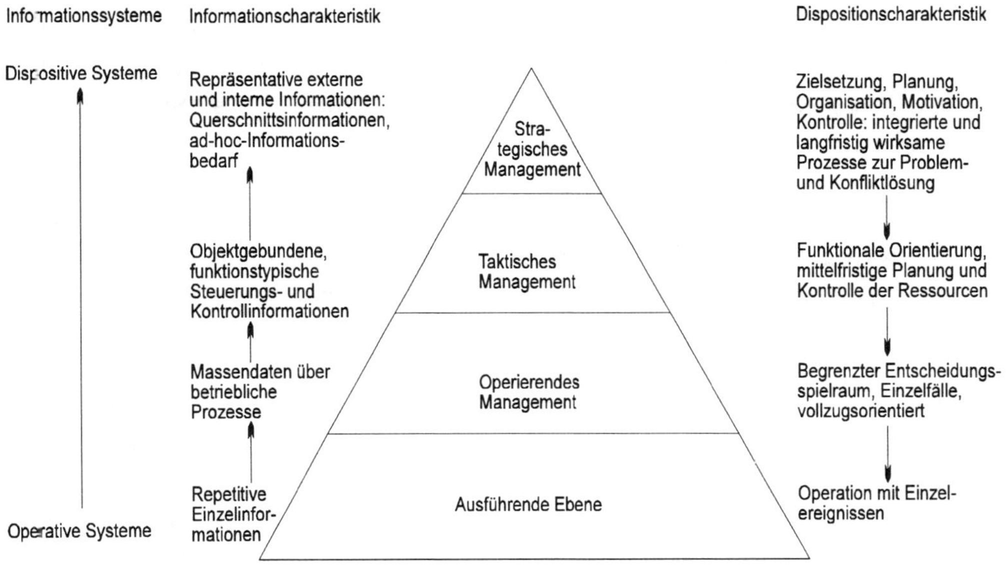

Abbildung 1: Entscheidungsebenen in einer Unternehmung
Quelle: Botschatzke 1993: S. 51

Die Abbildung 1 zeigt, daß in Abhängigkeit von der jeweiligen Entscheidungsaufgabe bzw. der Kompetenz und des Entscheidungsspielraumes (Dispositionscharakteristik) unterschiedliche Informationsarten benötigt werden. So erwartet das Top-Management repräsentative externe und interne Querschnittsinformationen, während die unteren Entscheidungsebenen eher interne Informationen über die konkreten, sie betreffenden Prozesse benötigen.

Auch bezüglich der **Informationsart** bestehen bei den Nutzern von Informationen Unterschiede: Während das strategische Management oftmals „weiche" Informationen, also Signale, Einschätzungen oder Erwartungen, benötigt, ist das taktische und operative Management auf „harte" Zahlen angewiesen. Auch hier zeigt sich die Vielschichtigkeit der Controller-Tätigkeit, indem für die unterschiedlichen Empfänger differierende Informationsarten zu wechselnden Zeitpunkten zur Verfügung zu stellen sind.

Ein weiterer Aspekt besteht in diesem Zusammenhang darin, daß es den Führungskräften an Informationen nicht gerade mangelt. Im Gegenteil, Entscheidungen werden durch eine **Informationsflut** eher undurchsichtig, so daß die informationsversorgende Controller-Funktion auch darin zu sehen ist, die relevanten Informationen aus der großen Datenmasse zu selektieren.

Die vom Controller zu beschaffenden Informationen können sich auf verschiedene Objekte oder Prozesse richten. Ein **Schwerpunkt der Informationsversorgung** bezieht sich auf den Planungs- und Kontrollprozeß. Hier sind für die Einzelplanungen Inputs der Controller notwendig, z. B. Kosten von Vorprodukten, Gemeinkostenzuschläge oder Zeitstandards. Im Rahmen des zyklischen Planungsprozesses ist ein differenziertes Priorisierungsverfahren für Vorhaben und Projekte erforderlich, welches nicht nur der Koordination bedarf. Vielmehr sind auch Informationen über Nutzen, Bewertungskategorien der einzelnen Vorhaben zu beschaffen. Klassische Investitionsrechnungen oder neuere Methoden der Nutzenanalyse sind für alle Vorhaben einheitlich anzuwenden, um eine Vergleichbarkeit zu gewährleisten, so daß auch hier eine wesentliche Funktion der Controller zu sehen ist.

Ein weiterer Kernbereich der Informationsbeschaffung durch den Controller, der sich sowohl auf die Planungs- als auch auf die Kontrollaufgaben bezieht, besteht darin, die **Kosten von Arbeitsprozessen** einzelnen Markt- bzw. internen Produkten zuzuordnen. Hier ist ein großes Aufgabengebiet für die zukünftige Controller-Arbeit in Zusammenarbeit mit den Arbeitsorganisatoren zu sehen.

Dabei werden wesentliche **Gemeinkostenblöcke** analysiert und mit Hilfe der Prozeßkostenrechnung „rechenbar" gemacht. Durch die Zuordnung von (Teil-)Prozessen zu einzelnen Produkten kann im Rahmen einer Deckungsbeitrags- oder einer Profit-Center-Rechnung ein wesentlicher Beitrag zu einer erfolgsorientierten Unternehmenssteuerung geleistet werden.

Weiterhin ist es schon eine nahezu klassische Aufgabe des Controllers, aus allen Bereichen des betrieblichen Prozesses **Ergebnis-Informationen** bereitzustellen, indem der „Scheinwerfer" zeitlich nach hinten gerichtet wird und die Vergangenheit analysiert wird. Hierbei werden Informationen aus dem Rechnungswesen oder aus sonstigen Quellen zusammengestellt und ausgewertet, um zu diagnostizieren, wie

- absolute Leistungsergebnisse und
- relative Leistungsergebnisse (bezogen auf Zielsetzungen, Planwerte oder Mitbewerber)

erreicht worden sind.

Hiermit sind einige Kernbereiche der informationsbeschaffenden Controllertätigkeit beschrieben: diese Aufgabe ist breit gefächert, sie betrifft alle Produkte, Prozesse und Organisationseinheiten und unterliegt ständigen Änderungen, wie auch die Gesamtunternehmung, die sich der trubulenten dynamischen Umfeldsituation stellen muß.

3. Ausblick

Koordination und Informationsbeschaffung bilden auch in der Zukunft zentrale Controlling-Aufgaben. Allerdings dürften sich das Aufgabenspektrum und die Anforderungen weiter verändern bzw. erhöhen. Hierfür sind folgende Entwicklungen verantwortlich:

- zunehmende Komplexität und Umweltdynamik, u. a. durch das Entstehen neuer Märkte und eine sich verschärfende Konkurrenzsituation,
- Ausbreitung des Controlling-Gedankens auf alle Bereiche und Prozesse der Gesamtunternehmung,
- Verfeinerung der Controlling-Methoden und -Instrumente,
- Verbesserung der informationstechnischen Infrastuktur,
- effizientere Möglichkeiten der Speicherung und Auswertung von Informationen sowie der Kommunikation,
- Entwicklung von EDV-basierten Controllingsystemen und deren Integration in die betriebliche Anwendungslandschaft und
- zunehmende Veränderung des Controlling-Bewußtseins hin zu der hier dargestellten Sichtweise im Sinne eines „zukunftsgerichteten Systems der Führungsunterstützung".

Diese Entwicklungen lassen erwarten, daß die betrieblichen Aktivitäten und Aufwände, gekennzeichnet durch die Größe von Controlling-Abteilungen, Vorhaben und entsprechende Budgets, stetig ansteigen werden. Dieser Trend ist heute schon zu beobachten.

In diesem Zusammenhang sollte bedacht werden, daß die „Controlling-Aufwände", insbesondere die der Infromationsversorgung, in einem gesunden Verhältnis zu ihrem Nutzen stehen. Denn Controlling stellt keinen Selbstzweck dar, vielmehr ist es Mittel zum Zweck einer erfolgsorientierten Unternehmungssteuerung.

Daraus resultiert, daß auch die Durchführung der Controlling-Aufgaben, wie alle anderen betrieblichen Prozesse auch, ständig auf ihre Effizienz und Rationalisierungsmöglichkeiten hin zu untersuchen sind. Dies gilt insbesondere für die Wirtschaftlichkeit der Informationsbeschaffung und -versorgung, für die auch entsprechende Kosten-/Nutzen-Relationen zu bestimmen sind. Damit ist auch das Ziel angesprochen, die Koordinations- und Informationsversorgungsaufgaben zu automatisieren, d. h. mit der EDV zu unterstützen, um dem Controlling-Gedanken entsprechend, ein zukunftsorientiertes und wirtschaftliches Controlling-System zu entwickeln und zu betreiben.

Literaturverzeichnis

U. W. Botschatzke, Informationsverarbeitungs-Controlling in Dienstleistungsunternehmungen, München und Mering 1993

Der Beitrag des Controlling im Rahmen schlanker Unternehmungsführung

Heike Bruch / Dieter Lawa

1. Controlling und die Notwendigkeit einer "leanen" Unternehmungsführung

Das Controlling stellt heute eine in nahezu allen Unternehmungen etablierte Führungsunterstützungsfunktion dar. Vor dem Hintergrund der in Theorie als auch Praxis immer wieder festgestellten und stetig zunehmenden Diskontinuitäten einerseits und der steigenden Komplexität in den Unternehmungen und deren Umwelt andererseits erlangt insbesondere das ganzheitliche Denken einen erhöhten Stellenwert für das Management. Da sich jedoch das Controlling in seinem Verständnis als Führungsunterstützungsfunktion am Management ausrichtet, muß notgedrungen damit auch der Zwang zur Anpassung und Koordination unternehmerischer Abläufe bzw. die Notwendigkeit zur systembildenden und systemkoppelnden Koordination eines Führungs-Gesamtsystems wachsen (vgl. Weber (1990), S. 22 ff.; Horváth (1990), S. 3 ff.). Dieses kann nach Matschke/Kolf als Ansatzpunkt zur Konzeptionierung eines Controlling-Systems gesehen werden (vgl. Matschke/Kolf (1980), S. 603 f.).

Heute hat sich das Controlling an den Aspekten Integration und Dynamik auszurichten, um so über eine Stärkung des integrativen Denkens und Handelns Reibungsverluste an den inner- als auch außerbetrieblichen Schnittstellen zu minimieren, was letztendlich dazu führt, daß gegenwärtig einige Akzentverschiebungen im Controlling erkannt werden können. Im Rahmen der gebetsmühlenartigen Diskussion um Verschlankungspotentiale in den Unternehmungen sollen - nach einer Einordnung des Controlling in das unternehmungsbezogene Führungssystem - insbesondere folgende zwei **Kernaussagen** zur **Verschlankung** des **Controlling** eingehender betrachtet werden:

1. Das Controlling selbst muß in der Zukunft in seinen Aufgabenbereichen deutlich "verschlankt" werden.
2. Mittels eines effizienten Controlling wird in allen Unternehmungsbereichen nach "Verschlankungspotentialen" gesucht, um diese im Sinne einer steigenden Kostenorientierung weiter abzubauen.

2. Das Controlling- und Berichtssystem im unternehmungsbezogenen Führungssystem

2.1 Der Controlling-Begriff

Der Begriff des Controlling wird in der Literatur nicht einheitlich verwendet, so daß sich dort eine relativ große Anzahl von Controlling-Interpretationen finden läßt, die z. T. deutlich voneinander abweichen (vgl. Zünd (1978), S. 16; Bramsemann (1980), S. 18; Preissler (1988), S. 10 ff.). Als Ausgangspunkt dieser Begriffsverwirrung kann die im deutschen Sprachgebiet auftretende unklare Trennung der Begriffe "Controlling", "Kontrolle", "Control", "Controller" und "to control" angenommen werden. Vor diesem Hintergrund läßt sich der Controlling-Begriff unter einem funktionalen und einem institutionalen Blickwinkel betrachten. In der **funktionalen Betrachtung** liegt der Kern des Controlling-Begriffes in der Koordination des Führungsgesamtsystems zur Sicherung einer zielgerichteten Lenkung (vgl. Küpper/Weber/Zünd (1990), S. 283). Als die zweite wesentliche Begriffsauffassung des Controlling ist die **institutionale** zu nennen, die ihren Ansatzpunkt in den Organisationseinheiten (Stellen) findet. Hier wird die Zuweisung von Führungsaufgaben und -aufgabenbereichen zum Funktionsträger Controller vorgenommen (vgl. Weber (1991), S. 20).

Eine umfassende Controllingdefinition wird von Horváth gegeben: "Controlling ist - funktional gesehen - ein Subsystem der Führung, das Planung und Kontrolle sowie Informationsversorgung systembildend und systemkoppelnd koordiniert und auf diese Weise die Adaption und Koordination des Gesamtsystems unterstützt. Controlling stellt damit eine Unterstützung der Führung dar: es ermöglicht ihr, das Gesamtsystem ergebniszielorientiert an Umweltänderungen anzupassen und die Koordinationsaufgaben hinsichtlich des operativen Systems wahrzunehmen. Die wesentlichen Probleme der Controllingarbeit liegen an den Systemschnittstellen." (Horváth (1990), S. 146)

2.2 Funktionen des Controlling

Nach Peemöller lassen sich folgende vier Funktionen des Controlling unterscheiden (vgl. hierzu Peemöller (1990), S. 53-58):

1. Planungsfunktion
2. Kontrollfunktion

3. Informationsfunktion
4. Steuerungsfunktion

In diesem Zusammenhang übernimmt die **Planungsfunktion** die Koordination der betrieblichen Einzelpläne zu einem Gesamtplan, die kurz-, mittel- und langfristige Unternehmungsplanung, die Budgetierung sowie die Lieferung von Vorgabe- und Zielinformationen. Wild stellt hierzu die Notwendigkeit folgender Teilpläne heraus (vgl. Wild (1982), S. 49):

- Zielplanung,
- Prämissensetzung und Lageprognose,
- Problemanalyse,
- Maßnahmenplanung,
- Ressourcenplanung,
- Terminplanung,
- Organisationsplanung und
- Ergebnisprognose

Die Aufgabe eines Soll-Ist-Vergleiches und die Analyse der Abweichungen entspricht der **Kontrollfunktion**, wobei letztgenannte die Basis für Korrekturmaßnahmen darstellt.

Die **Informationsfunktion** beinhaltet die Aufgaben einer systematischen Erfassung, Aufbereitung sowie Bereitstellung aller führungsrelevanten Informationen.

Im Rahmen der **Steuerungsfunktion** schließlich sollen alle für die Erreichung des Unternehmungsziels notwendigen Informationen bereitgestellt sowie die laufende Beobachtung der Planziele, der Vergleich mit der Ist-Entwicklung und bei Abweichungen die Entwicklung von Korrekturmaßnahmen durchgeführt werden.

Somit ergibt sich auch für das Controlling die Notwendigkeit eines Denkens im Regelkreis. Diesen Sachverhalt des Denkens im Regelkreis stellen Ebert/Koinecke/ Peemöller prägnant heraus: "Es wird laufend - parallel zur Durchführung - kontrolliert, analysiert und gegengesteuert ... nicht erst kontrolliert, wenn der gesamte Vorgang endgültig abgeschlossen ist. Danach steht Controlling für einen ständigen Lernprozeß für alle Bereiche des Unternehmens - institutionalisiert durch laufende Plan-Ist-Vergleiche mit daraus resultierenden Abweichungsanalysen und initiierten Rückkoppelungsprozessen." (Ebert/Koinecke/Peemöller (1990), S. 28)

Zusammenfassend kann an dieser Stelle hervorgehoben werden, daß durch das

Controlling in den Unternehmungen keine neue Funktion geschaffen, sondern lediglich eine neue Aufgabenverteilung vorgenommen wird. Wie im folgenden Abschnitt dargestellt wird, kann das Controlling daher auch als ein funktionsübergreifendes Instrument verstanden werden.

2.3 Entwicklungsstand des Controlling

Controlling ist - wie der Name schon andeutet - kein originär in Deutschland entwickeltes betriebswirtschaftliches Konzept, sondern hat seine Wurzeln in den USA. Will man die Entwicklungsperspektiven des Controlling in die Richtung eines Lean Controlling aufzeigen, so ist zunächst darzustellen, wie sich der aktuelle Stand des Controlling zeigt.

Zunächst ist hervorzuheben, daß bereits seit den 50er Jahren mehrere Autoren auf die Rolle eines Controllers als Koordinator hinweisen (vgl. hierzu und zu den folgenden Ausführungen Mayer (1990), S. 306 ff. sowie Mayer/Landsberg (1990), S. 626 ff.). Das Größenwachstum der Unternehmungen und zunehmende Konzentrationstendenzen ließen insbesondere ab den 60er Jahren die Fixkosten langsam, aber beständig steigen, so daß sich ein Produkt- bzw. Gemeinkostenmanagement entwickelte. Das Rechnungswesen dominierte bald danach die Controlleraufgaben nicht mehr, sondern unterstützte sie zwecks einer zukunftsorientierten Unternehmungssteuerung.

Der in den 70er und 80er Jahren immer größer gewordene **Anpassungsdruck** der Unternehmungen an Umfeld- und Umweltänderungen erforderte den Übergang von der patriarchalisch-autoritären Zielbestimmung zur Profitcentersteuerung, zu ROI-, Cash Flow- und Deckungsbeitragszielvorgaben sowie die Ergänzung der Vollkostenrechnung durch Teilkostenrechnungsverfahren, um so eine aktive Gewinnsteuerung und -erzielung praktizieren zu können. Heute treten hierzu noch die Prozeßkostenrechnung als Instrument des operativen und das Target Costing als Instrument des strategischen Controlling.

Vor diesem Hintergrund decken heute Controller einerseits durch systematische Stärken-/Schwächenanalysen auf Deckungsbeitragsbasis operative Engpässe auf und helfen mit, diese zu beseitigen. Andererseits erstellt das Controlling aber auch aus vernetzten Feedback- und Feedforwardanalysen Umfeld-, Potential- und Engpaßanalysen und justiert diese durch Wachstumsstrategien sowie Eckwertplanungen auf das Unternehmungsleitbild und auf die Beseitigung von Wachstumsengpässen.

Darüber hinaus haben die Entwicklungen der **Informations- und Kommunikationstechnologie** dazu beigetragen, daß durch den Controller die für das Management der Unternehmungsbereiche sowie die für die Gesamtunternehmungsleitung notwendigen Informationen gesammelt, standardisiert und für alle Einsatzfälle in einem Pool (Datenbank) zusammengestellt werden können. Somit hilft der Controller dem Informationsempfänger bei der Informationsanalyse und der Bewältigung komplexer Aufgabenstellungen, gestaltet und verarbeitet Informationen, wählt entscheidungsrelevante Informationen aus, simuliert Planungsalternativen und -varianten; falls notwendig oder gewünscht sogar gesprächsbegleitend auf dem PC (vgl. beispielsweise zur strategischen Planung mit dem PC Steinle/Harmening (1991), S. 119 ff.; und den Aufsatz "Einsatz strategischer PC-Software im Controlling" von Schach (1991), S. 213 ff.).

Damit kann herausgestellt werden, daß offensichtlich die Aufgaben des Controlling in der Vergangenheit stetig und häufig so stark zugenommen haben, daß in vielen Unternehmungen auch die Controlling-Abteilungen in der Vergangenheit "Speck" angesetzt haben, den es nun abzutrainieren gilt.

3. Lean Management und Lean Controlling: "Leichte Konzepte für schwere Zeiten"?

3.1 Konzeptionelle Leitgedanken des Lean Management

Die seit den 80er Jahren immer stärker werdende Wettbewerbsposition der japanischen Industrie wurde aufgrund einer internationalen Vergleichsstudie des Massachusetts Institute of Technology (MIT) zunächst mit dem Erfolgskonzept einer Lean Production in Verbindung gebracht. Jedoch läßt sich leicht erkennen, daß ein so eng gefaßtes Konzept nicht den gesamten Wertschöpfungsprozeß umfassen kann, sondern dieses erst der Konzeption "Lean Management" gelingt. Lean Management läßt sich beschreiben als "... ein Denkansatz, bestehend aus einem System von Maßnahmen und Methoden, die in ihrer Gesamtheit einen 'schlanken' und damit besonders wettbewerbsfähigen Zustand der Unternehmung ermöglichen." (Warnecke/Hüser (1992), S. 1) Anders ausgedrückt "... repräsentiert Lean

Management ein Bündel von Prinzipien und Maßnahmen zur effektiven und effizienten Planung, Gestaltung und Kontrolle der gesamten Wertschöpfungskette industrieller Güter." (Pfeiffer/Weiß (1992), S. 43) In diesem Sinne läßt sich das Lean Controlling als "Baustein" einer schlanken Unternehmungsführung identifizieren.

3.2 Lean Controlling: Fastenkur oder Fitneßmanagement?

Im folgenden skizziert die Abb. 1 überblicksartig die Denkhaltungen sowie den Werkzeugkasten des Lean Controlling.

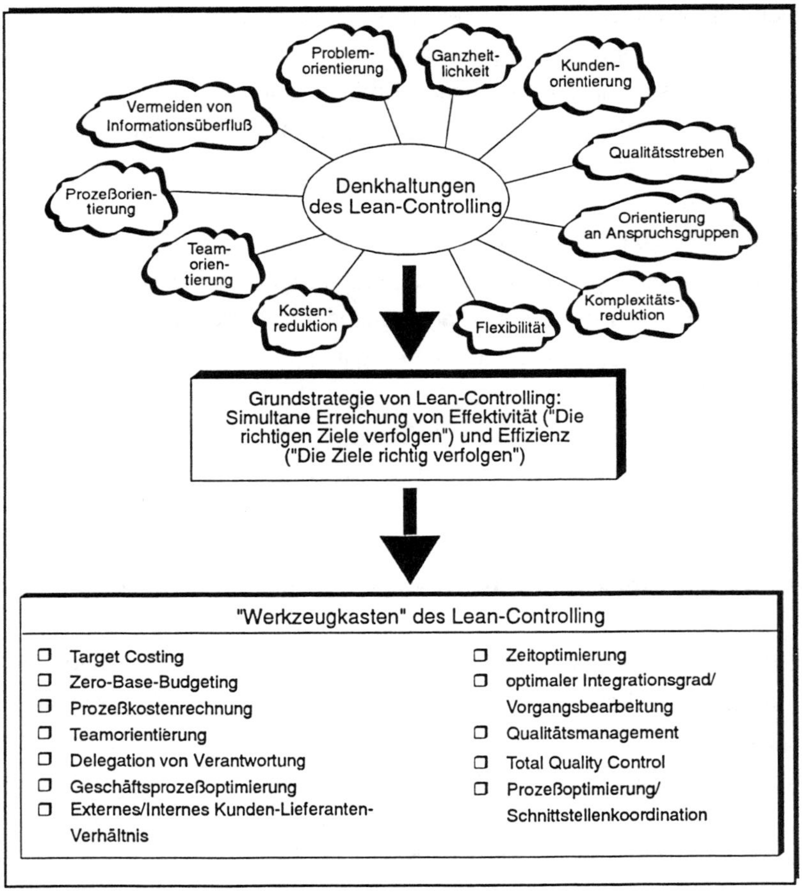

Abb. 1. Denkhaltung und Werkzeugkasten des Lean Controlling
Quelle: in Anlehnung an Steinle (1994), S. 79

Auch für Horváth ist es selbstverständlich, daß sich das Controlling in einer angemessenen Form einer Schlankheitskur in Unternehmungen unterwirft (vgl. Horváth (1992), S. 2). Zur Vereinfachung des Controlling stellt Horváth vier Thesen auf (vgl. dazu Horvath (1992), S. 4):

1. **Die Empfängerorientierung der Informationen ist konsequent zu verwirklichen.**
2. **Die Informationsversorgung wird über Wirtschaftlichkeitsrechnungen gesteuert.**
3. **Das Selbstcontrolling der Linie ist zu fördern und auszubauen.**
4. **Die Linie fordert vom Controlling keine "unnützen" Aktivitäten an.**

Letztendlich bedeutet dies, daß das Controlling schon zu Beginn eines jeden Wertschöpfungsprozesses aktiv einbezogen werden muß, um so einem Informationsüberfluß bereits von Anfang an entgegenzuwirken, wobei einerseits Instrumente wie z. B. das Total Quality Control, das Target Costing, die Prozeßkostenrechnung und die Zeitoptimierung Verwendung finden und sich die Unternehmung andererseits vollständig auf den Markt und die Kundenbedürfnisse auszurichten hat. Insgesamt hat sich daher das Lean Controlling insbesondere nur noch mit komplexen Vorgängen zu befassen, um deren Komplexität zu optimieren oder die Controllingaufgaben insgesamt zu vereinfachen. Einen nicht zu vernachlässigenden Stellenwert erhalten in diesem Zusammenhang das "**outside-resourcing**" und die "buy-statt-make"-Maßnahmen.

Zusammenfassend läßt sich an dieser Stelle herausstellen, daß ein "leanes" Controlling durch "5s" gekennzeichnet werden kann. Es ist zugleich

- **schneller**
- **schlagkräftiger**
- **smarter**
- **schlanker und**
- **sparsamer**

als das traditionelle Controlling. Diesen Sachverhalt verdeutlicht Abb. 2.

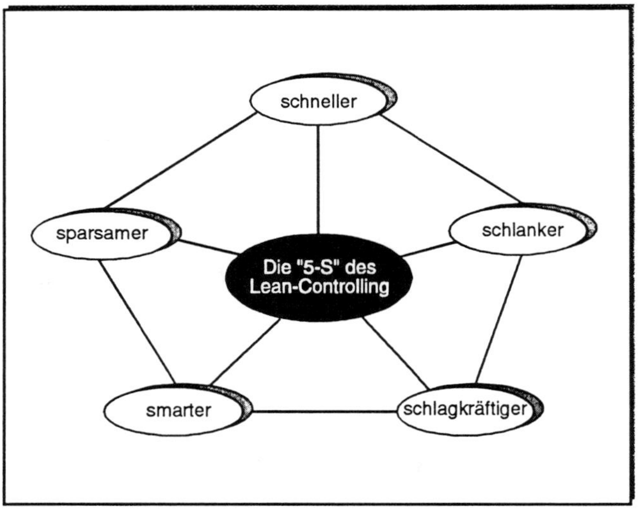

Abb. 2: Die "5s" des Lean Controlling

4. Entwicklungsperspektiven eines Lean Controlling: Ein Überblick

Betrachtet man im folgenden die weiteren Entwicklungsperspektiven des Controlling, so kann zunächst grundlegend angemerkt werden, daß die **Schnittstellenüberwindung** zukünftig weiterhin einen hohen Stellenwert einnehmen wird. Denn hier ergeben sich in den Unternehmungen eine Vielzahl von Rationalisierungsmöglichkeiten, insbesondere in bezug auf Kosten, Zeit und Qualität (vgl. hierzu und zum folgenden Solaro (1991), S. 92). Über Schnittstellen werden sämtliche Aktivitäten, die zu unterschiedlichen Subsystemen eines gemeinsamen Gesamtsystems gehören, abgewickelt. Werden diese Schnittstellen nicht exakt aufeinander abgestimmt, so können die unterschiedlichsten Verschwendungsarten auftreten, z. B. in Form von Kosten, Zeit- oder/und Qualitätsverlusten. Hier wird es künftig mehr noch als bisher die Aufgabe des Controlling sein, Schnittstellenverluste zu minimieren (vgl. zur Schnittstellenproblematik insbesondere das Buch "Synergien durch Schnittstellen-Controlling" von Horváth (1991)). Desweiteren wird sich der Trend zu einer **DV-Unterstützung** des Controlling und zu einer dezentralen Datenverarbeitung mit dezentraler Dateneingabe, -verarbeitung und -speicherung weiter fortsetzen (vgl. hierzu z. B. Bertsch (1990), S. 668). Die Bedeutung der Zentralrechner wird sich mehr und mehr auf die Funktion reiner Datenserver beschränken, während gleichzeitig durch die elektronischen Kommunikationsmöglichkeiten, die Großrechner (mit ihrer hohen Rechengeschwindigkeit und Speicherkapazität) mit den Personal Computern (mit ihrer Flexibilität und Benutzerfreundlichkeit) verbunden werden dürften (vgl. Reichmann (1991), S. 59). Darüber hinaus werden integrierte unternehmungsweite Informationssysteme nicht nur in Großunternehmungen, sondern auch im Mittelstand zum betrieblichen Alltag gehören. Endbenutzersprachen, Experten- und Entscheidungsunterstützungssysteme werden es den Entscheidungsträgern ermöglichen, die genau gewünschten Informationen in kürzester Zeit für qualitativ bessere Entscheidungen zu nutzen.

Ein wesentlicher Trend, der in seiner Bedeutung zukünftig sicherlich nochmals stark an Bedeutung gewinnen wird, befaßt sich mit den "Grenzen des Wachstums". Hier wird es insbesondere darum gehen, ein **ökologieorientiertes Controlling** zu entwickeln, d. h. die Umwelt durch Controllinginstrumente zu erschließen. Mögliche Zielkategorien eines ökologieorientierten Controlling können wie folgt umschrieben werden (vgl. ausführlich Steinle/Lawa/Jordan (1995), S. 99 ff.):

1. Zielkategorie ist das Aufspüren, Entwickeln und Erhalten gegenwärtiger und/oder künftiger Erfolgspotentiale.
2. Zielkategorie ist das Aufspüren, Vermindern und Vermeiden gegenwärtiger und/oder künftiger Gefahrenpotentiale.

Die erste Kategorie bezieht sich in diesem Zusammenhang im Sinne des Portfolio-Managements auf Geschäftsfelder, in denen mittels umweltschutzorientierter Aktivitäten Marktanteils- und/oder Marktwachstumsvorteile erreicht oder gesichert werden können. Die zweite Kategorie bezieht sich auf das Risiko- und Krisenmanagement der Unternehmungen. Hier geht es insbesondere darum, durch ein langfristig vorbeugendes Denken und Handeln Veränderungen der ökologischen Rahmenbedingungen, denen sich die Unternehmungen gegenübergestellt sehen, aufzuspüren und sich darauf einzustellen. Somit wird die ethische Frage nach dem ökologischen Unternehmertum in unserem Wirtschaftssystem künftig nicht mehr ohne Beachtung bleiben können.

Insgesamt bleibt daher vor dem hier aufgespannten Hintergrund festzustellen, daß auch das Lean Controlling nicht als "Ein-Tages-Veranstaltung" betrachtet werden darf, sondern als ein immerwährender Verbesserungsprozeß im Sinne des Kaizen. Dieses bedeutet in letzter Konsequenz, daß nicht isoliert einzelne Bereiche in der Unternehmung leaner zu gestalten sind, sondern durch das Controlling alle Unternehmungsbereiche, inclusive des Controlling.

Literaturverzeichnis

Bertsch, L. H. (1990)
Zum Stand des Controlling in den USA; in: Mayer, E./Weber, J. (Hrsg.), Handbuch Controlling, Stuttgart 1990, S. 655-670

Bramsemann, R. (1980)
Controlling, 2. Aufl., Wiesbaden 1980

Ebert, G./Koinecke, J./Peemöller, V. H. (1989)
Intensivkurs Controlling, 2. Aufl., Landsberg am Lech 1989

Ebert, G./Koinecke, J./Peemöller, V. H. (1990)
Controlling, 3. Aufl., Landsberg am Lech 1990

Horváth, P. (1990)
Controlling, 3. Aufl., München 1990

Horváth, P. (1991)
Synergien durch Schnittstellen-Controlling, Stuttgart 1991

Horváth, P. (1992)
Effektives und schlankes Controlling - Herausforderungen an den Controller, in: Horváth, P. (Hrsg.), Effektives und schlankes Controlling, Stuttgart 1992, S. 1-9

Küpper, H.-U./Weber, J./Zünd, A. (1990)
Zum Selbstverständnis des Controlling. Thesen zur Konsensbildung; in: Zeitschrift für Betriebswirtschaft, 60. Jg., 1990, Heft 3, S. 281-293

Matschke, M. J./Kolf, J. (1980)
Historische Entwicklung, Begriff und organisatorische Probleme des Controlling; in: Der Betrieb, 33. Jg., 1980, Heft 13, S. 601-607

Mayer, E. (1990)
Zur Entwicklung des Controlling in der Bundesrepublik Deutschland; in: Controller Magazin, 15. Jg., 1990, Heft 6, S. 306-309

Mayer, E./Landsberg, G. von (1990)
Stand des Controlling in der Bundesrepublik Deutschland; in: Mayer, E./Weber, J. (Hrsg.), Handbuch Controlling, Stuttgart 1990, S. 623-654

Peemöller, V. H. (1990)
Controlling: Grundlagen und Einsatzgebiete, Herne/Berlin 1990

Pfeiffer, W./Weiß, E. (1992)
Lean Management. Grundlagen der Führung und Organisation industrieller Unternehmungen, Nürnberg 1992

Preissler, P. R. (1988)
Controlling: Lehrbuch und Intensivkurs, 2. Aufl., München/Wien 1988

Reichmann, T. (1991)
Controlling-Konzeptionen in den 90er Jahren; in: Horváth, P./Gassert, H./ Solaro, D. (Hrsg.), Controlling-Konzeptionen für die Zukunft: Trends und Visionen, Stuttgart 1991, S. 47-70

Schach, H. (1991)
Einsatz strategischer PC-Software im Controlling; in: Controller Magazin, 16. Jg., 1991, S. 213-216

Solaro, D. (1991)
Schnittstellen-Controlling; in: Horváth, P./Gassert, H./Solaro, D. (Hrsg.), Controlling-Konzeptionen für die Zukunft: Trends und Visionen, Stuttgart 1991, S. 91-110

Steinle, C. (1994)
Das Büro als Lean Office: Komplexes Management für eine schlanke Büroproduktionswelt, in: Zeitschrift Führung + Organisation, 63. Jg., Heft 2, 1994, S. 78-85

Steinle, C./Harmening, S. (1991)
Strategische Planung mit dem PC: Grundüberlegungen und praktische Lösungshinweise; in: Zeitschrift für Planung, 1991, Heft 2, S. 119-139

Steinle, C./Lawa, D,/Jordan, W. (1995)
Elemente und Instrumente eines ökologiebezogenen Controlling - Überblick und Implementationshinweise, in: Betriebswirtschaftliche Forschung und Praxis, 47. Jg., Heft 1, 1995, S. 99-117

Warnecke, H.-J./Hüser, M. (1992)
Lean Production - eine kritische Würdigung, in: Angewandte Arbeitswissenschaft, Nr. 131, 1992, S. 1-26

Weber, J. (1990)
Ursprünge, Begriff und Ausprägungen des Controlling; in: Mayer, E./Weber, J. (Hrsg.), Handbuch Controlling, Stuttgart 1990, S. 3-32

Weber, J. (1991)
Einführung in das Controlling. Teil 1: Konzeptionelle Grundlagen, 3. Aufl., Stuttgart 1991

Wild, J. (1982)
Grundlagen der Unternehmungsplanung, 4. Aufl., Opladen 1982

Zünd, A. (1978)
Begriffsinhalte Controlling-Controller; in: Haberland, G./Preissler, P. R./Meyer, C. W. (Hrsg.), Handbuch Revision, Controlling, Consulting, München 1978, S. 1-26

2. Kapitel:

Controlling in der Praxis: Anwendungsbeispiele in Produktions- und Dienstleistungsunternehmen

A) Funktionsbereichsorientierte Sichtweisen

Marketing-Controlling bei Continental

Heinrich Exeler

1. Marketing-Controlling: Warum?

Durch die zunehmende Komplexität der Unternehmensumwelt, die geprägt ist durch immer schnelleren Wissenszuwachs, Konzentrationsprozesse im Markt und zunehmende Internationalisierung des Wettbewerbs, wird es immer wichtiger, das Unternehmen aktiv zu steuern und es nicht dem Treiben des Marktes zu überlassen.

Dabei soll das Controlling in zweifacher Weise dazu beitragen, daß das Unternehmen konsequent auf seine wirtschaftliche Zielsetzung ausgerichtet wird: einerseits durch die Etablierung der Controlling-Philosophie und andererseits durch die Institutionalisierung des Controlling.

Die wesentlichen **Bausteine** des Controlling sind:
- Planung,
- Steuerung,
- Kontrolle.

Abgeleitet aus diesen primären Aufgaben und basierend auf einer Definition des Controlling als Servicefunktion umfaßt Controlling häufig auch die Verantwortung für
- Informationsversorgung,
- Koordination,
- Methoden und Systeme.

Wenn das Controlling einen wesentlichen Beitrag zur Steuerung des Unternehmens leisten soll, so muß der Bereich Marketing, in dem der Unternehmenserfolg maßgeblich beeinflußt wird, ein Hauptansatzpunkt des Controlling sein.

Je größer ein Unternehmen ist, je differenzierter seine Organisation, sein Produktspektrum und seine Märkte sind, desto schwieriger wird es, die komplexen Planungs-, Steuerungs- und Kontrollprozesse zu bewältigen. Auch die Informationsversorgungs- und Koordinationsfunktion sind dann kaum noch von einer (zentralen) Stelle aus zu bewerkstelligen. Die **Dezentralisierung des Controlling** ist dabei eine Möglichkeit zur Reduzierung dieser Komplexität.

Damit der Controller als kompetenter Gesprächspartner des operativen Managements akzeptiert wird, ist besonders in großen Unternehmen auch eine **Spezialisierung im Controlling** erforderlich. Beide Tendenzen haben die

Etablierung eines eigenständigen **Marketing-Controlling** gefördert. Dieser Wunsch nach einem spezifischen Marketing-Controlling kommt dabei häufig auch aus dem Marketing selbst, und zwar um so stärker, je komplexer die Strukturen innerhalb und außerhalb des Unternehmens sind.

2. Determinanten des Marketing-Controlling bei Continental

2.1 Der Continental-Konzern

Der Continental Konzern ist in die vier Divisionen PKW-Reifen, NFZ-Reifen, General Tire und ContiTech gegliedert. Dabei waren die PKW- und die NFZ-Reifen-Division bis 1992 in einem Konzernbereich vereint und sind auch heute noch eng miteinander verzahnt. Dies gilt vor allem für den Vertrieb, der für PKW- und NFZ-Reifen überwiegend gemeinsam erfolgt.

Die nachfolgenden Ausführungen beziehen sich auf diese beiden Reifen-Bereiche, da das Marketing-Controlling dort besonders deutlich ausgeprägt und auch organisatorisch verankert ist.

Der Continental-Konzern ist im Reifengeschäft weltweit die Nummer 4, in Europa die Nummer 2 und in Deutschland die Nummer 1. Dabei ist der Reifen-Bereich in nahezu allen Ländern Europas (mit Ausnahme der ehemaligen Ostblock-Staaten) mit eigenen Vertriebsgesellschaften vertreten und auch die 11 Produktionsstätten sind über ganz Europa verteilt.

Für das (Marketing-) Controlling bedeutsam sind die folgenden **Rahmenbedingungen:**

- Die oben beschriebene Struktur führt im Reifenbereich zu stark funktional geprägten Organisationsformen.

- Der Reifenbereich umfaßt nicht nur die Marke Continental, sondern darüber hinaus sieben weitere Marken, die teilweise starke regionale Schwerpunkte haben. Damit kommt der strategischen Positionierung dieser Marken zueinander und zum Wettbewerb eine entscheidende Bedeutung zu.

- Da grundsätzlich aus allen Produktionsstätten in alle Märkte geliefert werden kann, führt dies im Bereich der Logistik zu sehr komplexen Problemen und Planungssystemen.

- Da Produktion und Vertrieb in der Regel in verschiedenen Gesellschaften erfolgen, kommt der **Verrechnungspreisbildung** besondere Bedeutung zu. Der Continental-Konzern hat sich für die Price-Less-Verrechnung entschieden, bei der den Vertriebsgesellschaften eine angemessene Gewinnspanne (2% vom Umsatz) garantiert wird. Davon abweichende Gewinne oder Verluste fallen in den Produktionsgesellschaften an. Diese Verrechnungspreissystematik ergibt für den Konzern Vorteile in den Bereichen Steuern und Finanzierung, führt aber - bedingt durch die geringe Ergebnistransparenz und die fehlende direkte Auswirkung auf das Ergebnis der Vertriebseinheit - zu einer geringen Eigensteuerung der Gesellschaften und zu einer hohen Komplexität im Controlling.

2.2 Aufbau von Marketing und Controlling

Anfang 1994 hat der Reifenbereich seine bis dahin markenbezogene Organisationsform, d. h. die verschiedenen Marken operierten unabhängig voneinander im Markt, auf eine regionale Organisation umgestellt, um eine koordinierte und strategiekonforme Vermarktung innerhalb der Regionen, die in der Regel mehrere Länder umfassen, sicherzustellen. Dabei erfolgt die Wahl der Vermarktungsform (individuelle oder gemeinsame Vertriebsorganisation) in Abhängigkeit von der jeweiligen Marktsituation.

Das Controlling lehnt sich in seiner Struktur so an die operative Organisation an, daß eine klare Zuordnung zu den operativen Managern gewährleistet ist, d. h. auf den Ebenen Region und Land sind den Marketing-Managern **Controller** für den jeweiligen Verantwortungsbereich an die Seite gestellt.

3. Elemente des Marketing-Controlling

3.1 Strategisches Marketing-Controlling

Wenn man Horváths Definition des strategischen Controlling (Horváth (1991), S. 239) auf den Marketing-Bereich überträgt, soll das strategische Marketing-

Controlling die strategische Unternehmensführung durch den Aufbau eines strategischen Marketing-, Planungs- und Kontrollsystems sowie eines entsprechenden Informationsversorgungssystems unterstützen.

In der Praxis ist das strategische Marketing-Controlling mit formalisierten Systemen eher selten anzutreffen. Die **strategische Komponente** des **Marketing-Controlling** äußert sich auch bei Continental eher in der Form, daß der Prozeß der Strategieentwicklung initiiert und durch das Marketing-Controlling unterstützt wird. Diese Unterstützung erfolgt sowohl durch die Bereitstellung von Methoden als auch durch das kritische Hinterfragen von Prämissen, Zielen und Strategien.

3.2 Das Planungssystem

Ausgangspunkt der Planung ist die jährliche Überarbeitung der Strategie, aus der die Zielsetzung für die Jahresplanung abgeleitet wird. Parallel zu diesem Prozeß erfolgt die Erarbeitung und Verabschiedung der Prämissen. Dabei kommt aus Marketingsicht der prognostizierten Entwicklung der Märkte und der Währungskurse besondere Bedeutung zu.

Während die **strategische Planung** und die daraus abgeleitete **Top-Down-Planung** im wesentlichen ganzheitlich durch das Division-Management erfolgen, stellt sich aufgrund der starken funktionalen Gliederung bei der **operativen Bottom-Up-Planung** die Frage nach der Vorgehensweise.

Soll die Planung der Produktionseinheiten auf der Absatzplanung aufbauen, so muß diese zeitlich so weit vorgezogen werden, daß die damit verbundene Erhöhung der Unsicherheit aufgrund der Marktdynamik zu einer geringen Akzeptanz des Budgets führen könnte.

Eine Absatzplanung, die auf einer gegebenen Produktionsplanung basiert, würde die Tatsache negieren, daß heute in der Regel der Markterfolg und damit die Absatzseite der kritische Faktor für den Erfolg des Unternehmens ist.

Aus diesen Gründen erfolgt bei Continental die Planung für diese beiden Funktionsbereiche zeitlich parallel, aber nicht vollständig integriert. Wichtig für das Funktionieren dieser Vorgehensweise ist die Qualität der Prämissen und Top-Down-

Ziele, insbesondere das absolute Niveau und die Struktur der Absatzmengen, die ja Zielcharakter für das Marketing und Prämissencharakter für die Produktion haben.

In der „Knetphase“, die in Form von Arbeitsgesprächen mit den einzelnen Märkten (und entsprechend mit den Produktionseinheiten) durchgeführt wird, gibt es jedoch noch die Möglichkeit, die beiden Planungen einander anzunähern. Dies kann durch das Einplanen oder Eliminieren von Sondergeschäften erfolgen oder - im begrenzten Umfang - durch Verschiebungen auf der Preis-Absatz-Kurve. Grundgedanke bei diesem Prozess ist die **Deckungsbeitragsmaximierung** bei kurzfristig nur sehr begrenzt variierbaren Kapazitäten.

Die strategischen Ziele werden in der Regel bereits in der Top-Down-Planung durch Restriktionen (z. B. Erhöhung des Marktanteils) berücksichtigt und finden auch in der Bottom-Up-Planung ihren Niederschlag. In den Vertriebseinheiten liegt das **Hauptaugenmerk** auf der strategiekonformen Vermarktung, auf den Absatzmengen und den damit verbundenen Marktanteilen, den Preisen sowie den Vertriebskosten und dem Marketingbudget.

3.3 Der Forecast als Steuerungssystem

Zentrales Element des Reporting-Systems ist der **Forecast**, der im Rahmen des monatlichen Reportings an die Konzernzentrale bzw. die Divisionen erstellt wird. Basierend auf den Ist-Zahlen und neuesten Einschätzungen über die kommenden Monate wird monatlich ein Gesamtjahres-Forecast erstellt, der dem Management als **Informationsgrundlage zur Steuerung** des Unternehmens dient.

Aufgabe des Controllers ist dabei neben der Konzeption, Implementierung und Pflege dieses Forecast-Systems auch die Sicherstellung des **Informationsflusses**. Wichtig ist hierbei die Wahl des richtigen - d. h. für Steuerungszwecke geeigneten - Verdichtungsniveaus. Aufbauend auf der Analyse dieser Daten muß er das Management informieren und gegebenenfalls Gegensteuerungsmaßnahmen initiieren bzw. alternative Maßnahmen bewerten.

Ein Beispiel für die **operative Steuerung** der Division ist der Absatzmengen-Forecast, der als Input für die Logistik genutzt wird, um dann - bereinigt um Lagerbestandsveränderungen - Grundlage für die Produktionsplanung zu sein. Bei wesentlichen Abweichungen zur vorhandenen Kapazität müssen Anpassungen der

Produktionskapazität (Zusatzschichten bzw. Kurzarbeit) oder der Absatzmengen (z. B. durch den Verzicht auf bestimmte Geschäfte oder durch Verkaufsaktionen) vorgenommen werden.

Bei der Steuerung der Divisionen durch den Konzern gibt es zwei Hauptkomponenten. Während regelmäßige **Strategie-Reviews** der Überprüfung der strategischen Ausrichtung dienen, erfolgt die kurz- bis mittelfristige Steuerung über den **Ergebnis-Forecast**. Diese Informationen dienen auch als Basis gegenüber der Öffentlichkeit, den Aktionären und den Banken.

Entscheidende Voraussetzung für ein gutes Funktionieren dieses Prozesses ist eine **Forecast-Philosophie**, die zu einer möglichst realistischen Einschätzung führt, d. h. der Forecast muß ein ausgewogenes Verhältnis von Chancen und Risiken aufweisen.

In der Praxis gibt es damit jedoch manchmal **Schwierigkeiten**. Ein Problem entsteht dann, wenn er nach dem Motto „die Meßlatte hochlegen“ als Instrument der Zielsetzung für die betreffende Organisation („Ich möchte gern ...“) angesehen wird. Weiterhin kann er als Instrument zur Ressourcensicherung („Ich hätte gern ...“) mißbraucht werden. In beiden Fällen wird der Forecast tendenziell zu optimistisch, führt damit zu einer höheren Produktion und somit nicht zu einer optimalen Steuerung. Auf der anderen Seite führt ein zu vorsichtiger Forecast zu einer zu geringen Produktion und damit zu Problemen bei der Warenverfügbarkeit.

Dem (Marketing-) Controller fällt in diesem Prozeß die Aufgabe zu, einerseits bei den operativen Managern ein entsprechendes Problembewußtsein zu schaffen und andererseits durch Plausibilitätsprüfungen - und ggf. zentrale Korrekturen - eine akzeptable Qualität der Forecast-Zahlen sicherzustellen.

Damit der **Forecast** auch **als Element eines Frühwarnsystems** genutzt werden kann, muß gewährleistet sein, daß neben den quantitativen Daten, die für die Funktion als operatives Steuerungssystem benötigt werden, auch „schwache Signale“ (z. B. Verschiebungen der Käufersegmente) in verbaler Form aus den Märkten in die Zentrale mitgeliefert werden. Dies ist zur Zeit jedoch erst in Ansätzen realisiert.

3.4 Ausprägungen der Deckungsbeitragsrechnung

Im Reifenbereich der Continental gibt es drei verschiedene Deckungsbeiträge:
- den Marktdeckungsbeitrag,
- den Fabrikdeckungsbeitrag,
- den Konzerndeckungsbeitrag.

Da der Verrechnungspreis zwischen Produktions- und Vertriebsgesellschaft sich aufgrund des Price-Less-Systems aus erzieltem Erlös minus benötigter Marge zur Abdeckung der Vertriebskosten und eines Profits von 2% des Umsatzes ergibt, ist der **Marktdeckungsbeitrag** eine rein rechnerische Größe und als Kriterium für Entscheidungen nicht anwendbar.

Der **Konzerndeckungsbeitrag** basiert auf der Fiktion einer juristischen Einheit aller Konzerngesellschaften und eliminiert daher die Problematik der Verrechnungspreise. Er setzt sich aus dem erzielten Erlös abzüglich aller variablen Kosten zusammen, unabhängig davon, wo diese Kosten anfallen. Hierunter fallen vor allem die variablen Herstellkosten, die variablen Distributionskosten und die kalkulatorischen Zinsen auf Forderungen und Bestände. Aus betriebswirtschaftlicher Sicht ist der Konzerndeckungsbeitrag Grundlage der kurzfristigen Entscheidungen. Dies erfordert daher zwangsläufig die Verfügbarkeit all dieser Kostenkomponenten in der Zentrale und in den einzelnen Märkten.

Für längerfristige und strukturelle Entscheidungen wird dagegen der **Fabrikdeckungsbeitrag** zugrundegelegt. Der Erlös der Fabriken ergibt sich aus dem erzielten Erlös der Vertriebsgesellschaft abzüglich aller (auch fixer) Vertriebskosten. Von diesem Erlös der Fabriken werden dann die variablen Kosten der Produktion abgezogen. Dieser Deckungsbeitrag erlaubt zum einen den Vergleich von Märkten mit unterschiedlicher Vermarktungstiefe (und damit unterschiedlichen Vertriebskosten) und ermöglicht zum anderen durch einen Abgleich mit den Break-Even-Deckungsbeiträgen der Fabriken eine schnelle Aussage bezüglich der **Rentabilität** unter Vollkostengesichtspunkten.

Diese Nutzung der unterschiedlichen Deckungsbeiträge entspricht im **Grundsatz** dem System **der stufigen Deckungsbeitragsrechnung**.

3.5 Zielorientierte Preissetzung

Der Preis als Marketinginstrument hat in den letzten Jahren - bedingt durch Marktsättigungserscheinungen, Verschärfung und Internationalisierung des Wettbewerbs und veränderte wirtschaftliche Rahmenbedingungen - ständig an Bedeutung gewonnen. Zusammen mit dem Produkt selbst fällt ihm eine herausragende Rolle im Marketing-Mix zu.

Bei der **Festlegung des Preises** müssen eine Vielzahl von Interdependenzen berücksichtigt werden. Die wichtigsten dürften dabei die Preiselastizität, die Konkurrenzpreise bzw. -reaktionen, Carryover-Effekte und die Kostenauswirkungen sein (vgl. Simon (1982)). Da der Preis sowohl direkt über den Stückerlös als auch indirekt über die Absatzmenge den Gewinn des Unternehmens maßgeblich bestimmt, ist die Unterstützung des Managements in diesem Bereich eine der zentralen Aufgaben des Marketing-Controllers.

Der erste Schritt muß hierbei die **Festlegung des Zieles** sein, da eine nur kurzfristig orientierte, statische Deckungsbeitragsoptimierung dynamische Aspekte und die strategischen Auswirkungen der Preissetzung unberücksichtigt lassen würde.

Während in der Theorie als Zielgröße des strategischen Preismanagements meistens eine Kapitalwertmaximierung unterstellt wird, neigt man in der Praxis häufig zu vereinfachten Zielformulierungen in der Form, daß entweder
- kurzfristig unter Beachtung strategischer Leitlinien (z. B. Erreichen eines definierten Marktanteils) das Ergebnis optimiert werden soll, oder
- strategische Zielgrößen bei Vorgabe eines kurzfristigen Ergebnisses optimiert werden sollen.

Die **Bestimmung der „optimalen" Preise** in einem mehrstufigen, oligopolistischen Markt ist in der Praxis extrem schwierig, da in der Regel während des Entscheidungsprozesses nur geringe Informationen über die Auswirkungen auf den Endverbraucherabsatz vorhanden sind. Wesentliche Einflußfaktoren hierauf sind die Reaktion der Konkurrenten auf Preisänderungen und ggf. die Reaktion des Händlers, der sich bei seinen Entscheidungen weniger von absoluten Preisen als vielmehr von erzielbaren Handelsspannen leiten läßt. Bei Einschaltung des Handels als Absatzmittler ist es den Reifenproduzenten auch nicht möglich, unmittelbaren Einfluß auf den Endverbraucherpreis zu nehmen. Dies führt dazu, daß bei Preisentscheidungen das Käuferverhalten selbst häufig als „Black-Box“ betrachtet wird. Bezüglich der Auswirkungen auf die Absatzmenge begnügt man sich oft mit - auf Erfahrungswerten basierenden - Abschätzungen, in die ggf. die erwarteten Konkurrenzreaktionen miteinbezogen werden.

Trotz der relativ schwachen Datenbasis sind diese **Preis-Mengen-Konstellationen** die Basis für die Ermittlung der Ergebnisauswirkungen durch das Controlling. Wegen der starken Abhängigkeit von den unterstellten Prämissen muß diese Information ergänzt werden um **Sensitivitätsanalysen**, die dem Management die Abhängigkeit der Ergebnisse von den Prämissen - vor allem bezüglich des Konkurrenzverhaltens - veranschaulichen.

3.6 Beispiel: Strategische Preissetzung in der Erstausrüstung

Der Reifenbereich vermarktet seine Produkte auf zwei verschiedenen Vertriebswegen:
- im Ersatzbedarf, wo der Vertrieb über den Reifenhandel erfolgt, und
- in der Erstausrüstung, in der die Kunden in der Regel die Fahrzeughersteller sind.

Bei einer rein statischen Ergebnisanalyse müßte Continental sich aufgrund des großen Preisdrucks eigentlich aus den meisten Erstausrüstungsgeschäften zurückziehen. Ein solches Vorgehen ist jedoch sehr problematisch, da das Geschäft mit den Erstausrüstern gekennzeichnet ist durch
- Zusammenarbeit im Entwicklungsbereich, um Fahrzeug und Reifen optimal aufeinander abzustimmen,
- große Stückzahlen für die einzelnen Reifengrößen,
- strategische Auswirkungen auf das Ersatzgeschäft.

Eine gewisse **Beteiligung im Erstausrüstergeschäft** ist daher für eine Reifenmarke im oberen Segment unverzichtbar, um bei neuen Tendenzen im Entwicklungsbereich frühzeitig involviert zu sein. Darüber hinaus kann kurz- und mittelfristig vielfach nur mit den großen Stückzahlen der Erstausrüstung eine akzeptable Auslastung der Produktionsstätten sichergestellt werden.

Der Preis und die daraus resultierende (direkte) Ergebnisauswirkung ist in diesem Zusammenhang daher nur eine von mehreren Größen, die bei der Entscheidung über ein Erstausrüstungsgeschäft berücksichtigt werden müssen.

Bei der Bewertung der Erstausrüstergeschäfte muß auch berücksichtigt werden, daß Carry-Over-Effekte auftreten, d. h. ein Teil der Fahrzeugkäufer greift bei Auftreten des Ersatzbedarfs auf das gleiche Reifen-Fabrikat zurück, das in der Erstausrüstung gewählt wurde. Bei einer entscheidungsorientierten Analyse muß daher die entsprechende (positive) Ergebnisauswirkung im Ersatzgeschäft dem Erstausrüstungsgeschäft zugeordnet werden.

3.7 Die Koordinations- und Beratungsfunktion

Mit zunehmender Größe des Unternehmens und der funktionalen Untergliederung wächst das Problem der Koordination zwischen den verschiedenen Funktionen bzw. Gesellschaften. Der Controller hat die Aufgabe, diese Koordination durch Planungs- und Kontrollsysteme zu ermöglichen sowie in spezifischen Fällen diese Koordination direkt herbeizuführen.

Für den Marketing-Controller bedeutet dies, daß er wissen muß, welche Auswirkungen die Marketing-Entscheidungen auf andere Funktionsbereiche haben. Er muß diese Aspekte in die Entscheidungsfindung einbringen und ggf. eine **Koordination der betroffenen Bereiche** sicherstellen.

Darüberhinaus muß der (Marketing-) Controller immer mehr in eine Rolle des **internen Beraters** hineinwachsen. Er muß dafür sorgen, daß Vorgehensweisen und Abläufe regelmäßig auf Schwachstellen und Einsparungspotentiale untersucht werden. Diese Ergebnisse müssen dem Management dann so transparent gemacht werden, daß ein Veränderungsprozeß eingeleitet werden kann.

Im Extremfall führt dies zu massiven **organisatorischen Änderungen**. So werden bei Continental - als Ergebnis solcher Analysen - die fünf deutschen Vertriebsgesellschaften in eine gemeinsame Gesellschaft integriert, um so deutliche Einsparungen im Verwaltungsbereich zu realisieren. Solche und ähnliche Prozesse können aufgrund unterschiedlicher Interessen und der Eingebundenheit in die jeweiligen Organisationen kaum von den Betroffenen selbst erwartet werden.

4. Entwicklungsperspektiven des Marketing-Controlling

Während das operative Marketing-Controlling seit langem seinen festen Platz bei Continental gefunden hat, ist die strategische Komponente bislang nicht überall fest verankert. Die **Strategie-Entwicklung** auch unterhalb der Division unterstützend zu begleiten, sie ggf. für bestimmte Marktsegmente zu initiieren, ist eine der Forderungen an das Marketing-Controlling.

Darüber hinaus kommt auch der weiteren Verankerung der **Controlling-Philosophie** in den Köpfen der Manager eine große Bedeutung zu. Der Marketing-Controller muß dafür sorgen, daß bei Entscheidungen eine ergebnisorientierte, ganzheitliche Sichtweise über die funktionsspezifischen Betrachtungsweisen (wie z. B. Marktanteil, Bekanntheitsgrad, ...) gestellt wird.

Ein wichtiger Schritt, an dessen konsequenter Umsetzung wir zur Zeit intensiv arbeiten, ist die adäquate **Bereitstellung** der **entscheidungsrelevanten Informationen** in einer Form, die dem Management eine „Selbststeuerung" ermöglicht. Das erfordert Marketing-Informations-Systeme, die flexible, auf den jeweiligen Informationsbedarf zugeschnittene, Auswertungen schnell und einfach ermöglichen.

Der Controller muß daher bereit sein, sein Wissen einzubringen, den Schritt vom Informationslieferanten zum (beratenden) **Architekten der Informationssysteme** zu vollziehen. Den Freiraum durch die dann mögliche Reduzierung der Routinearbeit muß der Controller nutzen, um seine Funktion als interner Berater und Koordinator auszubauen.

Literaturverzeichnis

P. Horváth, Controlling, München 1991

H. Simon, Preismanagement, Wiesbaden 1982

Vom F&E - Controlling zum Innovationscontrolling

Hauke Fürstenwerth

1. Transformation vom Kostenwettbewerb zum wissensbasierenden Wettbewerb
2. Innovation als Leistungsprozeß
3. Innovationen als Problemlösung für den Markt
4. Operatives Innovationsmanagement
5. Es gibt kein Patentrezept für Forschung und Innovation
6. Funktionsanalyse von Forschung und Entwicklung
7. Instrumente des Innovations-Controlling
8. Ausblick

1. Transformation vom Kostenwettbewerb zum wissensbasierenden Wettbewerb

Die weltwirtschaftlichen Strukturen haben sich in nur wenigen Jahren grundlegend verändert. Der kommunistische Block existiert nicht mehr. Seine ehemaligen Mitgliedsländer befinden sich in einer Umbruchkrise, deren Auswirkungen auf die gesamte Welt gar nicht überschätzt werden können. Der asiatisch-pazifische Raum, in dem Japan bisher ein wirtschaftlicher Ausnahmefall war, entwickelt sich zu einem dynamischen Wachstumszentrum der Welt. Mit fast 2,7 Milliarden Einwohnern - gegenüber 380 Millionen im Europäischen Wirtschaftsraum und 360 Millionen in der NAFTA - wird **Asien-Pazifik** im 21. Jahrhundert aller Voraussicht nach die **größte Wirtschaftsregion** der Erde sein. Die Konsequenz dieser Entwicklung ist ein sich beschleunigender Strukturwandel der Weltwirtschaft, welcher bereits heute gekennzeichnet wird durch einen wachsenden Wettbewerb zwischen den großen Industrieregionen, Stagnation traditioneller Märkte, Überkapazitäten bei Standardprodukten und dem Aufbau völlig neuer Industriestandorte.

Hinzu kommt, daß sich alle Industrienationen in der Transformation zu Dienstleistungs- und/oder Informationsgesellschaften befinden. Der **Wandel** von der Produktions- **zur Dienstleistungsgesellschaft** wird vielfältige, tiefgreifende strukturelle und soziale Veränderungen in der Gesellschaft bewirken mit denen sich auch die Unternehmen auseinandersetzen müssen. So werden bereits heute in Deutschland lediglich 38% des Bruttosozialproduktes im produzierenden Gewerbe erwirtschaftet. In den USA sind es nur noch 20 %. Die große Herausforderung für Unternehmen ebenso wie für Gesellschaften besteht darin, die Produktion von Hardware mit Wissen zu neuen Systemlösungen zu vereinigen, welche Wertschöpfung und Arbeit bieten. Wissen wird durch Forschung geschaffen.

Vor allem für Unternehmen in Hochkostenländern wird es zur **Überlebensfrage**, die **Technologieführerschaft** zu erreichen oder wo immer möglich zu behaupten. Überall dort, wo die technologische Führung verloren geht oder nicht wiedergewonnen wird, sind Unternehmen in Hochkostenländern zum Scheitern verurteilt. Von besonderer Bedeutung im Wettbewerb mit Herstellern aus Niedriglohnländern sind die für kostengünstige Produktionen unverzichtbaren modernen Prozeßtechnologien. Weil die Lebenszyklen für Produkte und Technologien in vielen Branchen immer kürzer werden, kann die Bedeutung überlegener Prozeßtechnologien gar nicht hoch genug bewertet werden. Während sich in der Vergangenheit der

"Reifeprozeß" neuer Technologien noch über Jahrzehnte erstreckte, ist heute der Zeitraum von der wissenschaftsbasierenden Innovation über die anwendungsgetriebene Markterweiterung hin zur kostengetriebenen Prozeßoptimierung bei großvolumigen Standardprodukten auf wenige Jahre geschrumpft. Heutige high-tech Produkte und Technologien werden in wenigen Jahren breit verfügbare Commodities und Standardtechnologien sein. Der aggressive globale Wettbewerb erzwingt in allen Industriebranchen einen stetigen Verlust an Wertschöpfung. Wertschöpfungszuwachs für Unternehmen kann nur entstehen, wenn der **Verlust an Wertschöpfung** durch **ständige Produktivitätsverbesserungen** - welche die Unternehmen zumeist über den Preis an die Kunden weitergeben müssen - überkompensiert wird durch neue zusätzliche Wertschöpfung aus neuen Geschäften. Für neue Geschäfte ist ein kontinuierlicher Fluß an neuen Produkten und Technologien aus Forschung und Entwicklung unverzichtbar. Produktions- und Vertriebsstrukturen müssen mit innovativen Konzepten in die Lage versetzt werden, die F&E-Ergebnisse kurzfristig im globalen Markt in allen Regionen in kundenspezifischer Form anzubieten.

Es hat sich bei allen Verantwortlichen in Industrie und Politik die Erkenntnis durchgesetzt, daß den neuen Herausforderungen des globalen Wettbewerbs nicht nur mit Rationalisierungsmaßnahmen und Effizienzsteigerungen begegnet werden kann. Unabhängig von parteipolitischen und ideologischen Präferenzen konzentriert sich alle Hoffnung immer mehr auf **neue Technik**. Unternehmer, Gewerkschaften und Politiker fordern in seltener Eintracht eine "Innovationsoffensive". Wissenschaft, Forschung und Innovation haben in allen rezessionsgeplagten Industrienationen und -unternehmen einen hohen Stellenwert erlangt.

In den OECD-Ländern werden heute pro Tag in Summe bereits mehr als 1 Milliarde US-Dollar für Forschung und Entwicklung ausgegeben, das sind pro Stunde ca. 67 Millionen DM. Das F&E-Wachstum in allen wichtigen Industriebranchen hat seit Mitte der 60er Jahre erheblich über deren Umsatzwachstum gelegen. Die vier forschungsintensivsten Industriebranchen - Elektrotechnik, Automobil (Straßenfahrzeuge), Chemie und Maschinenbau - haben von 1973 bis 1994 in Deutschland 580 Milliarden DM in F&E investiert. 1995 investieren allein diese Branchen weitere 45 Milliarden DM in Forschung und Entwicklung. Der F&E-Aufwand pro Jahr hat sich vervierfacht, der Umsatz konnte nur um 280 Prozent gesteigert werden, der Umsatz pro Mitarbeiter wurde von durchschnittlich 81 TDM auf 250 TDM etwas mehr als verdreifacht. Der **F&E-Aufwand** in vielen Unternehmen ist **heute größer** als andere klassische Kostenpositionen und überragt diese zuweilen in ihrer Gesamtsumme.

Diese Angaben verdeutlichen den Wandel vom reinen Kostenwettbewerb zu einem stärker auf Wissen basierenden Wettbewerb. Wissenschaft, Forschung und Technologie sind im globalen Wettbewerb zu erfolgsentscheidenden Faktoren geworden.

Allerdings nähern sich die staatlichen und die privatwirtschaftlichen F&E-Mittel gewissen **Erschöpfungsgrenzen**. Ein global positiver Einfluß der gestiegenen Forschungsaufwendungen auf die Ergebnisentwicklung in der Industrie läßt sich statistisch nicht nachweisen. So ist es nicht verwunderlich, daß vor allem in der Industrie aus betriebswirtschaftlicher Sicht immer deutlicher Zweifel an der Sinnhaftigkeit stetig steigender F&E-Aufwendungen geäußert werden. Hieraus ergibt sich für die verantwortlichen Forschungsmanager die Notwendigkeit, steigende F&E-Aufwendungen belastbarer als bisher zu rechtfertigen. Planung und Steuerung von Forschung und Entwicklung müssen den neuen Herausforderungen angepaßt werden. So reicht es auch nicht länger aus, für alle Unternehmensfunktionen eigene, spezifische Controllingsysteme und -funktionen vorzuhalten. Ein umfassendes, ganzheitliches, alle operativen Funktionen einschließendes Innovations-Controlling ist zum unverzichtbaren Bestandteil unternehmerischer Planung geworden.

Innovations-Controlling ist eine **Unterstützungsfunktion** für das **Innovationsmanagement**. Es muß als Instrument der Unternehmensführung verstanden werden, welches für Planung, Kontrolle und Steuerung eingesetzt wird. Diese Aufgaben kann das Innovations-Controlling nur dann wahrnehmen, wenn es in den Innovationsprozeß integriert ist und im gesamten Unternehmen (in diversifizierten Unternehmen: in der Strategischen Geschäftseinheit) ein klares, breit abgestimmtes, von allen mitgetragenes Verständnis über das Wesen und die konkreten Zielsetzungen des Innovationsprozesses vorhanden ist.

2. Innovation als Leistungsprozeß

Die Unternehmen setzen wissenschaftliche Erkenntnisse in wirtschaftliche Leistungsfähigkeit um. Für die Beschreibung der industriellen Forschung sind die häufig angeführten Differenzierungen zwischen erkenntnisgetriebener Grundlagenforschung (an den Hochschulen und Forschungseinrichtungen?) und der "anwendungsorientierten (Grundlagen-)Forschung" (in der Industrie?) wenig aussagekräftig. Als praxisrelevantere Differenzierung möchte ich folgende Definitionen zur Diskussion stellen:

- **Forschung ist die Umwandlung von Geld in Wissen**

- **Innovation ist die Umwandlung von Wissen in Geld**

Ziel der in der Industrie betriebenen F&E ist die **Innovation**. Da aber das für die Innovation benötigte Wissen nicht immer verfügbar ist (nicht zu kaufen oder noch nicht vorhanden), müssen die Unternehmen auch eigene Forschung betreiben.

Forschung in der Industrie kann heute nicht mehr nur allein der schöpferischen Intuition der Wissenschaftler überlassen oder gar rein technikdeterminiert betrieben werden, sondern muß einer breit abgestimmten **Planung** unterliegen. Schon allein der bereits erwähnte hohe Finanzaufwand für F&E bedingt einen sorgfältigen Planungsprozeß, einen Planungsprozeß, der seinen Anfang heute nicht mehr nur in der Wissenschaft haben darf. Unternehmerische Planung von F&E als Teil der Gesamtunternehmensplanung muß als ein Übersetzungsprozeß verstanden werden. Ausgangspunkt ist die Frage, was will die Gesellschaft, der Markt, welche Produkte und Dienstleistungen erwarten die Kunden? Diese Fragen werden in wissenschaftliche Fragestellungen übersetzt, welche in den Laboratorien bearbeitet werden können. Im Gegenzug werden die wissenschaftlichen Ergebnisse der Forschung in Problemlösungen übersetzt, welche am Markt und im politischen Raum akzeptiert werden.

Es sind nicht Funktionen, Abteilungen, Ressorts oder Stäbe die Geschäfte machen. Geschäfte werden durch das Unternehmen als Ganzes gemacht! Nur durch koordinierte Arbeit aller beteiligten Funktionen kann aus dem auf allen Ebenen und in allen Ressorts eines Unternehmens vorhandenen Fachwissen die angestrebte **Marktleistung** erbracht werden. Im Sinne von "Research for Profit" müssen auch Forschung und Entwicklung zum Gewinn eines Unternehmens beitragen. Gewinne werden nur durch Geschäfte gemacht, trivial aber wichtig. Um selbst Geschäfte zu tätigen und diese nicht der Konkurrenz zu überlassen, müssen Unternehmen als Einheit Leistungsprozesse erbringen. Deshalb werden in vielen Unternehmen Unterteilungen in abgegrenzte funktionale Einheiten immer mehr aufgegeben und **Arbeitsgruppen** entsprechend den Anforderungen der zu erbringenden **Leistungsprozesse** organisiert. Dieses gilt auch für die vom Unternehmen zu erbringende Innovation. Es ist die Aufgabe des Managements diesen ganzheitlichen Denkansatz zu operationalisieren. Das Management muß Wege aufzeigen, die es gestatten, daß alle Beschäftigten im Unternehmen effektiver miteinander zusammenarbeiten. Es muß sicher stellen, daß ein so kompliziertes Räderwerk, welches ein Unternehmen darstellt, reibungslos läuft, daß jedes Rad in das andere greift.

Innovationsfähigkeit ist zum entscheidenden Merkmal für **Chancen im globalen Wettbewerb** geworden und muß deshalb nicht nur im wissenschaftlich-technischen Bereich, sondern vor allem auch in der gezielten Weiterentwicklung von Produktions- und Organisationsstrukturen, Arbeitsabläufen und Denkweisen unter Beweis gestellt werden. Die Effizienzprobleme von Unternehmen ergeben sich in der Regel nicht aus ihrer organisatorischen Struktur, sondern aus den Strukturen ihrer Leistungsprozesse. Die Unternehmen können keinen Dritten dafür verantwortlich machen, wenn ihre Verwaltungen zu groß oder zu bürokratisch geworden sind, in Forschung und Entwicklung verkrustete Entscheidungsstrukturen effiziente Arbeitsabläufe verhindern oder wenn der Vertrieb nicht kundennah und flexibel genug arbeitet. Für eine zu opulente Lagerhaltung oder eine ineffiziente Logistik sind nicht Politiker oder Gewerkschaften, sondern nur die Unternehmer zuständig. Es muß in den Betrieben alles getan werden, um diese Strukturen grundlegend zu verbessern, weil die Unternehmen ansonsten im internationalen Wettbewerb an Boden verlieren.

Die gängigen Konzepte mit denen die Leistungsprozesse optimiert werden sind hinreichend bekannt: "lean production", "lean management", "KVP" als Abkürzung für "kontinuierliche Verbesserung der Produktivität", "Total Quality Management" "re-engineering" und andere Konzepte mehr. Bei all diesen Optimierungsansätzen geht es primär nicht darum, nur flachere Hierarchien zu schaffen, sondern durch **Optimierung der Leistungsprozesse** die Produktivität des Unternehmens konsequent zu steigern.

3. Innovationen als Problemlösung für den Markt

Ziel der in den Unternehmen durchgeführten Forschung und Entwicklung ist die Innovation, also die Umwandlung von Wissen in Geld. Die Unternehmen erarbeiten Wissen um es im Markt beim Kunden gegen Geld einzutauschen. Markt oder Kunden können auf verschiedenen **Ebenen** angesprochen werden.

- **die Ebene der Nachfrage**

Hier läuft das Tagesgeschäft ab. Die Kunden sind mit den prinzipiellen Eigenschaften und den Leistungsprofilen der Produkte vertraut. In diese Produktkategorie fallen alle **Massen- oder Standardprodukte**. Kaufentscheidungen werden überwiegend aufgrund von Preis-Leistungs-Vergleichen getroffen. Konzentrieren sich zuviele Anbieter auf diese Ebene, ist ein starker Preisdruck die Folge.

- **die Ebene des Problems**

In der Regel muß der Kunde einen Kompromiß eingehen zwischen dem, was er eigentlich benötigt und dem, was angeboten wird oder er sich leisten kann. Auf der Problemebene können entscheidende Anregungen für **neue Produktentwicklungen** eingeholt werden. Auf dieser Ebene muß deshalb intensiv kommuniziert werden, um die Situation des Kunden und seine Probleme zu begreifen. Jedes Produkt stellt für den Käufer eine Problemlösung dar. Um eine adäquate Problemlösung anbieten zu können, ist es unverzichtbar, die Probleme des Kunden zu verstehen, nur so können Produkte mit hohem Kundennutzen entwickelt werden.

- **die Bedürfnisebene**

Die Tatsache, daß Kunden überhaupt nach Lösungen suchen und hierbei Probleme haben, die sie zu einer Nachfrage bewegen, geht auf Bedürfnisse zurück. Deren **Profil** zu **erkennen** kann entscheidende Voraussetzung **für** wirklich **bahnbrechende Innovationen** sein. Während sich Probleme der Kunden recht zuverlässig erkunden lassen, basieren die Einschätzungen von Bedürfnissen der Kunden vielfach auf subjektiven und sehr spekulativen Erwartungen, welche auf Erfahrung und Intuition vieler Mitarbeiter gestützt werden. Bedürfnisse lassen sich kaum objektivieren. Hieraus entstehen breite wettbewerbliche Differenzierungsmöglichkeiten in der Produkt- und Leistungsdefinition.

Die auf diesen drei Ebenen einzuholenden Informationen müssen im Unternehmen genutzt werden, um Forschungsprogramme zu definieren und Problemlösungen zu erarbeiten, die zu Innovationen führen sollen. Innovation ist nicht gleich Innovation, deshalb sind differenzierende Betrachtungen durchaus angebracht. Häufig werden wissenschaftlich oder technisch definierte Differenzierungen angeführt: Basisinnovation, inkrementelle Innovation u. a. mehr. Diese rein technisch orientierten

Definitionen haben in der Vergangenheit dazu beigetragen, die Integration von Wissenschaft und Technik in den vom Unternehmen als Einheit zu erbringenden Innovationsprozeß zu erschweren. In den letzten Jahren ist in allen Unternehmen massiv daran gearbeitet worden, die Forschung aus ihrem "Elfenbeinturm" zu befreien und an das Geschäft heranzuführen. Aber auch neuere Ansätze im Technologiemanagement betonen immer noch die funktionale Eigenständigkeit von Forschung und Entwicklung, wenn sie sich zum Ziel setzen, F&E-Strategien lediglich auf die Gesamtunternehmensstrategie abzustimmen. Die Definition "Innovation ist die Umwandlung von Wissen in Geld" erzwingt ein nicht-technisches Verständnis von Innovation. Für die konkrete Umsetzung dieses Ansatzes in der industriellen Praxis ist es hilfreich, **Innovationen** konsequent **aus der Sicht des Marktes** zu betrachten. Ich schlage deshalb vor, die folgenden drei Kategorien von Innovationen zu unterscheiden, welche sich mit den angeführten Ansprechebenen des Marktes korrelieren lassen:

- **substitutive Innovationen**

Diese Innovationen ersetzen vorhandene Produkte und Leistungen über rationale oder emotionale Nutzenvorteile oder günstigere Preis-Leistungsrelationen.

- **Wertschöpfungsinnovationen**

Diese bieten durch neue Produkte oder Leistungen wesentliche Zusatznutzen an, mit denen neue Einsatzgebiete und damit auch Geschäftspotentiale erschlossen werden können.

- **Marktinnovationen**

Marktinnovationen erschließen über die Befriedigung latent vorhandener Bedürfnisse ganz neue Märkte.

Die Mehrzahl der in der Industrie getätigten Innovationen sind sicher als **substitutive Innovationen** einzustufen. Innovationen dieser Kategorie sind mit einem relativ geringem Marktrisiko behaftet. Aufgrund des klar definierten und bereits im Markt vorhandenen Anforderungsprofil muß kaum Überzeugungsarbeit beim Kunden geleistet werden.

Das Marktrisiko der **Wertschöpfungsinnovationen** ist wesentlich höher als bei substitutiven Innovationen. Kunden und Anwender müssen mit dem Leistungsprofil der Produkte vertraut gemacht und von der Qualität der Problemlösung (Kundennutzen) überzeugt werden. Sehr oft müssen Kunden und Anwender ihrerseits Vorleistungen erbringen (Investitionen durch Umstellung von Verarbeitungsmaschinen), um die neuen Produkte einsetzen zu können. Es müssen mehr Zeit und Mittel eingesetzt werden um im Markt einen Durchbruch zu schaffen. Gelingt dieser, so ist der wirtschaftliche Erfolg entsprechend hoch. Wertschöpfungsinnovationen lassen sich nicht in Form von Ideenbörsen organisieren. Intensive Kontakte zu potentiellen Kunden sind elementare Voraussetzung.

Für **Marktinnovationen** gibt es keine existierenden Märkte, diese werden durch die Innovation erst geschaffen. Zeit und Kostenaufwand sind bei hohem Risiko sehr hoch. Im Erfolgsfalle können Marktinnovationen zu neuen Industriezweigen ausgebaut werden. Ein aktuelles Beispiel ist der Personal Computer. Die Erfindung synthetischer Farbstoffe führte ebenso wie die Erfindung synthetischer Arzneimittel und synthetischer Werkstoffe zu Marktinnovationen, welche zu Industrien ausgebaut worden sind.

Zwischen diesen aus Markt- oder Kundensicht definierten, **idealisierten Innovationstypen** gibt es in der Praxis fließende Übergänge. Alle drei Typen sind auf der wissenschaftlich-technischen Seite gestaltungsoffen. Problemlösungen für jeden Typ können sowohl auf Basis bekannter als auch neuer wissenschaftlicher Erkenntnisse oder technischer Konzepte und Möglichkeiten realisiert werden.

4. Operatives Innovationsmanagement

Zur praktischen Ausgestaltung der Innovationprozesse gilt es in einem Unternehmen drei **Basisfragen** zu beantworten:

- **WAS** wollen wir in F&E bearbeiten?
- **WIE** wollen wir den Innovationsprozeß organisieren?
- **WIEVIEL** Ressourcen wollen wir einsetzen?

Unabhängig vom Innovationstyp müssen alle beteiligten Mitarbeiter hierbei vor Augen haben, wo ihr Einzelbeitrag im gesamten Innovationsprozeß liegt und wo sie gemeinsam mit anderen Einfluß auf die Produkt- oder Leistungsbereitstellung ausüben können. Es muß das Wissen aller Beteiligten eingehen, um sinnvolle F&E-Projekte zu definieren, die sich zu einem wertvollen Gesamtportfolio für das Unternehmen ergänzen.

Die Elementarfrage **"WAS wollen wir in F&E bearbeiten?"** kann weiter differenziert werden in die aufeinander aufbauenden Fragen:

- Welche Kundenanforderungen sind in den nächsten Jahren in welchem Markt entscheidend?
- Welche politischen und rechtlichen Rahmenbedingungen werden den Markt beeinflussen?
- Welche Konsequenzen ergeben sich daraus für unsere Produkt- und Leistungsmerkmale?
- Wie korrespondieren diese Anforderungen mit unseren wissenschaftlich-technischen Möglichkeiten?
- Welche F&E-Projekte wollen wir mit welcher Priorität bearbeiten?

In dieser Kette, die alle Funktionen eines Unternehmens umfaßt, muß durch gute Kommunikation zwischen allen Beteiligten festgelegt werden, welcher technische Fortschritt angestrebt ist und was das Maß für diesen Fortschritt ist. Die wissenschaftlich-technischen Arbeitsgebiete, in denen noch ausreichende technische Potentiale erwartet werden, werden definiert.

Auf der **Ebene des WIE** werden ebenso funktionsübergreifend alle F&E-Aktivitäten so effizient wie möglich ausgeführt, um die Nachhaltigkeit der F&E-Erfolge auch ablauforganisatorisch abzusichern. Hier hat sich in den letzten Jahren in fast allen Unternehmen der **Projektgedanke** durchgesetzt. Projektmanagement wird hierbei als Führungskonzept verstanden, welches darauf ausgerichtet ist, temporäre, interdisziplinäre Aufgabenstellungen zu bewältigen, die einen hohen Grad an Komplexität und Neuartigkeit aufweisen. Charakteristisch für ein Projektmanagement ist weiterhin, daß die Arbeiten aller am Projekt Beteiligten regelmäßig zusammenhängend betrachtet und bewertet werden.

Die Antworten auf die Fragen WAS und WIE bestimmen den Erfolg eines Unternehmens. Werden diese Fragen in einem ganzheitlichen Ansatz beantwortet, so wird eine enge und transparente Verbindung von Unternehmensstrategie und F&E-Strategie, von Unternehmensvisionen und technischen Visionen hergestellt. Nur so können Unternehmen den Wert technischer Neuerungen für ihre Kunden und sich selbst so gezielt wie möglich sichern. Dieser ganzheitliche Ansatz, der seinem Wesen nach eine **Funktionsanalyse der Forschung** ist, kehrt die Frage, wieviel Forschungsaufwand sich ein Unternehmen leisten **kann**, um in die Frage, wieviel F&E-Aufwand ein Unternehmen im Interesse seiner langfristigen Wettbewerbsfähigkeit aufwenden **muß**.

Kernproblem dieses skizzierten Innovationsmanagements ist die **Auswahl** und **Bewertung** von neuen und laufenden Forschungs- und Entwicklungs-Projekten. Die Bewertung von Projekten ist komplex. Hier gehen sehr viel subjektive, erfahrungsgestützte Einschätzungen mit ein. Es müssen fundierte Handlungs- und Gestaltungsmöglichkeiten aufgezeigt und dadurch Entscheidungen vorbereitet werden. Faktoren, die analysiert werden, sind der Stand der Technik und ihre Entwicklungsmöglichkeiten ebenso wie technische, wirtschaftliche, gesundheitliche, ökologische, humane, soziale und andere Folgen der geplanten Produkte und Verfahren. Diese Faktoren werden aufgrund der vom Unternehmen definierten Ziele und Werte beurteilt. Für die Beurteilung wird ein breites Spektrum von Wertebereichen herangezogen, welche pragmatisch in unternehmensspezifischer Weise angewandt werden. In einer Richtlinie des VDI zur Technikbewertung (VDI 3780) sind illustrativ **acht zentrale Wertebereiche** angeführt, welche auch in der innerbetrieblichen Bewertung von Produkten und Technologien heranzuziehen sind:

Funktionsfähigkeit - Wirtschaftlichkeit - Wohlstand - Gesundheit - Sicherheit - Umweltqualität - Gesellschaftsqualität und Persönlichkeitsentfaltung.

Diese Wertebereiche mit den Hauptvektoren Wirtschaftlichkeit, Umweltverträglichkeit und Sozialverträglichkeit stehen in einer Wechselbeziehung zueinander und sind für einzelne Produkte und Techniken von unterschiedlicher Bedeutung. Hierin kommt zum Ausdruck, daß es keine real existierende Technik gibt, die wertneutral und deshalb nur durch technische Funktionsfähigkeit zu beschreiben und zu bewerten ist. Technikbewertung geht immer von subjektiven Wertepräferenzen aus. Hierdurch wird eine Vergleichbarkeit der angestellten Werte- und Güterabwägung erschwert. Eine Werteskala muß in jedem Unternehmen aufgestellt werden. Dafür gibt es keine

Handbücher. Jedes Unternehmen ist gefordert, seine eigenen Werte im Rahmen gesellschaftlich akzeptierter Normen anzuwenden. Unternehmerisch eröffnen die unternehmensspezifischen Wertepräferenzen eine breite wettbewerbliche Differenzierungsmöglichkeit.

5. Es gibt kein Patentrezept für Forschung und Innovation

Zusammenfassend kann herausgestellt werden, daß die Unternehmen bei der Planung ihrer Innovationsprozesse versuchen, sich Klarheit zu verschaffen über Bedürfnisse und Anforderungen ihrer **Kunden**, Möglichkeiten und Potentiale ihres wissenschaftlich-technischen **Wissens** sowie Aktivitäten ihrer **Wettbewerber**, aber auch über Art und Ausmaß der bestehenden und zu erwartenden gesetzlichen **Regelungen**, technischen und sozialen **Normen**. Die Planung muß dabei den gesamten Innovationsprozeß von der Forschung und Entwicklung über die Produktion bis zur tatsächlichen Anwendung und Entsorgung der Produkte umfassen. Entwicklungszeiten für neue Produkte in der chemischen Industrie betragen nicht selten mehr als 10 Jahre. Es werden also bereits heute innerbetrieblich die Anforderungen an Technologien und Produkte festgelegt und bewertet, die erst in 10 Jahren zum Einsatz kommen und dann mehrere Jahre vermarktet werden. Aufgrund von Prognosen für alle Faktoren, die für die technische Entwicklung relevant sind, werden Bewertungen erstellt und in Entscheidungen über die Ausgestaltung von Technik umgesetzt. Die unternehmerische Technikbewertung kann sich nicht auf Einzelaspekte wie Wirtschaftlichkeit oder Funktionsfähigkeit beschränken. In die Kaufentscheidung von Verbrauchern und Anwendern geht die ganze Vielfalt von Wertebereichen ein. Nur wenn diese angemessen berücksichtigt werden, können tragfähige Entscheidungen für erfolgreiche Entwicklungen getroffen werden. Die gesamte Entwicklung muß als ein durch vielfältige, unternehmensexterne Rückkopplungen gesteuerter Prozeß verstanden und entsprechend organisiert werden. Aufgabe der Forschung in diesem Prozeß ist es, allgegenwärtige Unsicherheiten im Bereich der wissenschaftlich-technischen Fragestellungen durch Erarbeiten von Wissen ständig zu verringern. Entscheidungen werden immer unter Unsicherheit gefällt. Der **Sinn** des unternehmerischen Innovationsmanagement ist es, die stets vorhandene **Unsicherheit** auf ein für den Entscheidungsträger **erträgliches Maß** zu reduzieren.

Es gibt kein Patentrezept für Forschung und Innovation. Hohe Unsicherheit ist eines der markantesten Merkmale im Innovationsprozeß. Dieses gilt auch für die betriebswirtschaftlichen Bewertungen. Innovationen sind empirische Vorgänge, die keinen falsifizierbaren Theorien unterliegen. Daran können ausgefeilte Planungs- und Bewertungskonzepte nichts ändern. Entscheidend ist, daß die geplante Innovation als ein durch Rückkopplungen gesteuerter Prozeß zu verstehen ist. Besonders charakteristisch für den inhaltlichen Verlauf von F&E-Vorhaben sind die notwendigen und aufgewandten **Forschungskosten**. In Abhängigkeit vom inhaltlichen und zeitlichen Stand eines F&E-Vorhabens müssen deshalb unterschiedliche Planungstechniken und Bewertungsverfahren eingesetzt werden, welche auf die Charakteristika der Entwicklungsstadien abgestimmt sind.

Im **Stadium der Forschung**, also der Umwandlung von Geld in Wissen, hält sich der finanzielle Aufwand in Grenzen. Der finanzielle Aufwand für Forschung beträgt oftmals nicht mehr als 10 - 20 Prozent des gesamten F&E-Budgets eines Unternehmens. Forschung ist geprägt durch hohe Unsicherheit. Es liegen nur grobe Zielvorstellungen vor. Hier werden oft intuitive Entscheidungen getroffen. Es geht darum, unter Nutzung auch unkonventioneller Lösungsansätze wissenschaftlich-technische Grundlagen zu schaffen, Unsicherheiten durch Wissensermittlung zu beseitigen. Aus vielen Lösungsansätzen müssen die für eine Entwicklung geeigneten Kandidaten ausgewählt werden. In diesem Stadium kommt es darauf an, die Wettbewerbsfähigkeit des Unternehmens durch ausreichende technisch-wissenschaftliche Vorbereitung abzusichern. Eine so definierte Forschung muß verstanden werden als Option, die man einlöst und mit entsprechend hohen Mitteln in der Entwicklung ausstattet, sobald ein wirtschaftliches Potential erkennbar wird. In dieser Phase kann und muß man sich auf qualitative Bewertungen beschränken. Dieses ist im wesentlichen die Erstellung von technisch-wissenschaftlichen Szenarien mit spekulativen Abschätzungen für Markt- und Ergebnispotentiale.

Bis zu 80 % der Forschungskosten werden für Projekte im **Entwicklungsstadium** ausgegeben. Diese sind durch andere Charakteristika und Anforderungen als die Forschung gekennzeichnet. Hier geht es darum, identifizierte technische Konzepte (Produkte, Verfahren) für identifizierte und definierte Marktsegmente schnell und kostengünstig zu realisieren. Für Entwicklungsarbeiten muß es aufgrund des hohen Kapitaleinsatzes und der gebundenen Ressourcen klare, breit abgestimmte Zielvorstellungen geben. Hier ist neben Kreativität auch ein hohes Maß an Disziplin gefordert. Zeit- und Kostenvorgaben müssen erstellt und eingehalten werden.

Dieses ist der kostenintensivste Teil von F&E. Deshalb müssen im Entwicklungsstadium dann auch bereits betriebswirtschaftliche Analysen und Ergebnisrechnungen aufgrund von Pilotierungsversuchen, konkreten Marktstudien und Kundenversuchen durchgeführt werden.

6. Funktionsanalyse von Forschung und Entwicklung

Die Ausgestaltung der für den Innovationsprozeß notwendigen **Planungs- und Steuerungsinstrumente** muß sich an den für das betreffende Geschäftssegment charakteristischen **Haupterfolgsfaktoren** orientieren. Geschäftssegmente durchlaufen ebenso wie Produkte und Produktgruppen in ihrem "Lebenszyklus" mehrere Phasen. Nach einer mehr oder minder langen Geburtsphase treten die Produkte in eine Phase stetigen Wachstums ein, erreichen nach einer gewissen Zeit die Phase konstanter Marktpotentiale und werden schließlich durch Substitutionsprodukte aus dem Markt gedrängt. Diese konzeptionelle Beschreibung des "Reifungsprozesses" von Produkten oder auch Technologien läßt sich sowohl auf ganze Arbeitsgebiete als auch auf einzelne Produktgruppen innerhalb bestimmter Marktsegmente anwenden. In jeder der drei Lebenszyklusphasen sind unterschiedliche **Leistungsparameter** erfolgsbestimmend. Die "Innovationsphase" wird beherrscht von den Wissenschaften als der dominierenden Triebkraft. In dieser Phase benötigt man vor allem Geduld und Vertrauen in die Leistungsfähigkeit der Wissenschaftler und Techniker, ohne die notwendige Langfristinvestitionen nicht zu rechtfertigen sind. Die Wachstumsphase wird geprägt durch anwendungsgetriebene Markterweiterungen, bei denen der Schwerpunkt aller Aktivitäten darauf liegt, sich im intensiven Zeitwettbewerb mit Wettbewerbern durch Produktentwicklungen zu differenzieren. In der Marktsättigungsphase schließlich verlagert sich das Hauptaugenmerk aller Tätigkeiten auf die Kosten. Hier dominiert die kostengetriebene Prozeßoptimierung ohne die eine Massenproduktion von Standardprodukten heute nicht mehr bestehen kann.

Eine genaue Kenntnis der phasenspezifischen Anforderungen und Erfolgsfaktoren sind unverzichtbare Voraussetzung für die sinnvolle Gestaltung des Innovationsprozesses und der daraus abzuleitenden Anforderungen an das Informations-, Planungs- und Kontrollsystem.

Der Ansatz, Forschung und Entwicklung nicht als eigenständige Leistungsprozesse zu steuern, sondern sie als integralen Bestandteil eines ganzheitlichen, alle Funktionen einbeziehenden Innovationsprozesses einzusetzen, ist, wie bereits ausgeführt, seinem Wesen nach eine **Funktionsanalyse** von Forschung und Entwicklung. Diese Analyse muß klar aufzeigen, welche Hebelwirkung die Ergebnisse wissenschaftlich-technischer Arbeiten für das Geschäftsergebnis haben können. Die Hebelwirkung von F&E variiert sehr stark. In Arbeitsgebieten, die auf Spitzentechnologien angewiesen sind (F&E-Aufwand größer 8,5 % des Umsatzes), ist die Hebelwirkung groß. Deshalb ist es erforderlich, einen großen Teil der Managementkapazität auf Wissenschaft und Technik zu konzentrieren. Bei Geschäften mit nicht F&E-intensiven Gütern (F&E-Aufwand kleiner 3,5 % des Umsatzes) ist die unmittelbare Hebelwirkung von Forschung und Entwicklung beschränkt. Produktions- und/oder Marketingprobleme müssen im Fokus des Managements stehen.

Erfahrungswerte aus der Praxis zeigen, daß nahezu unabhängig vom spezifischen Geschäftsgebiet für einen angestrebten Umsatz Gesamtinvestitionen in der Größenordnung dieses Umsatzes getätigt werden müssen. Lediglich die Investitionsschwerpunkte differieren sehr stark. Bei Spitzentechnologiegebieten beansprucht F&E den Hauptteil der Investition, bei kapitalintensiven Massenproduktionen von Standardprodukten ist es die Produktion, bei Markenartikelgeschäften benötigt das Marketing den überwiegenden Teil der Investitionsmittel. Diese **Geschäftsspezifika** gilt es in die Ausgestaltung des Innovationsprozesses einzubeziehen, um die spezifische Hebelwirkung von Wissenschaft und Technik optimal nutzen zu können. So sollten bei großer Hebelwirkung die Marketingmaßnahmen auf F&E-Ergebnisse ausgerichtet werden, bei kleiner Hebelwirkung wird F&E konsequent den vorrangigen Belangen von Produktion und/oder Marketing untergeordnet.

7. Instrumente des Innovations-Controlling

In den vergangenen Jahren hat es, bedingt durch die gestiegenen F&E-Aufwendungen und der großen Bedeutung von Wissenschaft und Technologie für die Wettbewerbsfähigkeit von Unternehmen, eine regelrechte Flut an neuen Managementkonzepten und daran gekoppelten Controllinginstrumenten gegeben. Unabhängig von der identifizierten Hebelwirkung von wissenschaftlich-technischen

Arbeiten ist es für die ganzheitliche Steuerung des Innovationsprozesses entscheidend, die gesamte Leistungskette einzubeziehen und für die einzelnen Teilaspekte aussagekräftige, entscheidungsorientierte Controllinginstrumente zur Verfügung zu stellen. Hierbei ist es essentiell, nicht unabgestimmte Einzelinstrumente einzusetzen, sondern über ein fein abgestimmtes Instrumentarium zu verfügen, welches es gestattet, den gesamten Innovationsprozeß als Regelkreis zu planen und zu steuern. Im folgenden wird eine subjektive **Auswahl gängiger Ansätze** vorgestellt, deren Schwerpunkt auf zukunftsträchtigem, **strategischem Innovationscontrolling** liegt.

Technologie/Anwendungsmatrix

Die systematische Suche nach attraktiven Geschäftsfeldern geht der Auswahl einzelner Innovationsvorhaben voran. Dazu kann die Technologie/Anwendungsmatrix eingesetzt werden. Voraussetzung für hohe Aussagekraft und Nutzen dieses Instrumentes sind eine sorgfältige **Marktsegmentierung** nach Anwendungsgebieten und die Identifikation der zur Erfüllung der Produkt- und Anwendungserfordernisse wesentlichen **Technologien**. Die Gegenüberstellung der Kunden- und Marktanforderungen mit den verfügbaren Technologien macht deutlich, welche Segmente hohes Verbesserungspotential bergen.

Kopplungsmatrix

Vision und Strategie eines Unternehmens legen den Rahmen und die konkreten Ziele für den gesamten Innovationsprozeß fest. Die sich aus Wissenschaft und Technik ergebenden Chancen und Gestaltungsmöglichkeiten beeinflussen ihrerseits sehr stark die Vorgabe der Innovationsziele. Ein angemessener Mitteleinsatz setzt voraus, daß die aus der Strategie abgeleiteten Innovationsanforderungen genügend konkret sind, so daß die F&E-Mittel auf die richtigen Arbeiten konzentriert werden können. Ferner muß eine definierte Projektstruktur bestehen, die eine Priorisierung und koordinierte Bearbeitung der einzelnen Innovationsaktivitäten erlaubt. Um den für den Innovationsprozeß erforderlichen Grad der Konkretisierung der Unternehmensstrategie zu erreichen, müssen die strategischen Aussagen "operationalisiert" werden bis hin zu konkreten Aktionsplänen. Nur auf der Basis definierter Aktionspläne ist eine sinnvolle Entscheidung über den Einsatz von F&E-Mitteln möglich. Für diesen banal erscheinenden Prozeß der **Operationalisierung** der **Unternehmensstrategie**, der aber in der praktischen Ausgestaltung enorme Kraftanstrengungen aller Beteiligten erfordert, hat sich das Instrument der "Kopplungsmatrix" in vielen Unternehmen als sehr hilfreich erwiesen. Die Kopplungsmatrix macht den Grad der Übereinstimmung zwischen strategischen Anforderungen des Unternehmens und dem Einsatz von Wissenschaft und Technik deutlich.

Die **Aktionspläne**, welche sich aus der Unternehmensstrategie ergeben, sind die eine Dimension der Matrix. Die Ableitung dieser Aktionspläne erfolgt über mehrere Stufen, beginnend mit dem Umsatz- und Ergebnisziel des gewählten Planungshorizonts (z. B. 5 oder 10 Jahre). Der Prozeß der stufenweisen Konkretisierung der strategischen Ziele muß von einer Konsistenzprüfung der Strategie aus Sicht aller Funktionen, so auch von Wissenschaft und Technik, begleitet sein: Ist die Liste der Aktionspläne vollständig, sind die Definitionen und Aussagen präzise, lassen sich aus unberücksichtigten technologischen Lücken zusätzliche F&E-Aktivitäten ableiten?

Die zweite Dimension der Kopplungsmatrix ist die **F&E-Unterstützung**. Die laufenden und geplanten Arbeiten werden den Aktionsplänen gegenübergestellt. Für die einzelnen in die Matrix einzuordnenden Aktivitäten werden Budget und Zeitrahmen angegeben, so daß Lücken in der F&E-Unterstützung, oder falsche Ausrichtung bzw. falsche Mitteldotierungen einzelner Projekte sichtbar werden.

Die Kopplungsmatrix stellt den strategischen Beitrag jedes einzelnen Innovationsschrittes heraus und weist Lücken in der F&E-Unterstützung auf - Aktionspläne, welche nicht oder mit zu geringem Einsatz durch F&E-Projekte abgedeckt werden. Sie zeigt aber auch, welche F&E-Vorhaben ohne klaren strategischen Bezug sind. Eine solche Kopplungsanalyse gestattet es, die strategische Schwerpunktsetzung des Unternehmens übersichtlich darzustellen und auf Plausibilität zu überprüfen. Diese Analyse ermöglicht somit eine regelmäßige **Kontrolle** der Umsetzung **von Strategieeckpunkten** des Unternehmens und wird damit zum unverzichtbaren Arbeitsinstrument eines strategischen Innovationscontrolling.

Priorisierung der Forschungsaktivitäten

Da in der Forschungsphase sowohl auf der Marktseite als auch auf der Technologieseite nur wenige Daten verfügbar sind, muß sich die Bewertung der Aktivitäten auf qualitative Betrachtungen abstützen. Hierbei haben sich **Portfolio-Ansätze** bewährt. Die Portfolioanalyse ist eine Darstellungstechnik, die mehrere

Untersuchungsergebnisse in einem zweidimensionalen Raster darstellt. Die Dimensionen dieses Rasters müssen den zu behandelnden Fragestellungen angepaßt werden. Ziel der Analyse ist es, eine relative Ordnung der Ergebnisse und damit auch eine Priorisierung abzuleiten. Die Komplexität solcher Analysen ist eine Funktion der zu betrachtenden Parameter.

Jede Dimension kann durch eine beliebig große Anzahl von Parametern beschrieben werden. Jeder Parameter wird an Hand spezifischer Kriterienkataloge ermittelt. Die Einzelkriterien werden auf einer zu definierenden Skala, z. B. einer 5-er Skala, bewertet und mit einem festzulegenden Faktor gewichtet. Die resultierenden Werte für die eingehenden Parameter können wiederum mit einem Gewichtungsfaktor versehen werden.

Alle betrachteten Parameter und Kriterien werden geschäftssegmentsspezifisch definiert. Der Detaillierungsgrad der Bewertung wird dem Vorhaben angepaßt. Erfahrungsgemäß führt eine hohe Detaillierung nicht zu einer größeren Differenzierung zwischen den zu analysierenden Projekten. Vor allem bei nicht exakt quantifizierbaren Größen besteht der natürliche Trend, mittlere Werte auf der gewählten Skala anzugeben. Daraus resultiert eine Angleichung der Projekte im Portfolio. Die Aussagekraft eines Portfolios wird also entscheidend bestimmt durch die Qualität der eingehenden Daten und Abschätzungen. Viele Kriterien lassen sich nicht exakt bestimmen sondern müssen abgeschätzt werden. Hierdurch kann eine Präzision suggeriert werden, welche nicht vorhanden ist. Primäres Ziel der Portfolio-Analyse ist **nicht** eine quantitative **Beschreibung** von Projekten, sondern ihre relative **Gewichtung** zueinander. Diesen Umstand muß man berücksichtigen, bevor man Konsequenzen aus dem Portfolio zieht.

Der Wert des Planunghilfsmittels Portfolioanalyse liegt nicht in der resultierenden graphischen Darstellung, sondern im Prozeß der objektivierenden, gemeinsamen Analyse. In das **Portfolio** muß das vereinigte **Wissen des gesamten Unternehmens** eingehen. Die Zusammenstellung aller Projekte in einem Portfolio ist kein einmaliger Akt, sondern muß fester Bestandteil des Innovationsmanagements sein. Das Verfolgen von Trends im Portfolio kann wertvollere Informationen liefern als eine rein statische Betrachtung. Damit gehört auch dieses Instrument zum festen Repertoire des strategischen Innovationscontrolling.

Priorisierung von Entwicklungsprojekten

Entwicklungsprojekte erfüllen alle Voraussetzungen (Prognose von Kosten, Investitionen, Preise, Absatz etc.) einer quantifizierbaren Kosten-Nutzenrechnung. Deshalb können zur Priorisierung die in der Investitionsrechnung bewährten Instrumente herangezogen werden. Hierzu zählen insbesondere dynamische Verfahren wie die **Barwertberechnung**. Einer der großen Vorteile der Barwertmethode liegt in ihrer Eignung für aufschlußreiche Sensitivitätsanalysen, insbesondere dann, wenn sie mit einer Entscheidungsbaumanalyse gekoppelt wird. Mit Sensitivitätsanalysen können projektspezifische Risiken identifiziert, quantifiziert und durch geeignete Projektgestaltung minimiert werden.

Ebenso wie bei der Portfoliomethodik ist auch bei dynamischen Investitionsrechnungen die **Dokumentation aller Annahmen** der Wirtschaftlichkeitsberechnung von großer Bedeutung. Die sorgfältige Analyse der Veränderung von Markteinschätzungen, Kostenerwartungen, Technologiepotentialen, Wettbewerbsposition etc. über die Laufzeit eines Projektes ist die Hauptaufgabe des strategischen Innovationscontrolling. Diese Analysen sind das Kernstück der Lernprozesse von Unternehmen! Dennoch wird in vielen Unternehmen nach wie vor darauf verzichtet, den unternehmensinternen Lernprozeß zu dokumentieren und zu analysieren. Hier liegen die Zukunftsaufgaben des strategischen Controlling. Nur wer aus Erfahrungen der Vergangenheit lernt, kann die Gegenwart verstehen und sich die Fähigkeiten verschaffen, die Zukunft aktiv mitzugestalten.

Projektdurchführung

Die für eine effiziente Abwicklung von klar strukturierten Innovationsprojekten notwendigen Instrumente des **Projektmanagements** und des **Projektcontrolling** sind ebenso wie die Instrumente zur Kapazitäts- und Zeitplanung hinreichend bekannt und bewährt. Entscheidend sind eine klare Definition der Projektziele, der benötigten Kapazitäten und Investitionsmittel, Teilziele, Meilensteine, Haltepunkte, Abbruchkriterien sowie die Erstellung von Netz-, Zeit- und Kostenplänen. Statusberichte zu allen Projekten ermöglichen dem verantwortlichen Management frühzeitige Gegenmaßnahmen bei Abweichungen in den Dimensionen Zeit, Kosten und Qualität. Insbesondere in funktional organisierten Unternehmen muß darauf geachtet werden, daß die verantwortlichen Projektmanager mit klar definierten und weitreichenden Entscheidungskompetenzen ausgestattet werden, um die traditionelle Dominanz der funktionalen Hierarchie zu brechen.

8. Ausblick

Die **klassischen** Aufgaben des **Controlling** sind die Erfassung von Kosten und deren Abgleich mit vorgegebenen Planzahlen. Angewandt auf die F&E-Bereiche von Unternehmen führt ein auf diese Funktionen beschränktes F&E-Controlling zum Erstellen von **Verwendungsnachweisen** für Ausgaben in Forschung und Entwicklung. Dieser Nachweis wird auch in Zukunft als betriebswirtschaftliche Notwendigkeit unverzichtbarer Bestandteil aller Planungen, z. B. der Budgetfindungen, bleiben. Darüber hinaus wird sich ein Controlling, welches den Prozeß der Zukunftsgestaltung durch Bereitstellung geeigneter Informationen und Analysen unterstützen soll, also ein Innovations-Controlling, nicht auf Verwendungsnachweise für Forschungsgelder beschränken können. Im Sinne der vorstehend ausgeführten Prinzipien wird sich ein **strategisch ausgerichtetes Innovationscontrolling** darauf konzentrieren, den unternehmensinternen **Lernprozeß zu dokumentieren** und zu analysieren. Die Beschaffung der für die Unternehmensentscheidungen notwendigen **Primärinformationen** - Marktdaten, Technologiepotentiale, neue Entwicklungen in der Wissenschaft, politische und gesetzliche Anforderungen etc. - wird immer Aufgabe der damit vertrauten Fachabteilungen und/oder Experten bleiben. In dem das Innovationscontrolling seine Dokumentationen und Analysen den Fachabteilungen/Experten und Managementgremien in geeigneter Form zur Verfügung stellt, induziert es den für alle Unternehmen immer wichtiger werdenden bewußten Lernprozeß, organisiert den Prozeß, treibt ihn voran und wird damit zu einem wettbewerbsentscheidenden Faktor.

Technische Innovationen sind elementarer Teil der Zukunftssicherung eines Unternehmens. Zur Aufrechterhaltung der Zukunftsfähigkeit des Unternehmens müssen alle Funktionen zur Entwicklung und zügigen Kommerzialisierung der Innovationen beitragen. Deshalb muß Innovation als Management-Aufgabe für das gesamte Unternehmen und nicht als Aufgabe einzelner technischer Ressorts verstanden werden. Von der ganzheitlichen Wahrnehmung dieser Aufgabe in der Unternehmensleitung hängt die Zukunft des Unternehmens ab.

Produktions-Controlling bei der PolyGram

Rüdiger Wesch

1. Einleitung

Die Unternehmenswelt wird seit einiger Zeit mit neuen Bewegungen wie Lean Production, Lean Management und Business Re-Engineering konfrontiert, um hier nur die wichtigsten Begriffe zu nennen. Anfänglich konnten Äußerungen zu diesen Themen vernommen werden, die von "schon wieder eine neue Modewelle" bis hin zu "Bekanntes nur unter neuem Namen" reichten. Mittlerweile setzt sich jedoch immer stärker die Meinung durch, daß es sich hier nicht um eine Modeerscheinung von kurzlebiger Dauer handelt, sondern um eine grundlegende Umgestaltung von Unternehmen.

Auch unser Unternehmen, die Polygram als eines der weltweit größten Unternehmen in der Unterhaltungsindustrie, setzt sich seit einiger Zeit mit der Frage auseinander, wie das Unternehmen den Herausforderungen der Zukunft entgegentreten kann.

Die Polygram ist eine in Holland ansässige Aktiengesellschaft, die sich über verschiedene Änderungen der Gesellschaftsform und unterschiedliche Beteiligungsverhältnisse herausgebildet hat. 75% der Aktien befinden sich im Besitz von Philips, der Rest im Streubesitz.

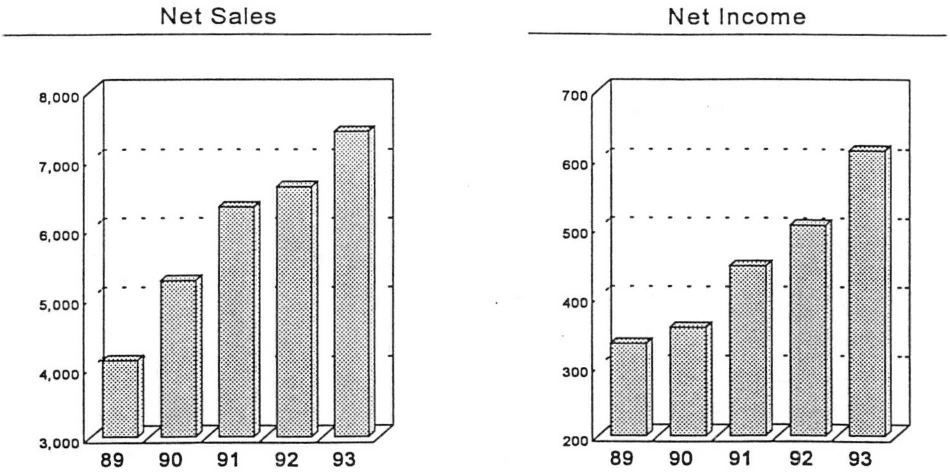

Abb. 1: Polygram Umsatz und Gewinn vor Steuer in Mio NLG
Quelle : Polygram Jahresbericht 1993

Die PMDC, mit deren zukunftsgerichteten Bemühungen wir uns im folgenden auseinandersetzen wollen, ist die größte von drei CD-Fabriken der Polygram. Die Fabrik weist eine Jahreskapazität von 126 Millionen CDs auf. Angegliedert an die Fabrik ist ein internationales Distributionszentrum, von dem aus die Polygram-Gesellschaften weltweit, Schwerpunkt Europa, mit Tonträgern beliefert werden. Dieses Distributionszentrum liefert nicht nur in der eigenen Fabrik gefertigte CDs aus, sondern kauft auch von außen Produkte zu. Dieses sind in erster Linie CDs und Musikcassetten, die von den Schwestergesellschaften in Frankreich bzw. Holland geliefert werden. Einige wenige Produkte werden auch von außerhalb der Gruppe stehenden Lieferanten bezogen.

Warum setzt sich ein Unternehmen aus einer seit einigen Jahren andauernden Gewinnsituation mit jährlichen Steigerungsraten intensiv mit **zukunftsbezogenen Veränderungen** auseinander, wo man doch häufig Situationen vorfindet, daß Unternehmen erst in schlechten Zeiten mit Veränderungen reagieren?

Die Antwort ist recht kurz und einleuchtend zu geben mit:

Wir wollen durch **antizipatives Kostenmanagement** versuchen, Krisen zu vermeiden, um nicht später unter den Druck zu geraten, eine Krise reaktiv bewältigen zu müssen.

2. Controlling bei Polygram

2.1 Positionierung des Controlling

Ende des Jahres 1993 wurde bei der Polygram (PMDC) der Gedanke des Lean Management aufgegriffen. Die damit verbundene Zielsetzung heißt, äußerste Flexibilität für das gesamte Unternehmen zu erreichen, um den Anforderungen der Zukunft jederzeit gerecht werden zu können. D. h. die ständige Bereitschaft wirklich jedes Mitarbeiters zu fördern, notwendige Veränderungen mit voranzutreiben oder doch mindestens diesen Gegebenheiten nicht entgegenzustehen.

Welche Rolle spielt nun das Controlling in diesem, nennen wir es Erneuerungsprozeß?

Das **Controlling** hat in der Polygram schon seit längerem eine zentrale Funktion inne und dies im doppelten Sinne. Zum ersten steht der **Controller** einzelner Organisationen **im Entscheidungszentrum**. Zum zweiten sind die **Controlling-Bereiche** jeweils **streng zentral** organisiert.

Innerhalb der Konzernspitze ist der Chief Financial Officer Mitglied der Konzernleitung, und auch in der PMDC gehört der Controller der Geschäftsleitung an. Somit ist der **Controller** der jeweiligen Organisation nicht ein reiner Vorbereiter von Entscheidungen, sondern ist selbst **Mitentscheider**. Der Controller füllt also eine mit Verantwortung versehene Funktion aus. Aus dieser Ausgangslage heraus hat der Controller auch eine gewichtige Rolle in dem eingeleiteten Erneuerungsprozeß zu übernehmen.

Der Controller hat eine entscheidende Rolle im Unternehmen, wie aber ist das **Controlling als Bereich** positioniert? Die Controlling-Mitarbeiter sind streng zentral organisiert mit einer disziplinarischen und funktionalen Linie zum Controller. Aus dieser Position heraus üben sie eine vorbereitende Funktion aus. Sie bieten eine **Serviceleistung** innerhalb des Unternehmens an, um die Entscheidungsträger zu unterstützen, sei es direkt die Geschäftsleitung oder z. B. den Fertigungsleiter als Verantwortlichen für einen Unternehmensbereich. Dieses ist so organisiert, daß die klassischen Leistungen eines Controllers angeboten werden: Planung und die darauf aufbauenden Soll-Ist-Vergleiche. Dieses geschieht unter Anwendung der traditionellen Instrumentarien der Kostenrechnung und der Produktkalkulation.

So ist z. B. der die gesamte Fertigung betreuende Controller zwar als wertvoller Informationslieferant willkommen, die Entscheidungen werden jedoch allein vom Fertigungsleiter und den ihm zugehörigen Abteilungsleitern getroffen. Etwas überspitzt könnten wir sagen, der Controller bewegt sich hier im verantwortungslosen Raum.

2.2 Aktuelle Controlling-Tätigkeit

Unter Nutzung der zur Verfügung stehenden Instrumentarien ist so ein aussagefähiges Berichtssystem entstanden, das allen operationell Verantwortlichen im Unternehmen wichtige Informationen liefert. Das gesamte **Berichtswesen** ist nicht nur auf wertmäßige Daten ausgerichtet, sondern beinhaltet ebenso nicht wertmäßige Informationen, die für die Steuerung des Unternehmens von Bedeutung sind. Die sind aber meistens nur vergangenheitsbezogen, auch wenn die Controlling-Mitarbeiter versuchen, dem Anspruch einer zukunftsorientierten Information gerecht zu werden. Dieses gelingt jedoch nur ansatzweise, so z. B. erstellt das Controlling in enger Zusammenarbeit mit den operativen Einheiten wie Fertigungssteuerung und Disposition auf monatlicher Basis **Forecastdaten** in bezug auf zu fertigende Mengen und zuzukaufende Mengen Tonträger. Die wertmäßigen Informationen haben fast ausschließlich vergangenheitsbezogenen Charakter. Daher sollte man den angebotenen Soll-Ist-Vergleich besser Soll-War-Vergleich nennen. Das Ganze ist aus der aktuellen Situation heraus als **reaktives Kostenmanagement** zu bezeichnen. Es ist jedoch festzuhalten, daß das Controlling-Berichtswesen sowohl von der zeitlichen Verfügbarkeit als auch von den bereitgestellten Informationen im Unternehmen als positiv anerkannt ist.

Aber sind wir mit unseren heutigen Instrumenten und den erstellten Berichten und Analysen tatsächlich auf die Herausforderungen, die die Zukunft an unser Unternehmen richtet, vorbereitet?

Entsprechend der heutigen Unternehmensstruktur und der Ausrichtung der Unternehmensziele auf einen kostengünstigen Service für unsere Schwester-Gesellschaften in der Welt, hat die **Frage hinsichtlich der Kosten** für diese Leistungen in der Budgetierungsphase immer gelautet:

Welche Kapazitäten können wir bereitstellen und was wird unsere Leistung kosten?

Kunden- und marktorientierte Fragen sind bisher kaum gestellt worden. Den Kunden oder den Markt im ursprünglichen Sinne kennt die PMDC nicht, da unser Produkt nur über die Zwischenstationen nationale Verteilung durch Polygram-Einheiten und Handel den Endverbraucher erreicht. Somit gilt es zuerst einmal, die Einbettung der PMDC in das Umfeld des Tonträgermarktes zu verdeutlichen. Das soll in der Abbildung 2 verdeutlicht werden.

Bisher liegt das Hauptaugenmerk auf den, wie wir glaubten, zwei Kernelementen unseres Geschäftes:

- was kostet der Herstellungsprozeß einer CD?
- was kostet die bereitgestellte Distributionsleistung?

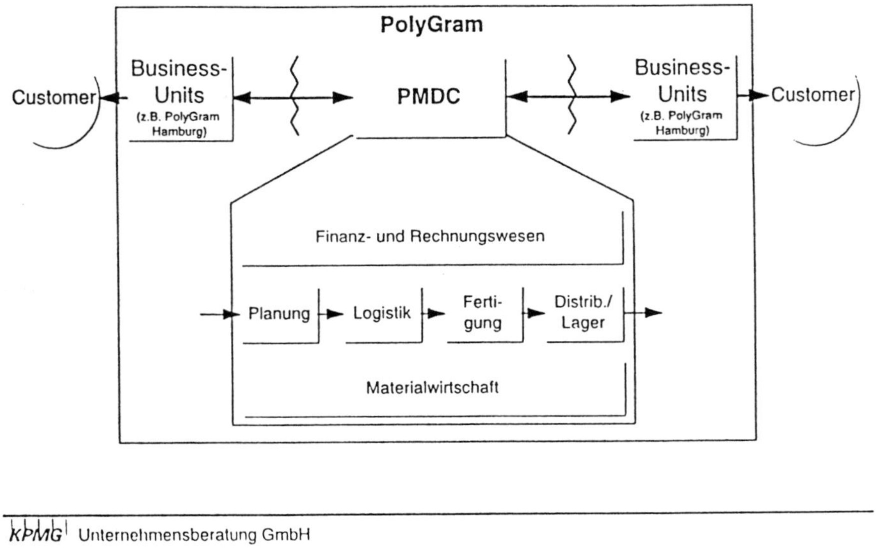

Abb. 2: Polygram im Umfeld des Marktes
Quelle : KPMG-Studie der PMDC-Geschäftsprozesse

Der **Fokus** ist in dieser Betrachtung gerichtet auf die **Fertigungskosten** im engeren Sinne (Maschinenkosten, Personalkosten bezogen auf die Produktionslinien, Materialkosten) und die Kosten im Zusammenhang mit der Lagertätigkeit des Fertigwarenlagers in der Distribution, welche zum größten Teil durch Personalkosten und durch die Abschreibungen bestimmt sind. Alle weiteren Funktionen, die mit zum Prozeß der Leistungsbereitstellung beitragen, sind eher stiefmütterlich behandelt worden. Letztere werden als **Gemeinkosten** in einer sog. Kostendeckungsrechnung stufenweise nach einem definierten Schlüssel auf die Produkte verteilt. Die Gemeinkostenschlüsselung wird zwar akribisch betrieben, doch letztlich bleibt die Schlüsselung willkürlich. Nach ihrem wahren Nutzen für den Fertigungsprozeß oder die Distributionstätigkeit wird überhaupt nicht oder nur oberflächlich gefragt.

Hier stellt sich die Notwendigkeit einer verursachungsgerechten **Zuordnung der Gemeinkosten**. Dies kann allerdings nur auf der Basis erfolgen, daß zuvor die Mitwirkung der Gemeinkostenverursacher an den Prozessen festgestellt wird. Hier gilt zwingend: aus indirekten müssen direkte Mitarbeiter gemacht werden. Die

Transformation in eine prozessorientierte Welt wird einer der Tätigkeitsschwerpunkte des Controlling in naher und mittlerer Zukunft sein.

Nach der Verabschiedung der Planung für das folgende Jahr, haben wir mit Hilfe unserer Kostenrechnung in einer monatlichen Rückschau versucht, Ineffizienzen im Fertigungsbereich aufzudecken und mit Unterstützung von finanziellen Daten zu korrigieren.

Dabei werden alle Größen analysiert, die zur Beurteilung der vergangenen Periode als notwendig erachtet werden. Dieses ist in der Gesamtsicht aus der folgenden Abbildung ersichtlich.

GEWINN – UND VERLUSTRECHNUNG FABRIK

	IST	SOLL	ABW.	BUDGET
PolyGram Dritte				
UMSATZ				
AUFTRAGSKOSTEN				
* KOMMERZIELLES ERGEBNIS				
BUDGETERGEBNIS FABRIK Budgetabweichung Kostenstellen Beschäftigungsabweichung Verbrauchsabweichung Sonstiges Budgetergebnis				
BUDGETERGEBNIS FABRIK				
Verrechnungspreisdifferenzen Sonstiges Ergebnis Fabrik				
SONSTIGES ERGEBNIS FABRIK				
* FABRIKERGEBNIS				
* SONSTIGES ERGEBNIS				
** OPERATIVES ERGEBNIS				

Abb. 3: Grobdarstellung Ergebnis PMDC-Fabrik

Die Analysen werden vom zuständigen Controller erstellt und dann dem operationell Verantwortlichen zugeleitet. Der Verantwortliche für die Fertigung soll daraus und unter Hinzuziehung seiner eigenen Informationen aus dem Produktionssteuerungssystem (z. B. Ausschußzahlen, Stillstandszeiten etc.) die Schlüsse ziehen können, warum z. B. seine Ist-Personaleinsatzkosten von den entsprechenden Sollkosten abweichen oder warum seine Materialeinsatzkosten die Sollkosten überschreiten.

Im Bereich der **Distributionskosten** versuchen wir in ähnlicher Form herauszufinden, inwieweit der Personaleinsatz zu hoch war in Relation zu dem für die erbrachte Leistung vorgesehenen Personaleinsatz.

Diese als klassisch anzusehende Planungs- und Analysetätigkeit des Controlling hat es uns ermöglicht, zwar fast ausschließlich vergangenheitsbezogen, eine aussagefähige **Information** über die **Effizienz** unseres direkten Fertigungsbereichs und unserer direkten Lagertätigkeit zu erstellen.

Im Laufe der letzten beiden Jahre haben wir es realisiert, den reinen Fertigungsprozeß und die reine Lagertätigkeit durch fortschreitende Automatisierung und damit einhergehende Veränderung der Ablauforganisation zu optimieren. Und zwar so zu optimieren, daß die dort anfallenden Fertigungskosten oder auch die Kosten der Lagertätigkeit auf ein in Relation zu den Gesamtproduktkosten niedriges Niveau gesenkt werden konnten. In bezug auf die Materialeinsatzkosten ist hier anzumerken, daß mit zunehmend effizienterem Fertigungsprozeß die Rohstoff-Einsatzmengen ebenfalls optimiert werden konnten. Die marktgetriebenen Einkaufspreise für die notwendigen Rohstoffe (Makrolon, Polystyrol) und Halbfertigwaren liegen allerdings weitgehend außerhalb unseres Entscheidungsfeldes.

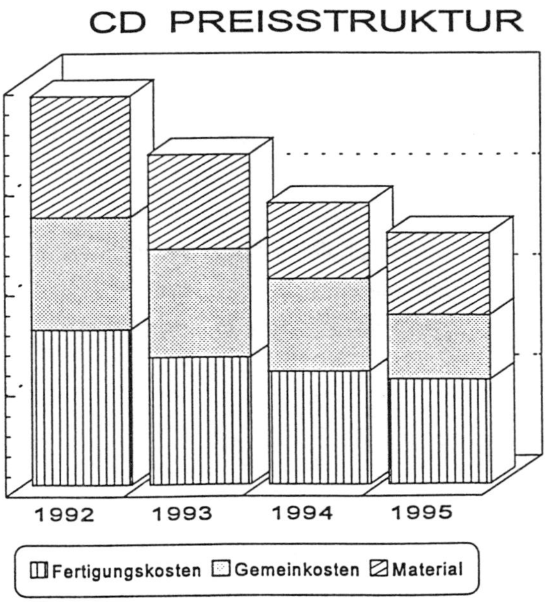

Abb. 4: Preisstruktur einer CD

Unsere ganzen Anstrengungen sind bisher hauptsächlich auf die **Optimierung der** direkten **Fertigungskosten** gerichtet und es ist uns gelungen, diese auf ein wettbewerbsfähiges Niveau zu senken (vgl. Abb. 4).

Die Entwicklung im indirekten Kostenbereich ist damit nicht einhergegangen, so daß bis 1994 der relative Anteil der Gemeinkosten an den Gesamtproduktkosten gestiegen ist.

2.3 Zielsetzungen für die Zukunft

In Erkenntnis dieser Tatsache und in Anlehnung an die Gedanken des Lean Management haben sich für uns vier konkrete Schlußfolgerungen ergeben:

- Wir müssen unser heutiges **Kostenmanagement**, welches als reaktiv zu bezeichnen ist, in ein prospektives Kostenmanagement **umwandeln**!

- Wir müssen die in unserem Unternehmen ablaufenden Prozesse genauestens analysieren, um gegebenenfalls **Restrukturierungsmaßnahmen** ergreifen zu können!

- Wir müssen die Orientierung unserer Controlling - **Organisation** effizient auf diese Zukunft **ausrichten**!

- Wir müssen den vordergründig auftretenden **Widerspruch** zwischen Controlling und Lean Management **auflösen**!

Nachdem uns die Forderungen der Zukunft klar geworden sind, haben wir uns mit der möglichen Beantwortung dieser Fragen auseinandergesetzt, um die für uns zentralen Aktivitäten zu definieren, die uns in der nächsten Zukunft beschäftigen sollen.

3. Vorbereitung auf die Zukunft

3.1 Gedankliche Auseinandersetzung mit den Zielen

Aufbauend auf den vier Kernpunkten und unter Einbeziehung der Einbettung in die gesamte Polygram-Organisation, haben wir die Budgetierung für das vor uns liegende Jahr 1995 zum Anlaß genommen, uns die Frage zu stellen, wie unsere Controlling-Tätigkeit in der Zukunft zu sehen sein sollte.

Die angestrebten Veränderungen sind primär bestimmt durch Änderungen in der Arbeit des Menschen, d. h. des wertvollsten und teuersten Gutes, über das ein Unternehmen verfügt. Ebenso wie die Denkweise soll sich die Verhaltensweise der Menschen verändern, um neues Gedankengut im Unternehmen zu etablieren und folglich auch neue Instrumentarien zur Steuerung wirksam werden zu lassen. Für die Realisierung des **Umdenkungsprozesses** können wir sicherlich keine Standardlösung anbieten. Dieses scheint deshalb nicht möglich, weil sich in jedem Unternehmen andere Situationen darbieten, die aus der aktuellen wirtschaftlichen Lage, der Unternehmenskultur und nicht zuletzt aus dem Vorhandensein unterschiedlicher Menschen bestimmt werden.

Wir haben damit begonnen die sich stellenden Fragen in einem Workshop mit allen Controlling-Mitarbeitern zu diskutieren. Ziel dieses Workshops war es, die Mitarbeiter zu motivieren, die neuen Gedanken zu unterstützen. Die Controller sind aus ihrer übergreifenden Sichtweise sicherlich prädestiniert, eine entsprechend zentrale Rolle bei den angestrebten Veränderungen zu übernehmen.

Ein weiterer Grund liegt darin, daß alle Veränderungen nicht aus reinem Selbstzweck angestrebt werden, sondern letztlich mit dem Ziel verbunden sind, das Unternehmen auf weite Sicht hin wettbewerbsfähig im Markt zu positionieren. Deshalb ist es auch notwendig, die einzuleitenden **Erneuerungen** so zu begleiten, daß das Auge des Controllers ständig auf ihre Kosten- und Nutzeneffekte gerichtet ist.

Zuerst einmal haben wir uns die Frage gestellt wie die Rolle des Controllers zu sehen ist. Prof. J. Weber hat hier verschiedene Rollen als Möglichkeiten angeboten:

Sind Controller Navigatoren,

Co-Piloten,

Hofnarren,

oder gar Pfarrer?

In jeder dieser Rollen liegt ein Quentchen Wahrheit.

Wir haben uns für die Rolle des Navigators entschieden, denn die Aufgabe des Controllers ist die ständige Standortbestimmung des Unternehmens, die Berechnung von Kursen und Richtungsänderungen unter Berücksichtigung aller Hindernisse und Umgebungsbedingungen, die Beobachtung der Konkurrenz und die Mitverantwortung zur Erreichung der Unternehmensziele. Daraus abgeleitet ergibt sich, daß wir es zweifellos mit einer Funktion zu tun haben, die im Zentrum der Entscheidungen angesiedelt sein muß. Keineswegs kann eine solche Rolle aus einer Stabsfunktion heraus oder in der gelegentlichen Besucherrolle bei Sitzungen wahrgenommen werden.

Unsere Auffassung kann wie folgt definiert werden:

Der Controller der Zukunft gehört in das Zentrum und hat die **Mitverantwortung** für zu treffende Entscheidungen.

Am Beispiel des den Fertigungsbereich betreuenden Controllers heißt das, daß er in Zukunft als **Mitentscheider** Mitglied des Leitungsteams des Bereiches sein wird.

3.2 Umorientierung in der Organisation

Weiterhin ist die Frage zu diskutieren, ob sich das Controlling der Zukunft weg von einer heute noch vorzufindenden Funktionsorientierung hin auf eine **Prozeßorientierung** bewegen muß. Diese Frage ist für uns eindeutig mit ja zu beantworten, wenn wir denn alle Überlegungen hinsichtlich Ablaufoptimierung oder gar radikaler Ablauferneuerung wirklich ernst meinen. Daraus abgeleitet ergibt sich die konsequente Frage nach der Organisationsform des Controlling in unserem Unternehmen:

Heute zentral organisiert - morgen dezentral?

Wir glauben, daß diese Frage zumindest für ein Unternehmen wie unseres nicht eindeutig zu beantworten ist, da hier auch Aspekte der konzernweiten Konsolidierung in Betracht gezogen werden müssen. Zur Optimierung der lokal orientierten, operationellen Abläufe erscheint uns eine dezentral ausgerichtete Controlling-Tätigkeit notwendig. Um andererseits auch den Reporting-Anforderungen der Konzern-Zentrale gerecht zu werden, ist sicherlich ein gewisses Maß an zentralem Controlling auch in der Zukunft notwendig.

In diesem Stadium noch nicht diskutiert ist die Frage nach den all diese Veränderungsprozesse unterstützenden Instrumenten. Darauf soll auch in dieser Abhandlung erst zu einem späteren Zeitpunkt eingegangen werden.

3.3 Erste Praxiserfahrung

Was ist nun die Konsequenz, die aus den ersten Überlegungen hinsichtlich der Erneuerung des Unternehmens gezogen wurde. Nun ist es beileibe nicht so, daß alle bis dahin in die vorbereitenden Gedanken einbezogenen Mitarbeiter den neuen Ideen ihre unmittelbare und uneingeschränkte Unterstützung zugesagt haben. Da aber zum Zeitpunkt der anstehenden Planung für 1995 schon eine Reihe von Workshops zum Thema Lean Management für die Führungskräfte stattgefunden hatten, haben wir versucht, daran anzuknüpfen. Erstmalig haben wir in der PMDC eine Planungseröffnungsveranstaltung mit dem engeren Kreis der Führungskräfte initiiert. Der Sinn dieser Sitzung kann kurz damit umrissen werden, daß im Sinne von Lean Management und Prozeßverantwortung (obwohl eine Prozeßausrichtung noch nicht explizit gegeben war) alle die dort Versammelten, inklusive der jeweils zugehörigen Controller, die Gesamtverantwortung für das zu erarbeitende Budget zu übernehmen haben. Die dafür notwendige Motivation wurde durch die Geschäftsleitung und damit auch durch den Chef-Controller versucht zu geben.

Diese Veranstaltung kann im nachhinein als erfolgreich bewertet werden. Denn während der dann folgenden Budgetphase hat sich ein **Verantwortungsbewußtsein** aller Beteiligten erwiesen, was uns alle optimistisch auf die noch vor uns liegenden, ungleich komplexeren und schwierigeren Aufgaben sehen läßt.

4. Aufgaben des Controlling in der Zukunft

4.1 Definition der Zielsetzungen

Übergeordnetes Ziel für unser Unternehmen ist: es, das Unternehmen auf weite Sicht wettbewerbsfähig im Markt zu positionieren. In etwas abgewandelter Form kann die Unternehmenszielsetzung auch als Controlling-Zielsetzung angewendet werden:

Das Controlling sollte sich zu einem **marktgetriebenen Controlling** entwickeln und muß sich auf diesem Markt als wettbewerbsfähig erweisen.

Entsprechend dieser fast kongruenten Zieldefinition muß das Controlling nun versuchen, die entsprechenden Instrumente zur Verfügung zu stellen, um die Erreichung des gesetzten Unternehmensziels wirkungsvoll unterstützen zu können und damit konsequenterweise auch seiner eigenen Zielausrichtung gerecht zu werden. Kurz und prägnant läßt sich diese **Aufgabe** wie folgt beschreiben:

Ein prospektives, prozeßorientiertes Kostenmanagement ist zu installieren und die marktgetriebene Rolle des Controlling darin eindeutig zu definieren.

Jetzt mag man fragen, bis zu welchem Zeitpunkt wir denn unsere Zielsetzung realisiert haben wollen. Da die Veränderungen nicht per Dekret Gültigkeit erlangen können, sondern eine eher längerfristige Überzeugungsarbeit damit verbunden ist und erschwerend hinzukommt, daß alle unsere Bemühungen von den Beteiligten neben der weiterlaufenden Tagesarbeit zu bewältigen sind, wird die **Realisierung** eher einen Prozeß von einigen Jahren in Anspruch nehmen. Das heißt aber nicht, daß wir nun nicht weiter straff auf unser Ziel hinarbeiten wollen. Anknüpfend an den erfolgreichen ersten Schritt in der Budgetierung für 1995 streben wir weitere Teilerfolge für die kommenden Monate an.

4.2 Prozeßorientiertes Kostenmanagement

Zuerst einmal müssen wir uns klar darüber werden, welche Inhalte für uns mit der Forderung nach prozeßorientiertem Kostenmanagement verbunden sind. Dazu haben wir folgende Schritte eingeleitet:

- Ist-Analyse der relevanten Geschäftsprozesse mit Analyse der diese unterstützenden EDV-Systeme (mit Unterstützung einer externen Beratungsgesellschaft)
- Aufzeigen der Schwachpunkte
- Analyse der entsprechenden Kostenstrukturen zur Aufdeckung der Kostentreiber und Abgrenzung der nicht wertschöpfungserhöhenden Kosten
- Modellierung von Soll-Prozessen auf Basis einer Optimierung vorhandener Prozesse oder in der radikalen Form einer kompletten Neustrukturierung von Prozessen.

Diese Aktivitäten wurden und werden vom Controlling begleitet und unterstützt. Gehen wir jetzt über auf die mehr Controlling relevanten Aktivitäten, so ist der obige Punkt 3 in seiner globalen Ausrichtung durch folgende Detaillierungen zu verdeutlichen : Welche **Elemente** sollte ein **prozeßorientiertes Kostenmanagement** beinhalten?
Hier sollen nur die für uns relevanten herausgegriffen werden:

A. Analyse des Istzustandes
- Kostenstrukturanalyse
- Ermittlung der kostentreibenden Faktoren

B Instrumente zum prozeßorientierten Kostenmanagement
- Target Costing
- Prozeßkostenrechnung
- Ermittlung von Soll-Ist-Kostenabweichungen (dieses kennen wir schon in unserem herkömmlichen Kostenmanagement).

Diese Liste ließe sich sicherlich um einige Punkte ergänzen, doch darauf wollen wir hier verzichten.

Welches sind die auslösenden Gründe um nach weiteren Potentialen zur Kostensenkung in unserem Fertigungsbetrieb zu suchen?
Da sind in erster Linie zu nennen:

- Der gesteigerte **Wettbewerb** im internationalen Markt; für uns heißt das primär der Wettbewerb mit unseren Schwesterfabriken in Frankreich und den USA, noch geschürt durch die Konzernzentrale

- Die Fokussierung auf die **Kunden** und deren Ansprüche an die Qualität und Ausstattung unseres Produktes; für uns primär unsere Schwestergesellschaften überall in der Welt
- Mit immer weiter vorangetriebener **Automatisierung** sind die Kosten in den direkten Fertigungsbereichen auf ein sehr niedriges Niveau gebracht worden, aber der Gemeinkostenblock hat sich nicht analog entwickelt, was zumindest eine relative Erhöhung der Gemeinkosten an den Gesamtkosten mit sich gebracht hat.

Aufgrund dieser Erkenntnisse ist für uns klar, daß wir den Fokus in der Controlling-Arbeit stärker auf die indirekten Leistungsbereiche und damit auf die damit zusammenhängenden Kosten lenken müssen. Die direkt leistungsabhängigen Kosten sind schon auf ein niedriges Niveau gebracht worden, die **Betrachtung der indirekten Kosten** jedoch fristete bis vor Beginn der Planung für 1995 eher ein Schattendasein. Desweiteren sind die Kosten meistens sequenziell analysiert, ohne die möglicherweise kostenwirksamen Vernetzungen zwischen unterschiedlichen Aktivitäten mit zu berücksichtigen. D. h. es sind nicht unter ganzheitlichen Aspekten prozeßorientierte Kostenanalysen durchgeführt worden, um erkennen zu können, wo die primär kostentreibenden Faktoren sind.

Dieses Defizit in unserer Controlling-Arbeit ist sicherlich stark dadurch beeinflußt, daß wir über einen Zeitraum von ca. 2 Jahren stark damit beschäftigt waren, unsere direkten Fertigungskosten auf ein vertretbares Niveau zu senken. Somit war kein Spielraum gegeben, sich auch mit Instrumenten auseinanderzusetzen, die Unterstützung bieten zur Beeinflussung der indirekten Kosten.

Unser zukunftsorientierter Ansatz des Kostenmanagements bezieht die Instrumente Target Costing und Prozeßkostenrechnung als Kernelemente ein. Haben wir, wie oben gesagt, bis vor nicht allzu langer Zeit die Frage gestellt:

> Was **wird** unser Produkt kosten?

so haben wir uns in der Budgetphase 1995 an das Leitmotiv des Target Costing gehalten und uns gefragt

> Was **darf** unser Produkt kosten, damit wir als Minimalforderung im Wettbewerb mit unseren Schwesterfabriken bestehen können? (sog. Allowable Costs)

Diese Frage ist nicht unbedingt auf die absolut niedrigsten Kosten im wettbewerblichen Vergleich bezogen, sondern es sind hier die **relativen Kosten** gemeint. D. h. ein Produkt sollte in Relation zu seiner Qualität und dem Erfüllungsgrad des Kundenwunsches das kostengünstigste sein. Die Kosten sind so einzusetzen, wie es dem Kundenwunsch entspricht. Diese Aussage zieht die absolut notwendige Konsequenz nach sich, das zur Diskussion stehende Produkt in einzelne Segmente zu unterteilen und diesen Segmenten eigene Zielkosten zuzuordnen. Eine solche Segmentierung kann auf Funktionen ausgerichtet sein oder auch auf verschiedene Komponenten des Produktes.

Vor dem Hintergrund der kundenorientierten Fragen und dem sich uns stellenden Wettbewerb seitens der anderen PMDC-Fabriken haben wir einen **Zielpreis** für die herzustellende CD festgelegt. Dieses jedoch nur bedingt unter Durchführung einer klaren Segmentierung des Produktes in einzelne Komponenten und eine entsprechende Zielkostenfestlegung. Lediglich für die extern zuzukaufenden Produktkomponenten wurden Zielpreise vereinbart (z. B. für die Druckwerkkomponenten einer CD).

Um den **Zielpreis** zu **realisieren**, haben wir seitens des Controlling die Verantwortlichen in den Fertigungs- und auch in den indirekten Bereichen stärker mit in die Verantwortung für die Budgetierung eingebunden als das bisher üblich war. Wir haben diese Mitarbeiter schon am Beginn der eigentlichen Budgetphase auf die Zielvorgaben eingeschworen. Diese Zielvorgaben beinhalten nicht nur den wertmäßigen Ansatz des Zielpreises, sondern auch nicht wertmäßige Größen wie Qualität und Service-Grad, obwohl der CD-Preis noch die bedeutendste Rolle spielt. Um diesen Preis tatsächlich auf ein mit den anderen Fabriken zu vergleichendes Niveau zu bringen, ist es notwendig, besonders intensiv in die Kostenplanung einzusteigen. Letztlich haben wir unter Mitarbeit aller unseren Preis für die zu fertigende CD auf den geforderten Zielpreis bringen können. D. h. unsere Planung für das kommende Jahr kann als erfolgreich abgeschlossen betrachtet werden.

War das nun schon im ersten Angang die lupenreine Realisierung eines Target Costing?
Die klare Antwort hierzu lautet: Nein!

Wir haben zwar unter großen Anstrengungen das Ziel eines vorgegebenen CD-Preises erreicht, aber haben wir dabei möglicherweise andere Ziele vernachlässigt?

Haben wir vielleicht unser weiteres Produkt, nämlich die Distributionsleistung teurer kalkuliert als es bei genauerem Hinsehen notwendig gewesen wäre? Wir haben das Ziel CD-Preis zwar erreicht, indem sich das Controlling zusammen mit den Leitern einiger indirekter Bereiche (z. B. Fertigungssteuerung) Gedanken gemacht hat, inwieweit die Verteilung der indirekten Kosten auf die Produkte verursachungsgerecht ist oder nicht. Dieses Nachdenken hat zu einigen **Verschiebungen** von Kostenzuordnungen auf verschiedene Produkte geführt, so daß im Vergleich zum Vorjahr das CD-Produkt mit weniger indirekten Kosten belastet wurde. Was wir damit aber nicht erreicht haben, ist eine absolute Beeinflussung dieser zur geschlüsselten Verteilung anstehenden Kosten.

4.3 Prozeßkostenrechnung

Um aber über das kommende Jahr hinaus im Wettbewerb bestehen zu können, ist es absolut notwendig, mehr Transparenz in diesen Kostenblock zu legen und damit gegebenenfalls in der Lage zu sein, die Gesamtkosten auf ein marktverträgliches Maß senken zu können. Um das zu erreichen, soll die Prozeßkostenrechnung als wirksames Instrument eingesetzt werden.

Mit dem **Aufbau einer Prozeßkostenrechnung** sind die folgenden Zielsetzungen verknüpft:

- Darstellung der betrieblichen Kosten **zusammenhängender Aktivitäten** mehrerer Funktionen (Prozesse)
- Schaffung von **Kostentransparenz** auch in den **indirekten Leistungsbereichen** durch systematische Aufdeckung von Kostentreibern in diesen Bereichen
- Realisierung möglichst verursachungsgerechter **Zuordnung von Gemeinkosten** auf die Produkte auf der Grundlage der in den entsprechenden Prozessen zusammengefaßten Aktivitäten

Letztere Zielorientierung heißt nicht, daß es mit Hilfe der Prozeßkostenrechnung möglich ist, eine vollständig verursachungsgerechte Zurechnung von indirekten Kosten auf die Produkte zu gewährleisten. Gegenüber der herkömmlichen Gemeinkostenschlüsselung erscheint es jedoch möglich, essentielle Verbesserungen zu erreichen.

Wenn wir nun nach Abschluß einer Ist-Analyse unserer Geschäftsprozesse daran gehen, die für unsere geschäftlichen Aktivitäten notwendigen **Soll-Prozesse** zu modellieren, so ist dieser Vorgang intensiv durch das Controlling zu begleiten. Neben der Modellierung der einzelnen Prozeßschritte sind auch die dadurch verursachten Kosten zu erfassen. Damit soll verhindert werden, daß ein Prozeß definiert wird, der nicht in den vom Markt gegebenen Kostenrahmen paßt. Diese Vorgehensweise ist in etwa mit der Entwicklung eines neuen Produktes zu vergleichen, schon während dieser Phase der Produktfindung wird der größere Teil der letztendlichen Produktkosten bestimmt. Durch die Einbindung eines Controllers in diese Phase oder zumindest durch die Verfügbarkeit von kostenbezogenen Informationen beim Entwickler soll die **Kostenoptimierung** erreicht werden.

Nachdem der Prozeß und die zugehörigen Kosten definiert sind, kann man die Gesamtkosten in

leistungsmengenneutrale und

leistungsmengeninduzierte Kosten unterteilen.

Jetzt ist festzustellen, welchen Umfang der Kostenblock der leistungsmengen-neutralen Anteile einnimmt. Es wird erkenntlich, daß dieser Teil einen geringeren Umfang in Relation zu den Gesamtkosten darstellt, als durch herkömmliche Kosten-rechnung ermittelte Gemeinkosten ergeben. Wir haben somit einen wesentlich geringeren Kostenblock über einen Schlüssel auf die Produkte zu verteilen. Damit können wir eine deutlich präzisere Methode der **Kostenstrukturanalyse** zur Anwendung bringen.

5. Schlußbetrachtung

Wie wird denn nun das Controlling der Zukunft bei Polygram und hier insbesondere bei PMDC aussehen?

Die herkömmliche Controlling-Organisation wird nach unserer Auffassung in den nächsten Jahren einer starken Veränderung unterzogen werden. Wir möchten mit einigen kurzen Formulierungen darstellen, wie das **Controlling der Zukunft** in einigen Jahren (ohne Festlegung in wievielen Jahren) aussehen könnte.

Der Controller der Zukunft wird sein

- kundenorientiert sowohl intern als auch extern,
- Leistungsanbieter zu marktbestimmten Konditionen, sonst verliert er seine Kunden und damit seinen Job,
- prozeßorientiert und nicht mehr funktionsorientiert,
- unterstützend für ein modernes, prospektives Kostenmanagement,
- teamorientiert und Mitverantwortung tragend für den optimalen Ablauf eines Geschäftsprozesses, eher dezentral organisiert,
- verstärkt persönlichkeitsorientiert, weil die Verhaltensebene stärker in den Vordergrund rücken wird,
- umdenkend von Denkkategorien der herkömmlichen Kostenrechnung und hin zu denen des Target Costing. Die herkömmliche Kostenrechnung ist bestimmt durch die Kategorien Kostenart, Kostenstelle und Kostenträger, die Kostengestaltung im Target Costing ist bestimmt durch Kundenwunsch, Produktfunktion, -komponenten sowie Prozesse,
- umdenkend von detaillierten Zahlen, die relativ spät verfügbar, sind auf gröbere Zahlen, die aber zielgerichtet auf Entscheidungen frühzeitig vorliegen,
- erkennend, daß zur Unternehmenssteuerung notwendige Daten nicht unbedingt wertmäßige Daten sind, sondern daß als solche verstärkt nicht wertmäßige herangezogen werden (z. B. aus Produktionssteuerungssystemen).

Damit ist auch der scheinbare Widerspruch zwischen Controlling und Lean Management aufzulösen. Denn die Lean Management Denkweise ist ebenso zu übertragen auf Lean Controlling, wie folgendes Tableau verdeutlicht:

	Traditionell	Zukunft
Orientierung	Was kostet das Produkt?	Wieviel darf es kosten (Markt-/Kundenbezogen)
Information	rückblickend	vorrausschauend
Ausrichtung	Funktion	Prozeß
Fokus	Ergebnis	Prozeß und Ergebnis
Organisation	zentrale Stabsabteilung	direkte Mitverantwortung
Mitarbeiter	Kostenfaktor	Nutzenfaktor
Richtlinien	unveränderbar	dynamisch

Literaturverzeichnis

Franz, K.-P. (1993), Target Costing - Konzept und kritische Bereiche, in: Controlling, Nr. 3, 1993, S. 124-130

Franz, K.-P. (1994), Möglichkeiten eines systematischen Kostenmanagements, in: Scheer, August W. (Hrsg.), Rechnungswesen und EDV. 15. Saarbrücker Arbeitstagung 1994. Innovatives Controlling - Der Weg zum Turnaround, Berlin 1994, S. 59-71

Gruber, H. (1994), Operatives Kostenmanagement und Self-Controlling, in: Scheer, August W. (Hrsg.), Rechnungswesen und EDV. 15. Saarbrücker Arbeitstagung 1994. Innovatives Controlling - Der Weg zum Turnaround, Berlin 1994, S. 169-190

Seidenschwarz, W. (1994), Das Controlling der Markt- und Prozeßkette, in: Horváth,P. (Hrsg.), Kunden und Prozesse im Fokus, Stuttgart 1994, S. 162-182

Weber, J. (1994), Effizienzsteigerung im Controllingbereich, in: Rechnungswesen und EDV. 15. Saarbrücker Arbeitstagung 1994. Innovatives Controlling - Der Weg zum Turnaround, Berlin 1994, S. 73-93

Vertriebs-Controlling unter besonderer Berücksichtigung der Zusammenarbeit zwischen Vertrieb und Logistik

Jörg Stockmann

1. Einleitung

1.1 Die Großbäckerei Harry-Brot GmbH

Die Firma Harry-Brot GmbH ist ein Familienbetrieb, der nunmehr seit über 300 Jahren besteht. Sie betreibt 5 Backbetriebe an den Standorten Schenefeld/ Hamburg, Hannover, Ratingen/Düsseldorf, Berlin-Marzahn und Wiedemar/Leipzig, denen 30 Vertriebsstellen angegliedert sind. Täglich werden ca. 8.250 Kunden des Lebensmitteleinzelhandels im Frischedienst mit einem Gesamtsortiment von über 300 Artikeln versorgt. In den Nielsen-Gebieten I und II ist Harry die Nummer 1, in den neuen Bundesländern die Nummer 2 unter den Großbäckern.

Für Harry steht die **Kundenzufriedenheit** im Vordergrund aller Bemühungen. Dabei steht und fällt die Wettbewerbsfähigkeit mit der Frische, Sortimentsvielfalt, Qualität und dem Servicegrad, die dem Kunden geboten werden. Um auf diesem Gebiet weiterhin eine führende Rolle spielen zu können, stehen der Geschäftsführung und den Bereichen Produktion, Vertrieb und Logistik ein weites Spektrum an Führungs- und Steuerungsinstrumenten zur Verfügung. Eines dieser Instrumente, im Bereich des Vertriebes, stellt das Vertriebs-Controlling dar, das bei dem jeweiligen Verkaufsleiter und dem für den Vertrieb zuständigen Geschäftsführer angesiedelt ist.

In dem folgenden Artikel wird beschrieben, in welchem Rahmen eingebettet, unter welchen Restriktionen, auf Grundlage welcher Informationen und letztendlich mit welchem Erfolg mit dem Führungsinstrument **„Vertriebs-Controlling"** gearbeitet wird. Es wird dargestellt, daß aufgrund der überlebensnotwendigen Wirtschaftlichkeit eine permanente Optimierung erforderlich ist, die besondere Anforderungen an die betriebswirtschaftliche Seite des Vertriebs-Controlling stellt.

Der Artikel endet mit einem Motto und einem Ziel, wie sich die Harry-Brot GmbH das Instrument Vertriebs-Controlling im Jahre 2000 vorstellt.

1.2 Das Harry-Frische-Konzept

„Frisch wie Harry"- so lautet der Werbeslogan auf vielen Auslieferungsfahrzeugen und den Sattelzügen des Werkfernverkehrs. Für den Vertrieb bedeutet dieses Ziel, daß die richtigen Produkte, in der richtigen Menge, zur richtigen Zeit für den Kunden zur Verfügung stehen müssen. Um den Kunden nicht zu enttäuschen, ist eine leichte

Überversorgung notwendig. Da unsere internen Frischerichtlinien jedoch viel schärfer sind, als z. B. die Richtlinien für die Mindesthaltbarkeit (MH-Dauer), entstehen Retouremengen, die von uns zurückgenommen werden.

Frische und Qualität sind Ziele, die auch für unsere Produktion Gültigkeit haben. Auf Grundlage von Mehl, Wasser, Salz und Hefe **- und vor allem keinen Konservierungsstoffen -** erzeugen die 5 Backbetriebe eine hohe Sortenvielfalt, die eine geringe Kompensation über Handelswarenlieferanten erfährt. Auf Grundlage der Kunden- und Verkäuferbestellungen werden die zu erstellenden Artikel den einzelnen Werken zugeordnet und in Produktionsaufträge umgewandelt. Die einzelnen Produktionsabschnitte Teigmacherei, Bäckerei und Verpackung werden durchlaufen, bis die Ware an den Bereich Logistik (Expedition) übergeben wird.

Ziel des Bereiches **Produktion** ist es, ein kleines Produktsortiment, in größeren Mengen und bei voller Auslastung der Anlagen herzustellen. Dem entgegen steht die Notwendigkeit, nicht nur ein Gesamtsortiment anzubieten, sondern auch ständig neue Artikel zu entwickeln und auf den Markt zu bringen.

Mit und in dem Bereich Logistik schließt sich die Frische-Kette. Der **Bereich Logistik** umfaßt die Expeditionen der Werke, den Programmaustausch zwischen den Werken, die Vertriebsstellenversorgung, die Standortoptimierung der Vertriebsstellen, das KFZ- und Werkstattwesen u.v.m. In den Expeditionen wird die Ware aus der Produktion übernommen und zusammen mit der Ware aus den anderen Werken kommissioniert oder als Blockware ausgeliefert. Die Auslieferung erfolgt über isolierte Sattelzüge entweder an die Vertriebsstellen oder an die anderen Werke im Zuge des Programmaustausches. In den Vertriebsstellen, die in der Regel bis 4:00 Uhr beliefert werden, wird die Ware sorten- oder tourenrein aufgestellt. Dort erfolgt die Beladung der Verteilfahrzeuge, die mit einem oder zwei Verkäufer versehen, die Kundenbelieferung aufnehmen. Erst bei dem Kunden vor Ort wird festgestellt, welche Menge von welchem Artikel zu liefern ist und wie die Liefermenge für den Folgetag eingeschätzt wird. Zusammen mit der Retoure wird dann das Leergut mitgenommen und der nächste Kunde angeliefert. Am Ende einer Tour treffen alle Verkäufer wieder in der Vertriebsstelle ein und bestellen die Ware für den Folgetag.

Durch die geschlossene Wärmekette von der Produktion bis hin zum Auslieferungsfahrzeug kann gewährleistet werden, daß die ausgelieferte Ware frisch ins Regal beim Kunden kommt und damit ein wichtiges Ziel erreicht wird.

2. Grundzüge und Ziele

2.1 Notwendigkeit einer parallelen Betrachtung von Vertrieb und Logistik

Die Tätigkeiten entlang der Materialflußkette von der Bedarfserkennung bzw. -meldung, über Produktion, Expedition und Distribution bis hin zum Regalservice beim Kunden sind geprägt durch **Wechselwirkungen** und **gegenläufige Ziele**. Dem kundengerechten Servicegrad stehen die hierfür aufzuwendenden Kosten gegenüber, die häufig erst auf den zweiten Blick durch den Erfolg beim Kunden ausgeglichen werden können. Dennoch steigen die Serviceanforderungen ständig weiter und werden durch zusätzlichen Preisdruck und Anliefererschwernisse begleitet. Um den geforderten Servicegrad dennoch realisieren zu können, sind eine weitere betriebswirtschaftliche Optimierung und ggf. der Einsatz zusätzlicher Kapazitäten aus den Bereichen Vertrieb und Logistik erforderlich. Den positiven Ertragseffekten im Vertrieb stehen in jedem Fall negative Kosteneffekte im Vertrieb und in der Logistik gegenüber. Hieraus resultiert die Notwendigkeit, beide Bereiche parallel auf ein gemeinsames Ziel hin zu steuern, d. h. zu controllen.
Die isolierte Betrachtung und Steuerung nur eines Bereiches könnte z. B. zu einem lokalen Ertrags-/ Kostenoptimum im Bereich Vertrieb führen. Gleichzeitig könnte jedoch im Bereich Logistik eine ungleich größere und dann ungewollte Verschlechterung eintreten, die den zuvor erzielten Vertriebserfolg zunichte macht.

Durch die starken **Verflechtungen** und Abhängigkeiten im Zuge der durchgängigen Material- und Informationsflußkette ist eine parallele Betrachtung beider Bereiche und eine anschließende bereichsübergreifende Denk- und Handlungsweise erforderlich.

2.2 Ziele und Erwartungen an das Vertriebs-Controlling bei der Großbäckerei Harry-Brot GmbH

Zusammen mit den Kunden legt der Bereich Key-Account die **Rahmenbedingungen** für Sortiment, Preise, Verkaufsflächen, Anlieferzeiten, Aktionen u.v.m. fest. Innerhalb dieser Rahmenbedingungen beginnt sodann die logistische Optimierung, die zu einer momentan betriebswirtschaftlich optimalen Anlieferreihenfolge führt. Doch dieses Optimum ist nur für eine sehr kurze Zeitdauer zu halten. Anforderungsschwankungen durch die Kunden oder durch eigene, neue Erkenntnisse zwingen zum Handeln.

Mit Hilfe des Führungsinstruments Vertriebs-Controlling soll die Umsetzung der Anforderungen so unterstützt und gesteuert werden, daß eine insgesamt wirtschaftliche Lösung für die Kunden und die Firma Harry-Brot gefunden, realisiert und später auch beibehalten wird. Die vom kaufmännischen Bereich zur Verfügung gestellten **Ex-Post-Analysen** werden im Zuge der Controlling-Aktivitäten ausgewertet, um die Auswirkungen von künftigen und bereits getroffenen Entscheidungen qualitativ und quantitativ beurteilen zu können. Dabei achtet der Vertrieb darauf, daß die vorgegebenen Bandbreiten der Vertriebsziele nicht verlassen werden. Zudem wird ein Know-how-Transfer in die tangierten Bereiche erwartet, der u. a. die finanziellen Auswirkungen des eigenen geplanten Handelns aufzeigt.

Letztendlich soll das Vertriebs-Controlling Führungsaufgabe sein und dem Vertrieb als Führungsinstrument dienen. Mit seiner Hilfe soll der Vertrieb kennzahlengestützt die Entwicklung in seinem Bereich verfolgen und frühzeitig Abweichungen zum Plangeschehen erkennen. Dieser Prozeß der Abweichungsanalyse soll zur Kontrolle dienen, um beurteilen zu können, ob und in welchem Umfang sich Entscheidungen ausgewirkt haben.

2.3 Der Betrachtungsschwerpunkt : Vertrieb / Logistik

Abgesehen von qualitativen und quantitativen Anforderungen an den Bereich Produktion, ist der Bereich Logistik vom Informations- und Materialfluß her, dem Vertrieb vor- und nachgeschaltet. Gerade deshalb versteht sich die **Logistik als** partnerschaftlicher **Servicebereich** für den Vertrieb, dem so ermöglicht wird, die Serviceanforderungen der Kunden entlang der gesamten logistischen Kette täglich reibungslos zu gestalten. Standort- und Tourenoptimierung sind nur einige der wichtigen Themen in diesem Zusammenhang.

Ein effizientes Steuerungs- und Führungssystem für den Vertrieb in Form des Vertriebs-Controlling ist nur im Rahmen aller logistischen Nebenbedingungen zu installieren. Zwar scheinen diverse Entscheidungen der Vertriebsführung unabhängig von logistischen Belangen zu sein, doch führt die zeitliche Entwicklung der Auswirkungen solcher Entscheidungen häufig zu sprungfixen Kostenveränderungen in der Logistik. Ein gutes Beispiel hierfür ist der Erfolg einer Vertriebsstelle, die ihren

Umsatz weit über Plan erhöhen konnte und doch ihr Vertriebsstellenergebnis aufgrund der gleichen Tatsache verschlechtert sieht. Hintergrund war, daß die Kapazität des beliefernden Sattelzugs nicht mehr ausreichte und mehrmals in der Woche ein zusätzlicher Sattelzug eingesetzt werden mußte.

Ganzheitliche, parallele und permanente betriebswirtschaftliche Optimierung sind für beide Bereiche Vertrieb und Logistik gefordert.

3. Kennzahlenauswahl

3.1 Anforderungen an Kennzahlen und Stellgrößen

Die Quantifizierbarkeit von Leistungen des Vertriebes ist eine der wichtigsten Voraussetzungen, um ein Vertriebs-Controlling aufbauen und wirkungsvoll einsetzen zu können. Hierfür werden **Kennzahlen und Stellgrößen** eingesetzt, die nach

- ihrem absoluten Wert
- ihrer Werteentwicklung
- ihrer Planungsabweichung
- ihrer Differenz zu vergleichbaren Kennzahlen
- ihrer Manipulierbarkeit
- ihrer Bedeutung für den Vertrieb

beurteilt werden können. Eine **Kennzahl** für sich alleingestellt sagt nichts aus. Erst im unmittelbaren Zusammenhang mit anderen Kennzahlen erlangen die Kennzahlen ihre Bedeutung. Leichtverständliche Kennzahlen der Praxis werden in Geldbeträgen (z. B. Erlöse, Kosten, DB etc.), in Stückzahlen, Gewicht, Volumen oder allgemein verwendeten Hilfsgrößen als absoluter Wert, in gerundeten Tausendern oder Millionen angegeben. Hinter den Hilfsgrößen verbirgt sich wiederum eine Mischung aus den erstgenannten Kennzahlen. Ein Beispiel für eine Hilfsgröße ist die Anzahl der aktiv fahrenden Touren. So eine Tour setzt sich aus dem Verkaufsfahrer, seiner Urlaubs-/Krankheitsvertretung, dem Auslieferungs-LKW, dem anteiligen Ersatz-LKW, dem Leergut u. v. m. zusammen. Und sicherlich ließe sich diese Aufstellung weiter detaillieren.

Die **Stellgrößen** zeichnen sich dadurch aus, daß an ihnen "gedreht" werden kann. Ihr Ursprung liegt in den Rahmenbedingungen, die mit den Kunden vereinbart wurden oder die sich produkttechnisch ergeben, wie z. B. die Regalverweildauer.

3.2 Auswahl anhand bestehender Informationen

Je komplexer das zu regelnde System ist, um so mehr ist das Vertriebs-Controlling darauf angewiesen, die Kennzahlen oder die Ausgangsgrößen vom betrieblichen **Informationssystem** zu erhalten. Hierzu können Massendaten wie z. B. die Kundenumsätze bequem nach unterschiedlichen Gesichtspunkten (z. B. Umsatz je Kundengruppe, Umsatz in einem PLZ-Gebiet) zusammengestellt werden. Hierbei wirkt sich die Fähigkeit des Menschen jedoch einschränkend aus, ein nur sehr begrenztes Zahlenvolumen aufnehmen zu können. Um dennoch ein großes Zahlenvolumen und die Aussagekraft der Zahlen mit „einem Blick" erfassen zu können, müssen sinnvolle Zusammenfassungen entwickelt und dem ständigen Wandel der Erkenntnisse angepaßt werden. Die Erfahrung zeigt jedoch, daß mit steigendem Datenvolumen zugleich die Flexibilität für individuelle Auswertungen abnimmt. Die vom Finanz- und Rechnungswesen bereitgestellten Standardauswertungen müssen sodann auf PC transferiert und dort in weiteren Schritten ausgewertet werden.

Neben der Problematik der Datenquantität spielt die Datenqualität eine ebenso große Rolle. Um die Datenqualität beurteilen zu können, müssen Herkunft, Aktualisierungsgrad und die Stufe der erreichten Verarbeitung bekannt sein.

Die angeforderten Kennzahlen werden, in Form von ausgedruckten Tabellen und sonstigen Listen oder auf Dateien, für eine weitere individuelle Verarbeitung an die Führungskräfte zur Durchführung des Vertriebs-Controlling verteilt.

3.3 Aussagefähigkeit und Praxistauglichkeit der Kennzahlen und Stellgrößen

Dem Wunsch, ein komplexes System wie das eines Vertriebsbereiches zu controllen, steht ein **Dilemma** gegenüber. Zum einen sollen möglichst viele Kennzahlen zur Erfassung diverser Sachverhalte vorliegen, zum anderen gibt es durch den Menschen zeitliche und kapazitive Restriktionen, die eine vollständige Auswertung begrenzen. Der häufig verwendete **Kompromiß** des weiteren Zusammenfassens von Kennzahlen zu einer neuen Kennzahl oder eine starke Globalisierung von Sachverhalten, reduziert die Aussagefähigkeit der verbleibenden Kennzahlen erheblich. Im ungünstigsten Fall werden falsche Aussagen erzeugt und das Instrument des Vertriebs-Controlling irregeleitet. Hierzu im folgenden ein Beispiel:

Zur Beurteilung eines Verkaufsfahrers wurde sein erreichter Umsatz, seine Differenz zum Planumsatz und seine erreichte durchschnittliche Retoure herangezogen. Alle drei Werte lagen deutlich über dem Durchschnitt und doch stellte sich durch das Verwenden neuer Kennzahlen heraus, daß dieser Verkäufer unterdurchschnittliche Ergebnisse erzielte. Erst das konkrete Betrachten der Abweichungen von der Retoure zum Retourendurchschnitt brachte zutage, daß auf der Tour ein Großkunde mit sehr geringer Retoure war, der das Gesamtbild der Retourebetrachtung wegen der Durchschnittsbildung verfälschte. Viele andere Kunden auf der Tour hatten jedoch unterdurchschnittliche Umsätze bei hoher Retoure.

3.4 Die real verwendeten Kennzahlen und Stellgrößen des Führungsinstrumentes Vertriebs-Controlling

Der Frischedienst bei der Firma Harry-Brot wird über Verkaufsfahrer auf Touren durchgeführt. Der Verkaufsfahrer, eventuell von einem Beifahrer begleitet, beliefert mit einem Verteilfahrzeug die Outlets (Kunden) ein- oder mehrmals am Tag.

Wie bereits ausgeführt, spiegeln sich aus den real verwendeten Kennzahlen die Wechselwirkungen zwischen Vertrieb und Logistik wider. Im einzelnen werden folgende Kennzahlen je Vertriebsbereich monatlich erstellt und ausgewertet :

- Umsatz
- Retoure
- verschiedene Stufen von Deckungsbeiträgen (DB)
- Gesamtkosten des Vertriebsgebietes
- Personalkosten
- Anzahl Verkaufsfahrer
- Anzahl Touren
- Personalvertretungsfaktor
- Anzahl Outlets
- Anzahl Stops p. M.
- Summe der gefahrenen km.

Diese aufgeführten Kennzahlen dienen als Basiszahlen für das Erstellen der nachfolgenden Struktur-Kennzahlen, deren Veränderungen sich nur langsam vollziehen:

Tourenstruktur
- Outlets/Tour
- Umsatz/Tour
- ausgewählter DB/Tour
- Gesamtkosten/Tour
- Umsatz/km

Outletstruktur
- Umsatz/Outlet
- ausgewählter DB/Tour

Logistikstruktur
- Umsatz/Stop
- Gesamtkosten/Stop
- ausgewählter DB/Stop

Die Auflistung der Kennzahlen endet mit einigen mitarbeiterbezogenen Zahlen, die eine gute Vergleichbarkeit der Touren zwischen den einzelnen Vertriebsgebieten schaf-fen:

Mitarbeiter-Leistung
- Umsatz/MA
- Gesamtkosten/MA
- Gesamt-km/MA

Die am häufigsten verwendeten Stellgrößen ergeben sich aus dem eigentlichen Verkaufsort, dem Outlet und dem Regal. Hinzu kommen Größen, die unmittelbar mit der Nutzung des Artikels zusammenhängen:

Outlet-Daten
- Gesamtgröße des Outlets in qm
- Regalgröße im Outlet
- Regalstandort
- Anzahl und Qualität der Mitbewerber

Artikeldaten
- Preisstellung im Outlet
- Regalverweildauer

4. Schnittstellen zu tangierten Bereichen

In der gesamten Materialflußkette steht der Kunde bzw. sein Bedarf im Mittelpunkt der Bemühungen für sämtliche Bereiche der Firma Harry. Bedarfsschwankungen führen zu entsprechenden Reaktionen, die mit geringer Verzögerung und sehr unterschiedlicher Intensität aufzufangen sind. Mit Hilfe des Vertriebs-Controlling hat der Vertrieb die Aufgabe, den Anpassungsprozeß auf Einhaltung der gesetzten Umsatz- und Kostenziele hin zu überwachen und notfalls **Kurskorrekturen** vorzunehmen. Besondere Probleme treten bei den **Schnittstellen** zu den Bereichen auf, die vom Vertrieb direkt tangiert werden. Diese können in in- und externe Bereiche unterschieden werden.

Zu den internen Bereichen zählen die Produktion und die wesentlichen innerwerklichen Bereiche der Logistik. Aufgrund der im ersten Abschnitt beschriebenen Verflechtungen, wirken sich die Entscheidungen und Maßnahmen des Vertriebs auf alle Bereiche aus. In den **internen Bereichen** sind die Einflußmöglichkeiten besonders schnell und effizient möglich. Einer Kapazitätsanpassung im Vertrieb, aufgrund einer höheren Kundennachfrage als erwartet, wird in der Regel durch Umverteilungsprozesse auf im Vertriebsgebiet eingesetzten Touren begegnet. Erst wenn sich der Einsatz, auch über einen längeren Zeitraum, einer neuen Tour wirtschaftlich rechnet, wird diese neue Tour aktiviert.

Die Logistik paßt im ersten Schritt i. d. R. ihre Transportkapazitäten zur Versorgung einer Vertriebsstelle an, verändert ggf. die Anfahrreihenfolge in der Vertriebsstellenbelieferung und reagiert im o. g. Fall auf das Eröffnen einer neuen Tour, indem sie einen LKW zur Verfügung stellt. Die Anpassungsprozesse in der Produktion beschränken sich auf die Erhöhung der Kapazitätsauslastung ihrer Anlagen, im Extremfall durch den Einsatz einer weiteren Schicht. Weiteren Bedarfserhöhungen kann hier nur über mittelfristige Maßnahmen begegnet werden.

Die **externen Schnittstellen** betreffen hauptsächlich die Kunden, die logistischen Dienstleister und die Rohmateriallieferanten. Im logistischen Umfeld beschränken sich die Steuerungsmöglichkeiten des Vertriebs auf ein eher passives Verhalten, indem vertriebsrelevante Informationen gesammelt und an die Bereiche zur Erledigung weitergereicht werden, die über die Kontakte zu den externen Stellen verfügen. Die Schnittstellen zu den Kunden betreffen vornehmlich die Stellgrößen, deren Veränderungen durch Key-Account und die Vertriebsleitung selbst vorgenommen werden müssen.

5. Maßnahmen des Vertriebs-Controlling

Das Instrument Vertriebs-Controlling, verbunden mit der direkten Durchgriffsmöglichkeit dieses Führungsinstrumentes auf alle Ebenen im Vertrieb, wird dadurch vervollständigt, daß Vertrieb und Logistik dem selben Geschäftsführer unterstehen. Sämtlichen Controllingeinrichtungen liegen die gleichen Daten des Finanz- und Rechnungswesens vor. Die Aktivitäten des Vertriebs beginnen mit der Analyse dieser Daten und dem Auffinden von individuell gewichteten Planabweichungen. Über die Feststellung einer Planabweichung hinaus gilt es, Gegenmaßnahmen einzuleiten. In Abhängigkeit der Analyse der Planabweichung und ihrem zeitlichen Verlauf, fallen die Maßnahmen mit sehr unterschiedlicher Intensität aus. Dieses reicht von „noch keine Maßnahmen", welches übrigens auch eine gute Entscheidung sein kann, bis hin zu festen Vorgaben bzw. Verhaltensanweisungen. Häufiger sind jedoch Maßnahmen der **Ursachenforschung** und der zielgerichteten **Motivation**, um aufgetretene Abweichungen künftig zu unterbinden. Einer rein rechnerischen Veränderung von z. B. einer Umsatzerhöhung um 10% kann derart unrealistisch sein, daß die betroffene Zielperson nicht mehr agiert sondern nur noch resigniert. Die Aktivitäten des Vertriebs im Hause Harry sind sehr basisorientiert, d. h. die Geschicke der einzelnen Tour stehen im Vordergrund der Überlegungen bei nahezu sämtlichen Entscheidungen, die mit Hilfe des Vertriebs-Controlling gefällt wurden.

6. Zusammenfassung

Seit durch die enorm gestiegene Leistungsfähigkeit der Datenverarbeitung die Möglichkeit besteht, auch größere Datenmengen schnell und kostengünstig auszuwerten, könnte das Vertriebs-Controlling in Richtung auf das Aufspüren und Analysieren auch von Detailzusammenhängen genutzt werden. Doch im Hause Harry wird dieser Weg nicht eingeschlagen.

Es gilt das Motto: **„Weniger ist Mehr !"**

Es wird eine sinnvolle Reduzierung auf nur 6 Kennzahlen angestrebt, die überschaubar und effizient sind. Dieses sind:

Umsatz
- je Artikel
- je Tour
- je Outlet

Deckungsbeitrag
- je Artikel
- je Tour
- je Outlet

Sämtliche Führungskräfte des Vertriebes und auch der tangierten Bereiche werden mit diesen Zahlen versorgt. Jeder interpretiert diese Zahlen gleich und das „Aneinandervorbeireden" über diese Zahlen ist u. a. wegen der geringen Anzahl und Einfachheit fast nicht mehr möglich.

Ein weiteres Ziel ist das ganzheitliche, parallele und permanente betriebswirtschaftliche Optimieren für beide Bereiche Vertrieb und Logistik.

In ihrer Vielzahl von Effekten und Wechselwirkungen mit der Logistik beeinflussen sich die Belange der zu controllenden Vertriebsbereiche so erheblich, daß ihre gezielte Steuerung auf vereinbarte Ziele nicht unterbleiben darf.

Literaturverzeichnis

Ernst F. Schröder, Modernes Unternehmens-Controlling, Ludwigshafen (Rhein), 1982

Klaus Serfling, Controlling, Stuttgart u.a. 1983

Jürgen Weber, Praxis des Logistik-Controlling, Stuttgart 1993

Personal-Controlling in einem Versicherungsunternehmen

Lothar Simons / Wigand Langemeyer / Wolfgang Greife

1. Unternehmens- und personalstrategische Rahmenbedingungen des Personal-Controlling

1.1 Unternehmensstrategie im Wandel

Die Autoren des vorliegenden Beitrages standen vor der Aufgabe, in einem Versicherungsunternehmen ein Personal-Controlling-System aufzubauen. Die nachführenden Ausführungen sind als Erfahrungsbericht zu verstehen, in dem das entwickelte System von der Einbindung in Unternehmens- und Personalstrategie über die konzeptionelle Ausrichtung bis hin zu den implementierten Instrumenten dargestellt ist.

Veränderungen der externen Rahmenbedingungen erforderten - wie auch in anderen deutschen Versicherungsunternehmen - eine grundlegende Neuausrichtung der verfolgten Unternehmensstrategie.

Im Zentrum der Neuausrichtung standen eine verstärkte Kundenorientierung sowie eine Dezentralisierung: Bisher in der Hauptverwaltung wahrgenommene Funktionen wurden auf die Niederlassungen verlagert.

1.2 Personalsteuerung als Element der Unternehmensstrategie

Da das **Personal** in einem Versicherungsunternehmen der **zentrale Produktionsfaktor** ist, ergab sich aus der skizzierten Neuausrichtung der strategischen Orientierung unmittelbar ein **Gestaltungsauftrag** für die betriebliche Personalpolitik. Neben Schadenaufwendungen wird der bedeutendste Kostenblock eines Versicherers durch Aufwendungen für eingesetztes Personal belegt. Vor dem Hintergrund, daß eingesetzte Qualifikationen und erreichte Motivation zugleich über die Qualität der am Markt zu erbringenden Leistungen entscheiden, wird hier die betriebliche Personalpolitik in zweifacher Hinsicht gefordert: Effizienzsicherung durch **Optimierung des Volumens** betrieblicher Personalaufwendungen sowie Effizienzsicherung durch **zielgerechte Verteilung** der verfügbaren Mittel.

Die strategische Neuausrichtung ging einher mit einem Paradigmawechsel der betrieblichen Personalpolitik. Während bisher eine reaktive, auf Administration (reibungslose, kostengünstige Abwicklung von Personalbeschaffung und -einsatz, Gehaltsabrechnung etc.) ausgerichtete Personalpolitik im Vordergrund stand, kommt nunmehr einer aktiven Personalsteuerung eine wesentliche Bedeutung für die Wettbewerbsfähigkeit des Unternehmens zu.

Dabei geht es neben einer stärkeren **Rentabilitätsorientierung** in der Gestaltung personalpolitischer Instrumente vor allem um eine **Zielgruppenorientierung** personalpolitischer Aktivitäten und die Entwicklung einer ganzheitlichen Personalstrategie, die durch eine Abstimmung der Wirkungsrichtung personalpolitischer Instrumente und eine **ganzheitliche Betrachtungsweise** (Einbeziehung nicht nur quantitativer, sondern auch qualitativer Wirkungsdimensionen) gekennzeichnet ist. Außerdem erfordert die Dezentralisierung des Geschäftsbetriebes eine stärkere Dezentralisierung in der Entscheidung und Verantwortung personalpolitischer Aktivitäten.

2. Konzeptionelle Grundlagen des Personal-Controlling

2.1 Controlling-Ansatz

Aus der oben beschriebenen, strategischen Ausrichtung der Personalpolitik ergibt sich die Notwendigkeit zur Implementierung eines Personal-Controlling: Die Erhebung, Aufbereitung und Verarbeitung von Informationen zum betrieblichen Personalgeschehen in Verbindung mit der Formulierung von Zielzuständen sind Voraussetzung für die Definition personalpolitischen Handlungsbedarfs. Darüber hinaus kommt dem Personal-Controlling bei dezentraler Entscheidungsfindung eine **Klammerfunktion** zu: Es hat den strategieadäquaten Einsatz der jeweils spezifischen personalpolitischen Instrumente sicherzustellen.

Im Rahmen der Personalstrategie hat das Personal-Controlling die **Aufgabe**, Effizienz und Qualität des Einsatzes des Faktors Personal zu sichern, dezentrale Entscheidungen zu koordinieren, sie mit dem Zielsystem des Gesamtunternehmens abzustimmen und in einem dynamischen Umfeld die personalpolitische Handlungsfähigkeit des Unternehmens zu sichern. Die zunehmende Asymmetrie in der Notwendigkeit (Markteinflüsse) und der Möglichkeit (gesetzliche/tarifliche Regulierung) zur Anpassung von Personalstrukturen erfordert die **Aufdeckung** aller betrieblichen **Handlungsspielräume**. Dabei ist eine **Früherkennung** von Chancen und Risiken von erheblicher Bedeutung, weil im Personalbereich die time lags zwischen Entscheidungs- und Wirkungszeitpunkten besonders lang sind.

Ein Personal-Controlling, das der obigen Aufgabenstellung gerecht wird, muß ganzheitlich ausgerichtet sein. Es reicht nicht aus, nur quantitative Einflußgrößen (Aufwand, Köpfe, Zeiten) zu beachten. Durch die Besonderheit des "Produktionsfaktors" Personal - der Arbeitsvertrag sichert nur die Verfügbarkeit von Potentialen, Leistung muß durch Motivation gesichert werden - sind viele Ursachen-/Wirkungszusammenhänge nur in qualitativen Dimensionen zu bestimmen.

In der Praxis wird immer wieder die Frage diskutiert, ob die Funktion '**Personal-Controlling**' im Controlling- oder im Personalbereich angesiedelt werden sollte. Da der Engpaß in bezug auf die erforderlichen Qualifikationen nicht bei den Controlling-Methoden, sondern bei den erforderlichen, umfangreichen personalfachlichen Kenntnissen liegt, empfiehlt sich eine **Zuordnung zum Personalressort**.

Träger des Personal-Controlling sind neben den Mitarbeitern einer dafür eingerichteten zentralen Organisationseinheit aber auch alle Führungskräfte des Unternehmens. Sie verfügen über zahlreiche Informationen zu ihren Mitarbeitern, insbesondere im Bereich der 'weichen', qualitativen Faktoren, die eine zentrale Instanz nicht oder nur mit großem Aufwand und hohem Zeitbedarf erheben könnte.

Es gibt wohl kaum einen anderen betrieblichen Funktionsbereich, der so stark durch Gesetze, Rechtsprechung, Tarifverträge und Betriebsvereinbarungen geprägt und reglementiert ist, wie der Personalbereich. Permanente Änderungen dieses Regelwerkes erfordern ständige **Anpassungen** des **Controlling-Instrumentariums**. Daher müssen die Instrumente des Personal-Controlling sehr flexibel sein. Außerdem ist im Personal-Controlling eine kaum zu überschauende Fülle von Einzelinformationen zu verarbeiten. Eine flächendeckende Analyse des Personalgeschehens ist dabei nur auf einem hohen Aggregationsniveau realisierbar. Auf dieser Stufe können grobe **Schwachstellenindikatoren** definiert und instrumentell durch z. B. Kennzahlen unterlegt werden (Personalbestands- und Strukturkennzahlen, Qualifikationsstrukturen, Arbeits- und Ausfallzeiten, Fluktuationsraten etc.). Über die Analyse der Entwicklung derartiger Indikatoren im Zeitablauf ist es im Sinne eines Frühwarnsystems möglich, Abweichungen vom Sollzustand zu erkennen. Erst wenn Schwachstellen identifiziert wurden, erfolgen Detailanalysen auf unteren Aggregationsniveaus.

2.2 Controlling-Funktionen

Die Gliederung der Funktionen des Personal-Controlling folgt dem aus dem Finanz-Controlling bekannten Schema:

- Planen/Koordinieren
- Analysieren/Kontrollieren
- Informieren.

Um Mißverständnissen vorzubeugen, sei darauf verwiesen, daß 'Kontrollieren' nicht auf eine Leistungs- und Verhaltenskontrolle von Mitarbeitern, sondern auf die **Wirkungskontrolle von Personalsystemen** (Entgeltsysteme, Führungsgrundsätze etc.) abstellt. Im systemtechnischen Verständnis wird durch diese Funktionen ein offener Regelkreis beschrieben. Planung gibt Ziele vor und löst Entscheidungen über den Einsatz und die Dosierung von Instrumenten aus. Über die Analyse und Wirkungskontrolle der eingeleiteten Maßnahmen werden Zielerreichungsgrade ermittelt. Werden Abweichungen festgestellt, so löst das eine erneute Analyse- und Planungsphase aus. Ein solcher Regelkreis ist insofern offen, als die Notwendigkeit zur Planung und Analyse gleichermaßen durch die Veränderung externer Rahmenbedingungen ausgelöst werden kann. Im Personalbereich ist hier insbesondere an die Veränderung gesetzlicher, tariflicher sowie betrieblicher Bestimmungen zu denken.

Nachfolgend sind einige **Beispiele für Teilaufgaben** in den einzelnen Controlling-Funktionen aufgeführt:

(I) **Planen/Koordinieren**

- Quantitative Personalplanung (Festlegung des Planungsverfahrens, Bereitstellung von Daten zur Ist-Personalkapazität, Ermittlung von Personaleinsatz- und Personalbedarfskennzahlen, Koordination des Planungsablaufes dezentraler Einheiten, methodische und personalfachliche Unterstützung der planenden Einheiten)
- Personalkostenplanung (Festlegung der Planungsansätze für einzelne Konten/Kontengruppen des Personalaufwandes, Bereitstellung von Daten zur Entwicklung des Personalaufwandes in seiner Höhe und Struktur, Vorgabe von Planeckwerten, Koordination des Planungsablaufes, Gestaltung von Planungsformularen)
- Qualitative Personalplanung (Erhebung der Qualifikationsstruktur, Ermittlung

von Qualifikationspotentialen und -bedarfen, Definition des qualifikationsbezogenen Handlungsbedarfs, Koordination der Nachfolgeplanung)

- Personalstrukturplanung (Ermittlung von Ist-Strukturen und deren Entwicklung im Zeitablauf, z. B. nach Geschlecht, Teilzeitgrad, Dienst-/Lebensalter, Stamm-Mitarbeiter/Aushilfen, Unterstützung bei der Definition von Soll-Strukturen)
- Planung von Personalsystemen, wie z. B. Entgelt-, Personaleinsatz-, Qualifizierungs-, Sozialleistungssystemen (Definition systembezogenen Handlungsbedarfs, Unterstützung bei der Zielformulierung, Alternativenbewertung, Koordination des Entwicklungsprozesses, Unterstützung bei der Systemeinführung)

(II) **Analysieren/Wirkungskontrolle**

- Überwachung der Kapazitäts- und Kostenplanung (Aufbereitung und Gegenüberstellung von Plan-/Ist-Daten, Ermittlung von Planabweichungen, Erwartungsrechnung/Forecasting, Isolierung von Mengen-, Struktur- und Preiseffekten, Ursachenanalyse, Aufzeigen von Handlungs-/Entscheidungsbedarf, Planfortschreibungen)
- Analyse von Personalbestands- und Strukturdaten (Bewertung von Personalstrukturen sowie deren Entwicklung im Zeitablauf, Durchführung von Fluktuationsanalysen, Analysen zur Entwicklung von Arbeits- und Ausfallzeiten, Portfolio-Analysen zur Stärken-/Schwächen-Ermittlung)
- Strukturierung und Analyse des Personalaufwandes (Sammlung/Zusammenstellung/Aufbereitung von Personalaufwandsdaten nach Kostenarten/Kostenstellen, Komponentenzerlegung des Personalaufwandes nach personalwirtschaftlichen Kriterien, Analyse von Veränderungen im Zeitablauf, Aufbau und Überwachung von Personalaufwandskennzahlen)
- Durchführung von sozialwissenschaftlichen Analysen zur Erfassung von Einstellungen, Werten und Motiven der Mitarbeiter, z. B. Mitarbeiterbefragungen (anlaßbezogene Definition von Handlungsbedarfen, Festlegung der Instrumente und Analyseverfahren, Durchführung der Analysen, Auswertung des Datenmaterials, Formulierung von Handlungsempfehlungen)
- Analyse der Wirkungen eingesetzter Personalsysteme (Überprüfung der Konsistenz von Zielsetzungen, Auswahl/Definition der Analysemethoden, Datenerhebung, -aufbereitung und -analyse, Überprüfung des Zielerreichungsgrades, Formulierung von Handlungsempfehlungen für die Instrumentenanpassung

- Analyse und Bewertung personalbezogener unternehmensexterner Entwicklungen (Prüfung relevanter Entwicklungen in den Bereichen Tarifverträge/ Gesetze/Arbeitsmärkte, Analyse betrieblicher Auswirkungen von Veränderungen, Definition möglicher Anpassungsmaßnahmen/Alternativenbeschreibung)

(III) **Informieren**

- Aufbau eines periodischen Personalberichtswesens (Definition von Inhalt, Struktur, Empfängern und Periodizität benötigter Auswertungen, Erstellung, Kommentierung und Verteilung von Auswertungen)
- Erstellung von Personal- und Sozialberichten (Unterstützung bei der Festlegung des Inhaltes und der Struktur, Zusammenstellung und Aufbereitung der Datenbasis, Erstellung von Texten und Kommentaren)
- Durchführung von Sonderauswertungen für Dritte (Unterstützung bei der personalfachlichen Definition des Informationsbedarfes, Datenerhebung und -auswertung, Kommentierung der Ergebnisse, Unterstützung bei der Formulierung von Handlungsbedarfen).

3. Instrumente des Personal-Controlling

3.1 Das Personalinformationssystem als Basisinstrument des Personal-Controlling

Nachfolgend werden einige von den Autoren entwickelte Instrumente des Personal-Controlling dargestellt. Am Anfang der Darstellung steht das Personalinformationssystem, das Daten für die übrigen Instrumente bereitstellt und somit als **Basisinstrument** des Personal-Controlling bezeichnet werden kann.

Stellvertretend für eine Vielzahl weiterer Instrumente des Personal-Controlling werden dann die **Personalaufwandsrechnung** und ein **Kennzahlensystem** beschrieben.

Die Ausgestaltung des Personalinformationssystems als zentrale Datenquelle des Personal-Controlling ist von entscheidender Bedeutung, weil hier über die Qualität der Input-Daten des Personal-Controlling entschieden wird.

Datenfehler können sich im Rahmen des Personal-Controlling verheerend auswirken: Sie können zu falschen Planansätzen, fehlerhaften Analysen mit der Folge inadäquater Maßnahmen und zum Verlust der Glaubwürdigkeit des gesamten Personal-Controlling führen. Deshalb muß großes Gewicht auf die Validität der verwendeten Daten gelegt werden.

Die Qualität von Daten wird in der Regel unzureichend sein, wenn sie nur für Zwecke des Personal-Controlling erhoben werden. Dagegen sind für die Lohn- und Gehaltsabrechnung benötigte Daten in der Regel in hohem Zuverlässigkeitsgrad verfügbar: Etwaige Fehler werden hier sehr schnell bemerkt, weil sie unmittelbar das Einkommen des Arbeitnehmers und das Budget des Kostenstellen-Verantwortlichen berühren. Aus diesem Grund ist das **Lohn- und Gehaltsabrechnungssystem** die **Hauptdatenquelle** des Personalinformationssystems.

Bei dem von den Autoren entwickelten Personalinformationssystem handelt es sich um ein computergestütztes System, das personenbezogene Informationen in den Dimensionen Köpfe (inkl. Strukturinformationen, wie z. B. Geschlecht, Alter), **Zeiten** und **Aufwand** für flexible Auswertungen bereithält. Die gewählte Datenhaltung erlaubt es, nicht nur zeitpunktbezogene Zustände, sondern auch Bewegungen und Veränderungen abzubilden. Für jeden Mitarbeiter wird pro Monat ein Datensatz angelegt.

Das System enthält ausschließlich Ist-Daten zu Mitarbeitern des Unternehmens. Plandaten, wie z. B. Informationen über zukünftige Personalbestände, sind im System nicht enthalten.

Hauptfunktionen des Personalinformationssystems sind die Selektion von Daten aus dem Lohn- und Gehaltsabrechnungssystem, die Aufbereitung und die Auswertung dieser Daten sowie Dienstfunktionen.

Im Rahmen der **Selektion** werden monatlich die benötigten Daten aus dem Lohn- und Gehaltsabrechnungssystem in das Personalinformationssystem übertragen. Wenn im Lohn- und Gehaltsabrechnungssystem rückwirkende Korrekturen vorgenommen wurden, so werden diese auch im Personalinformationssystem nachvollzogen.

Die Datenquellen und die Wege der Datengewinnung im Rahmen der Selektion sind nicht fest programmiert worden. Um eine hohe Flexibilität insbesondere in bezug auf die Aufnahme neuer Felder in das Personalinformationssystem zu gewährleisten, wurden diese Informationen in einer Steuerungstabelle hinterlegt. Diese Tabelle kann von der Personalabteilung verändert werden.

Da die Daten in der aus dem Lohn- und Gehaltsabrechnungssystem übernommenen Form für personalwirtschaftliche Analysen zum Teil nicht brauchbar bzw. nicht ausreichend sind, werden im Rahmen der **Datenaufbereitung** weitere Informationen erzeugt. Im Zentrum des personalwirtschaftlichen Interesses steht dabei das Aufzeigen von Bewegungen und Veränderungen. Die Erzeugung neuer Informationen erfolgt durch Verknüpfung von Daten, die entweder durch die Selektionsfunktion bereitgestellt oder ebenfalls abgeleitet, also durch Datenverknüpfung erzeugt wurden. Dadurch, daß Ableitungen auf bereits abgeleitete Felder bezug nehmen können, ergibt sich eine verschachtelte Netzwerkstruktur (in dem hier beschriebenen Anwendungsbeispiel bis zu 8 Ebenen tief) von Ableitungen. In welcher Reihenfolge die Ableitungen ausgeführt werden müssen, wird automatisch ermittelt.

Die Hauptfunktion 'Datenaufbereitung' umfaßt neben den Ableitungen die Füllung der Datenfelder, die die Organisationszugehörigkeit der Mitarbeiter kennzeichnen. Da eine Pflege von Organisationsdaten im Lohn- und Gehaltsabrechnungssystem vermutlich zu Datenvaliditätsproblemen geführt hätte, wird die Organisationsstruktur im Zuge der Datenaufbereitung monatlich aus einer externen, vom Zentral-Controlling geführten Tabelle übernommen.

Änderungen von Organisationsstrukturen, die im betrieblichen Alltag häufig stattfinden, führen bei Berichten und Analysen, die Vergleiche mit Vorperioden enthalten, zu Problemen: Es stellt sich die Frage, wie mit Organisationseinheiten umgegangen wird, die zum Vergleichszeitpunkt noch nicht existiert haben oder nun nicht mehr existieren. Bei der gewählten Lösung wird die aktuelle Organisationsstruktur in die Vergangenheit projiziert, so daß Vergleiche mit Vorperioden jederzeit möglich sind.

Auswertungen werden vom Personalinformationssystem auf drei Wegen bereitgestellt. Den Schwerpunkt bilden Auswertungen in Tabellenform (z. B. Anzahl Stamm-Mitarbeiter und Aushilfen nach Abteilungen). Zur Erstellung dieser Art von Auswertungen wird ein Berichtsgenerator (Standardsoftware) eingesetzt.

Die Ergebnisse tabellarischer Auswertungen sowie Auszüge aus der Grunddatei des Personalinformationssystems werden auf PC weiterverarbeitet (z. B. graphische Aufbereitung, Modellrechnungen, Prognosen, statistische Analysen sowie Verwaltungsaufgaben).

Schließlich können kurzfristig auftretende Fragen im Dialog beantwortet werden (z. B.: Welche Mitarbeiter werden im nächsten Quartal aus einem ruhenden Dienstverhältnis zurückkehren?). Zu diesem Zweck wurde die Möglichkeit geschaffen, Ausschnitte aus der Grunddatei am Bildschirm anzeigen zu können, wobei sowohl feld- als auch satzweise selektiert werden kann.

Die Grunddatei des Personalinformationssystems enthält pro Mitarbeiter und Monat etwa 700 Einzelinformationen (Datenfelder), von denen 500 selektiert und 250 abgeleitet werden (einige selektierte Felder werden durch Ableitungen verändert).

Die große Zahl von Einzelinformationen ergibt sich aus der Aufgabenstellung: Da im vorhinein nicht bekannt ist, welche Fragestellungen mit dem Personalinformationssystem beantwortet werden müssen, ist es nicht möglich, zwischenverdichtete, d. h. bereits partiell ausgewertete Daten, zu speichern. Stattdessen müssen in der Grunddatei des Personalinformationssystems Einzelinformationen zu jedem Mitarbeiter und Monat gespeichert werden, die erst zum Zeitpunkt der Auswertung zielgerichtet verdichtet werden.

3.2 Personalaufwandsrechnung

Im Mittelpunkt der Personalaufwandsrechnung steht die Analyse der **Struktur** des Personalaufwands sowie der **Entwicklung** seiner Komponenten im Zeitablauf.

Während Personalaufwandsanalysen, die sich auf einzelne Mitarbeitersegmente beziehen (z. B. alle AT-Mitarbeiter, alle Sachbearbeiter), mit dem Personalinformationssystem durchgeführt werden, stützen sich nicht-segmentbezogene Auswertungen auf Daten des Rechnungswesens.

Monatlich werden Daten der Kostenrechnung auf einen PC übertragen und dort mittels Standardsoftware verarbeitet. Diese PC-Verarbeitung dient dazu, die Entwicklung von **Kostenartengruppen** (Lohn und Gehalt inkl. sozialer Abgaben, Lehrgangs- und Seminargebühren, sonstige Leistungen und Aufwandserstattungen für Mitarbeiter, Aufwand für Personalbeschaffung und -einsatz sowie Altersversorgungs- und Unterstützungsaufwendungen) nach Verantwortungsbereichen im Zeitablauf zu überwachen. Dazu wird jeweils der bis zum aktuellen Monat aufgelaufene Aufwand dem entsprechenden Wert des Vorjahres gegenübergestellt und die prozentuale Steigerung ausgewiesen. Auffällige Veränderungen stoßen tiefergehende Analysen an.

Alle Buchungssätze, die Konten des Personalaufwands bzw. diesem nahe Konten berühren, werden ebenfalls monatlich auf einen PC übertragen. Einzelne Kostenarten werden regelmäßig ausgewertet, wobei Vergleiche mit Vormonat und Vorjahresmonat angestellt werden. Hierzu gehören z. B. Mehrarbeitsvergütungen, Aushilfslöhne, Aufwendungen für Leiharbeitnehmer und Werkverträge, Einmalzuwendungen, Tantiemen, Zuschüsse zu Mutterschafts- und Krankengeld sowie Fahrtkostenzulagen).

Die nach Kostenarten und -stellen verdichteten Buchungssätze eines Jahres werden für die Ermittlung von Personalbasis- und -zusatzaufwand verwendet. Während ersterer die für produktive Arbeit gezahlten Löhne und Gehälter umfaßt, zählen zu letzterem alle darüber hinausgehenden, den Mitarbeitern zukommenden monetären Leistungen des Unternehmens. Wegen seines großen Volumens und seiner starken Dynamik kommt dem **Personalzusatzaufwand** besondere Bedeutung zu. Die Ermittlung von Personalbasis- und -zusatzaufwand aus den Daten der externen Rechnungslegung erfordert einige Bereinigungsrechnungen, auf die aus Platzgründen an dieser Stelle nicht weiter eingegangen werden kann (so müssen z. B. die auf den Kostenstellen 'soziale Dienste' und 'Aus- und Weiterbildung' gebuchten Löhne und Gehälter aus dem Personalbasisaufwand heraus- und in die Positionen 'soziale Einrichtungen' bzw. 'Bildungsaufwand' des Personalzusatzaufwands eingerechnet werden).

Im Rahmen der Personalaufwandsrechnung sind Veränderungen gegenüber Vorperioden zu ermitteln und deren Ursachen aufzuspüren. Dazu können Veränderungen in Mengen- (z. B. Anzahl Mitarbeiter, Anzahl geleisteter Mehrarbeitsstunden), Struktur- (z. B. Erhöhung des Anteils von AT-Mitarbeitern) und Preisänderungen (z. B. Tariflöhne und -gehälter, Sozialversicherungsbeiträge) aufgegliedert werden.

3.3 Kennzahlensysteme

Kennzahlen stellen Sachverhalte in übersichtlicher Form dar. Sie sind deshalb gut als **Schwachstellenindikatoren** geeignet. Dabei darf jedoch nicht aus dem Auge verloren werden, daß die zugrunde liegenden Sachverhalte mittels Kennzahlen nur stark vereinfacht abgebildet werden. Kennzahlen können mithin nur Hinweise auf vermutliche Schwachstellen geben. Die Frage, ob tatsächlich Schwachstellen zu konstatieren sind, kann nur durch Detailanalysen geklärt werden.

Kennzahlen entstehen durch mathematische Verknüpfung von Ausgangsgrößen. Dabei handelt es sich im Regelfall um Relationen, die sich aus der Division zweier Zahlen ergeben. So läßt sich beispielsweise eine Produktivitätskennzahl als Ergebnis der Division der erbrachten Leistung (z. B. Anzahl bearbeiteter Versicherungsverträge) durch das dafür eingesetzte Arbeitsvolumen (z. B. Anzahl der Mitarbeiter) ermitteln.

Zur Gewährleistung der **Überprüfbarkeit** der Ergebnisse und der **Akzeptanz** durch die Empfänger von Kennzahlenanalysen ist eine präzise, verständliche Definition der verwendeten Kennzahlen erforderlich. Die Empfänger müssen nachvollziehen können, wie die Kennzahlen zustande gekommen sind. Eine diese Anforderungen erfüllende Dokumentation ist auch deshalb unabdingbar, weil auf diese Weise sichergestellt wird, daß für unterschiedliche Organisationseinheiten oder Bezugszeiträume bzw. -zeitpunkte ermittelte Kennzahlen nach demselben Algorithmus berechnet wurden. Dies ist besonders dann wichtig, wenn die Kennzahlenermittlung komplexe Transaktionen (Rechenoperationen, Verknüpfungen von Datenbeständen) erfordert.

Kennzahlen werden ihrer Indikatorfunktion erst dann gerecht, wenn sie ein möglichst breites Spektrum des Personalgeschehens abdecken. Dies ist durch einzelne Kennzahlen nicht zu gewährleisten. Es gilt daher, ein **Kennzahlensystem** zu entwickeln, das einen möglichst umfassenden Überblick über personalwirtschaftlich relevante Faktoren gibt. Ein solches System sollte mehrere Ebenen abbilden, so daß es dem Entscheidungsträger möglich ist, zunächst nur auf der obersten Ebene nach Besonderheiten zu suchen und dann gezielt, unter Beschränkung auf die in der obersten Ebene auffällig gewordenen Bereiche, die detaillierten Kennzahlen der nachgeordneten Ebenen zu studieren (drill down).

4. Personal-Controlling und Betriebsverfassung

Im Bereich Personal-Controlling greifen zahlreiche Mitbestimmungsrechte des Betriebsrates. Im Mittelpunkt steht die Regelung des § 87 Abs. 1 Ziff. 6, die dem Betriebsrat ein **Mitbestimmungsrecht** bei der Einführung technischer Einrichtungen zur Kontrolle von Leistung und Verhalten der Mitarbeiter einräumt.

Dieses Mitbestimmungsrecht führte in deutschen Unternehmen bei der Einführung von Systemen des Personal-Controlling, insbesondere Personalinformationssystemen, zu Meinungsverschiedenheiten zwischen Betriebsräten und Unternehmensleitungen, die die Arbeitsgerichte bis hinauf zum BAG beschäftigten.

Um einen zeitaufwendigen Rechtsstreit zu vermeiden, wurde in dem hier geschilderten Fall eine vom üblichen Procedere abweichende Vorgehensweise gewählt. Der **Gesamtbetriebsrat** wurde bereits in der Planungsphase des Personalinformationssystems **umfassend informiert**. Dabei wurde deutlich, daß auf Seiten des Betriebsrates massive Befürchtungen gegen das zu entwickelnde System gehegt wurden. Um das darin liegende Konfliktpotential zu entschärfen, wurde ein neuer Ansatz gewählt, der sich erheblich von der bisher im Unternehmen gepflegten Vorgehensweise unterschied.

Mehrere Workshops, an denen Vertreter des Gesamtbetriebsrates und der Personalabteilung teilnahmen und die von einem durch den Betriebsrat beauftragten Sachverständigen und einem Mitarbeiter der Personalabteilung gemeinsam moderiert wurden, dienten zur Aufbereitung des Konfliktfeldes. Dabei wurde deutlich, daß die vom Unternehmen geplanten Aktivitäten im Bereich Personal-Controlling aus Betriebsratssicht weitgehend unbedenklich sind. Außerdem wurde herausgearbeitet, daß die vom Betriebsrat gesehenen Probleme nicht im Personalinformationssystem als Datenbereitstellungsinstrument liegen, sondern im Umgang der Unternehmensleitung mit den aus dem System gewonnenen Erkenntnissen.

Nachdem die Kernprobleme herausgearbeitet waren, wurde - ebenfalls in Workshops - eine **Betriebsvereinbarung** erarbeitet, in der die **Technik** des Personalinformationssystems wenig restriktiv und auf einer relativ abstrakten Ebene, d. h. ohne Festschreibung von Details, geregelt ist. In derselben Betriebsvereinbarung wurden

Grundsätze der betrieblichen Personalarbeit festgeschrieben, die sicherstellen, daß den Mitarbeitern keine Nachteile aus der Umsetzung von Ergebnissen der Arbeit mit den Instrumenten des Personal-Controlling entstehen. Im einzelnen wurden Grundsätze für die Bereiche quantitative Personalplanung, Arbeits- und Organisationsgestaltung, Personalentwicklung und zur Beteiligung des Gesamtbetriebsrates an der Entwicklung personalpolitischer Konzepte vereinbart. Dabei wurde jedoch nicht geregelt, welche Instrumente einzusetzen sind.

Literaturverzeichnis

Grünefeld, H.-G., Personalkennzahlensysteme. Planung, Kontrolle, Analyse von Personalaufwand und Daten, Wiesbaden 1981

Grünefeld, H.-G., Steuerung und Kontrolle des Personalaufwandes, Wiesbaden 1983

Grünefeld, H.-G./Langemeyer, W., Personalinformationssystem - Entwicklung/Anwendung/Nutzen, Wiesbaden 1991

Grünefeld, H.-G./Langemeyer, W., Von der Personalakte zur Datenbank; in: Personalwirtschaft 3/1991, S. 34-38

Grünefeld, H.-G./Langemeyer, W., Personalinformationssystem: Aufbereiten und Auswerten; in: Personalwirtschaft 3/1992, S. 16-62

Grünefeld, H.-G./Langemeyer, W., Kosten und Nutzen eines Personalinformationssystems; in: Personalwirtschaft 5/1992, S. 34-38

Hentze, J., Kammel, A., Personalcontrolling. Eine Einführung in Grundlagen, Aufgabenstellungen, Instrumente und Organisation des Controlling in der Personalwirtschaft, Bern u. a. 1993

Papmehl, A., Personal-Controlling. Human-Ressourcen effektiv entwickeln, Heidelberg 1990

Schulte, C., Personal-Controlling mit Kennzahlen, München 1989

2. Kapitel:

Controlling in der Praxis: Anwendungsbeispiele in Produktions- und Dienstleistungsunternehmen

B) Funktionsbereichsübergreifende Aspekte

Das Controlling von Kapitalbeteiligungsgesellschaften

Gustav Egger

1. Grundsätzliches zum Geschäft mit Kapitalbeteiligungen

Eine Kapitalbeteiligungsgesellschaft stellt Eigenkapital und eigenkapitalähnliche Mittel überwiegend nicht-börsennotierten Unternehmen zur Verfügung. Im Gegensatz zu sonstigen Holding-Gesellschaften werden grundsätzlich nur befristete Engagements eingegangen. Die Laufzeiten können zwischen einem und zwanzig Jahren betragen, meist sind es weniger als zehn Jahre.

Das Geschäft mit Kapitalbeteiligungen wird in Deutschland überwiegend von Management-Gesellschaften ausgeübt, die zu Banken oder Versicherungsgesellschaften gehören und auch von dort die Finanzierungsmittel zur Verfügung gestellt bekommen. Es finden sich auch börsennotierte Fonds bzw. Gesellschaften wie AGAB, Berliner Elektro und DBAG. International gibt es zahlreiche unabhängige Management-Gesellschaften, die ihre Finanzierungsmittel durch Auflage befristeter Fonds bei institutionellen und privaten Anlegern einwerben.

Der Erfolg des Beteiligungsgeschäfts ergibt sich aus dem Saldo von laufenden Erträgen (Dividenden etc.), Wertsteigerungsgewinnen (Capital Gains) im Zuge der Veräußerung der Engagements und Kosten der Tätigkeit.

Anlässe für Beteiligungen sind üblicherweise Nachfolge-Regelungen in Familiengesellschaften und Ausgliederung von konzernzugehörigen Gesellschaften, beide oftmals im Wege eines Management-Buy-Out/-Buy-In, Unternehmensgründungen, turn around-Situationen und Vorbereitung von Börseneinführungen.

2. Aufgabenbereiche des Beteiligungs-Controlling im Überblick

2.1 Wertschöpfungsstufen im Beteiligungsgeschäft

Die Aufgaben des Beteiligungs-Controlling in einer Kapitalbeteiligungsgesellschaft unterscheiden sich nicht grundsätzlich von denen in einer Holding-Gesellschaft. Die Darstellung in diesem Aufsatz geht davon aus, daß die **Funktion des Beteiligungs-Controlling** in Form einer **Stabsstelle** zur Unterstützung der Geschäftsführung implementiert ist und die Akquisition, Betreuung sowie Veräußerung von Unternehmensbeteiligungen bei Regional- bzw. Branchen-/Spartenmanagern liegt. Im folgenden werden die Tätigkeitsaspekte kurz dargestellt.

Es gibt drei wesentliche **Wertschöpfungsstufen** im Beteiligungsgeschäft, aus denen die Aufgaben für das Beteiligungs-Controlling resultieren:

1. Akquisition einer Beteiligung
2. Betreuung/Entwicklung des Partner-Unternehmens
3. Veräußerung des Engagements.

Der **Erwerb** einer Beteiligung soll zu möglichst **günstigen Konditionen** erfolgen. Auch bei unterplanmäßiger Entwicklung soll eine Erhaltung des Werts des Investments sichergestellt sein. D. h. Wertsteigerungen, die erst noch herzustellen sind, dürfen nur in besonders begründbaren Fällen ein Kaufpreiselement sein. Performance-Regelungen (d. h. Kaufpreisnachbesserungen in Abhängigkeit vom zukünftigen Verlauf bestimmter Erfolgskomponenten) sind akzeptabel bzw. erwünscht, insbesondere wenn der Verkäufer maßgeblich die erwarteten Wertsteigerungen beeinflussen kann wie z. B. bei Kapitalerhöhungen und ansonsten unveränderten Gesellschafter- und Geschäftsführerstrukturen.

Die Gestaltung der **Beteiligungsverträge** muß im Falle von Minderheitsbeteiligungen wegen der mangelnden Fungibilität der Anteile den Interessen des Minderheitsgesellschafters Rechnung tragen. Das Beteiligungs-Controlling schließt hier auch ein Vertrags-Controlling ein.

Die Kenntnis der Ausgangslage zum Zeitpunkt der Beteiligungsentscheidung muß umfassend und die Motivation für die Kapital-Nachfrage plausibel nachvollziehbar sein. Ferner ist die Planung zu plausibilisieren, was üblicherweise anhand von Vergangenheits- und Branchendaten erfolgt.

Grundsätzliches Interesse der Beteiligungsgesellschaft ist, wie das einer Holding, die **Steigerung des Unternehmenswertes**. Dementsprechend wird sie im Rahmen ihrer Möglichkeiten aktiv. Im Vordergrund steht die Beratung des Managements zumindest im Wege der Ausübung eines Aufsichtsmandats (Aufsichtsrat, Beirat, Gesellschafter-Versammlung). Bei Neu-Akquisitionen durch die Portfolio-Unternehmen selbst kann eine entsprechende aktive Unterstützung erfolgen.

Ziel bei der **Veräußerung** sind möglichst günstige Konditionen des Verkaufs. Die Aufgaben des Controlling sind analog zu denen bei Erwerb einer Beteiligung zu sehen.

Das Beteiligungs-Controlling unterstützt die Entscheidungsfindung der Geschäftsführung der Kapitalbeteiligungsgesellschaft in den einzelnen Wertschöpfungsstufen.

2.2 Planungen der Partner-Unternehmen

Zu Beginn der Analyse der Planungen erfolgt eine Auseinandersetzung mit der wirtschaftlichen Entwicklung in der Vergangenheit. Aus ihr erwächst das Verständnis für das jeweilige Geschäft der Partnerunternehmen. Aus dem Verständnis und einer Risikoanalyse kann die Einschätzung hinsichtlich der Erzielbarkeit einer Planung erfolgen.

Planungen sind Entscheidungsgrundlagen und haben daher essentielle Bedeutung (nicht nur) im Beteiligungsgeschäft. Bei der **Analyse der Planungen** ist folgendes zu berücksichtigen:

- Es fließen subjektive Einschätzungen in den Datenkranz ein, die nur teilweise transparent sind und vom Entscheidenden nicht unbedingt geteilt werden.
- Das Planungsverhalten ist situativ (z. B. vom Zweck der Planung) geprägt.

Die meisten Menschen unterliegen einem mehr oder weniger ausgeprägten Planungsoptimismus. Bei Beginn einer Beteiligung ist das Verhalten der jeweils Planenden nicht bekannt. Nach einer mehrjährigen Partnerschaft und entsprechender Abweichungsanalysen ist dagegen eine brauchbare Berücksichtigung des individuellen Einflusses möglich.

Eine Planung, die mit dem Ziel, ein Unternehmen zu verkaufen, erstellt wird, hat verständlicherweise eine andere Qualität als eine Planung, die Basis für eine Bonusregelung bilden soll. Ebenso ist die Planung eines Unternehmens mit ausgeprägtem Wachstum und hoher Ertragskraft anders einzuschätzen als eine Planung aus einer Situation der praktischen Illiquidität. Im letzteren Fall sind erfahrungsgemäß die Erwartungen oft nur Hoffnungen.

Die **Beurteilung der Planung** bedarf einer Risikoanalyse, die eine eigene Einschätzung der Planungsgrößen erlaubt. Daraus ist ein Abgleich mit den qualitativen und in der Planung quantifizierten Erwartungen abzuleiten.

Neben Analyse von Vergangenheit und Planung auf Jahresbasis ist insbesondere noch die unterjährige Analyse von Bedeutung. Sie ist bereits bei Eingehen einer

Beteiligung erforderlich, für den Fall, daß das laufende Geschäftsjahr weitgehend fortgeschritten ist. Ferner bildet sie in kritischen Unternehmenssituationen eine wichtige Entscheidungshilfe für Management, Gesellschafter und Kreditgeber.

2.3 Struktur des Portfolios

Die Steuerung der Struktur des Portfolios hat zwei Aspekte. Zum einen die Erarbeitung einer Zielstruktur sowie deren Anpassung an neue Erkenntnisse und Entwicklungen und zum anderen die Kontrolle der Einhaltung der Ziel- bzw. Sollstruktur.

Das Portfolio läßt sich entsprechend einer Vielzahl von Strukturmerkmalen differenzieren. Die bedeutendsten Gruppen sind:

- Zeitraum des Beteiligungsbeginns
- Risiko
- Ertrag.

Grundsätzlich werden bei jeder Analyse die Strukturdaten getrennt nach Investitionsvolumina und Stückzahlen dargestellt.

Die Gliederung von reinvestierenden Fonds in Investitionszeiträume schafft virtuelle Fonds, deren Erfolg vergleichbar wird. Die **Vergleichbarkeit** von Investitionsphasen ermöglicht auch die Erfolgskontrolle durch die Investoren sowie den Erfolgsvergleich mit geschlossenen Fonds und begrenzten Investitionszeiträumen, die im internationalen Beteiligungsgeschäft den Standard bilden. In Deutschland sind die reinvestierenden Fonds die Regel.

Die **Risikostruktur** eines Portfolios kann wiederum anhand diverser Kriterien wie Branchengliederung, Finanzierungsphasen, Umsatzgrößenklassen etc. dargestellt werden.

Die **Ertragsstruktur** nach Beteiligungen mit primär laufenden Ausschüttungserträgen und anderen mit erwarteten Gewinnen aus Veräußerungen ist für reinvestierende Fonds mit undefinierter Laufzeit bzw. für Holding-Gesellschaften von Interesse. Der Erfolgsmaßstab für geschlossene Fonds mit befristeter Laufzeit ist die Rendite über die bisherige Laufzeit (es ist international üblich, die Renditen auf Basis der Methode des internen Zinsfußes zu ermitteln). Diese Rendite-Kennzahl wird i. d. R. aufgeschlüsselt nach realisierter und unrealisierter Rendite oder auch separatem Ausweis der Rendite der realisierten Engagements.

Ein weiteres Gliederungskriterium ist die **Größe der Einzelengagements**. Sie bildet u. a. einen Maßstab für die Zuordnung von Management-Ressourcen der Beteiligungsholding.

2.4 Bewertung des Portfolios

Die Wertentwicklung der Portfolio-Unternehmen ist von überragender Bedeutung für Beteiligungsgesellschaften. Die Ausschüttungsrenditen rechtfertigen i. d. R. keine Eigenkapital-Investments. Portfolios, die nur aus Stillen Gesellschaften mit fester Verzinsung bestehen, müssen eine ausreichende Diversifikation und Rendite-Erwartung für die Einzelengagements aufweisen, um die unvermeidlichen Ausfälle durch Erträge zu kompensieren. In Deutschland ist es z. Z. schwierig aufgrund der kleinen Portfolios und Marktkonditionen, eine Risikoabsorption und angemessene Verzinsung des investierten Kapitals zu erzielen. Die Konditionen sind durch den kleinen und überbesetzten Markt sowie die Art der Teilnehmer geprägt.

Vergleichbar den Investments in Kapitalmarktpapiere benötigt der Investor in nicht-börsennotierte Gesellschaften eine begründete Erwartung zur **Wertentwicklung** seiner Beteiligungsengagements. Die Bewertung erfolgt nicht nur zu Beginn und zum Verkauf der Beteiligungs-Engagements, sondern zumindest jährlich. Da bekanntermaßen viele Bewertungsmethoden existieren und ihre Anwendung zu einer sehr großen Bandbreite von Unternehmenswerten führen würde, besteht die **Aufgabe des Beteiligungs-Controlling** insbesondere darin, **einheitliche Bewertungsmaßstäbe** zu definieren und durchzusetzen. Die bewertende Stelle, Beteiligungs-Unternehmen oder Betreuer bei der Kapitalbeteiligungsgesellschaft, weist i. d. R. wie bereits im Kapitel Planungen ausgeführt subjektive Interessen oder Grundhaltungen auf, die in den Bewertungs- und Abstimmungsprozeß einfließen.

Das theoretisch plausible Shareholder value-Konzept ist zum Zweck der Bewertung größerer Portfolios wenig praktikabel. Das Konzept baut auf langfristigen Planungen auf (Zeitraum 5 Jahre). Derartig langfristige Planungen werden wegen der sehr hohen Unsicherheiten, die in diesem Zeitraum liegen, von mittelständischen Unternehmen selten erstellt. Die zugehörigen Bilanzplanungen haben, insbesondere in Deutschland, Ausnahmecharakter. Zudem erfordert das Konzept weitere Größen wie z. B. den Beta-Faktor, der kaum für vergleichbare Branchenunternehmen verfügbar ist, geschweige denn für das betreffende Unternehmen. Weiter oben wurde bereits der Einfluß des individuellen Verhaltens auf die Ergebnisse der Planung dargestellt. Diese würden sich entsprechend auf die Ergebnisse der Bewertung durchschlagen. Der für die Erstellung, Objektivierung und Abstimmung der Planungen und Bewertungen erforderliche Aufwand verbietet die Anwendung des Konzepts.

Es lassen sich auch mit Hilfe einer schlichten **Ertragswertbetrachtung** auf Basis der aktuellen Ertragslage verwertbare Ergebnisse erzielen. Hierbei wird das Ergebnis mit einem Ertragswertfaktor multipliziert. Dies ist akzeptabel, da im Falle von Unternehmenstransaktionen nach wie vor überwiegend auf dieser Basis entschieden wird. Es werden zwar i. d. R. - insbesondere bei Einschaltung von Unternehmensberatern und M&A-Häusern - die aus Planungen abgeleiteten freien Cash flows diskontiert, das Ziel ist aber überwiegend eine Bestätigung der auf andere Weise ermittelten Werte. Angesichts dieser Gepflogenheiten bestünde sogar Gefahr, durch die Anwendung des Shareholder value-Konzepts zu Unternehmenswerten zu gelangen, zu denen gar kein Verkauf stattfinden kann.

Zu beachten ist allerdings, daß eine reine Ertragswertermittlung nur in bestimmten Unternehmenssituationen anwendbar ist. Sie bedarf einer konjunkturellen Normalsituation, einem normalen Wettbewerbsumfeld und einer aktuell normalen Ertragslage. Es handelt sich um Aspekte, die ein Käufer des Unternehmens bei der Kaufpreisfindung ebenfalls berücksichtigen würde. D. h. wann immer eine der drei Komponenten nicht zutrifft, ist eine Abschätzung hinsichtlich des Effektes erforderlich. Auch hier entsteht Abstimmungsbedarf bei der Bewertung der Portfolio-Unternehmen, und eine Vereinheitlichung für alle Portfolio-Unternehmen ist selbstverständlich auch nicht möglich. Der Aufwand ist aber insgesamt deutlich geringer als bei Anwendung des Shareholder value-Konzepts.

Der **Ertragswert** wird **aus zwei Komponenten** gebildet, dem Ertrag und dem Ertragswertfaktor (entsprechend dem KGV bei börsennotierten Unternehmen). Der zugrundezulegende Ertrag ist ein erwiesenermaßen nachhaltig erzielbarer Ertrag. Es kann sich daher nur um realisierte Erträge handeln und nicht um Plandaten bzw. Erwartungswerte. Die ausgewiesenen Gewinne sind zu dessen Ableitung um außergewöhnliche, nicht wiederkehrende Elemente zu bereinigen.

Der Ertragswertfaktor drückt eine Wachstumserwartung für das Unternehmen und dessen Erträge aus. Unter der Annahme, daß zum Einstiegszeitpunkt zum einen eine Wettbewerbssituation unter den Kaufinteressenten herrschte und zum anderen kein "Mondpreis" bezahlt wurde, wird der erzielte Kaufpreis und damit der Ertragswertfaktor in etwa den Erwartungen der Käufergruppe entsprochen haben. Man kann davon ausgehen, daß in einem mittelfristigen Zeitraum die Erwartungen sich nicht grundsätzlich ändern und somit eine Beibehaltung des Einstiegsfaktors für die folgenden Bewertungen eine plausible Annahme bildet. Der Bedarf nach einer Änderung des Faktors aufgrund von nachhaltig geänderten Rahmenbedingungen dürfte nur in Ausnahmefällen auftreten.

2.5 Handlungsalternativen

Es ist zumindest jährlich eine pauschale **Meinungsbildung** hinsichtlich der Behandlung der Einzelinvestments anhand bisheriger **Erfahrungen** und der weiteren **Aussichten** erforderlich. Neben den Planungen spielen hier auch qualitative Komponenten und subjektive Einschätzungen eine wesentliche Rolle, so daß eine grobe, für den Zweck ausreichende Klassifikation der Engagements, wie in der nachfolgenden Übersicht dargestellt, erfolgt.

Bei den Handlungsalternativen für Kapitalbeteiligungsgesellschaften handelt es sich i. w. um dieselben wie die am Kapitalmarkt gebräuchlichen **Alternativen** Nachkaufen, Halten, Verkaufen. Die Alternative Nachkaufen stellt wegen mangelnder Gelegenheit nur in Ausnahmefällen eine echte Alternative dar. Es ergibt sich folgende Übersicht, die die Norm-Alternativen (weiß) und die nicht infrage kommenden Alternativen (grau) aufzeigt:

Engagement-Kategorien	**Halten**	**Verkaufen**
attraktive Capital Gain-Chance	Dauer definieren	
befriedigende Ausschüttung		
turn around		
Kapitalrisiko / Ertraglosigkeit		

Abb. 1.: Handlungsalternativen für Kapitalbeteiligungsgesellschaften

Die Ergebnisse der Gliederung geben Hilfestellung bei der Portfolio-Planung und -Steuerung.

3. Instrumente des Beteiligungs-Controlling

3.1 Controlling der Beteiligungs-Unternehmen

Im folgenden werden die Instrumente der Deutschen Beteiligungsgesellschaft (DBG) vorgestellt. Das Beteiligungs-Controlling der DBG wird auf diversen Ebenen ausgeübt. Es sind das **Controlling** der **Einzel-Engagements** und das des **Portfolios** zu unterscheiden.

Der **Betreuer** des Partnerunternehmens, der Projektleiter, ist im Rahmen seiner Funktion und Beratungstätigkeit in Beirat, Aufsichtsrat und/oder Gesellschafterversammlung in die Strategiefestlegung eingebunden und für das Controlling der wirtschaftlichen Entwicklung verantwortlich. Die Geschäftsführung der DBG ist am Erfolg der Geschäftstätigkeit der DBG interessiert und damit an einer Betrachtung des Gesamtportfolios. Sie bedient sich hierbei einer Stabsabteilung, dem Beteiligungs-Controlling. Aufgabe dieser Abteilung ist die Begleitung einer Beteiligung von der Beteiligungs- bis zur Verkaufsentscheidung.

In Hinblick auf das wichtigste Element für den Erfolg eines Unternehmens, das **Management**, hat die Stabsabteilung keine Gelegenheit für eine eigene Meinungsbildung. Die Beurteilung liegt beim Projektleiter und dem zuständigen Geschäftsführungsmitglied. Im Rahmen der Beteiligungsentscheidung wird detailliert über die Strategie des Unternehmens, ein weiterer bedeutender Aspekt für den Unternehmenserfolg, diskutiert und so ein breites Meinungsbild hergestellt.

Die **Strategieüberlegungen** werden in Planungen quantifiziert. Die Realisierung der Planungen wird auf mehreren Ebenen in unterschiedlichem Detail begleitet. Basis bildet hierfür ein PC-basiertes Controlling-System, das von Mitarbeitern der DBG entwickelt wurde und auf die Anforderungen sowie Struktur der DBG zugeschnitten ist.

Wesentliche **Grundelemente** sind eine einheitlich strukturierte Datenbasis, die eine sehr detaillierte Datenerfassung (manuell oder über eine elektronische Schnittstelle) zuläßt. Die Daten können mittels eines weit verbreiteten Tabellenkalkulationsprogramms, das das Standardwerkzeug der Gesellschaft darstellt, ausgewertet werden. Hierfür gibt es eine Vielzahl von Standardberichten, die jederzeit durch den Anwender aufgrund seiner Kenntnisse des Tabellenkalkulationsprogramms um individuelle

Elemente ergänzt oder aus deren Grundelementen individuelle Berichte formuliert werden können. Bei den **Standardberichten** handelt es sich um Abweichungs- und Zeitreihenanalysen sowie Kennzahlendarstellungen.

Die Daten werden nur einmal eingegeben und stehen dann allen mit dem Projekt betrauten Mitarbeitern zur Verfügung. Der Rhythmus der Datenerhebung ist i. d. R. monatlich, zumindest aber vierteljährlich. Es empfiehlt sich vierteljährlich eine detaillierte Analyse durchzuführen und monatlich nur die relevanten Größen zu betrachten. Die monatlich bedeutsamen Kennzahlen sind für das jeweilige Geschäft unterschiedlich. Z. B. stehen bei Handelsunternehmen Umsatzzahlen im Brennpunkt des Interesses, bei Investitionsgüterproduzenten sind es die Auftragsdaten in Verbindung mit den zugehörigen kalkulierten Ertragsmargen.

Bei monatlicher **Detailanalyse** besteht aufgrund des hohen Analyseaufwands bei oft banalen Erläuterungen (zu kurzer Betrachtungszeitraum) die Gefahr, daß die Aufmerksamkeit nachläßt und Trends nicht erkannt werden. Detaillierte **Quartalsanalysen** werden i. d. R. konsequenter gehandhabt.

Die **Quartalserhebungen** sind so umfassend zu gestalten, daß eine brauchbare Aussage zur Geschäftsentwicklung möglich ist. Üblicherweise sind das Gewinn- und Verlustrechnung, Bilanz, Investitionen, Auftragsbestand, Banklinien, Mitarbeiterzahlen und Leistungsgrößen (produzierte Stückzahlen, Fertigungsstunden etc.).

Aufgrund von professionellen Berichten der Unternehmen mit Abweichungsanalysen, Kennzahlen und anderem könnte der Eindruck entstehen, daß damit auch der Bedarf an Auswertungen durch den Empfänger (Beteiligungsgesellschaft oder Holding) gedeckt sein müßte. Dagegen sprechen Erfahrungen mit

- Anpassungen von Budgetdaten, die dem Leser nicht erläutert werden;
- wechselndem Umfang der Berichte und Änderung von Inhalten, die unbemerkt vonstatten gehen.

Negative Entwicklungen werden so oft unnötig spät bemerkt. Die Standardaufbereitung der Unternehmen schließt üblicherweise keine Zeitreihe ein, so daß nur eine Analyse mit eigenen Werkzeugen jederzeit die gewünschte Informationsaufbereitung ermöglicht sowie die Entwicklungstrends und das Fehlen von Daten transparent werden läßt.

Die kontinuierliche Begleitung der Beteiligungs-Unternehmen erfordert auch eine gewisse **Zeitnähe**. Die Unternehmensdaten müssen daher möglichst nahe zum jeweiligen Stichtag zur Verfügung stehen. Inwieweit das der Fall ist, stellt bereits ein Controlling-Element dar. Es gibt folgende Ursachen für Verzögerungen:

- Zeitaufwand für die Zusammenstellung der Daten,
- ungünstige Entwicklungen sollen nicht gezeigt werden,
- Selbständigkeit gegenüber dem/den Kapitalgebern wird demonstriert.

Keiner der Gründe ist akzeptabel. Die Problematik tritt bei Beteiligungsgesellschaften ebenso wie bei Holdings auf. Bei Publikumsgesellschaften haben derartige Vorfälle in diversen Fällen zu einer Berichterstattung in der Tagespresse und entsprechendem Imageschaden geführt.

Bei kleinen deutschen Unternehmen wird oftmals wenig Wert auf ein aussagefähiges unterjähriges Rechnungswesen gelegt. Üblicherweise ist die kaufmännsiche Abteilung damit überfordert oder die Geschäftsführung steht aufgrund langjähriger Praxis unter dem Eindruck, den Stand des Geschäfts "im Gefühl" zu haben. Die Daten des Unternehmens sind daher von der empfangenden Stelle entsprechend aufzubereiten.

Die **Datenbasis** des **Controlling-Systems** läßt die Speicherung folgender Datenqualitäten zu, deren Tiefe sich bisher als ausreichend erwiesen hat:

- IST
- Jahresabschluß
- konsolidierter Jahresabschluß
- Budget (ursprüngliches Budget für das Geschäftsjahr)
- rollierendes Budget (Aktualisierungen des ursprünglichen Budgets)
- rollierende 3-Jahresplanung
- Planung, die Basis der Beteiligungsentscheidung bildete.

Die **Standardberichte** des Controlling-Systems umfassen neben den üblichen Periodenberichten und Zeitreihenanalysen in Verbindung mit grafischen Darstellungen insbesondere eine Plananalyse. Hier erfolgt eine beliebige Gegenüberstellung von unterschiedlichen Datenqualitäten verschiedener Perioden (z. B. Budget- und IST-Daten der Vorperioden sowie der Abweichungen als auch der Veränderung der Werte der rollierenden Mehrjahresplanung zu einem betrachteten

Zeitraum im Zeitablauf). Ziel der Plananalyse ist es, Aufschluß über das Planungsverhalten des betreffenden Unternehmens zu gewinnen.

Aus den Daten zur wirtschaftlichen Entwicklung werden vierteljährlich **Quartalsübersichten** zu den Engagements für den zuständigen Geschäftsführer erstellt. Die Datenblätter enthalten:
- Daten zu den in das jeweilige Unternehmen investierten Beträge,
- Eckdaten zur wirtschaftlichen Entwicklung im Plan/IST- und Vorjahresvergleich sowie zur Liquiditätssituation,
- verbale Ergänzungen.

Die Kürze der Berichterstattung entspricht den Geschäftsführungsgrundsätzen der DBG, die eine sehr eigenverantwortliche Betreuung der Partnerunternehmen durch die Geschäftsstellen vorsehen. Eine "Delegation nach oben" in Form von umfangreichen Berichtsbüchern wird so vermieden. Berichte werden im Grundsatz auf Basis von **Ausnahmesituationen** erstellt. Z. B. erfolgt vierteljährlich eine Unterrichtung über Partner-Unternehmen, die sich in einer Situation mit angespannter Liquidität befinden und kurzfristigen akuten Handlungsbedarf aufweisen können.

Bei der Qualifikation einer Situation als "**angespannte Liquiditätslage**" sollte wie bei der Analyse des Planungsverhaltens das subjektive Element in der Beurteilung der Situation so weit wie möglich neutralisiert werden. Da die Situation aber sehr spezifisch ist, weil sie insbesondere von der - subjektiv geprägten - Einschätzung der finanzierenden Banken abhängt, ist eine Objektivierung stets durch das Bankenverhalten gefährdet. Im Laufe der Zeit konnte dennoch eine schlichte aber recht universell anwendbare Kennzahl abgeleitet werden, die indikativ für den Verschuldungsgrad eines Unternehmens und somit für das zugrundeliegende Liquiditäts-Risiko ist. Es handelt sich um die **Kennzahl** :

Bankverschuldung / Rohertrag

Die Bankverschuldung schließt die Barwerte von Leasingfinanzierungen ein. Der Rohertrag ist indikativ für die Wertschöpfung eines Unternehmens, d. h. den Teil im Rahmen der Leistungserstellung eines Unternehmens, der weitgehend von der Gesellschaft gestaltet und damit zur Gewinnerzielung und Bedienung der Fremdfinanzierung genutzt werden kann.

Ein Wert von unter 60 % stellt auch bei aktueller Verlustsituation keine problematische Verschuldung dar. Bei 100 % ist die Situation in Verbindung mit Verlustausweisen kritisch und die Banken sind üblicherweise sehr zurückhaltend. Die Kennzahl gilt obwohl die Banken nicht damit arbeiten. Sie ist für die meisten Branchen anwendbar. Ausnahmen bilden lediglich reine Dienstleister ohne nennenswerten Materialeinsatz (z. B. Zeitarbeit) und Projektfinanzierungen wie bei Kraftwerken und Papiermaschinen. In Zeiten guter Ertragslage können weitgehend fremdfinanzierte Unternehmenskäufe zu hoher Verschuldung (bis zu 100 % Bank/Rohertrag, i. d. R. deutlich darunter) führen, die aufgrund des Risikos in wenigen Jahren, wie in solchen Fällen stets geplant, aus Erträgen und Steuerersparnissen auf ein akzeptables Maß zurückgeführt werden müssen.

3.2 Controlling des Portfolios

Wie bereits unter Punkt 2 ausgeführt, ist das Controlling des Portfolios ein Prozeß mit Rückkopplung der Ergebnisse auf die Formulierung der Portfolio-Politik. Es ist vergleichbar mit der Steuerung von Unternehmen anhand von Produktsparten-, Kundengruppen- und Regionalportfolios. Im folgenden werden Gliederungskriterien vorgestellt, die nachgewiesenermaßen die sehr unterschiedlichen Erfolgsbeiträge der Investments transparent werden lassen:

- Umsatzgrößenklassen
- Finanzierungsphase
- Finanzierungszweck
- Beteiligungskonzept.

Kleinere Unternehmen stellen aus den diversesten Gründen ein höheres Investitionsrisiko für Kapitalbeteiligungsgesellschaften dar.

Bei der **Finanzierungsphase** handelt es sich um eine Phase im Leben eines Unternehmens und den damit zusammenhängenden Finanzierungsanforderungen wie Seed-, Start up-, First Stage-, Second Stage-, Wachstums- und Later Stage-Finanzierung. Es überrascht sicher nicht, daß Investments in spätere Unternehmensphasen ein geringeres Risiko aufweisen.

Mit **Finanzierungszweck** können Anlaß und Ziel der Finanzierung umschrieben werden. Zu differenzieren sind insbesondere Finanzierungen für MBO, MBI, die

Börsenvorstufe, Nachfolgeregelungen, Branchenkonzepte und turn around. Hier ist ein geringeres Risiko von MBO-Finanzierungen infolge des Informationsvorsprungs des Managements auffällig. MBI und turn around sind in dieser Aufzählung die risikobehafteteren Investments.

Beteiligungskonzepte können nach Mehrheits- und Minderheitskonzept sowie reinen stillen Beteiligungen unterschieden werden. Ein Mehrheitskonzept liegt auch vor, wenn Investoren mit gleichgerichteter Interessenlage gemeinsam die Mehrheit halten, aus Portfolio-Überlegungen aber nur jeweils eine Minderheitsbeteiligung eingehen. Stille Beteiligungen sind ein sehr vielgestaltiges Instrument. Hier sind "reine" Stille Beteiligungen gemeint, die mit einem unbesicherten, ggf. nachrangigen Darlehen mit Rückzahlungsvereinbarung vergleichbar und mit einer fixierten Rendite oder einer fixierten zzgl. einer variablen Renditekomponente ausgestaltet sind. Minderheitsbeteiligungen beschränken die Handlungsmöglichkeiten, so daß Mehrheitskonzepte die günstigsten Renditepotentiale aufweisen.

Die **Analyse des Portfolios** wird anhand von zwei Verfahren durchgeführt, deren Einsatz vom Erkenntnisziel abhängt. Die wirtschaftliche Entwicklung der Partner-Unternehmen wird als Maßgröße insbesondere für Risikobetrachtungen und die Definition von Handlungsalternativen herangezogen. Die Analyse der Erfolgsquellen der Geschäftstätigkeit der Beteiligungsgesellschaft erfolgt anhand von IRR-Renditen. Die beiden genannten Methoden der Portfolio-Analyse ergänzen sich und die Ergebnisse fließen von Zeit zu Zeit in die Modifizierung der Portfolio-Politik ein.

Der **wirtschaftliche Erfolg** der Partnerunternehmen wird mit Hilfe der Entwicklung des Brutto cash flow (Ergebnis vor Steuern ./. a. o. Ergebnis + Abschreibungen) gemessen. Er bildet die Basis für die Wertentwicklung der Investments und damit für den Erfolg der Kapitalbeteiligungsgesellschaft. Anhand eines Vergleichs der Werte mit den Erwartungen bei Eingehen der Beteiligung werden die Engagements entsprechend folgender Zuordnung qualifiziert: über Plan, unter Plan und Handlungsbedarf. Die Qualifizierung der Investments kann für diverse Portfolio-Analysen herangezogen werden. Die Engagements mit dem Merkmal "Handlungsbedarf" erfahren eine besondere Betreuung.

Die **Rendite eines Investments** hängt neben der wirtschaftlichen Entwicklung zusätzlich vom Beteiligungskonzept und den Arbitrage-Möglichkeiten beim Verkauf des Investments ab. Das Beteiligungskonzept kann durch entsprechende Vereinbarungen (z. B. ausgeprägte Performance-Regelungen) den Erfolg eines Investments maßgeblich bestimmen. Die erfolgreiche wirtschaftliche Entwicklung eines Partner-Unternehmens ist daher nicht immer mit einem lukrativen Investment gleichzusetzen.

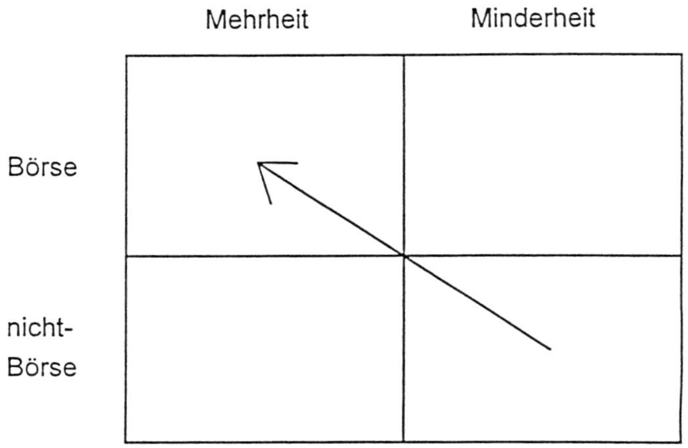

Abb. 2: Arbitragematrix mit Idealverlauf

Die **Arbitrage** drückt sich in Differenzen der Ertragswertfaktoren für die Bewertung in unterschiedlichen Märkten aus. Die Arbitragemöglichkeit mit dem theoretisch größten Potential (vgl. Abb. 2) ist der Einstieg als Minderheitsgesellschafter bei einer nicht-börsennotierten Gesellschaft bevor ein Börsengang konkret geplant wird. Nach erfolgreicher Börseneinführung kann zusammen mit anderen Gesellschaftern eine Mehrheit an einen Investor verkauft werden.

Die **Portfolio-Analyse** anhand von Rendite-Kennzahlen abgeschlossener Investments ist die aussagekräftigste für den Erfolg der Beteiligungsgesellschaft, führt allerdings nur bei entsprechend gereiften Portfolios oder Teil-Portfolios mit einem hohen Anteil an veräußerten Investments zu brauchbaren Ergebnissen. Um den Erfolg der Investitionstätigkeit annähernd zu ermitteln, wird hilfsweise eine Bewertung der Investments vorgenommen. Das Vorgehen wurde unter 2.4 beschrieben.

4. Ausblick

Kapitalbeteiligungsgesellschaften steuern ihre Beteiligungsunternehmen i. d. R. **erfolgsorientiert** und mit großen **Freiheiten** für das Management der Partner-Unternehmen. Ferner betreiben sie durch entsprechenden Kauf und Verkauf von Beteiligungen oder Unternehmen eine Portfolio-Politik mit Blick auf eine Maximierung ihres finanziellen Erfolgs. In diesen Aspekten ähneln sie sehr stark einem sich verbreitenden Konzept für Holding-Gesellschaften. Das entsprechend dieser Geschäftspolitik zu gestaltende Controlling der Tochter- und Beteiligungsunternehmen wird sich daher zunehmend annähern. Damit Einhergehen wird eine Reduzierung der Größe der Controlling-Abteilungen der Holdings. Die Zusammenstellung umfangreicher (oftmals kaum zu verarbeitender) Berichtsbücher wird sich auf Kernelemente reduzieren und mit Hilfe verbesserter EDV-Systeme mit immer geringerem Aufwand zu erstellen sein. Die Zahl der Controller wird zwar zurückgehen, das Berufsbild des Controllers dagegen reicher werden.

Konzept und Organisation des Controlling im Continental-Konzern

Arnold Fischer

1. Vorbemerkungen

Um in einem Unternehmen CONTROLLING erfolgreich einführen zu können, muß Klarheit darüber bestehen, was Inhalt und Umfang des Controlling sind, welche Aufgaben die Controller mit welchen Kompetenzen in welcher Organisationsform zu erfüllen haben und welches Instrumentarium anzuwenden ist.

Mit einer schriftlich niedergelegten Controlling-Philosophie, einer erklärten und gelebten Unterstützung durch das Top-Management, einer eindeutigen Festlegung der Controller-Aufgaben und -Kompetenzen, einer den Konzern-Strukturen angepaßten Controller-Organisation und der Bereitstellung einer umfangreichen Tool-box wurden vor mehr als zwei Jahrzehnten die Voraussetzungen für ein brauchbares Controlling im Continental-Konzern geschaffen. Ein bewußt formuliertes und ausgereiftes Controlling-Konzept stand jedoch nicht am Anfang unserer Controlling-Aktivitäten, sondern nur der Wille, das operative Management mit betriebswirtschaftlichem Know-how zu unterstützen.

Wenn sich im Laufe der Jahre doch so etwas wie ein **Führungskonzept CONTROLLING** entwickelte, dann ist es das Ergebnis eines längeren und heute noch nicht abgeschlossenen Prozesses, in dem mehrere das Controlling tangierende Bedingungen berücksichtigt werden mußten:

- Da waren zunächst die sich vielfach ändernden Strukturen eines relativ schnell wachsenden Konzerns, die erst seit einigen Jahren feste Konturen angenommen haben. Heute ist CONTINENTAL ein divisional strukturierter **Stammhaus-Konzern** mit rd. 90 Produktions-, Vertriebs- und Handelsgesellschaften in Europa und Nordamerika, einem konsolidierten Umsatz von knapp 10 Mrd. DM, etwa 50000 Beschäftigten und einer an der Produktstruktur ausgerichteten Gliederung nach **Konzernbereichen** (z. B. PKW-Reifen, Nutzfahrzeug-Reifen, ContiTech). Der Konzern-Vorstand setzt sich aus den Vorständen der Zentralressorts der Continental AG (Vorstandsvorsitzender, Personal, Finanzen/Controlling) und den Vorständen der Konzernbereiche zusammen.

- Mit der Divisionalisierung wurde auch die Ergebnisverantwortung und die operative Führung auf die Konzernbereiche delegiert und innerhalb der Bereiche mit unterschiedlicher Gewichtung auf **Profit- bzw. Performance-Center** übertragen. Während die Reifenbereiche wegen ihrer funktionalen Gliederung in Produktions- und Vertriebseinheiten weitgehend zentral geführt werden, ist der Konzernbereich ContiTech (Technische Gummiartikel) in selbständig operierende Profit-Center-Einheiten strukturiert. Im Rahmen der innerkonzernlichen Aufgabenteilung entfallen auf die **Konzernzentrale** Verwaltung und Zuordnung der Kapital- und Personalressourcen, Entwicklung von Führungs- und Informationssystemen, Bereitstellung von Corporate Services sowie Festlegung und Überwachung der Konzernstrategie.

- Aus den entwickelten Strukturen ergab sich für das Controlling die Aufgabe, das Management nicht nur mit objektiven, problem-adäquaten und zeitnahen Entscheidungsunterlagen zu bedienen (**Decision-Accounting**), sondern auch für die Beurteilung der vielschichtigen Verantwortungsbereiche eindeutige Ergebnis-, Kosten- und Finanzdaten zur Verfügung zu stellen (**Responsibility Accounting**).

- Da die weitgehende Eigenständigkeit der Konzernbereiche hinsichtlich Planungs- und Durchführungshoheit nicht notwendigerweise **optimale Konzern-Ergebnisse** sichert, sind fallweise Korrekturen durch die Konzernzentrale erforderlich, die insbesondere wegen ihrer Finanzhoheit Entscheidungsvorbehalte geltend machen kann. Konzern- und Konzernbereichs-Controller haben als neutrale Unterstützer den Optimierungs-Prozeß zu fördern, auch wenn gegen die Interessen eines Konzernbereichs oder einer Konzerngesellschaft entschieden werden muß (z. B. bei der Zuteilung von Investitionsmitteln).

Trotz unterschiedlicher Strukturen in den Konzernbereichen und teilweise unterschiedlicher Anforderungen, wurde durch die Schaffung von entsprechenden Grundlagen, Instrumenten und Organisationen ein einheitliches und weitgehend funktionierendes Controlling im Konzern aufgebaut; Verbesserungen sind jedoch immer noch möglich.

2. Grundlagen eines effizienten Controlling

2.1 Unser Controlling-Verständnis

Den Führungskräften im Continental-Konzern ist vertraut, daß Controlling ein Konzept zur Führung von Unternehmen ist, das durch PLANUNG und KONTROLLE der

STEUERUNG von Ergebnis und Liquidität dient und damit der Sicherung der Existenz des Konzerns.

Es ist daher gelebte Praxis, Leistungsmaßstäbe festzulegen und Strategien zu entwickeln (Ziel-Planung), Pläne in operatives Tun umzusetzen (Steuerung), erreichte Leistungen an Zielen zu messen (Soll-Ist-Vergleich), Abweichungen zu analysieren und Gegenmaßnahmen auszulösen (Gegensteuerung) sowie die Ziele bestmöglichst zu erreichen.

Vom Management wird akzeptiert, daß es sich vorbehaltlos in dieses Konzept zu integrieren und Verantwortung für strategische und operative Ziele zu übernehmen hat. Die Controller sind dabei die wirtschaftlichen Ratgeber des Managements, sie haben ein geeignetes Instrumentarium aufzubauen, die Ergebnis- und Finanzdaten zu interpretieren, Verbesserungspotentiale aufzuspüren, eingeräumte Veto-Rechte wahrzunehmen, die notwendigen Entscheidungen vorzubereiten und Mit-Verantwortung für die Erreichung der Ziele zu tragen.

Daß neben der Orientierung an Zielen die Konzentration auf den jeweils dominierenden Engpaß sowie die Ausrichtung auf die Zukunft steht, rundet unser Verständnis vom Controlling ab. Controlling ist somit eine Gemeinschaftsaufgabe von Managern und Controllern, um alle operativen Einheiten in die unternehmerische Gesamtverantwortung einzubeziehen.

2.2 Controlling-Arten

Die Entwicklung der Controlling-Funktion begann mit dem **Kosten-Controlling** in den Produktionseinheiten, das zentral durchgeführt wurde, rein operativ ausgerichtet war und sich nur am Ertrag orientierte. Hiermit war aber auch der Keim für die weitere Entwicklung angelegt. So weiteten sich die Aktivitäten von den Kosten sukzessive auch auf die übrigen Ertrags- und Liquiditätsgrößen aus, wurde das Werks-Controlling um das Controlling von Marketing, speziellen Funktionen und Projekten ergänzt, entwickelte sich aus dem zentralen auch ein dezentrales Controlling, wurde der Blick nicht nur auf den Ertrag sondern auch auf die Liquidität gerichtet und wuchs das operative Controlling in die strategische Dimension hinein. So bildete sich die in Abb. 1 dargestellte Struktur der Controlling-Arten heraus.

● Gliederung nach Ertrags- und Liquiditätsgrößen

Umsatz-, Kosten-, Deckungsbeitrags-/ Ergebnis-, Investitions-, Personal-, Bestände- und Finanz-CONTROLLING

● Gliederung nach der Ausrichtung

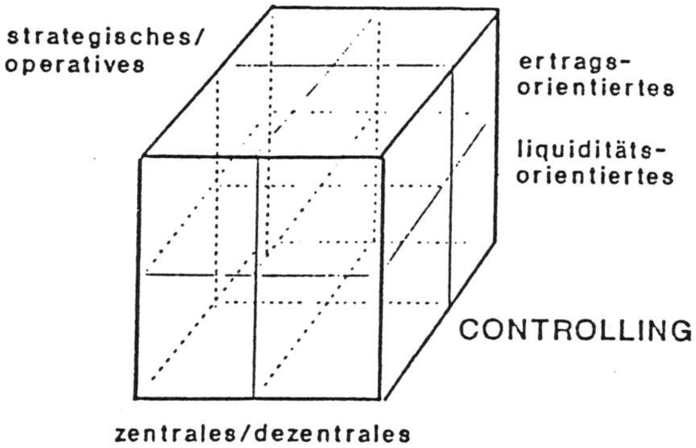

● Gliederung nach den Kategorien

Divisions- (Marketing-/Werks-), Funktions-, Projekt- und Beteiligungs-CONTROLLING

Abb. 1: Controlling-Arten

Die Aktivitäten beschränken sich dabei auf reine Controller-Tätigkeiten. Die Controller sind daher nicht zuständig für die Finanz- und Geschäftsbuchhaltung, die Finanzierung und das Cash-/Devisen-Management, die Steuern und das Versicherungswesen. Auch die Revision zählt nicht zu ihren Aufgaben.

2.3 Kompetenzen der Controller

In dem so abgegrenzten Aufgabengebiet haben die Controller **Mit-Verantwortung** für die Einhaltung der Pläne zu tragen und sind dafür mit bestimmten **Veto-Rechten** ausgestattet worden. So ist ihre Zustimmung erforderlich bei der Unterschreitung festgelegter Mindest-Deckungsbeiträge, bei der Gewährung besonderer Preis- oder Zahlungskonditionen, bei der Einrichtung neuer Planstellen im Fixkostenbereich, bei allen Investitionen, bei Entscheidungen zu make or buy, bei Sortimentsbereinigungen usw. Verweigert der Controller seine Zustimmung und kommt es zu keiner Einigung mit dem zuständigen Manager, wird der Sachverhalt auf die nächst höhere Management- bzw. Controller-Ebene gebracht.

2.4 Controlling-Aufgaben

Eine Gliederung des umfangreichen Aufgabenbündels der Controller kann nach **zentralen** und **dezentralen Aufgaben** stark verdichtet vorgenommen werden (vgl. Abb. 2).

zentral	Richtlinien (erarbeiten, veröffentlichen, anpassen, überprüfen) Systeme (entwickeln, einführen, anpassen, überprüfen) Koordination (Planungs-, Kontroll-, Abrechnungs- u. Reporting-Prozesse) Konsolidieren (Planungs-/Reporting-Daten) Analysen, Simulationen, Szenarien,... Zielsetzungen, Produkt-/Markt-Strategien, Funktionsstrategie
dezentral	Planung (Umfeldanalysen, Einzelziele, Detailplanung, Teilplanabstimmung) Abw.-Analysen, (Abweichungsgründe feststellen) Wirtschaftlichkeitsanalysen (Investitionen, Abläufe, Verfahren, Systeme) Forecasting (bis zum Jahresende, Projektende, X Monate rollierend) Maßnahmen (Steuerung, Gegensteuerung, Termine, Verantwortlichkeiten) Controller-Gespräche (vorbereiten, führen, protokollieren)

Abb. 2: Zentrale und dezentrale Aufgabenfelder der Controller

Welche Controller-Einheiten, welche Aufgaben in welchem Umfang und mit welcher Intensität auszuführen haben, ist in entsprechenden Stellenbeschreibungen festgelegt.

2.5 Controlling-Instrumentarium

Voraussetzung für die erfolgreiche Durchführung der Controlling-Funktion ist auch der Einsatz eines geeigneten Instrumentariums. Zusammenfassend lassen sich bei Continental drei Systemebenen unterscheiden:

(1) **Konzernweit verbindliche Systeme (Konzern-Standards)**

- Das **Planungs-, Kontroll- und Berichtssystem** als alle Bereiche umfassendes und damit übergeordnetes Instrument, in dem konzernweit verbindlich für Planung, Kontrolle und Reporting die allgemeinen Grundsätze und Prinzipien, die sachlichen und zeitlichen Abläufe, das Zusammenwirken der einzelnen Prozesse, die standardisierten Berichte und Dokumentationen sowie die Verantwortlichkeiten festgelegt sind (vgl. Abschnitt 3).
- Die **Subsysteme mit Konzern-Standard** wie Grenzplankosten-/Deckungsbeitragsrechnung, Fixkostenrechnung, Investitions-Rechnung, Cash-Flow-Rechnung, Intrakonzern-Abrechnung usw. (vgl. Abschnitt 4).

(2) **Ergänzende Systeme der Konzernbereiche**

Spezielle Ausprägungen der Konzern-Standards mit dem Ziel, spezifische Anforderungen besser abzudecken, sowie weitere Subsysteme für Planung, Kontrolle und zusätzliche Berichte an das Konzernbereichs-Controlling

(3) **Individuelle Systeme in den Konzerngesellschaften**

Hierunter fallen alle sonstigen Controlling-Instrumente, für die neben Konzern- und Konzernbereichsstandards noch ausreichend Freiraum gelassen wurde.

Da modernes Controlling nur mit ausreichender DV-Unterstützung betrieben werden kann, ist im Laufe der Zeit eigenerzeugte HOST- und PC-Software zur Verfügung gestellt worden. Um jedoch die verarbeitenden Programme in gleicher Weise zu vereinheitlichen wie das betriebswirtschaftliche Instrumentarium, wird seit einigen Jahren in allen Gesellschaften zunehmend **Standard-Software** eingesetzt (z. B. von SAP, IDC/Controlling Partner). Modularer Aufbau, Datenbanken, Mandantenfähigkeit, Mehr-Sprachigkeit, Dialogfähigkeit und hoher Integrationsgrad sind die vom Controlling gestellten Forderungen.

3. Planungs-, Kontroll- und Berichtssystem

3.1 Überblick

In der betriebswirtschaftlichen Literatur und betrieblichen Praxis hat sich ein alle Funktionen und Sub-Systeme umfassendes Controlling-Werkzeug mit den Bausteinen PLANUNG, KONTROLLE, INFORMATION und STEUERUNG sowie mit den entsprechenden ANALYSEN herausgebildet. Diese Bausteine bezeichnen die Hauptfunktionen des Controlling oder die Phasen, in denen sowohl das **operative Controlling** als auch das **strategische Controlling** abläuft (vgl. Abb. 3).

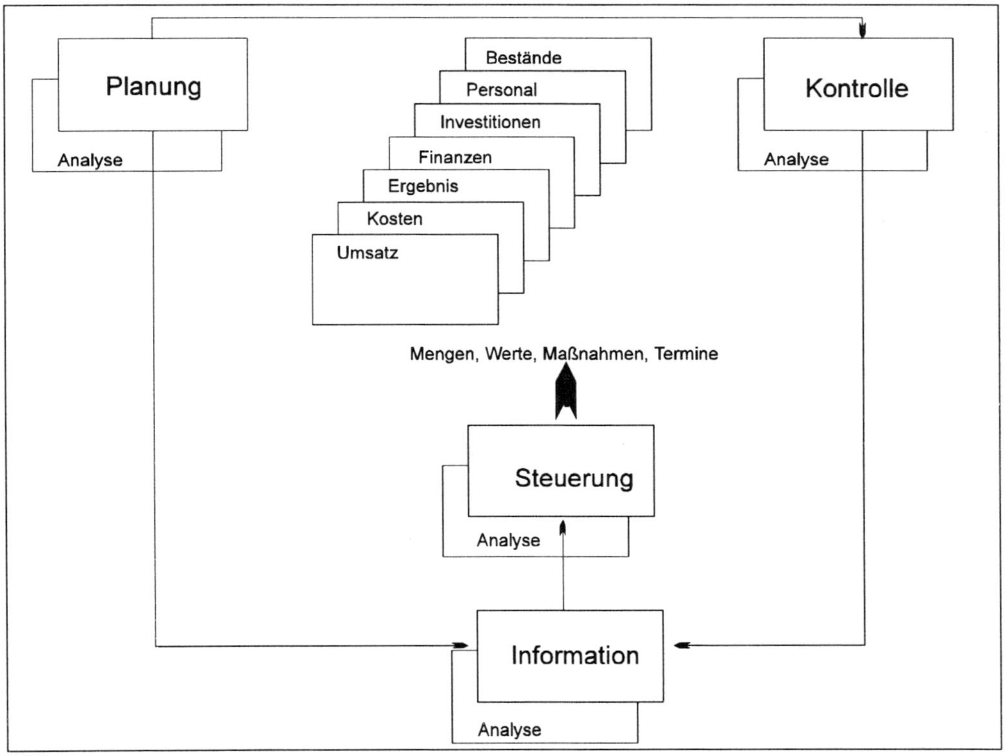

Abb. 3: Bausteine des Controlling

Auch im Continental-Konzern entwickelte sich durch sukzessive Einbeziehung aller Funktionsbereiche ein für das operative Controlling weitgehend ausgereiftes Planungs-, Kontroll- und Berichts-Instrumentarium. Die seit mehreren Jahren nach vorn drängenden strategischen Aspekte führten jedoch zu einem weiteren Ausbau, so daß inzwischen auch für das strategische Controlling instrumentale Voraussetzungen geschaffen wurden.

3.2 Planungsaktivitäten

Die Planungsaktivitäten sind konzerneinheitlich in miteinander verbundene Teilprozesse strukturiert. Als **strategische Planungsprozesse** können hierbei eingegrenzt werden:

- die **Festlegung der strategischen Ziele** für den Konzern und die Konzernbereiche sowie die Formulierung der strategischen Stoßrichtungen und grundlegenden Prinzipien, nach denen der Konzern weltweit agiert,

- die **Bildung von strategischen Geschäftseinheiten** (Sparten, Geschäftsfelder) nach Produktgruppen, Regionen, Vertriebswegen oder vergleichbarer Technologie,

- die **Erarbeitung der Strategien** für den Konzern und die Konzernbereiche (z. B. Internationalisierung, Umstrukturierungen, Kooperationen), für die Produkt-/ Marktbereiche (z. B. Konzentration, Markt- und/oder Sortimentserweiterung) sowie für einzelne Funktionen wie F+E, EDV, Produktion oder Finanzen,

- die **finanzielle Bewertung** der Strategien hinsichtlich der Entwicklung von Betriebsergebnissen, Cash-Flow und erforderlichen Investitionen.

Die jährlich von März bis Mai durchzuführende Überarbeitung der strategischen Planung (Strategie Check) leitet unmittelbar über in die Jahresplanung (Budgetierung). Diese beginnt im Juni mit der Zielsetzungsklausur, setzt sich bis zum Herbst mit der Bottom-up-Planung und Teilplanabstimmung fort und mündet im November in die finanzielle Konsolidierung aller Pläne. Im Dezember verabschiedet der Aufsichtsrat das Budget. Als **operative Planungsprozesse** können dabei gewertet werden:

- die **Festlegung der operativen Ziele** zum Ergebnis (Umsatz, Kosten, Deckungsbeiträge) und zur Liquidität (Investitionen, Bestände, Finanzierung) durch Umsetzung der strategischen Ziele und unter Beachtung der Plan-Prämissen

- die **Bottom-up-Planung** als eigentlicher Planungs-Vorgang bezüglich der Ergebnis- und Liquiditäts-Größen, der Abstimmung der Teilpläne, des Ziel-Plan-

Vergleichs mit evtl. rückkoppelnder Korrektur und der Festlegung der Maßnahmen und Termine

- die **finanzielle Konsolidierung** der Ergebnis- und Finanzdaten zum Jahresplan (Budget) und die Aufteilung der Planzahlen zur Ermittlung der Monatspläne für den künftigen Soll-Ist-Vergleich

- die Erweiterung der Jahresplanung zu einer groben **3-Jahresplanung** unter Einbeziehung der bewerteten Strategien der Geschäftseinheiten und insbesondere unter Beachtung der die langfristigen Strategien umsetzenden Investitionsplanung.

Verantwortlich für die strategische und operative Planung ist das zuständige Management, unterstützt vom Konzernbereichs- und örtlichen Controlling. Koordiniert und gesteuert wird die strategische Planung von der Unternehmensplanung, die operative Planung vom Konzern-Controlling. Unternehmensberater werden von Fall zu Fall für die strategische Planung hinzugezogen. Leitlinien und Formularsätze stellen standardisierte Abläufe und Dokumentationen sicher.

3.3 Kontroll-Instrumentarium

Die Controllingintensität bei der Überwachung der Pläne dominiert eindeutig im operativen Bereich. Ein Kontrollmechanismus mit präzis festgelegter sachlicher/zeitlicher Abfolge bedient monatlich die Berichterstattung an das Top- und Linien-Management. Wegen der Dominanz des operativen Bereichs beginnt die Darstellung des KONTROLL-Prozesses daher bewußt mit der **operativen Kontrolle**:

- Die **IST-Daten-Erfassung** ist weitgehend dezentralisiert und setzt eine funktionierende Beleg- und Ablauforganisation (möglichst Einmal-Erfassung) sowie ein entsprechend ausgestattetes internes Rechnungswesen voraus und fordert Zeitnähe, richtige sachliche/zeitliche Abgrenzungen, lfd. Prüfungen und die Abstimmung mit dem externen Rechnungswesen.

- Der **Soll-Ist-Vergleich** ist die monatliche Gegenüberstellung der IST-Daten mit Monats-PLAN-Werten aus der Jahresplanung (z. B. Umsätze, Deckungsbeiträge, Ergebnisse) bzw. mit Monats-SOLL-Werten aufgrund aktueller Bezugsgrößenmengen (z. B. flexible Kostenbudgets). Soll-Ist-Vergleiche sind auch die

Überprüfungen beim Projekt-Controlling und die Nachrechnungen bei Investitionen. Abweichungen sind zu analysieren und Gegensteuerungsimpulse zu erzeugen.

- Das **operative Forecasting** baut auf den Erkenntnissen der Abweichungsanalyse auf und ist die Abschätzung der künftigen IST-Entwicklung bis zum Jahresende bei allen Ergebnisdaten bzw. bis zum Abschluß eines Projektes. Der Forecast ist monatlich zu erstellen bzw. bei Projekten an den Meilensteinen.

- Die **Überarbeitung der 3-Jahresplanung** macht die Auswirkungen veränderter Prämissen und die veränderte Einschätzung der künftigen Entwicklung sichtbar und löst ggf. ein Überdenken des längerfristig geplanten Ressourcen-Einsatzes aus.

Die Erkenntnis, daß jede strategische Planung im "luftleeren Raum" verbleibt, wenn ihr nicht die entsprechenden Aktivitäten folgen, führte zur Implementierung auch einer **strategischen Kontrolle**:

- Die **vierteljährlichen Strategie-Reviews** dienen einer Überprüfung der Umsetzung der Strategien gemäß der festgelegten Ziele und Programme. Sichtbar gemacht werden die wichtigsten Projekte und deren Fortschritte sowie die Gründe für Abweichungen. Andererseits soll durch die Überwachung auch ein erhöhter Implementierungsdruck auf die Geschäftseinheiten ausgeübt werden.

- Das **strategische Forecasting** setzt die Erkenntnisse aus den Strategie-Reviews in eine Vorausschau auf die strategische Entwicklung der untersuchten Geschäftseinheiten um. Folgerungen für den personellen und finanziellen Mitteleinsatz bei der Implementierung der Strategien sind ggf. zu ziehen.

- Der **Strategie Check** ist die jährliche Überarbeitung der Strategien, bei der die langfristigen Ziele und Kernaussagen i. d. R. unberührt bleiben. Er ist der Jahresplanung vorgelagert und liefert erste Zielvorstellungen für die Budgetierung.

- Der **Strategie-Audit** ist die grundsätzliche Überprüfung/Überarbeitung von Strategien einer Geschäftseinheit und wird von Zeit zu Zeit vom Konzern- oder Konzernbereichs-Vorstand initiiert, ggf. auch zur Sicherstellung der Übereinstimmung mit der Konzernstrategie.

Verantwortlich für die strategische bzw. operative Kontrolle sind gleichermaßen das zuständige Management und das Konzernbereichs- bzw. örtliche Controlling. Koordiniert und gesteuert werden die Kontroll-Prozesse vom Konzern-Controlling.

3.4 Informationen/Berichtswesen

Die Berichterstattung als konzernweiter und umfassender Kommunikationsprozeß hat die Daten aus dem Planungs- und Kontroll-Prozeß an das mit der Steuerung der Aktivitäten beauftragte Management zu transformieren. Bereitzustellen sind richtige, klare, vollständige und rechtzeitige Informationen, die sowohl nach den Entscheidungserfordernissen als auch nach Verantwortungsbereichen strukturiert sein müssen.

Die **PLAN-Informationen** beinhalten die strategischen Ziele, die Konzern-, Produkt-/Markt- und Funktions-Strategien, die Mengen und Werte des Jahres-Budgets und die festgelegten Maßnahmen (Programme, Projekte, Aktivitäten). Insbesondere zur Systematisierung der Produkt-/Markt-Strategien ist ein standardisierter Formularsatz auszufüllen, in dem Umfeld- und Wettbewerbsanalysen, Stärken/Schwächen, Chancen/Risiken, Ziele und Strategien sowie finanzielle Bewertungen dokumentiert sind. Die Dokumentation des Jahres-Budgets findet sich im ebenfalls standardisierten Company Plan.

Die **KONTROLL-Informationen** beinhalten die verbale Beschreibung der IST-Situation bzw. die IST-Daten aller Ergebnis- und Liquiditätsgrößen, die Vorausschau/das Forecasting auf die weitere Entwicklung der Aktivitäten und Zahlen sowie die Abweichungsanalysen mit Hinweisen auf bereits eingeleitete oder noch einzuleitende Gegensteuerungen.

Das **Reporting zur strategischen Kontrolle** umfaßt einen weitgehend standardisierten Präsentationssatz zum Strategie Review, die überarbeiteten Leitlinien aus dem jährlichen Strategie Check als Vorspann zum Jahresplan und die speziellen Dokumentationen aufgrund von Strategie Audits.

Das **Reporting zur operativen Kontrolle** basiert auf einer Daten-Fülle, die nur DV-technisch zu bewältigen ist. Wie für die Kontrolle sind auch für die Ergebnis-Berichterstattung umfassende und leistungsfähige Instrumente erforderlich.

- Die **Reports der Subsysteme** (Umsatz- und Produktionsstatistiken, Kostenkontroll- und -Abrechnungsbögen, Deckungsbeitragsauswertungen, Bestands- und Personalübersichten, Cash-Flow-Rechnungen usw.) stehen monatlich dem Management in den Konzerngesellschaften zur Verfügung.

- Der **COMPANY REPORT** (die kurzfristige Erfolgsrechnung) ist wie der Company Plan strukturiert und wie dieser konzernweit standardisiert; er wird monatlich sowohl für das lokale Management als auch für die Konzern-Konsolidierungen erstellt und umfaßt eine Ergebnisübersicht mit Bilanz und Cash-Flow-Rechnung, Spartenrechnungen sowie Informationen über Investitionen, Vorräte, Personal usw.

- Das **KONZERN-Reporting** gliedert sich in ein **Gesamt-Ergebnis** für den Konzern bzw. die Konzernbereiche als Konsolidierung der Company Reports, eine **Ergebnis-Analyse** für das Controlling der Märkte nach Produkten, Vertriebswegen, Regionen und Marken sowie eine Verdichtung von ergänzenden **Controller-Reports** als Basis für ein Controlling der Konzerngesellschaften.

Verantwortlich für Aufbau und Betreuung des Informationssystems und für aussagefähige Berichte ist das Konzern-Controlling in Abstimmung mit dem dezentralen Controlling.

3.5 Unternehmens-Steuerung

Der Steuerungsprozeß ist auf die Erfüllung der gesetzten strategischen und operativen Ziele gerichtet und erstreckt sich kontinuierlich über das ganze Jahr. Es sind zu unterscheiden primäre und sekundäre Steuerung. Auslöser für die primäre Steuerung sind die Zielpläne, zu deren Erfüllung Handlungsprogramme entwickelt, durchgeführt und überwacht werden müssen. Auslöser für die sekundäre Steuerung sind die Erkenntnisse aus den Abweichungs-Analysen, die zu Gegensteuerungen führen.

Bei beiden Steuerungsprozessen folgt der Entscheidungs- die Durchführungsphase. In der Entscheidungsphase sind alternative Lösungswege gegeneinander abzuwägen, sind die problem-adäquaten Maßnahmen auszuwählen und die Entscheidung eindeutig zu fällen. Für die Durchführungsphase sind geeignete Mitarbeiter zu bestimmen, Sach- und Finanzmittel bereitzustellen sowie Verantwortlichkeiten und Kompetenzen zu regeln. Die Durchführung der Maßnahmen ist zu managen.

Verantwortlich für die Steuerung ist das zuständige Management. Die Controller bieten Unterstützung durch Analysen, Auswahl der richtigen Steuerungskriterien und begleitende Moderation an.

4. Subsysteme als Konzern-Standard

4.1 Deckungsbeitragsrechnung

Unter dem System Deckungsbeitragsrechnung subsumieren wir die Grenzplankostenrechnung, Fixkostenrechnung, Umsatzrechnung sowie Betriebsergebnisrechnung und sehen in ihr das wichtigste und umfassendste Instrument eines Umsatz-, Kosten- und Ergebnis-Controlling in den Konzerngesellschaften.

- Zu den Modulen der **Grenzplankostenrechnung** zählen Kostenstellenplanung, IST-Kostenerfassung, Soll-Ist-Vergleich, Artikel-Kalkulation und Kostenstellenabrechnung. Hauptmerkmale sind: Gliederung des Unternehmens nach Kostenstellen, Aufspaltung der Kosten in fixe/variable Anteile, Festlegung geeigneter Bezugsgrößen, innerbetriebliche Verrechnungen und Artikel-Kalkulation mit variablen Jahres- und Abrechnungs-Standards. Gefordert ist die Identität der Werte von Planung, Sollkosten, Kalkulation und Abrechnung.

- Mit Hilfe der **Fixkostenrechnung** wird eine möglichst verursachungsgerechte Zuordnung der Fixkosten zu Produktgruppen bzw. Vertriebswegen nach dem Prinzip der stufenweisen Gliederung und zu Prozessen mit Hilfe der Prozeßkostenrechnung angestrebt.

- Zu den Modulen der **Umsatzrechnung** zählen Umsatzplanung, Teile der Fakturierung, Reinerlösrechnung (Umsatz ./. Erlösschmälerungen) und Umsatz-Kosten-Bewertung sowie die daraus generierten pyramidalen bzw. mehr-dimensionalen Reinerlös-/Deckungsbeitrags-Auswertungen.

- Die monatliche **Ergebnisrechnung** als Verdichtung aller Ergebnisgrößen liefert eine Ergebnisübersicht sowie Spartenrechnungen nach Produktgruppen/Vertriebswegen und ist Teil des Company Reports.

Diese Bausteine der Deckungsbeitragsrechnung liefern Wirtschaftlichkeitskontrollen, Profitabilitätsanalysen und eine Fülle geeigneter Entscheidungskriterien.

4.2 Investitionsrechnung

Das Investitions-Controlling unterscheidet für Finanz- und Sachinvestitionen die Phasen Planung, Abrechnung und Nachrechnung und hat für die notwendige konzernweite Vergleichbarkeit verbindliche Regeln festgelegt. Die Ergebnisse der Phasen werden im monatlichen Investitions-Reporting (Teil des Company Reports) publiziert.

- Die jährliche **Planung** stellt insbesondere die Umsetzung der strategischen Ansätze dar. Für jedes geplante Vorhaben gilt jedoch der Grundsatz der Einzelgenehmigung, d. h. geplante Investitionen müssen unter Vorlage einer Wirtschaftlichkeitsrechnung (wir wenden die DCF-/interne Zinsfußmethode an) und unter Beachtung des Genehmigungsweges (hierarchisch und wertmäßig gestaffelt) einzeln genehmigt werden.

- Unter der **Abrechnung** ist einerseits die Verwaltung des Investitions-Budgets in den Konzerngesellschaften zu verstehen und andererseits die Sammlung und Verdichtung der Daten für das Projekt-Management/-Controlling bzw. für die Aktivierungen.

- Eine **Nachrechnung** wird sporadisch nach Abschluß von größeren Investitionen durchgeführt und liefert für die zukünftige Investitionstätigkeit nützliche Hinweise.

Die Frage nach der möglichen Höhe der Investitionen bzw. der Mittelbereitstellung ist jährlich neu zu beantworten. Ausschlaggebend sind für uns die strategischen Ansätze, die Kapazitätssituation, der erwirtschaftete Free Cash Flow, der Ertrag der geplanten Investitionen, die Möglichkeiten von Desinvestitionen, die Zinssätze und die allgemeine Finanzsituation.

4.3 Cash-Flow-Rechnung

Die Cash-Flow-Rechnung als Instrument der Finanzdisposition und des Finanz-Controlling wird konzernweit nach verbindlichen Festlegungen in Form des Funds Statement und als Cash-Plan-System eingesetzt.

Der vierteljährliche **Funds Statement** umfaßt den Netto-Cash-Flow als finanziellen Beitrag des operativen Geschäfts (Ergebnis nach Steuern, korrigiert um Abschreibungen und sonstige non-cash Positionen), die finanziellen Wirkungen aus den Veränderungen des Net Working Capital (Vorräte, Forderungen, Verbindlichkeiten), den Investitionen und Desinvestitionen usw. und zielt auf den **Free-Cash-Flow**. Dieser Wert wird als Steuerungsgröße für die Konzernbereiche genutzt und signalisiert nach Korrektur um die Veränderungen der liquiden Mittel die Veränderungen bei den Finanzschulden.

Das **Cash-Plan-System** dient der kurzfristigen Finanzdisposition und liefert monatlich insbesondere mit einem rollierenden 12-Monats-Forecasting die über Zahlungsfunktionen aus den ergebnis- und bilanzwirksamen Positionen abgeleiteten voraussichtlichen Ein- und Auszahlungsströme. Soll-Ist-Vergleiche und Abweichungsanalysen unterstützen die Vorschaurechnung. Die von Monat zu Monat unterschiedlichen Finanzbedarfe/-überschüsse werden hierdurch rechtzeitig sichtbar gemacht.

4.4 Intrakonzern-Abrechnung

Continental ist ein Konzern mit vielfältigen Liefer- und Leistungsbeziehungen zwischen den Gesellschaften hinsichtlich Fertigwaren, Vor-, Teil- und Halbfabrikaten sowie gewerblichen und verwaltungsmäßigen Dienstleistungen. Umfangreiche, konzernweit verbindliche Regelungen sind erforderlich.

Während innerhalb der Gesellschaften die Verrechnungen nach rein betriebswirtschaftlichen Prinzipien vorgenommen werden, sind bei Abrechnungen zwischen den Gesellschaften handels-, steuer-, zoll- und ggf. devisen-rechtliche Vorschriften zu beachten. Insbesondere sind Verrechnungspreise zwischen verbundenen Unternehmen nach dem sog. Arm's Length Prinzip so festzulegen, als ob es sich um unabhängige Dritte handeln würde. Im Idealfall somit zu Marktpreisen; ersatzweise zu Wiederverkaufs- oder Cost-plus-Preisen.

Da die nach rechtlichen Auflagen gebildeten Verrechnungspreise häufig nicht den betriebswirtschaftlichen Anforderungen entsprechen, sind in den Controlling-Systemen ggf. "Umwandlungen" vorzunehmen. Z. B. sind Vollkostenpreise in variable und fixe Anteile aufzuspalten, um die Prinzipien der Grenzplankostenrechnung zu sichern und insbesondere entscheidungsrelevante Größen nicht zu verfälschen.

5. Controller-Organisation

5.1 Struktur der Controller-Organisation

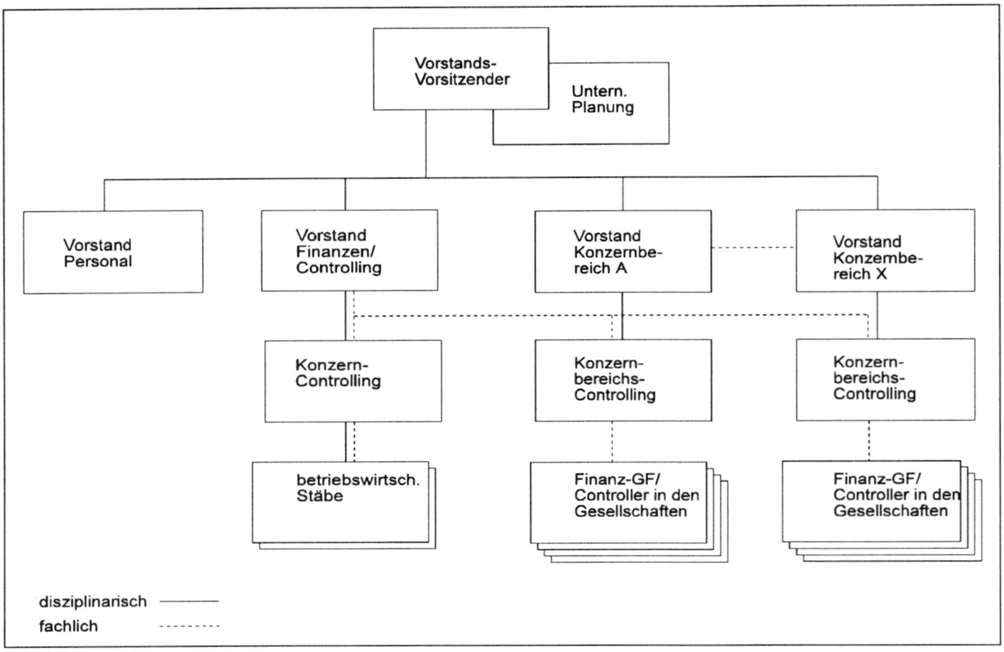

Abb. 4: Organisation des Controlling

Das CONTROLLING des Continental-Konzerns ist im Vorstand der Continental AG und damit im Konzern-Vorstand durch das für FINANZEN/CONTROLLING zuständige **Vorstands-Mitglied** vertreten, es ist konzernweit nach einheitlichen Grundsätzen strukturiert und gliedert sich in der zweiten Ebene in die Organisationseinheiten:

- **Konzern-Controlling** (zentrale Betriebswirtschaft) mit der Verantwortung für die konzernweite Entwicklung, Einführung und Betreuung der grundlegenden Systeme und Verfahren des Controlling (Konzern-Standards), für die Festlegung der wichtigsten Grundsätze und Prinzipien, für die Durchführung, Koordination und Abstimmung der operativen Jahresplanung und der unterjährigen Berichterstattung sowie gemeinsam mit der Unternehmensplanung für die strategische Planung und Kontrolle.

- **Konzernbereichs-Controlling** mit der Verantwortung für das operative Umsatz-, Kosten-, Personal-, Investitions-, Vorräte- und Ergebnis-Controlling "vor Ort", für die Betreuung der Controlling-Systeme und gemeinsam mit den entsprechenden Stäben für die Durchführung der strategischen Planung und Kontrolle im jeweiligen Konzernbereich.

  In Analogie zur Organisation des operativen Managements in den Konzernbereichen ist es entweder funktional gegliedert nach Marketing-Controlling (in den Vertriebs- und Handelsgesellschaften) bzw. Werks-Controlling (in den Produktionseinheiten) oder divisional, als alle Controller-Funktionen umfassendes Sparten-Controlling in den Konzernbereichen mit Spartengliederung.

In den Konzerngesellschaften vertreten die **Finanz-Geschäftsführer** neben ihrer Finanz-, Personal- und Einkaufsfunktion auch das Controlling. In der zweiten Ebene liegt die Leitung der je nach Art und Größe der Gesellschaften weiter untergliederten Controller-Einheiten beim Marketing- und/oder Werks-Controller.

5.2 Fachliche und disziplinarische Unterstellungen

Der **Leiter Konzern-Controlling** ist **fachlich und disziplinarisch** dem Konzern-Vorstand FINANZEN/CONTROLLING unterstellt.

Die **Leiter Konzernbereichs-Controlling** und die **Finanz-Geschäftsführer** in den Gesellschaften sind **fachlich** dem Konzern-Vorstand FINANZEN/CONTROLLING zugeordnet, disziplinarisch jedoch dem Vorstand des jeweiligen KONZERN-BEREICHS.

Die **Leiter der betriebswirtschaftlichen Stäbe** bzw. **die Leiter der Controlling-Einheiten in den Gesellschaften** unterstehen **fachlich und disziplinarisch** dem Leiter Konzern-Controlling oder den Leitern Konzernbereichs-Controlling bzw. dem zuständigen Finanz-Geschäftsführer.

Das **fachliche Weisungsrecht** haben somit der Leiter Konzern-Controlling hinsichtlich seiner Kompetenzen gegenüber allen Konzerngesellschaften und die Leiter Konzernbereichs-Controlling hinsichtlich ihres Aufgabengebietes den jeweiligen Konzerngesellschaften gegenüber.

5.3 Grundsätze der Controller-Organisation

Aus der Struktur des Controlling und aus den Unterstellungs-Verhältnissen lassen sich folgende Grundsätze zur Controller-Organisation ableiten:

- Die **Organisation des Controlling folgt der Organisation der operativen Einheiten**

- Die einzelnen Controller haben im Sinne eines begleitenden Controlling ihren **Arbeitsplatz "vor Ort"** in den von ihnen betreuten Einheiten

- Das **fachliche Weisungsrecht** für die Controllingfunktionen in allen Bereichen des Konzerns liegt ohne Einschränkung beim Konzern-Vorstand für FINANZEN/CONTROLLING

- Die **disziplinarischen Unterstellungen** werden nach den jeweils geltenden Organisationsprinzipien des Konzerns geregelt.

6. Ausblick

Trotz guter Ansätze im strategischen Controlling liegt der Schwerpunkt unserer Controller-Tätigkeiten nach wie vor im operativen Bereich. Die Ergänzung der Grenzplankosten-/Fixkostenrechnung um die Prozeßkostenrechnung und das Target-Costing sowie die Weiterentwicklung unseres **Forecasting** zu einem umfassenden **Frühwarnsystem** sind notwendige Schritte in Richtung strategisches Controlling, dessen Implementierung mit noch intensiverer Anwendung der bereits vorhandenen Werkzeuge fortzusetzen ist. Auch die Entwicklung eines Öko-Controlling steht noch aus.

Natürlich fordert die Betreuung bereits installierter und der Aufbau neuer Instrumente den besonderen Einsatz personeller und finanzieller Ressourcen, aber der Ruf nach "lean" kann gerade auch vom Controlling nicht ignoriert werden. Um so notwendiger ist es, den "Added Value" durch das Controlling sichtbar zu machen!

Steuerung von Beteiligungsgesellschaften am Beispiel der Volkswagen Asia-Pacific

Gert Bergmann

"Asia is not going to be civilised
after the methods of the West.
There is too much Asia and
she is too old."
Rudyard Kipling

0. Das Problem

Das Wirtschaftswachstum des asiatisch-pazifischen Raumes wird für die Periode 1994 - 2000 jahresdurchschnittlich auf 7% p.a. geschätzt. Damit expandiert die Region doppelt so stark wie Westeuropa (2,4%) und die USA (2,7%). Zur Zeit versuchen westliche Unternehmen vorwiegend, durch Exporte an diesem Wachstum teilzunehmen. Wer aber nicht in Märkte langfristig investiert, kann sie nicht erlernen und wird daher an der immer stärker werdenden regionalen Nachfrage in Asien kaum dauerhaft partizipieren können.

Die schwierigste Form der Direktinvestition ist das Equity Joint Venture mit Kapital- und Managementverantwortung. Dafür erhält man aber einen sehr großen Einfluß und sichert sich potentiell den größten Erfolg. Die Herausforderung, aber auch die größte Chance, ist die **Führung** und **Steuerung** des **Joint Venture** selbst. Je unterschiedlicher die einzelnen Aktivitäten der Joint Venture sind, um so größer ist der Anspruch an die Flexibilität der eingesetzten Steuerungsinstrumente, um die operativen Probleme zu lösen.

Der Volkswagen Konzern mußte in den letzten Jahren feststellen, daß die herkömmliche finanzielle Steuerung, die von der Konzernzentrale aus durchgeführt wurde, den aktuellen komplexen Herausforderungen nicht mehr genügte. Durch die Einführung des Regionalisierungskonzeptes wurde die Steuerung dezentralisiert und das herkömmliche Beteiligungscontrolling durch operative Prozeßindikatoren ergänzt, um in Zukunft ein ganzheitliches Bild der Unternehmensaktivitäten zu erhalten.

Die Problematik, die westliche Unternehmen speziell in der Region Asien-Pazifik aber erfahren, sind neben der Fremdartigkeit der Kultur und der Exotik der Umgebung die **Eigenheiten** in den lokalen **Denkweisen**. Die Führung und Steuerung eines Unternehmens nach westlichen Standards ist daher nicht angebracht und viele bewährte Instrumente lassen sich nicht oder nur sehr beschränkt einsetzen.

1. Einleitung

Die vom Controlling entwickelten Instrumente sind in der Betriebswirtschaftslehre zur Steuerung von Unternehmen und Unternehmenseinheiten allgemein anerkannt. Aktivitäten folgen dem **kybernetischen Kreislauf**, um auf Abweichungen bzw. Veränderungen der Umwelt zu reagieren. Während mit der Stagnation der Märkte in Europa und den USA ein Umdenkungsprozeß vom

- Volumen- zum Ertragsdenken
- Hersteller- zum Kundendenken
- Mengen- zum Qualitätsdenken einsetzte,

hat diese Umorientierung in weiten Teilen Asiens noch nicht eingesetzt. Es sind vielfach noch Verkäufermärkte an Stelle von Käufermärkten vorherrschend. Im Fall von Gemeinschaftsunternehmen treten daher hier bereits häufig aufgrund der von unterschiedlichen Denkweisen geprägten Zielvorstellungen Konfliktpotentiale auf.

Während der Westen durch den **Liberalismus** der Mehrparteiensysteme und das Recht der Mehrheit geprägt die Freiheit des Individuums in den Vordergrund stellt, setzen die in Asien dominierenden Philosophien und Religionen des **Konfuzianismus, Buddhismus, Islam** und auch des **Sozialismus** auf Stabilität und Kontinuität durch ein starkes Machtzentrum, auch mit gewissen autoritären Erscheinungen, und dem Zurückstellen des Individuums in der Gesellschaft. Asien stellt die Harmonie der Dinge in den Vordergrund, während unsere "Freiheit" auf den Vorbildern der amerikanischen Unabhängigkeitserklärung, des Liberalismus von Rousseau am Beginn der Französischen Revolution oder auch einer Magna Charta basiert.

Jedoch ist auch die Situation innerhalb Asiens gekennzeichnet von regional unterschiedlichen Wirtschaftsstrukturen. Während in China zentrale, **planwirtschaftliche** Vorgaben von der Regierung definiert werden, sind es in den Volkswirtschaften der Tigerstaaten (Hong Kong, Singapore, Südkorea und Taiwan) "**Entrepreneurs**", die rasch auf Marktveränderungen reagieren.

Ein westliches Unternehmen muß daher seine **Steuerungsinstrumente** den jeweiligen kulturellen, politischen und wirtschaftlichen Gegebenheiten **anpassen** und sie situationsgerecht einsetzen.

2. Asien und sein Wirtschaftswachstum

Hauptträger des beträchtlichen Wachstums sind die "Newly Industrializing Countries (NICs)", die durch eine expansionsorientierte Entwicklungsstrategie auch künftig hohe Investitionsquoten und - gemessen am mittelfristigen Trend der Industrieländer - überdurchschnittliche Produktivitätsfortschritte aufweisen werden.

Allerdings ergeben sich aus den bestehenden Entwicklungsunterschieden und den sozioökonomischen Rahmenbedingungen in der Region für den Wachstumsprozeß der Länder divergierende Verlaufsmuster. Während in den letzten 10 Jahren Hong Kong, Singapore, Taiwan und Südkorea die "**Realeinkommenslücke**" - bezogen auf das Bruttoinlandsprodukt (BIP) pro Kopf - zu den Industriestaaten merklich verringern konnten, bewegen sich die VR China, die Mongolei, Nordkorea und Indochina (Kambodscha, Laos, Myanmar, Vietnam) sowie Süd-Asien (Bangladesh, Indien, Pakistan und Sri Lanka) mit beträchtlichem Abstand im unteren Bereich der Einkommensrangfolge. So erwirtschafte Japan mit 4% der Bevölkerung der Region Asien-Pazifik 65% des regionalen BIP, während China mit 39% der regionalen Bevölkerung 'nur' 8,2% zur Gesamtwirtschaft beiträgt.

Das Wirtschaftswachstum in der Region von ca. 8% p. a. zwischen 1985 -1994 (USA: 2,7%, Westeuropa 4,8%) wird vornehmlich getragen von einer sich bildenden Mittelschicht, wie der **Wealth Effekt** beweist (vgl. Abbildung 1). Er ist branchenübergreifend anwendbar, trifft aber für die Automobilbranche mit folgenden Daten zu: Steigt das durchschnittliche Einkommen pro Person um 25%, so steigt der Anteil der Bevölkerung, der sich ein Fahrzeug leisten kann um 250%, auch wenn trotzdem noch die überwiegende Mehrheit nach wie vor unter der sogenannten "Autokauf-Einkommenshöhe" von ca. 1.000 US$/Kopf/p.a. liegt. Diese Entwicklung bedeutet einen PKW - Bestand in der Region von 45,0 Mio. Fzg. im Jahr 2000.

Zusammenfassend kann man feststellen, daß
- Asien die letzte Region mit nachhaltigem Wachstum in den nächsten Jahrzehnten sein wird,
- in Asien eine Importsubstitution stattfindet, nachdem durch Exporte die nötigen Mittel zur infrastrukturellen Erschließung generiert wurden und
- Asien seine Güter mehr und mehr selbst verwendet, was wiederum auf die Enstehung einer mittelständischen Käuferschicht nach westlichen Kriterien schließen läßt.

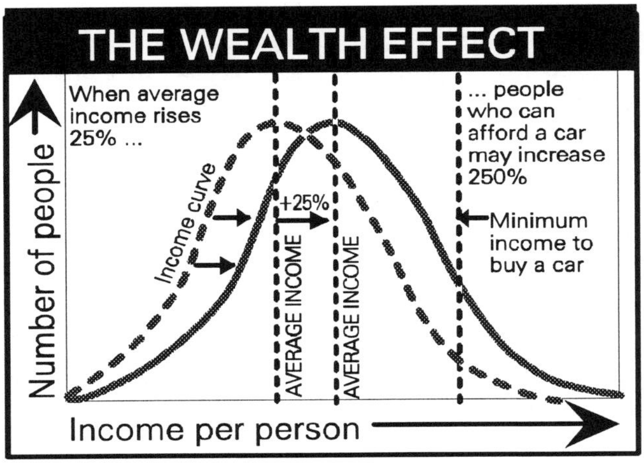

Source: GT Management Asia

Abbildung 1: Wealth Effekt

3. Regionalisierung

Die Automobilindustrie ist in den letzten zwei Jahrzehnten in einen **globalen Wettbewerb** eingetreten. Um langfristig bestehen zu können, müssen die Unternehmen eine gewisse Minimalgröße haben, um die Investitionen für Produktlebenszyklen zeitgerecht zu amortisieren. Eine starke Präsenz auf den Hauptmärkten Japan, USA und Europa wird daher in der Zukunft wettbewerbsentscheidend sein.

Um den zunehmenden globalen Wettbewerbsdruck gerecht zu werden und seine Position als Massenproduzent von Personen- und leichten Nutzfahrzeugen weltweit abzusichern, setzte Volkswagen in den letzten 15 Jahren eine erfolgreiche **Globalisierungsstrategie** um. Dies führte zur

- Akquisition der Marken Seat in Spanien und
- Skoda in der Tschechischen Republik,
- Kooperationen mit Nissan und Toyota,
- Etablierung der Joint Venture Autolatina und AutoEuropa mit Ford Motor Company und

- Gründung der Joint Venture "Shanghai Volkswagen Automotive Company, Ltd." und "FAW-Volkswagen Automotive Company, Ltd." in der VR China und der "Ching Fong Motors Ltd." in Taiwan.

1994 produzierte Volkswagen weltweit 3,3 Mio Fahrzeuge auf 4 Kontinenten, beschäftigte über 250.000 Mitarbeiter und erzielte einen Umsatz von über 80 Mrd. DM.

Diese zunehmende Globalisierung führte unter der Motorhaube zu einer Vereinheitlichung der Produkte. Andererseits müssen unterschiedliche markt- (z. B. Klimazonen, Höhenlagen, Straßenverhältnisse, Kraftstoffzusammensetzungen) und kundenkonforme (z.B. Selbstfahrer, Chauffeursmarkt, Institutionen oder Private als Käufer) Ansprüche regionalspezifisch befriedigt werden. Die daraus abgeleitete Vorgehensweise der Volkswagen AG könnte als "Glocalisation" - think global, act local - bezeichnet werden, um rascher und effizienter auf unterschiedliche Trends und Anforderungen reagieren zu können. Dies führte zu einer **Dezentralisierung** der marktnahen Aktivitäten und zur Definition von drei Regionen:

- Region Asien-Pazifik
- Region Nordamerika
- Region Südamerika/Afrika

Abbildung 2: Regionen des Volkswagen-Konzerns

Die Märkte Europas, des Mittelmeerraumes, sowie die Gebiete der ehemaligen Sowjetunion bleiben weiterhin in der operativen Verantwortung der einzelnen Marken Volkswagen, Audi, Seat und Skoda.

4. Der Volkswagen Konzern in Asien

Volkswagen ist seit über 40 Jahren in Asien tätig. Damals war es die Gründung der Volkswagen Asia, einem Verkaufsbüro in Japan. In den Sechziger- und Siebziger-Jahren wurden in Thailand, Indonesien, Philippinen und Australien Volkswagen Käfer und Busse montiert. Diese Aktivitäten wurden jedoch aufgrund von restriktiven Import- und Abgaberegelungen seitens der lokalen Regierungen sukzessive mit dem Auslaufen der einzelnen Kooperationsabkommen wieder beendet.

Als die chinesische Regierung in der zweiten Hälfte der Siebziger-Jahre beschloß, die eigene Automobilindustrie zu modernisieren und auszubauen, ergaben sich für die internationale Automobilindustrie beachtliche Kooperations- und Absatzpotentiale. Jedoch war Volkswagen als einziger kontaktierter Automobilhersteller bereit, sich zu einem frühen Zeitpunkt mit Kapital, Know-how, Human Ressourcen, modernen Produkten und aktueller Fertigungstechnik in China zu engagieren.
Anläßlich des Besuchs des damaligen chinesischen Maschinenbauministers im November 1978 in Wolfsburg wurde der offizielle Anstoß zu einem Engagement Volkswagens in China gegeben. Im Oktober 1984 haben die Volkswagen AG und drei chinesische Unternehmen den Joint Venture Vertrag zur Gründung der **Shanghai Volkswagen Automotive Company, Ltd.** (SVW) unterzeichnet. Die Volkswagen AG und die chinesischen Partner sind zu je 50% an dem Unternehmen beteiligt. 1994 werden von SVW 115.000 Fahrzeuge des Typs VW Santana mit einem lokalen Fertigungsanteil von 85% gefertigt. Die Kapazität soll bis 1998 auf 300.000 Einheiten ausgebaut werden. Zusätzlich wurde ein Motorenwerk für 100.000 Stück errichtet, dessen Kapazität auf 150.000 erweitert werden soll. Ein neues Motorenwerk für 180.000 Einheiten ist 1994 in Angriff genommen worden.

Mitte 1988, nach nur einjährigen Verhandlungen, wurden drei Verträge über die **Lizenzfertigung** des Audi 100 durch das chinesische Staatsunternehmen **First Automobile Works** (FAW) in Changchun, in der Jilin Provinz im Norden Chinas unterzeichnet: Technology Transfer Agreement - über die Lieferung von technischen Unterlagen für den Audi 100 sowie Training und technische Anleitung für die

Produktion; Supply Agreement for Special Equipment and Tools - über den Verkauf von gebrauchten Spezialanlagen und Preßwerkzeugen und Unterstützung bei Herstellung bzw. Kauf weiterer Spezialwerkzeuge; Parts Supply Agreement - über die Lieferung der zu montierenden Teilesätze. 1995 werden ca. 20.000 Audi 100 von FAW montiert.

Im November 1990 haben Volkswagen und FAW den Joint Venture Vertrag zur Gründung der **FAW-Volkswagen Automotive Company, Ltd.** (FAW-VW) unterzeichnet. Dabei wurde der Aufbau eines neuen Fahrzeugwerkes für jährlich 150.000 Einheiten des Typs Jetta im 2-Schicht-Betrieb mit den Fertigungsbereichen Preßwerk, Rohbau, Lackiererei und Endmontage, ein Motorenwerk mit einer Jahreskapazität von 270.000 Motoren und einem Getriebewerk für 180.000 Getriebe p. a. beschlossen. Die Volkswagen AG ist mit 40% am Grundkapital der Gesellschaft beteiligt.

In Taiwan stellt Volkswagen ab Sommer 1994 gemeinsam mit der Ching Fong Investment Co. Ltd. Kleinbusse und Transporter des Typs T4 her. Das Gemeinschaftsunternehmen **Ching Chung Motor Co. Ltd.** ist zu 66,6% im Besitz von Ching Fong Investment Ltd., der Rest wird von der Volkswagen AG gehalten. Bis 1998 soll die Jahresproduktion auf 30.000 Einheiten erhöht werden.

Weitere Aktivitäten, wie die Montage eines Kleinwagens in Südchina, sind geplant. Zur Zeit verfügen die Joint Venture Gesellschaften in China über ca. 500 Servicestationen, die den After Sales Service der Konzernprodukte sicherstellen.

Die Vertriebsgesellschaft in Japan, **Volkswagen Audi Nippon KK** übernahm am 1.1.1993 den alleinigen Import von Fahrzeugen und Ersatzteilen der Marken Volkswagen und Audi in Japan. Als vorrangiges Ziel der Gesellschaft gilt es, ein Vertriebsnetz aufzubauen, um den Absatz volumenmäßig zu steigern.

Volkswagen Asia-Pacific Singapore Office Ltd. wickelt den FBU Absatz in den restlichen Märkten Asiens sowie Australien, Neuseeland und Ozeanien ab.

Zusätzlich unterhält Volkswagen Repräsentationsbüros in Tokio und Beijing.

Der zunehmenden Bedeutung der Region hat der Volkswagen Konzern Rechnung getragen, indem die verschiedenen Aktivitäten in der Region Asien-Pazifik in einem eigens dafür geschaffenen Vorstandsressort zusammengefaßt wurden. Im Januar 1993 gründete Volkswagen das **regionale Headquarter** in Form der Volkswagen Asia-Pacific Ltd. und etablierte damit ein Regionalmanagement mit Sitz in Hong Kong, das die operative Verantwortung der Aktivitäten in der Region hat. Dies beinhaltet die Steuerung der existierenden Gesellschaften und Joint Ventures, die Steigerung des FBU-Absatzes in der Region, die Intensivierung der Suche nach günstigeren Einkaufsmöglichkeiten sowie die Erschließung neuer Absatzmärkte in der Region.

5. Marken - Regionen - Konzern

Dezentralisierung bedeutet oft eine Vermehrung nicht wertschöpfender Stabsstellen. Um Doppelarbeit zu vermeiden, hat der Volkswagen Konzern in den Marken und Regionen jeweils unterschiedliche marken- und regionenübergreifende Expertenabteilungen als Centers of Excellence (CoE) eingerichtet, deren sich die operativen Business Units (Marken und Regionen) bedienen. Da die Regionen vorwiegend nur über operative Produktions- oder Vertriebseinheiten verfügen, müssen sie für Stabsaufgaben zum Teil auf die zentralen Einrichtungen des Konzerns zurückgreifen können, die ihnen nicht direkt zugeordnet sind. Dies führt innerhalb der Region Asien-Pazifik zu einer **Matrixorganisation**, die die operativen Gesellschaften mit dem funktional, prozeßorientiert organisierten Regionalmanagement kombiniert. Die Mitglieder des Regionalmanagement haben gemeinsam mit den Leitern der Gesellschaften die volle operative Markt- und Ergebnisverantwortung gegenüber der Konzernleitung (KL) und greifen in ihrer Funktion als Initiatoren, Vermittler, Administratoren und Koordinatoren auf die Experten in den oben genannten Einheiten zurück (vgl. Abbildung 3).

Die Zusammenarbeit zwischen den Marken, Regionen und zentralen Konzerneinheiten regelt sich über "**Spielregeln**". Sie wurden nach dem Motto "Der Konzern ist mehr als die Summe der Marken/Regionen" gestaltet, um "soviel wie nötig, aber so wenig wie möglich" zu regeln. Durch die Matrixorganisation, die Spielregeln und die Steuerung über Gremien (vergl. dazu Kap. 6) ist die Vernetzung der Entscheidungen sichergestellt.

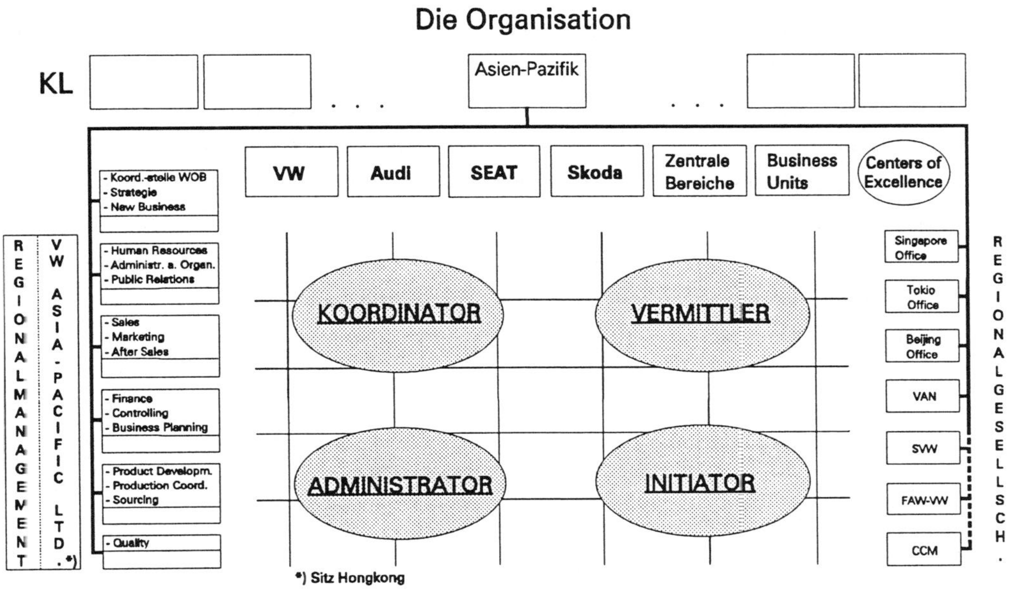

Abbildung 3: Organisation am Beispiel der Region Asien-Pazifik

Die Marken und Regionen sind die wesentlichen Initiatoren zur Weiterentwicklung ihrer jeweiligen Geschäftseinheiten. Sie vereinbaren mit der Konzernleitung auf Basis der von ihr verabschiedeten Leitlinien die Gesamtziele und verantworten die Zielerfüllung.

Die Marken und Regionen

- wirken bei der Entwicklung der Grundsätze für die Kernprozesse mit,
- erarbeiten auf Basis von Konzernentscheidungen ihre integrative Strategie,
- verantworten die operative Umsetzung und Ergebniserreichung im Rahmen ihrer unternehmerischen Verantwortung,
- steuern sich selbst über Prozesse und richten hierfür eine entsprechende Verantwortungsstruktur ein,
- verantworten die Einrichtung und Nutzung der Fertigungsressourcen und
- regeln ihren Leistungsaustausch auf Basis bilateraler Liefer- und Dienstleistungsverträge.

Die Umsetzung dieses Konzeptes schafft einerseits die Voraussetzungen für den notwendigen Strukturwandel, z. B. Definition von strategischen Allianzen, Joint Ventures, erhält aber andererseits die Stärken von wenig Bürokratie und großer

Flexibilität. Es ist jedoch zu beachten, daß diese Regeln einem kontinuierlichen **Prozeß der Veränderung** unterliegen, wobei je nach Gegebenheit Prozesse und Entscheidungen zentralisiert bzw. dezentralisiert werden können.
Die Konzernziele werden anschließend kaskadenartig auf Marken bzw. Regionen und weiter auf die Einzelgesellschaften herabgebrochen. Auf derselben Basis vereinbart das Regionalmanagement mit den ihm zugeordneten operativen Gesellschaften Prozesse, Strategien und Ziele. Die operativen Bereiche der Region Asia-Pacific sind weiterhin rechtlich selbständig und verfügen über eine hohe wirtschaftliche Eigenständigkeit, d. h. sie besitzen volle Gewinnverantwortung.

6. Steuerung über Gremien

Während die **Konzernleitung** die Konzernziele und die globalen Strategien festlegt, definiert das **Regionalmanagement** darauf basierend die regionalen Handlungsfelder, bereitet Entscheidungen über Investitionsschwerpunkte vor und genehmigt bzw. überwacht die operativen Pläne und Budgets.

Die **Prozesse** der Marken und Regionen werden über selbständig agierende Gremien (Aufsichtsräte und Steering Committees) gesteuert. Während die **Aufsichtsräte** der Marken aktienrechtliche Rechte und Pflichten haben, dienen die **Steering Committees** der Regionen als Plattform zum Meinungsaustausch und zur Abstimmung gesamtkonzernpolitischer Entscheidungen. Das Hauptaugenmerk richtet sich dabei auf:

- Strategische Ausrichtung der Regionen und deren Gesellschaften
- Investitionsvorentscheidungen
- Personalvorentscheidungen
- Festlegen von Zielen
- Verabschiedung der operativen Pläne und Budgets.

Basierend auf den Entscheidungen des Steering Committees werden vom Regionalmanagement die Ziele und Strategien mit den lokalen Gesellschaften umgesetzt.

Die **Boards der Gesellschaften** (nach amerikanischem Vorbild) verantworten deren operative Steuerung mittels Business Plänen und jährlichen Budgets. Über **Konzerncontrolling** und die regionale Finanzleitung erfolgt im Rahmen der

revolvierenden Kontrolle ein permanenter Soll-/Ist-/Wird-Vergleich. Dabei werden die aktuellen Ergebnisse und die Ergebnisprojektionen mit dem Plan verglichen und sofortige Gegenmaßnahmen eingeleitet.
Zusätzlich dienen die Sitzungen der Konzernleitung der Sicherstellung der Vernetzung der Marken und Regionen mit den Konzernentscheidungen. Somit wird auch jeder unternehmensentscheidender Geschäftsvorgang mehrfach abgesichert. Volkswagen spricht hier vom **Prinzip der doppelten Sicherheit**.

Zusammenfassend kann man feststellen, daß die Geschäftsprozesse in den operativen Gesellschaften über folgende Gremien gesteuert werden:

- Konzernleitung
- Steering Committee der Region bzw. Aufsichtsrat der Marken
- Board der operativen Gesellschaften.

7. Prozeßindikatoren und Business Plan

Die zunehmende Komplexität des Automobilgeschäftes, seine internationalen Verflechtungen, der weltweite Wettbewerb und die notwendigen schnellen Reaktionszeiten zeigten die Mängel der herkömmlichen finanziellen Unternehmenssteuerung auf. Die finanziellen Ergebnisse, deren Abweichungen und die notwendigen Analysen konnten erst nach einiger Zeit fertiggestellt werden. Der dadurch erlittene Reaktionsverlust kann langfristige nachteilige Folgen haben.

Um die im Unternehmen existierenden Reserven zu definieren und zu steuern, werden daher neben den herkömmlichen **finanziellen Steuerungsgrößen**, wie Umsatz- und Kapitalrendite, Liquidität und Break-even Punkt, die auf die finanzielle Ertragskraft des Unternehmens fokussiert sind, **nicht-monetäre operative Prozeßindikatoren** eingesetzt.

Um die Transparenz der Prozesse zu erhöhen, wurde die gesamte Wertschöpfungskette in drei Kerngeschäftsprozesse zerlegt:

- Der Produktentstehungsprozeß beinhaltet die Entwicklung des Fahrzeuges bis zur Serienreife.
- Der Produktionsoptimierungs- und Beschaffungsprozeß definiert Produktions-, Logistik- sowie Beschaffungsfragen. Zusätzlich inkludiert er die Qualitätsaspekte.

- Der Vermarktungsprozeß behandelt den des Fahrzeuges nach Fertigstellung bis zur Auslieferung an den Kunden.

Die operativen Prozeßindikatoren der Kerngeschäftsprozesse sind die direkten Meßgrößen der Arbeitsvorgänge und sollten in der Regel den operativen Fachbereichen permanent bekannt sein. Daher können sie zur **Früherkennung von Abweichungen** eingesetzt werden.

Beispiele der Prozeßindikatoren sind im
- Produktentstehungsprozeß: Projektmeilensteine, Einzelkostentargets, Produktinvestitionen.
- Produktionsoptimierungs- und Beschaffungsprozeß: Direktläuferquoten, Audit-Noten, Arbeitsproduktivität.
- Vermarktungsprozeß: Preisindices, Vermarktungsaufwand, Auftragseingänge, Marktanteil, Kundenzufriedenheit.

Die operativen Beteiligungsgesellschaften des Konzerns definieren daher neben den traditionellen finanziellen Steuerungsparametern die für sie anwendbaren Prozeßindikatoren (nach Art des Geschäftes des Unternehmens - Vertriebs-, Produktions- oder im Aufbau befindliche Gesellschaft - sind sie unterschiedlich), die am Monatsende (einige auch quartalsmäßig) in einem "**Monthly Report**" berichtet werden müssen. Eine detaillierte finanzielle Analyse erfolgt anschließend.

Anhand der Prozeßindikatoren werden die operativen Ziele an branchen- oder funktionsbezogenen **Benchmarks** ausgerichtet und definiert. Gemeinsam mit den dazu notwendigen Maßnahmen werden sie in einem **Business Plan** festgehalten, der im Zuge der regelmäßigen Boardmeetings überprüft, angeglichen und verabschiedet wird (siehe dazu auch Kap. 5 u. 6). Der Business Plan ist die Grundlage der finanziellen Mittelfristplanung und des jährlichen Budgets. Er beinhaltet folgende Komponenten:
- Strategisches Ziel
- Ausgangssituation
- Maßnahmen (incl. Erfüllungstermine)
- Indikatoren (= Operative Ziele) und Zielerreichungspfad
- Finanzielle Implikationen.

Kommt es zu gravierenden **Abweichungen** hat die Gesellschaft einen sofortigen Aktionsplan mit Korrekturmaßnahmen zu erstellen, der es ihr ermöglicht, das ursprünglich definierte Ziel zu erreichen. Um die Indikatorensteuerung effizient einzusetzen, muß aber das funktionale Denken in Abteilungen und Fachbereichen überwunden werden und einem **prozeßorientierten** Ansatz weichen.

8. Fazit

Obwohl Controllingsysteme allgemein einsetzbar sind und ihre Anwendung auch für Asien gültig ist, werden sie nur dann erfolgreich eingesetzt werden können, wenn der Wille auch seitens der Gesellschaften dazu vorhanden ist. Da die Aktivitäten Volkswagens in Asien aber gemeinsam mit Partnern (ausgenommen Volkswagen Audi Nippon KK in Japan) ausgeführt werden, liegt der Erfolg der Steuerung der Gesellschaften im **gemeinsamen, partnerschaftlichen Verfolgen gemeinsamer Ziele**. Dabei ist es entscheidend, die kulturellen und historisch gewachsenen Unterschiede zu beachten.

Cross Cultural Management nimmt daher bei der Unternehmenssteuerung eine zentrale Stellung ein. Das Executive Management muß gemeinsam eine Vision vorleben, die den Zielen und Interessen der Muttergesellschaften entspricht. Während externe und technische Probleme meist durch Kreativität und Improvisation gelöst werden können, sind die "soft factors" der menschlichen Zusammenarbeit in einem fremden Kulturkreis über den Erfolg oder Mißerfolg entscheidend. Gegenseitiges Verständnis und die Fähigkeit mit den cross-cultural Problemen konstruktiv fertig zu werden, sind die Grundlage für eine erfolgreiche Tätigkeit in Asien.

Man kann daher abschließend feststellen: Der wichtigste Teil des Steuerungsprozesses in Asien ist das **Abstimmen der Ziele und Maßnahmen mit dem Umfeld** - den Partnern, den Mitarbeitern, den politischen Einflußgrößen und den Kunden. Steuert man die Beteiligten richtig, werden diese die Prozesse richtig steuern.

Literaturverzeichnis

Keow Hoon-Halbauer, S.: Management of Sino-Foreign Joint-Ventures, Lund, 1994.

Malik, F.: Controlling und vernetztes Denken, strategische Früherkennung, in: Controlling - State of the Art und Entwicklungstendenzen, J. Risak, A. Deyhle (Hrsg.), Wiesbaden, 1991, S. 195 - 239.

OECD, Monthly Statistics of Foreign Trade, Paris 1992.

Posth, M.: Volkswagen - Partner der chinesischen Automobilindustrie, in: Der Asiatisch-Pazifische Raum, D. Schneidewind, A. Töpfer (Hrsg.), Landsberg/ Lech 1991, S. 335 - 354.

Posth M.: Erfahrungen von Volkswagen beim Einstieg, Aufbau und Führung von Gemeinschaftsunternehmen in der Volksrepublik China, in: Handbuch der internationalen Unternehmenstätigkeit, N. Kumar, H. Haussmann (Hrsg.), München, 1992, S. 1013 - 1030.

Posth, M., Bergmann, G.: Joint Venture Management bei Volkswagen, in: Handbuch Unternehmensführung, H. Corsten, M. Reiß (Hrsg.), Wiesbaden 1994 (in Vorbereitung).

Betriebliches Umweltcontrolling in der Praxis

Erika Schulz / Werner Schulz

1. Umweltcontrolling: Warum/wohin?

Warum Umweltcontrolling nicht mit „K" geschrieben wird: Zitat aus einem Bericht über den von der Sandoz AG im Spätherbst 1986 verursachten Chemieunfall: „In der Nacht zum 1. November 1986 geriet in Schweizerhalle das Lager 956 der Sandoz AG in Brand, dann flossen Millionen Liter hochgiftige Substanzen in den Rhein, wenige Stunden später trieben tonnenweise tote Fische flußabwärts". Deshalb wird „Umweltcontrolling" nicht mit „K", sondern mit „C" geschrieben. Denn bei dieser Umweltkatastrophe hatte die Kontrolle funktioniert. Sonst hätten der Brand, die hochgiftigen Substanzen und das Fischsterben gar nicht festgestellt werden können. Dies alles wurde aber erst beobachtet, als es bereits passiert war - hier hat das Umweltcontrolling versagt.

Vereinfacht ausgedrückt ist „Umweltcontrolling" die (vorbeugende) **Kontrolle in die Zukunft**, damit ein für das Unternehmen ungewolltes umweltrelevantes Ereignis nicht erst dann festgestellt wird, wenn es bereits eingetreten ist (Abb. 1). Außerdem: Das betriebliche Umweltcontrolling konzentriert sich nicht ausschließlich auf interne (technische) Risiken, die direkt und indirekt von der Produktion ausgehen. Es gibt noch zwei weitere **Unternehmensrisiken** im Umweltbereich:

- die politischen Risiken, die im Zusammenhang mit Gesetzesvorhaben oder politischen Forderungen zu sehen sind (Beispiele: Novellierung des Chemikaliengesetzes, Forderung nach einem Verbot von PVC, Durchführung der Verordnung über die Vermeidung von Verpackungsabfällen, Verbot der FCKW-Produktion) und
- die Marktrisiken, die beispielsweise dann bestehen, wenn die Verbraucher ihr Kaufverhalten zugunsten von Produkten ändern, die weniger umweltbelastend sind.

Die zuletzt genannten umweltrelevanten Risiken machen deutlich, daß **Umweltcontrolling** nicht nur „**operativ**", sondern auch „**strategisch**" umgesetzt werden muß. Denn „operatives Umweltcontrolling" orientiert sich lediglich an Zahlen, die verdichtete Informationen über geplante umweltrelevante Maßnahmen (Operationen) in einem überschaubaren Zeitraum - gewöhnlich ein Jahr - sind. Da Zahlen jedoch erst dann entstehen, wenn Ereignisse eingetreten sind, ist ein Gegensteuern praktisch nicht mehr rechtzeitig möglich, weil die (meistens ungewollte) Abweichung bereits da ist.

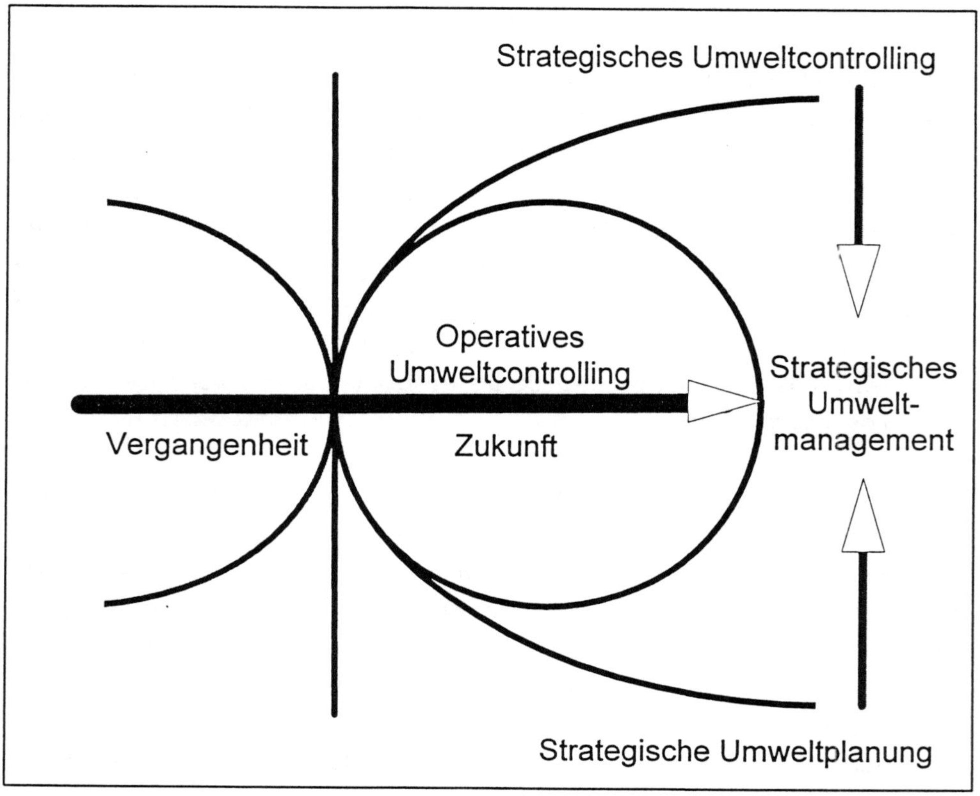

Abbildung 1: Umweltcontrolling: Warum/wohin?

Aus diesem Grunde werden im Rahmen des „strategischen Umweltcontrolling" **Frühwarnsysteme** entwickelt, die sensibler und noch weitsichtiger sind. Frühwarnsysteme liefern Informationen und zeigen Entwicklungen auf, bevor diese sich in Zahlen auswirken. Auf diese Weise können **Chancen** für Ergebnisverbesserungen („Potentiale") und **Risiken** für Kostensteigerungen oder Ertragsverschlechterungen („Behinderungen") zum frühestmöglichen Zeitpunkt festgestellt werden. Das „strategische Umweltcontrolling" beschäftigt sich mit den „**Vorsteuergrößen**" des zahlenmäßig erfaßbaren Umweltcontrolling und ist damit die Brücke zum „strategischen Umweltmanagement". Letzteres hat die Optimierung verschiedener Ziele zur gleichen Zeit zum Ziel: Verringerung des Risikos von Umweltunfällen, Verbesserung der Effizienz von Umweltschutzausgaben und bestmögliche Vermarktung von Produkten unter Umweltgesichtspunkten. Zusammenfassend bleibt festzuhalten, daß Umweltcontrolling diejenige betriebliche Funktion ist, mit der

- mögliche umweltbezogene Probleme und Gefahren rechtzeitig erkannt und vermieden werden können,
- die Betriebsleitung über umweltbezogene Anforderungen des Staates, der Gesellschaft und des Marktes informiert wird, die zu Änderungen der produktions- und produktbezogenen Betriebsführung führen sollte und mit der
- auf diese Weise die Ziele der langfristigen Gewinnmaximierung und die der Existenzsicherung des Betriebes sichergestellt werden können.

2. Werkzeugkasten und Instrumente des „Umweltcontrollers"

2.1 Der Werkzeugkasten des „Umweltcontrollers"

Ein effektives Umweltcontrollingsystem kann im Unternehmen - egal ob es zu den „Kleinen" oder „Großen" gehört - auf sämtlichen Geschäftsebenen ansetzen. Der **oberen Geschäftsebene** soll es helfen, den Umweltschutz in die Gesamtplanung und in den Zielkomplex des Unternehmens zu integrieren, eine wirksame Position des Umweltschutzes in der Unternehmensorganisation zu schaffen, die umweltschutzbezogenen Aktivitäten auf den unteren Betriebsebenen zu steuern und zu intensivieren und eine kritische Analyse der Umweltgefährdung durch das Unternehmen durchzuführen. Der **mittleren Geschäftsebene** soll es helfen, Einzelprojekte festzulegen und zu koordinieren, das Unternehmen in Umweltschutzfragen gegenüber der zuständigen Behörde und der Öffentlichkeit zu vertreten und eine konkrete Schwachstellenanalyse zu erarbeiten. Der **unteren Geschäftsebene** soll es helfen, umweltschutzbezogene Projekte durchzuführen, umweltgefährdende Anlagen zu überwachen und die Mitarbeiter für Umweltfragen zu sensibilisieren. Ein betriebliches Umweltcontrollingsystem ist so zu konstruieren, daß mit ihm die Ziele der langfristigen Gewinnmaximierung und der Existenzsicherung der Unternehmen sichergestellt werden.[1] Der **Werkzeugkasten** eines Praktikers müßte demnach mindestens aus vier „Schubladen" (Abb. 2) bestehen:

- Die erste „Schublade" sollte Informationen zum Thema „**Kostenfaktor Umweltschutz**" enthalten. Hier werden beispielsweise die Störfallrisiken, die durch technisches und menschliches Versagen, durch Sabotage oder höhere Gewalt entstehen können, hinsichtlich ihrer Kostenwirksamkeit erfaßt. Ebenso werden die tatsächlichen Umweltschutzausgaben aus branchenspezifischer Sicht analysiert.

Abbildung 2: Der Werkzeugkasten des „Umweltcontrollers"

Ein weiterer Aspekt ist die Frage, welche Kostensenkungspotentiale sich durch betriebliche Umweltschutzmaßnahmen und/oder die Ausschöpfung von öffentlichen Finanzierungshilfen im Umweltschutz eröffnen können. Im Rahmen einer „kostenorientierten Strategie" besteht die Aufgabe des „Umweltcontrollers" darin, eine umfassende ökologische Revision aller Funktionsbereiche des Unternehmens und aller Stufen des Materialflusses vorzunehmen, ökologisch überlegene Verfahren hinsichtlich ihrer längerfristigen Wirtschaftlichkeit mit den bestehenden Verfahren zu vergleichen und ein entsprechendes ökologisches Anpassungskonzept zu entwickeln.

- Die zweite „Schublade" sollte Informationen zum Thema „**Rechtssicher handeln**" enthalten. Denn eine wichtige Aufgabe des „Umweltcontrollers" besteht darin, festzustellen, was aus rechtlicher Sicht auf den Betrieb zukommt. Mit anderen Worten: Er muß den Stand und die Entwicklung der Umweltgesetzgebung in Deutschland und in Europa genau beobachten. Zukünftige Rechtsvorschriften sollten - soweit erkennbar - bei heutigen Entscheidungen bereits berücksichtigt werden.

- Die dritte „Schublade" sollte Informationen zum Thema „**Umweltbedingte Marktrisiken und Marktchancen**" enthalten. Eine weitere wichtige Aufgabe des „Umweltcontrollers" besteht darin, im Rahmen einer „absatzorientierten Strategie" den Markt für Umwelttechnik und umweltfreundliche Produkte zu beobachten. Denn die Bereitschaft der Kunden, bei ihren Kaufentscheidungen Wirkungen der Produkte auf die Umwelt mit einzubeziehen, wächst nach wie vor. War die Umweltfreundlichkeit des Produktes gestern noch eine kaum honorierte Nebenleistung, so ist sie heute ein wichtiges Verkaufsargument, und morgen wird sie Voraussetzung für die Verkäuflichkeit des Produktes an sich sein.

- Die vierte „Schublade" sollte Informationen zum Thema „**Strategisches Umweltmanagement**" enthalten. Die Brücke stellt hierzu das „strategische Umweltcontrolling" dar, in dessen Rahmen „Frühwarnsysteme" entwickelt werden. Sie liefern Informationen und zeigen Entwicklungen auf, bevor sich diese im Betrieb in Zahlen auswirken. Auf diese Weise können Chancen für Ergebnisverbesserungen („Potentiale") und Risiken für Kostensteigerungen oder Ertragsverschlechterungen („Behinderungen") zum frühestmöglichen Zeitpunkt festgestellt werden.

2.2 Instrument „Ökobilanz“

Die Bedeutung von Ökobilanzen als Werkzeuge des Umweltcontrollings wächst. Mit ihrer Hilfe lassen sich zunächst ökologische Schwachstellen ableiten, deren Feststellung dann in umweltbezogenen Zielfestlegungen und schließlich in einer konkreten Umsetzung von alternativen betrieblichen Umweltschutzmaßnahmen (unter Berücksichtigung von ökonomischen Aspekten) münden. Je nachdem wie das Bezugsobjekt abgegrenzt wird, lassen sich Ökobilanzen für

- Betriebe (die **Betriebsbilanz** dokumentiert und bewertet alle Stoff- und Energiemengen, die im Laufe eines Jahres in den Betrieb eingehen und den

Betrieb verlassen, sowie alle vorhandenen Bestände an Liegenschaften, Anlagen und Material, sowie die Bestandsveränderungen),
- Prozesse (die **Prozeßbilanz** dokumentiert und bewertet alle Stoff- und Energiemengen, die unmittelbar in die betriebliche Produktion oder in Teilprozesse eingehen, sowie alle Stoff- und Energiemengen, die diesen Umwandlungsprozeß verlassen) und
- Produkte (die **Produktionsbilanz** dokumentiert alle Stoff- und Energiemengen, die in den betrieblichen Herstellungsprozeß eines Produktes eingehen, sowie alle ausgehenden Stoff- und Energiemengen, die bei der Herstellung dieses Produktes anfallen) unterscheiden.

Das Umweltbundesamt hat im Juli 1992 eine Broschüre mit dem Titel „Ökobilanzen für Produkte. Bedeutung - Sachstand - Perspektiven" herausgegeben. Das Papier befaßt sich mit Fragen zur Bedeutung der Ökobilanzen für den produktbezogenen Umweltschutz in den neunziger Jahren, Definitionen und Abgrenzungen, einer Bestandsaufnahme der Ökobilanzen für Produkte und methodischen Problemen und Lösungen. Außerdem enthält der Bericht ein Zehn-Punkte-Programm zur **Fortentwicklung der Ökobilanzen**:
- Entwicklung eines Verfahrens zur Sicherung der Transparenz von Ökobilanzen, insbesondere im Hinblick auf die Abgrenzung des Bilanzierungsraumes, die Datenbasis und die Bewertung. Die Fachöffentlichkeit ist hierbei zu beteiligen („Offenheitsprinzip").
- Erarbeitung eines Standardmodells der Ökobilanz mit methodischen Mindestanforderungen.
- Entwicklung einer Rahmenvereinbarung (Code) der Wirtschaft zur Verbesserung der Informationsstruktur für Ökobilanzen.
- Zusammenstellung geeigneter Informationen als Hilfen für die Durchführung der Wirkungsbilanz in kompakter Form („Wirkungskompendium").
- Entwicklung einer Datenbank validierter Ökobilanz-Daten durch eine autorisierte Stelle, die auf der Basis von spezifischen Angaben im Rahmen von Konventionen allgemein gültige Eckwerte festlegt.
- Entwicklung von rechnergestützten Lebenswegen von Produkten in Form von Modulen, die die Auffüllung mit spezifischen Daten erlauben.
- Entwicklung einer Datenbank „Bibliographie Ökobilanzen".
- Prüfung, inwieweit die beim Statistischen Bundesamt registrierten Daten über Waren- und Dienstleistungsströme für die Aufstellung von Ökobilanzen genutzt werden können und welche Verbesserungsmöglichkeiten bestehen.

- Fortentwicklung der bisher angewandten Bewertungsmethoden mit dem Ziel, einen Konsens über die Form der Durchführung einer Bilanzbewertung zu erreichen.
- Entwicklung eines Codes, wie die Ergebnisse von Ökobilanzen in die herstellerseitigen Produktinformation für Industrie, Handel und Verbraucher sachgerecht einbezogen werden können.

Insbesondere seit Anfang der neunziger Jahre haben zahlreiche Unternehmen Ökobilanzen auf freiwilliger Basis veröffentlicht.[2] Beispiel: Die Kunert AG aus Immenstadt hat der Öffentlichkeit im Mai 1991 erstmals einen „Umweltbericht" vorgestellt, der zwar nach eigenem Eingeständnis von einer umfassenden Ökobilanz noch weit entfernt war, der aber in der Presse ein großes Echo fand. Der Strumpfhersteller ist damit vermutlich das erste Unternehmen in Deutschland, das für den gesamten Konzern im In- und Ausland eine systematische **ökologische Bestandserhebung** durchgeführt hat. Inzwischen hat die Unternehmensgruppe Kunert bereits ihre fünfte Ökobilanz vorgelegt (vgl. Tabelle 1). Die Ökobilanz ist verbessert und die Kontenstruktur dem Kenntnisstand angeglichen worden. Der dargestellte Kontenrahmen ist der Ausgangspunkt für die in der Unternehmensgruppe Kunert vorgenommene Bestandserhebung. Mit ihm soll sichergestellt werden, daß die im Zusammenhang mit dem Produktionsprozeß eingehenden und ausgehenden Stoffe erfaßt werden.

Neben der Ökobilanz für die Unternehmensgruppe Kunert wurden erstmals ökologische Kennzahlen für die Kunert AG veröffentlicht, die unter anderem einen Bezug zur produzierten Produktmenge herstellen und damit eine bessere Erfolgskontrolle ermöglichen. Mit solchen Kennzahlensystemen, die auf allen Werks-, Prozeßstufen- und Abteilungsebenen eingesetzt werden können, ist es möglich, Abweichungen zu erkennen, Ursachen zu analysieren und Schwachstellen zu beheben. Das **ökologische Kennzahlensystem** der Kunert AG enthält

- Quotenkennzahlen, die Auskunft über wichtige Entwicklungen in bestimmten Einzelkonten geben (z. B. gibt die Wertstoffquote den Anteil wiederverwertbarer Ressourcen am gesamten Abfallaufkommen wieder),
- produktionsspezifische Kennzahlen, die der Kontrolle und Beurteilung der Umwelteffizienz im Produktionsprozeß dienen (z. B. gibt die Energieeffizienz den spezifischen Energieverbrauch pro produzierter Einheit wieder),

Input	Output
I.1 Umlaufgüter (kg) 1.1 Rohstoffe (Garne) 1.2 Halb- und Fertigwaren 1.3 Hilfsstoffe - Farben - Chemikalien - Produktverpackungen - Produktzutaten 1.4 Betriebsstoffe - Öle/Schmiermittel - Lösemittel - Transportverpackungen - sonstiges Material	**O.1 Produkte (kg)** 1.1 Beinkleidung 1.2 Oberbekleidung 1.3 Garne 1.4 Produktverpackung
I.2 Anlagegüter (Stück) 2.1 Gebäude 2.2 Produktionsmaschinen 2.3 Büromöbel 2.4 Büromaschinen 2.5 Fuhrpark	**O.2 Abfälle (kg)** 2.1 Sonderabfälle 2.2 Wertstoffe 2.3 Restmüll
I.3 Energie (kWh) 3.1 Gas 3.2 Strom 3.3 Öl 3.4 Fernwärme 3.5 Treibstoff	**O.3 Energieabgabe (kWh)** 3.1 nutzbare Energie 3.2 ungenutzte Energie 3.3 Lärm
I.4 Wasser (cbm) 4.1 Stadtwasser 4.2 Rohwasser	**O.4 Abwässer (cbm)** 4.1 Mengen 4.2 Belastungsparameter (Temperatur, pH-Werte, absetzbare Stoffe, anorganische Stoffe)
I.5 Luft (cbm)	**O.5 Abluft (kg)** 5.1 Mengen 5.2 Belastungsparameter (staubförmige, besonders organische, dampf- und gasförmige, anorganische Stoffe)
I.6 Boden (qm) 6.1 Versiegelte Flächen 6.2 Grünflächen 6.3 Überbaute Flächen 6.4 Nutzflächen	**O.6 Bodenbelastung**

Tabelle 1: "Ökobilanzkontenrahmen" der Unternehmensgruppe Kunert (1993)

- Emissionskennzahlen, die den Ausstoß bestimmter Abgase pro Kilowattstunde eingesetzter Energie erfassen (z. B. spezifische Kohlendioxidemissionen pro Kilowattstunde Gas und Heizöl),
- sowie den Verpackungsanteil (durchschnittlicher Verpackungsanteil am Produkt).

2.3 Instrument „Ökoaudit“

Externe Wirtschaftsprüfer übernehmen seit Jahrzehnten die jährlich vorgeschriebene Revision des Finanzbereichs („audits"). Aufgrund umweltrelevanter Störfälle und verschärfter Umweltvorschriften ist das Auditingkonzept seit Ende der siebziger Jahre auch auf den Umweltbereich ausgedehnt worden, mit dem Ziel einer effektiveren Haftungsminimierung und aktiven Öffentlichkeitsarbeit. Im Frühjahr 1993 haben die zwölf Mitgliedsländer der EG eine politische Einigung für eine Verordnung

erzielt, die die „freiwillige Beteiligung gewerblicher Unternehmen an einem Gemeinschaftssystem für das Umweltmanagement und die Umweltbetriebsprüfung" vorsieht. Diese „**Auditverordnung**" gilt ab April 1995 und wird von ihren „Konstrukteuren" euphorisch als das „Grundgesetz des Umweltmanagements" gefeiert. Insbesondere die dort aufgeführten „guten Managementpraktiken" weisen darauf hin, wo die materiellen Standards für das Umweltmanagement in Zukunft anzusiedeln sind.
Umweltaudits sollen die Erleichterung der Managementkontrolle betrieblicher Umweltschutzmaßnahmen („unterstützendes Kontrollinstrument der Betriebsführung") und die Bewertung der Übereinstimmung mit den Unternehmensleitlinien, einschließlich der Einhaltung der ordnungspolitischen Vorschriften („Soll-/Ist-Vergleich von 'Betriebspraktiken' mit Umweltstandards") ermöglichen und auf diese Weise zur kontinuierlichen **Verbesserung der Umweltschutzleistungen** beitragen. Mit anderen Worten: Umweltaudits helfen den Betrieben,
- ihr Umweltverhalten zu beobachten und zu bewerten,
- zu überprüfen, ob die selbst gesteckten Umweltschutzstandards und die umweltrechtlichen Vorschriften erfüllt werden um damit
- Risiken zu vermeiden und kritischen Situationen rechtzeitig vorzubeugen.

So gesehen sind betriebliche Umweltaudits ein unternehmenspolitisches Instrument der Risikovorsorge - ein bedeutendes Werkzeug des Umweltcontrolling.

Führt man sich die zahlreichen **Vorteile von Umweltaudits** vor Augen, dann wird deutlich, daß sie mehr als ein „airbag" für den betrieblichen Umweltschutz sind. Allein die Tatsache, daß es heute schon eine Reihe von Unternehmen gibt, die in der einen oder anderen Form Umweltaudits auf freiwilliger Basis durchführen, ist ein deutliches Indiz dafür, daß es wohl auch ökonomische Vorteile geben muß - auch wenn sich diese nicht direkt und sofort in „Mark und Pfennig" rechnen lassen. Hier die Nutzen von Umweltaudits auf einen Blick:

- Förderung des Umweltschutzes,
- Sicherstellung und Nachweis der Einhaltung von Umweltvorschriften,
- Verminderung der Gefahr von Rechtsstreitigkeiten,
- weniger Bußgelder und Strafen wegen des Verstoßes gegen Vorschriften,
- verbesserte Statistik über umweltrelevante Vorkommnisse und Störfälle,
- Minderung von Umweltrisiken,
- Verbesserung der Gesundheit der Arbeitnehmer,
- Minderung des Risikos einer Betriebsunterbrechung aufgrund eines umweltrelevanten Zwischenfalls,
- niedrigere Versicherungsprämien für Umweltrisikoabsicherung,
- höhere Zufriedenheit der Arbeitnehmer,
- Förderung guter Beziehungen zu Behörden,
- Hinweise auf Kostensenkungspotentiale durch betriebliche Umweltschutzmaßnahmen (beispielsweise beim Energie- und Wasserverbrauch),
- Verbesserung der Möglichkeit, gute Umweltschutzleistungen zu erkennen und zu prämieren,
- erhöhtes Bewußtsein der Arbeitnehmer für Umweltschutzmaßnahmen und Umweltschutzverantwortlichkeiten,
- Verbesserung der Möglichkeit, notwendige Qualifizierungsmaßnahmen für das Personal erkennen und veranlassen zu können,
- wichtiges Element eines betrieblichen Umweltinformationssystems,
- höhere Glaubwürdigkeit des Unternehmens gegenüber der Öffentlichkeit in Fragen des Umweltschutzes.

2.4 Instrument „Ökosozialer Frühwarndienst“

Umweltschutz muß gerade in mageren Jahren ein wichtiges Kriterium der Unternehmensstrategie sein. Denn die Privatwirtschaft wird sich zu einem weitgehenden Bruch mit dem „Business as usual", das heißt zu einem tiefgreifenden Strukturwandel bereitfinden müssen. Diejenigen Betriebe, die weiterhin in alten Wachstumsbahnen denken, gehen unter - sie verdienen ihr Schicksal. Die Geschäftsleitung sollte deshalb so rasch wie möglich versuchen, Produkte, Produktionsprozesse und Investitionen in ein umfassendes betriebliches Umweltkonzept einzubetten. Umweltschutz sollte nicht als lästige Pflicht, sondern als Orientierung am umweltbewußten Konsumenten angesehen werden. Um den Wandel von Konsumgewohnheiten und Marktchancen besser erkennen zu können, sollten die Unternehmen ihr Geld und ihre Zeit nicht ausschließlich für Marketing und Konsumwerbung ausgeben, sondern ihre Mittel auch für eine Art **ökosozialen Frühwarndienst** (vgl. Abbildung 3) und für die **Trendforschung** bereitstellen.[3]

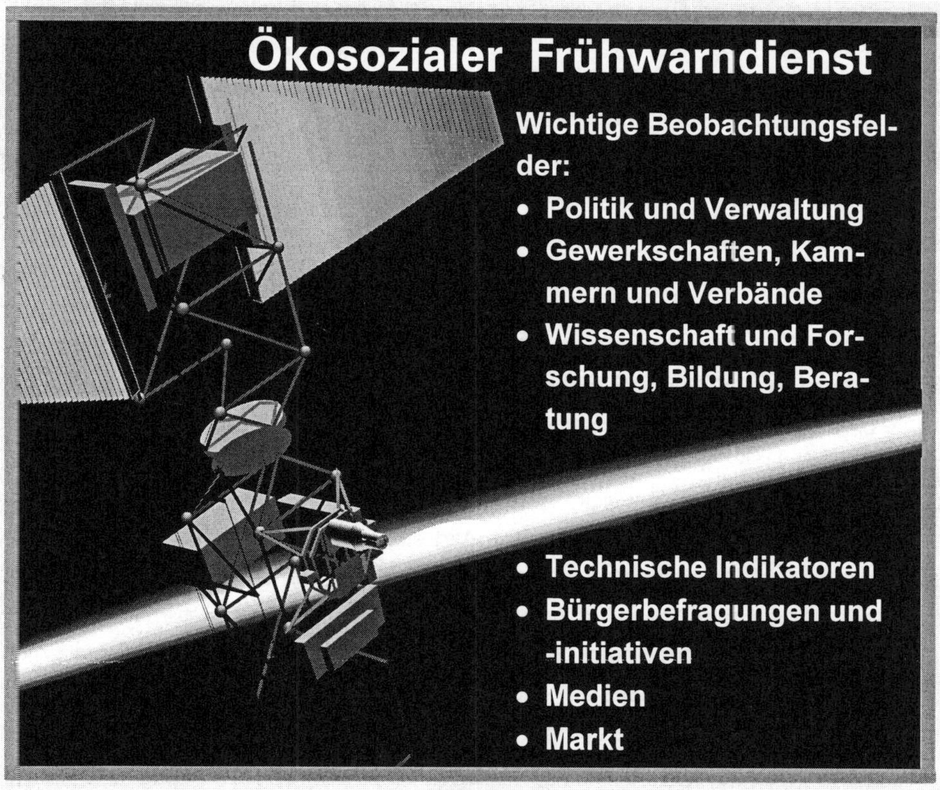

Abbildung 3: Wichtige Bausteine eines ökosozialen Frühwarndienstes

Kaum eine der Entwicklungen der letzten Jahre war absolut unvorhersehbar - stets gab es mehr oder weniger starke Frühsignale. Deshalb sollten die Mitarbeiter dazu sensibilisiert werden, damit diese in der Lage und Willens sind, bereits schwache Signale in ihrer Unternehmensrelevanz zu erfassen und zu verdichten. Den Mitarbeitern können beispielsweise zukünftige Schlüsseltechnologien mit Umweltrelevanz vor Augen geführt werden. Aufschlußreich ist oft auch die öffentliche Meinungsdynamik im Umweltbereich (Stichwort „**Diffusionsforschung**"). Denn gerade für Umweltprobleme kann häufig ein bestimmtes Verbreitungsmuster vorgefunden werden. Entscheidungsträger sind dann besser in der Lage, auslösende Schwellen für Umweltschutzhandlungen in ihrem Unternehmen zu beurteilen.

3. Umweltorientiertes Benchmarking

Ende der siebziger Jahre hatte der japanische Kopiergerätehersteller Canon das amerikanische Unternehmen Xerox in eine schier aussichtslose Wettbewerbsposition gedrängt: Canon verkaufte einen Kopierer zu einem Preis, der unter den Herstellkosten für vergleichbare Geräte bei Xerox lag. Der überlebensnotwendige Umschwung kam mit der Initiierung des „Leadership Through Quality"-Programms im Jahre 1983, das sich aus den Bestandteilen „Einbindung der Mitarbeiter", „Qualitätsverbesserungsprozeß" und „Benchmarking" bildete. Letzteres ermöglicht durch den Vergleich mit den „Besten der Besten" die **Wettbewerbsorientierung** in sämtlichen Bereichen des Unternehmens zu verankern. Dabei werden nicht nur am Wettbewerb orientierte Zielvorgaben entwickelt, sondern auch Möglichkeiten zu deren Erreichung aufgezeigt. Benchmarking konzentriert sich nicht nur auf einzelne Produkte, sondern auch auf Dienstleistungen und die verschiedenen betrieblichen Funktionsbereiche. Vergleichspartner sind neben den Konkurrenten auch die Nicht-Konkurrenten aus derselben oder einer völlig anderen Branche. Von ihnen will man nicht nur wissen, um **wieviel** sie besser sind, sondern **wie** sie es schaffen, in bestimmten Bereichen besser zu sein. Als „**Meßlatte**" orientiert man sich an den Kosten und an Faktoren wie Zeit, Qualität und Kundenzufriedenheit.

Eine wichtige Aufgabe des Umweltcontrolling besteht darin, das „umweltorientierte Benchmarking" im Betrieb einzuführen. Denn dieses Werkzeug eröffnet dem „Umweltcontroller" die Formulierung anspruchsvoller und realistischer Zielvorgaben, da diese direkt aus dem Wettbewerb abgeleitet werden. Bei den Zielvorgaben gewinnen die nicht finanziellen **Umweltkennzahlen als Leistungsbeurteilungsgrößen** immer mehr an Gewicht. Eine bedeutsame Plattform für „ökologische Senkrechtstarter" stellen die **Umweltpreisverleihungen** von Bundes- und

Länderbehörden, Städten, Verbänden und großen Unternehmen dar. Tabelle 2 vermittelt ein Bild über wichtige Umweltpreise.

Umweltpreis	Träger	Dotierung	Turnus	prämierte Leistung
Deutscher Umweltpreis	Deutsche Bundesstiftung Umwelt	1 Mio DM	jährlich	innovative Leistungen zum Erhalt der Umwelt
impulse-Umweltpreis	Commerzbank	150.000 DM	jährlich	vorbildliche betriebliche Umweltmaßnahmen, die kostensenkend sind
Océ van der Grinten-Preis	Océ van der Grinten e.V.	50.000 DM	alle zwei Jahre	wissenschaftliche Arbeiten zum Umweltschutz
Volvo-Umweltpreis	Volvo Göteborg	1 Mio Schwedenkronen	jährlich	hervorragende Umweltinnovationen
Tyler-Umweltpreis	Universität Südkalifornien	150.000 US-Dollar	jährlich	Weiterentwicklung des Umweltwissens

Tabelle 2: Ausgewählte Umweltpreise

„Umweltorientiertes Benchmarking" läßt sich im Betrieb erfolgreich einführen, wenn folgende Gesichtspunkte beachtet werden:

- Das Instrument sollte nicht nur von Umweltspezialisten aus Stäben, sondern auch von den Mitarbeitern aus den **Funktionsbereichen** (insbesondere Organisation, Produktentwicklung, Produktion, Materialwirtschaft, Marketing und Öffentlichkeitsarbeit) dauerhaft genutzt werden. Das Team „Umweltorientiertes Benchmarking" sollte maximal sechs bis acht Personen umfassen.
- „Umweltorientiertes Benchmarking" ist ein **kontinuierlicher Prozeß**: Er beginnt bei der Vorbereitung und endet bei der Umsetzung. Dazwischen liegt die Analyse der „Umwelt"-Leistungslücken.

- Innerhalb der Vorbereitungsphase müssen zunächst der **Gegenstand** des „umweltorientierten Benchmarking" definiert (Umweltprodukte, Methoden der umweltorientierten Unternehmensführung, ökologische Prozesse) und dann die **Leistungsbeurteilungsgrößen** (Kosten, Qualität, Kundennutzen, Zeit) festgelegt werden. Anschließend erfolgt die Auswahl eines oder mehrerer Vergleichsunternehmen, dann eine Analyse von Sekundärinformationen über die besten Unternehmen (Quellen: Beispielsweise Firmenpublikationen, Fachzeitschriften, Tagungen, Unternehmensberatungen) und zuletzt eine Erhebung von Primärinformationen (beispielsweise im Wege einer Firmenbesichtigung).

- Zentrales Ziel muß es sein, zu einem „**ökologischen Senkrechtstarter**" aufzusteigen. Deshalb genügt es bei der Analysephase nicht, wenn „nur" die ökologischen Leistungsdefizite quantifiziert werden. Denn „umweltorientiertes Benchmarking" kann nur dann sinnvoll als umweltstrategisches Instrument genutzt werden, wenn mit ihm die Gründe für die Leistungslücke aufgespürt werden.
- Begonnen werden sollte die **Umsetzungsphase** damit, daß die Ergebnisse des Analyseprozesses allen betroffenen Mitarbeitern wirkungsvoll vor Augen geführt werden. Da die Ergebnisse die Unternehmenspolitik berühren (Ziele und Strategien der Funktionalbereiche), sollten auch die übergeordneten Hierarchiestufen davon in Kenntnis gesetzt werden. Das Aufstellen von Aktionsplänen und die Implementierung bilden den eigentlichen Abschluß bei der Umsetzung. Wichtig ist dabei, daß die Implementierungsphase einer dauerhaften Kontrolle unterzogen wird und das „umweltorientierte Benchmarking" öfters wiederholt wird, da ständig neue „Klassenbeste" in Sicht sind.

Die in München ansässige Ludwig Stocker Hofpfisterei GmbH, die auf das Jahr 1331 zurückgeht, ist zweifellos ein solcher „Klassenbester". Seitdem sich das Unternehmen auf Umweltkurs befindet (Hofpfisterei: „Für 4,75 Millionen Pfister Öko-Bauernbrote bleiben rund 2800 Hektar Kornfeld ungedüngt und ungespritzt. Das erspart der Umwelt 630 Tonnen Düngemittel und 8 Tonnen Pflanzenschutzmittel."), hat sich sein Umsatz überdurchschnittlich entwickelt - allein von 1990 bis 1992 betrug das Umsatzwachstum rund 27 Prozent (vgl. Tabelle 3). Hier das **Umweltengagement** der Hofpfisterei kurzgefaßt:
- Im Jahre 1988 wurden die Brotsorten sukzessive auf Getreide aus anerkannt ökologischen Anbau umgestellt (inzwischen hat es einen Anteil von über 70 Prozent).

- Trotz Preiserhöhungen bei den umgestellten Brotsorten aufgrund der teureren Rohstoffe hat sich die Jahresproduktion sogar noch erhöht.
- Parallel zur Umstellung in der Materialwirtschaft wurde auch der innerbetriebliche Umweltschutz kontinuierlich verbessert.
- Im Jahre 1990 wurde ein Umweltausschuß gegründet, der sich aus zwölf Umweltbeauftragten verschiedener Abteilungen und zwei Betriebsräten zusammensetzt.
- In den letzten zwei Jahren machten Mitarbeiter 35 Vorschläge, die nicht nur zur Verbesserung des Umweltschutzes, sondern auch zu Kosteneinsparungen führten.
- Anfang 1992 entschloß sich die Hofpfisterei, kontinuierlich eine Ökobilanz durchzuführen.

Eckdaten der Ludwig Stocker Hofpfisterei	**1986**	**1990**	**1992**
Umsatz in Millionen DM	49,5	67,2	84,8
Jahresproduktion Bauernbrot in Tonnen	14700	16100	16300
Mitarbeiter	590	628	680
Filialen	83	94	93
Wiederverkaufsstellen	760	786	1000
niedrigster Preis pro Kilogramm	1.99	1.99	2,74
höchster Preis pro Kilogramm	3,95	4.94	6.20

Tabelle 3: Eckdaten der Ludwig Stocker Hofpfisterei GmbH

Anmerkungen

[1] Das Umweltbundesamt hat auf Initiative des Bundesumweltministeriums an das Berliner Institut für ökologische Wirtschaftsforschung ein Vorhaben vergeben, das sich mit den Möglichkeiten zur Verbesserung der betrieblichen Situation durch Umweltcontrolling befaßt. Zentrales Ziel der Arbeit war die Erstellung eines Handbuches „Umweltcontrolling", das insbesondere für den Mittelstand eine Anpassungshilfe sein soll. Der Ratgeber, den rund 50 namhafte Institutionen bzw. Autoren erstellen, wurde Februar 1995 vom Bundesumweltministerium und vom Umweltbundesamt gemeinsam herausgegeben.

2 Zahlreiche deutsche Unternehmen haben in den vergangenen Jahren Umweltberichte im weitesten Sinne veröffentlicht. Sie enthalten beispielsweise „Umweltschutzleitlinien", Hinweise über die „Umweltpolitik des Unternehmens" und „Ökobilanzen". Die folgenden (ausgewählten) Umweltbroschüren, die auf Anfrage von den Unternehmen in der Regel kostenlos abgegeben werden, können als Anregung für die Gestaltung einer eigenen Ökobilanz dienen: Aesculap AG: Ökobilanz 1993 (Anschrift: 78532 Tuttlingen/Donau, Am Aesculap-Platz; Tel.: 07461-95-0, Fax: 07461-95-2600); Kunert AG: Ökoberichte 1991, 1992 und 1993 (Anschrift: Kunert AG, Julius-Kunert-Straße 49, 87509 Immenstadt; Tel.: 08323-12-0, Fax: 08323-12-389); Landesgirokasse Stuttgart: Ökobericht 1992 (Anschrift: Landesgirokasse Stuttgart, Postfach 106023, 70049 Stuttgart; Tel.: 0711-124-0, Fax: 0711-124-3544); Ludwig Stocker Hofpfisterei: Ökobilanz 1991 (Anschrift: Ludwig-Stocker-Hofpfisterei GmbH, Kreittmayrstr. 5, 80335 München; Tel.: 089-5202-0, Fax: 089-5202-207); Mohndruck: Umweltbericht und Ökobilanz 1992 (Anschrift: Mohndruck Graphische Betriebe GmbH, Carl-Bertelsmann-Straße 161, 33332 Gütersloh; Tel.: 05241-80-0, Fax: 05241-24282); NEFF: Umweltbericht 1991 (Anschrift: NEFF GmbH Antriebstechnik und Automation, Bonholdt Straße 17, 71111 Waldenbuch; Tel.: 07157-124-0, Fax: 07157-4098); Neumarkter Lammsbräu: Ökobilanz und Ökocontrolling 1992 (Anschrift: Neumarkter Lammsbräu, Amberger Straße 1, 92318 Neumarkt; Tel.: 09181-404-0); Staatliche Mineralbrunnen GmbH Bad Brückenau: Ökobilanz des Staatlichen Mineralbrunnens Bad Brückenau 1991/92 (Anschrift: Staatliche Mineralbrunnen GmbH, Amand-von-Buseck Straße 2, 97769 Bad Brückenau; Tel.: 09741-803-0, Fax: 09741-803-130).

3 Umfangreiche praxisorientierte Hinweise zum Thema „Ökosoziale Früherkennung - ja, aber wie?“ finden sich in: W. Schulz, A. Diehl, Umweltstrategien für magere Jahre (Teil 2), in: Umwelt und Energie, Handbuch für die betriebliche Praxis, 15. Jg., Gruppe 12, Heft 5 vom 11. Oktober 1994, S. 64-84.

Literaturverzeichnis

Bundesministerium/Umweltbundesamt (Hrsg.); Handbuch Umweltcontrolling, München 1995

H. Hallay, R. Pfriem, Öko-Controlling. Umweltschutz in mittelständischen Unternehmen, Frankfurt am Main und New York 1992.

W. Hopfenbeck, C. Jasch, Ökocontrolling. Audits, Umweltberichte und Ökobilanzen als betriebliche Führungsinstrumente, Landsberg am Lech 1993.

R. Peglau, W. Schulz, Umweltaudits: Sachstand und Perspektiven. Teil 1. Ein Blick zurück, in: Umwelt und Energie. Handbuch für die betriebliche Praxis, 14. Jg., Gruppe 12, Heft 3 vom 16. Juni 1993, S. 729-776.

R. Peglau, W. Schulz, Umweltaudits: Sachstand und Perspektiven. Teil 2. Ein Blick nach vorn, in: Umwelt und Energie. Handbuch für die betriebliche Praxis, 14. Jg., Gruppe 12, Heft 6 vom 10. Dezember 1993, S. 843-898.

E. Schulz, W. Schulz, Umweltcontrolling in der Praxis. Ein Ratgeber für Betriebe, München 1993.

E. Schulz, W. Schulz, Ökomanagement. So nutzen Sie den Umweltschutz im Betrieb, München 1994.

W. Schulz, A. Diehl, Umweltstrategien für magere Jahre (Teil 2), in: Umwelt und Energie, Handbuch für die betriebliche Praxis, 15. Jg., Gruppe 12, Heft 5 vom 11. Oktober 1994, S. 64-84.

E. Seidel, Entwicklung eines betrieblich-ökologischen Rechnungswesens, in: E. Seidel (Hrsg.), Betrieblicher Umweltschutz, Wiesbaden 1992, S. 229-246.

B. Wagner, E. Günther, Ökologieorientierung des Controlling; in: DBW, Heft 2, 53. Jg., 1993, S. 143-166.

Der Kunde als Mittelpunkt eines Strategischen Controlling in der Assekuranz

Heinrich Focke

1. Einleitung

Noch vor zehn, fünfzehn Jahren war das Controlling in den Versicherungsunternehmen überwiegend ein Fremdwort. Zum Teil gab es zwar schon Ansätze in Form von betriebswirtschaftlichen Abteilungen bzw. zentralen Planungsressorts, allerdings stellte die Implementierung eines dezidierten Controlling im Unternehmen die Ausnahme dar. Im Laufe der letzten Jahre festigte sich jedoch in den Versicherungsunternehmen zunehmend die Erkenntnis, daß ein Versicherer für die langfristige Gewährleistung seines Markterfolges - insbesondere aufgrund des schnelleren Marktwandels - ein qualifiziertes Instrument zur Unternehmenssteuerung braucht. Dabei stellte sich heraus, daß das **rückwärts orientierte Rechnungswesen** hierfür nicht ausreichte, sondern allenfalls die Basisinformationen für ein aktives, zukunftsorientiertes Planungs- und Steuerungssystem liefern kann. Zur Lösung dieses Problems richteten die Versicherer daher zunehmend die Abteilung **Unternehmenscontrolling** ein.

Für den Begriff und Inhalt des Controlling gibt es eine Vielzahl von Definitionen, letztendlich handelt es sich um ein zielgerichtetes Steuerungs-, Lenkungs- und Führungsinstrument des Managements. Die komplexen Strukturen der Versicherer werden hier als Ganzheit sowie in seinen Leistungskomponenten abgebildet und damit zukunftsorientiert steuerbar gemacht. Die Grundlage eines effektiven Unternehmenscontrolling stellen ex post-Daten/Analysen und insbesondere auch ex ante-Prognosen/Szenarien dar. Die Aufgabe des Unternehmenscontrolling ist, **Entscheidungen** durch die Aufbereitung entscheidungsrelevanter Informationen einschließlich dem Aufzeigen der unternehmerischen Konsequenzen für das Management **vorzubereiten**.

Der deutsche Versicherungsmarkt befindet sich zur Zeit im Wandel - insbesondere aufgrund der erheblichen Veränderungen seit dem 1. Juli 1994 durch die Einführung des EU-Binnenmarktes. Die Versicherungsunternehmen sind daher in einer **Phase der Neuorientierung** und Umstrukturierung, die die gesamte unternehmerische Ausrichtung betrifft und damit auch das Strategische Controlling.

2. Der deutsche Versicherungsmarkt im Wandel

2.1 Veränderungen der Rahmenbedingungen

Neben der starken Abhängigkeit der Assekuranz von der gesamtwirtschaftlichen Entwicklung - konjunktureller, soziodemographischer und rechtlicher Art - ergaben sich in den letzten beiden Jahren durch den europäischen Einigungsprozess gravierende Veränderungen für den deutschen Versicherungsmarkt. Mit der Einführung des EU-Binnenmarktes zum 1. Juli 1994 wurde nach dem industriellen und großgewerblichen Bereich (bereits seit Juli 1990 dereguliert) nun auch das private **Massengeschäft** liberalisiert. Nach vielen Jahrzehnten aufsichtsrechtlicher Regulierung ist damit die gesamte deutsche Versicherungswirtschaft, als eine der letzten Branchen in Deutschland, dem freien Spiel der Marktkräfte überlassen.

Die **Auswirkungen** des EU-Binnenmarktes für das private Breitengeschäft ergeben sich im Prinzip aus zwei wesentlichen Veränderungen:

- Dienstleistungsfreiheit
- Produkt- und Preisfreiheit.

Die **Dienstleistungsfreiheit** ermöglicht jedem europäischen Versicherungsunternehmen vom Sitz seines Heimatlandes aus, in allen Mitgliedsstaaten Europas Versicherungsverträge abzuschließen. Durch den Wegfall aller Schranken und Grenzen kann der deutsche Privatkunde nun auch eine englische oder portugiesische Lebensversicherungspolice kaufen. Gleichzeitig können die deutschen Versicherer ihre Produkte im europäischen Ausland anbieten, ohne dort durch eine Niederlassung vertreten sein zu müssen.

Mit der **Produkt- und Preisfreiheit** wurde zum 1. Juli 1994 die staatliche Marktregulierung durch den Wegfall des Genehmigungszwangs der Versicherungsbedingungen und weitgehend auch der Prämienkalkulation aufgehoben. Statt des bisher nahezu brancheneinheitlichen Versicherungsangebotes führt dieser Schritt in die Liberalisierung schon nach wenigen Monaten zu einer individuelleren Marktentwicklung, die durch eine größere Produktvielfalt und eine stärkere Preisdifferenzierung gekennzeichnet ist.

Die Einführung des EG-Binnenmarktes hat einen Stein ins Rollen gebracht, der zu einer deutlichen Wettbewerbsverschärfung auf dem deutschen Versicherungsmarkt führen wird. Aufgrund der bestehenden Markteintrittsbarrieren für ausländische Versicherer - bspw. fehlende personelle Vertriebsstrukturen und Akzeptanzschwierigkeiten beim Kunden - wird das Ringen um den deutschen Privatkunden allerdings primär unter den deutschen Versicherungsunternehmen ausgetragen. Gleichzeitig bedeutet der steigende Wettbewerb für die Versicherer auch im Privatkundengeschäft einen größeren **Ertragsdruck** und damit reduzierte Margen. Der deutsche Versicherungsmarkt hat sich darüber hinaus in den letzten Jahren vom Nachfrage- zum **Anbietermarkt** gewandelt. Diese Entwicklung ist insbesondere auf die steigende Zahl der neuen Anbieter von Versicherungsprodukten - Banken, Leasing-Gesellschaften, Kreditkarteninstitute, etc. - zurückzuführen.

Als Fazit der Marktveränderungen ergibt sich für die deutschen Versicherer die große Herausforderung, weg von der früheren **Verwaltermentalität** als unternehmerischer **Dienstleistungsanbieter** den deutschen Versicherungsmarkt zu bearbeiten.

2.2 Der Kunde und sein Versicherungsbedarf

Neben den Rahmenbedingungen hat sich auch der Kunde und sein Versicherungsbedarf in den letzten Jahren erheblich verändert. Repräsentative Marktuntersuchungen belegen, daß der "neue Kunde" der Versicherungswirtschaft kritischer, mündiger und flexibler geworden ist. Der Anteil der Kunden, die neue oder Anschlußverträge automatisch bei ihrem bisherigen Versicherer abschließen, sinkt. Immer mehr Kunden nehmen vor dem Abschluß eines Versicherungsvertrages **Leistungsvergleiche** zwischen verschiedenen Gesellschaften vor. Das verstärkte **Qualitätsbewußtsein** zeigt sich dann dadurch, daß die Bereitschaft des Kunden, seinen Versicherer zu wechseln, wenn das Preis- / Leistungsverhältnis nicht stimmt, deutlich zugenommen hat. Gleichzeitig entwickelt sich der **Versicherungsbedarf** zunehmend heterogener, d. h. der Kunde gibt sich nicht mehr mit pauschalen Versicherungsangeboten zufrieden, sondern sucht durch seinen Versicherer individuelle, auf seine persönliche Risikosituation zugeschnittene Lösungskonzepte.

Trotz dieser Verhaltensänderungen zeigt eine kundenorientierte Marktanalyse sehr schnell, daß auf dem deutschen Versicherungsmarkt Segmente existieren, die zumindest eine **gleichartige Bedürfnis- und Präferenzstruktur** aufweisen. In der Praxis hat sich eine strukturelle Marktunterteilung in drei Kundensegmente (die

Betrachtung von Spezialmärkten, z. B. Kredit- und Kunstversicherung, soll an dieser Stelle vernachlässigt werden) als vorteilhaft erwiesen:

- Industriekunden
- Firmenkunden
- Privatkunden.

Mit der Entscheidung, ein bestimmtes oder alle Marktsegmente zu bearbeiten, legt die Bedarfsstruktur des gewählten Kundensegmentes automatisch die Anforderungen an die Geschäftspolitik und damit auch an das Strategische Controlling des Versicherers fest.

Der Bedarf der **Industriekunden** wird überwiegend von der Internationalität der Geschäftsbeziehungen und Unternehmensstrukturen geprägt. Der Industriekunde erwartet heute von den Versicherern ein ausgedehntes Sicherheitskonzept, das über die traditionelle Versicherungslösung hinausgeht. Einerseits müssen sämtliche Risiken des heimischen Stammsitzes und aller ausländischen Niederlassungen gemäß den lokalen Haftungs-, Steuer- und sonstigen Bedingungen erfaßt und abgesichert werden - sei dies nun die Produktionsstätte in Spanien oder das Verkaufsbüro in Übersee. Andererseits erstreckt sich der industrielle Kundenbedarf aber immer mehr auf Finanzlösungen - von der Hilfestellung bei der Gründung von Captives über Selbstbehaltlösungen bis hin zu Risikofinanzierungen mit sogenannten strukturierten Programmen.

Dieser umfangreiche Kundenbedarf verlangt von den Industrieversicherern ein hohes Maß an internationalem Know-how, hoher Rückversicherungskapazität und vor allem ein einwandfrei und weltweit existierendes Netzwerk. Dort, wo der Kunde ist, muß der Industrieversicherer auch sein. Zudem stellt das anwachsende Schadenpotential auch enorme Ansprüche an die Bonität der Versicherer. Diesen steigenden Kundenanforderungen können und wollen immer weniger Industrieversicherer gerecht werden, so daß der sich abzeichnende **Konzentrationsprozeß** in Europa letztendlich zu fünf oder sechs großen, internationalen Industrieversicherern führen wird.

Auch im zweiten Marktsegment, den **Firmenkunden** aus Handel, Handwerk und Gewerbe, verändert sich der Beratungsbedarf stetig. Einerseits ergibt sich dies aus der zunehmenden Produkt- und Umwelthaftung infolge einer verschärften Rechtsprechung. Andererseits wächst mit dem EU-Binnenmarkt aufgrund der immer häufigeren grenzüberschreitenden Lieferbeziehungen der internationale Beratungsbedarf.

Der Firmenkunde braucht die Bereitstellung von **Sicherheitskapital**, das seine Bilanzierungsfähigkeit absichert. Im Vergleich zu den industriellen Kunden wird der Versicherer in diesem Segment noch stärker als der professionelle "risk consultant" gefordert, da die Firmenkunden über ein geringeres versicherungsspezifisches Fachwissen verfügen. Diese Beratung muß überwiegend dezentral vorgenommen werden, um die notwendige Kundennähe zu erreichen.

Im bisher stark regulierten **privaten Massengeschäft** als dritten Kundensegment haben sich durch den EU-Binnenmarkt die stärksten Veränderungen ergeben. Die Analyse des Bedarfs der Privatkunden verdeutlicht, daß innerhalb der Privatkundschaft zwei unterschiedliche Strömungen existieren.

Auf der **einen Seite** ist festzustellen, daß sich eine Käuferschicht vergrößert, die kostengünstige Produkte des privaten Versicherungsbedarfs **eigeninitiativ** nachfragt. Dieses rein auf den Preis fixierte Kaufverhalten beschränkt sich fast ausschließlich auf Standard-Versicherungsprodukte, bspw. die Kfz-, Privathaftpflicht- oder Risikolebensversicherung. Der Kunde wünscht oder braucht keine Beratung durch einen firmengebundenen Außendienstvertreter und sucht selbständig auf dem Markt nach preisgünstigen und servicestarken Produktangeboten. Als Hilfsmittel dienen ihm überwiegend Zeitschriften - z. B. Stiftung Warentest, ADAC, DM, Capital, etc. Dieser Kundenbedarf kann am kostengünstigsten durch einen Direktvertrieb abgesichert werden und wird in den nächsten Jahren deutlich seinen Marktanteil vergrößern.

Auf der **anderen Seite** bleibt weiterhin der überwiegende Teil der Privatkundschaft, der durch eine **individuelle Beratung** seinen privaten Versicherungsbedarf absichern will. Der Privatkunde sucht hier den persönlichen Kontakt, um sowohl beim Abschluß neuer Versicherungen als auch im Schadenfall eine ihm bekannte Person als Ansprechpartner zu haben. Zumeist bestehen langjährige Beziehungen zu einem Versicherungsvertreter, die durch Vertrauen in die Fachkompetenz und in die Person gekennzeichnet sind. Dieser auf den ersten Blick als relativ verhaltenstreu zu bezeichnende Bereich wird sich allerdings in Zukunft, insbesondere durch die Produktvielfalt des EU-Binnenmarktes und die daraus folgende offensive Informationspolitik der Mitbewerber, in seinem Anforderungsprofil verändern. Zudem steigen die Risiken aufgrund der größeren Wertekumulation auf engstem Raum sowie durch Gesetzesänderungen - bspw. eine härtere Umwelthaftung im Schadenfall für Heizöltankbesitzer. Für den personellen Vertrieb der Versicherer bedeutet diese Entwicklung permanente Investitionen in die Weiterbildung des Außendienstes, um weiterhin dem Kunden eine qualifizierte Beratung gewährleisten zu können.

Die aufgezeigten Veränderungen im Kundenverhalten erfordern von den deutschen Versicherern als Dienstleistungsunternehmen eine noch stärkere **Kundenorientierung** als bisher. Insbesondere durch die Liberalisierung im EU-Binnenmarkt ergeben sich neue Möglichkeiten, um die unternehmerischen Spielräume effizienter und effektiver nutzen zu können. Der EU-Binnenmarkt setzt neue Maßstäbe für die Produktqualität, Kundenservice, Flexibilität und Effizienz der Strukturen sowie Finanzkraft der Versicherer - kurz neue Maßstäbe für die gesamte Unternehmensqualität.

3. Die neue Kundenorientierung in den Versicherungsunternehmen

Bisher stand für die Geschäftspolitik der Versicherer die traditionelle, zwingend durch das Aufsichtsamt vorgeschriebene Spartenorientierung mit gleichförmigen Produkten im Vordergrund. Die Liberalisierung durch die Einführung des EU-Binnenmarktes und auch die Verhaltensänderungen beim Kunden führen nun am Markt zu einer verstärkten Kundenorientierung der Versicherer, die durch individuelle Produktkonzepte sowie eine größere Preisdifferenzierung gekennzeichnet ist. Der Kunde kann jetzt zwischen **verschiedenen** Produkten auswählen und wird sich für das Versicherungsangebot entscheiden, das seinen persönlichen Bedarf am leistungsstärksten abdeckt. Für die Versicherer bedeutet der zunehmende Wettbewerb - insbesondere der zukünftig erwartete, **verstärkte Preiswettbewerb** - die Notwendigkeit, das gesamte unternehmerische Handeln auf den Kunden und seine Bedürfnisse auszurichten.

Aus der neuen Kundenorientierung folgt wiederum die Marktsegmentierung, d. h. die interne Organisation des Unternehmens in strategische Geschäftseinheiten gemäß der in 2.2 dargestellten Kundengruppen. Gerade das Aufbrechen althergebrachter Unternehmensstrukturen - Stichwort "re-engineering" - gestaltet sich als ein mittelfristiger Prozeß, der oftmals auch erhebliche Widerstände im Unternehmen überbrücken muß. Entscheidend ist der Einbezug aller Unternehmensbereiche in diesen gesamtheitlichen Veränderungsprozess, um die Kundenorientierung erfolgreich umzusetzen.

- Auswirkungen auf die **Aufbauorganisation** eines Versicherungsunternehmens

  In der Praxis bedeutet die kundenorientierte Umstrukturierung der Aufbauorganisation die deutliche Abkehr von der bisherigen Spartenorganisation hin zur Kundenausrichtung. Statt der bisherigen Spartenverantwortlichen stehen an der Spitze die Leiter der strategischen Geschäftseinheiten, die ausgewählte Marktsegmente repräsentieren. Die zentrale Aufgabe dieser obersten Führungskräfte ist schwerpunktmäßig die Entwicklung von Konzepten für eine selektive Marktbearbeitung, ohne den Rest des Marktes zu vernachlässigen. Im Rahmen dieses "target-marketing" steht die Ermittlung von ertragstarken **Zielgruppen** im Vordergrund. Hierfür sind dann spartenübergreifende Produktkonzepte mit einem risikoindividuellen Pricing-Verfahren zu entwickeln. Die Führungskräfte werden durch eine stärker ergebnisverantwortliche Bezahlung am erzielten Geschäftserfolg beteiligt.

- Optimierung der **Ablauforganisation**

  Neben der Aufbau- ist auch die Ablauforganisation auf die unternehmerische Kundenorientierung auszurichten. An erster Stelle stehen alle Maßnahmen zur **Optimierung** der **Arbeitsabläufe**. Neben der Beseitigung von Redundanzen bedeutet dies insbesondere einen verstärkten EDV-Einsatz, um die Effizienz in der Bearbeitung von Arbeitsvorgängen zu steigern. Eine kundenorientierte Schadenbearbeitung gestaltet sich bspw. nicht mehr als ein reiner Verwaltungsvorgang, sondern ist durch eine schnelle und unbürokratische Schadenregulierung gekennzeichnet, die aktiv den Kunden anspricht statt nur den monetären Ersatz anzustreben. Gerade hier erweist sich die effektive Umsetzung für den Versicherer als Wettbewerbsvorteil, weil nach wie vor das wichtigste Entscheidungskriterium des Kunden beim Kauf eines Versicherungsproduktes die Art und Weise der Schadenbearbeitung ist. Gleichzeitig brauchen die Versicherer flachere Hierarchien, um kurze und schnelle Entscheidungswege für den Kunden und auch die eigenen Mitarbeiter zu schaffen.

- Pluralität der **Vertriebswege**

  Im Vertrieb zeichnet sich die Kundenorientierung durch die Pluralität der Vertriebskanäle aus, weil dies eine optimale Nähe zum Kunden schafft. Die Vertriebskanäle **Direkt**- und **Maklervertrieb** werden zukünftig weiter an Bedeutung gewinnen, ohne daß der "klassische" Einfirmenvertreter seine dominierende Rolle verlieren wird. Gerade durch die größere Produktvielfalt und die daraus resultierende, geringere Markttransparenz sucht und braucht ein Großteil der Privatkunden einen kompetenten Ansprechpartner, um seine persönliche Risikosituation absichern zu können. Die Konzentration eines Komposit-Versicherers auf nur einen Vertriebsweg kommt nicht allen Anforderungen seitens der Kunden nach und benachteiligt damit die eigene Marktposition gegenüber den Mitbewerbern.

Neben der aufgezeigten strukturellen Umsetzung der Kundenorientierung muß allerdings auch das **Mitarbeiterbewußtsein** in diese Richtung sensibilisiert werden. Nur so kann gewährleistet werden, daß sich die neu gewonnene Unternehmensqualität am Markt als Wettbewerbsvorteil erweist, indem sie vom Kunden erkannt wird.

Der deutsche Versicherungsmarkt hat sich in den letzten Jahren stark gewandelt. Zum einen wurden dadurch neue **Spielräume** für unternehmerisches Handeln geschaffen, zum anderen erhöhten sich aber durch die Marktveränderungen auch die **Anforderungen** an die Versicherer. Die neue Marktsituation verlangt von den Versicherern eine klare Fokussierung und auf allen Stufen gelebte Unternehmensstrategie, die auf den Stärken des Versicherers aufbaut und die Schwächen beseitigt. Die Fähigkeiten des Managements erstrecken sich nicht mehr auf das reine Kosten-, Ertrags- und Risikomanagement, sondern vielmehr auch auf die allgemeine Fähigkeit, Veränderungen kundenorientiert, schnell und nachhaltig zu bewältigen.

4. Strategisches Controlling im Versicherungsunternehmen

Die verstärkte Kundenorientierung des gesamten Versicherungsunternehmens wirkt sich auch auf das Strategische Controlling aus. Die generelle Beschleunigung von Veränderungen und die enge Vernetzung der Einflußfaktoren erfordern eine frühzeitige und flexible Handlungsweise des Managements. Nach wie vor bleibt das Unternehmenscontrolling hier ein wichtiges Steuerungs-, Lenkungs- und Führungsinstrument des Vorstandes. Dabei hat sich die grundsätzliche **Aufgabenstellung des Strategischen Controlling** durch die unternehmerische Kundenorientierung nicht geändert. Allerdings geschieht dies nun aus einer neuen Sichtweise: Statt der bisherigen Spartenorientierung steht jetzt der Kunde und sein individueller Versicherungsbedarf im Vordergrund der Betrachtungen.

Das Unternehmenscontrolling strukturiert sich analog zur Aufbauorganisation, d. h. nach den ausgewählten Marktsegmenten. Die Mitarbeiter der Controlling-Abteilung müssen über ein detailliertes Know-how bzgl. der zu bearbeitenden Kundengruppen verfügen - quasi als "Kundengruppenspezialist". Die notwendigen Informationen bekommt der Mitarbeiter sowohl durch eine regelmäßige, enge Zusammenarbeit mit den strategischen Geschäftseinheiten als auch durch die eigenständige permanente Beobachtung und Analyse der Entwicklung seines Marktsegmentes. Darüber hinaus findet zusätzlich in der Abteilung untereinander ein interner Austausch zu gesamtwirtschaftlichen Themen, insbesondere gesetzlichen Veränderungen, statt.

Wo liegen nun die **Schwerpunkte** des **kundenorientierten Controlling**? In der Praxis sind vor allem zwei Ebenen feststellbar:

- Zielgruppen-Controlling
- Kundensegment-Controlling.

Das **Zielgruppen-Controlling** stellt die untere Ebene dar. Die Wettbewerbszunahme erfordert von den Versicherern die klare Ausrichtung auf ertragstarke Zielgruppen, die einen überdurchschnittlichen Beitrag zum Unternehmensergebnis erwirtschaften. Nach der Ermittlung dieser Zielgruppen sind spartenübergreifende Produktkonzepte mit einer risikoadäquaten Kalkulation zu entwickeln. Im Vordergrund steht die gesamte Absicherung der individuellen Risikosituation des Kunden.

Die zielgerichtete Bündelung von mehreren Versicherungssparten setzt nicht voraus, daß **alle** Sparten einen positiven Deckungsbeitrag zum gesamten Zielgruppenertrag erbringen müssen. Beispielsweise ist ein Zielgruppenkonzept für Getränkehändler ohne den Einschluß des hohen, zumeist defizitär verlaufenden Einbruch-Diebstahlrisikos durch die Betriebsversicherung am Markt sicherlich nicht erfolgreich, weil es nur einen Teilausschnitt der spezifischen Risikosituation absichert. Die Zielgruppe muß damit unter Ertragsgesichtspunkten als Ganzheit gesehen werden, d. h. der negative Deckungsbeitrag einer oder auch mehrerer Sparten - z. B. Einbruch-Diebstahl oder Elementarschadenversicherungen - muß insgesamt durch den positiven Beitrag der anderen Sparten überkompensiert werden und nach Abzug der Kosten einen positiven Beitrag zum Geschäftsergebnis des Kundensegmentes leisten.

Das Zielgruppen-Controlling vergleicht die konzeptionelle Planung für die Zielgruppen mit der tatsächlichen Entwicklung. Die effektive, zielgerichtete Marktbearbeitung von Zielgruppen hängt insbesondere von drei Komponenten ab, die damit auch die **strategischen Ansatzpunkte** für das Zielgruppen-Controlling bilden:

- Spartenentwicklung
- Veränderungen im Umfeld / Rahmenbedingungen
- Konkurrenzsituation.

In der Spartenentwicklung stehen neben der Beitrags- und Schadenentwicklung Veränderungen im Kundenverhalten im Vordergrund. Bspw. kann der technische Fortschritt dazu führen, daß eine geplante Schadenentwicklung nicht eintritt, weil statt einer Verbesserung aufgrund subjektiver Verhaltensänderungen durch den Kunden eine Verschlechterung der Schadensituation erfolgt. Zum Beispiel wurde die erwartete schadenreduzierende Wirkung aufgrund der Ausstattung von PKW's mit Anti-Blockier-Systemen (ABS) durch ein aggressiveres Fahren übertroffen. Zudem erschwerte sich durch die fehlenden Bremsspuren die Beweislast der Versicherer in Fällen der groben Fahrlässigkeit.

Ein besonderes Augenmerk gilt beim Zielgruppen-Controlling den sogenannten "**kritischen**" Sparten eines Zielgruppenkonzeptes, weil diese für den Erfolg oder Mißerfolg entscheidend sind. Dies bezieht sich sowohl auf die ertragreichen als auch verlustbringenden Sparten. Bspw. führte die katastrophale Diebstahlmisere in der Kfz-Kaskoversicherung zu einer unerwartet hohen Schadenbelastung. Oder zukünftig der wettbewerbsbedingte Preisverfall in einer Sparte zu einer deutlichen Ertragsreduzierung. Durch die spartenübergreifende Betrachtung des Zielgruppen-Controlling muß eine Verschlechterung der Ertragssituation einer Sparte nicht automatisch zu einem harten Sanierungskurs seitens des Versicherers führen, wenn der gesamte Deckungsbeitrag noch positiv ist. Die einzuleitenden Maßnahmen zur Schadenreduzierung sind stattdessen hinsichtlich ihrer Konsequenzen auf die gesamte Kundenverbindung zu betrachten.

Neben der Spartenentwicklung ist für den Erfolg eines Zielgruppenkonzeptes die **permanente Marktbeobachtung** durch das Controlling notwendig. Bspw. kann die Einführung einer gesetzlichen Zulassungspflicht für eine Berufsgruppe zu einem betriebswirtschaftlichen Größenproblem führen. Oder die Verschärfung der gesetzlichen Rahmenbedingungen die individuelle Risikosituation einer Zielgruppe erheblich beeinflussen - insbesondere im Bereich der Umwelthaftung -, so daß der Deckungsumfang nicht mehr ausreichend ist bzw. eine nicht kalkulierbare Dimension einnimmt.

Bei der Analyse der **Konkurrenzsituation** steht die laufende Beobachtung der anderen Marktteilnehmer im Vordergrund. Zum einen kann der Markteintritt eines preisgünstigen, spezialisierten Mitbewerbers in einer ertragreichen Sparte den erwarteten positiven Deckungsbeitrag einer Zielgruppe reduzieren bzw. ganz zur Disposition stellen. Zum anderen offenbart der Vergleich des Leistungsangebotes und Kundenservices der Mitbewerber die Stärken und Schwächen des eigenen Marktauftrittes und damit den Ansatz für Veränderungen.

Die Aufgabe des Zielgruppen-Controlling besteht vor allem in der rechtzeitigen Antizipation von Veränderungen in den zielgruppenrelevanten Einflußfaktoren, um im Vorfeld Lösungswege und Maßnahmen für unternehmerische Entscheidungen aufzeigen zu können.

Das **Kundensegment-Controlling** und damit das Controlling einer strategischen Geschäftseinheit unterstützt die Leiter dieser Kundengruppen in ihrem unternehmerischen Auftrag, ergebnisverantwortlich die Marktsegmente zu bearbeiten. Das Kundensegment-Controlling vergleicht im Verlauf der Planungsperiode kontinuierlich die Ist-Entwicklung mit den Plandaten. Im Falle von positiven aber insbesondere negativen Abweichungen werden diese nach Art und Höhe, nach Ursachen, Hintergründen und Verantwortlichkeiten analysiert.

Das Kundensegment-Controlling bedient sich einer Reihe von unternehmensspezifischen **Kennzahlen**, die es permanent weiterentwickelt und die komplexen Unternehmensstrukturen auf wenige wirtschaftliche Parameter reduziert. Diese Kennziffern beziehen sich sowohl auf die pauschal zu bearbeitenden Sparten - z. B. Schadenquote, Kostenquote, Reservenquote, Eigenkapitalrendite, etc. - als auch auf die Zielgruppenkonzepte - Deckungsbeitrag je Zielgruppe, Marktpotential je Zielgruppe. Diese Kennzahlen, die sowohl der Abbildung der tatsächlichen Geschäftsentwicklung als auch zur Simulation von möglichen Veränderungen durch kundengruppenrelevante Einflußfaktoren dienen, unterstützen das Kundengruppen-Controlling in seiner **Frühwarnfunktion** gegenüber den Geschäftseinheiten.

Anhand der laufenden Messung des Geschäftsergebnisses werden die Manager der Kundensegmente über die unterjährige Entwicklung informiert und können damit zeitnah die getroffenen unternehmerischen Entscheidungen auf ihre Wirksamkeit hin überprüfen und ggf. frühzeitig Veränderungen vornehmen. Diese fokussierte Management-Information-System (MIS) - Funktion des Kundengruppen-Controlling gewinnt immer mehr an Bedeutung, weil durch die Wettbewerbszunahme im EU-Binnenmarkt eine neue Zeitrechnung in Gang gesetzt wurde. Marktveränderungen ergeben sich heute in immer kürzeren Zeitabschnitten und müssen in ihren Auswirkungen auf die Geschäftspolitik eines Kundensegmentes schnell abgebildet werden, wenn sie im Vorfeld nicht antizipiert werden konnten. Das Kundengruppen-Controlling muß flexibel die Entwicklung des Marktes widerspiegeln und insbesondere auch kurzfristig umsetzbare Lösungswege aufzeigen. Bspw. kann heute die höhere Schadenbelastung einer Sparte nicht mehr wie früher über Prämienanpassungsklauseln im nachhinein brancheneinheitlich ausgeglichen werden. Zum einen verhindert die individuelle Marktentwicklung dieses Vorgehen und zum anderen würde der Kunde eine solche Beitragserhöhung ohne Verbesserung des Versicherungsschutzes nicht ohne weiteres akzeptieren. Die Folge wäre der häufigere Wechsel zu einem Mitbewerber. Das Kundengruppen-Controlling muß daher verstärkt **Lösungswege aufzeigen**, die bereits vor dem Schadenereignis schadenmindernd wirken. Analog zum Industriekunden werden daher auch im breiten Massengeschäft verstärkt Instrumente des "risk management" eingesetzt.

Eine weitere Aufgabe des Strategischen Controlling besteht in der **Aggregation** der Einzelergebnisse der Kundensegmente **zum Gruppenergebnis**. Mit dem Aufzeigen der aufgetretenen Abweichungen im Soll/Ist-Vergleich der Plandaten bekommt die

Unternehmensleitung auf Gruppenebene die Informationen, um unterjährig den Erreichungsgrad der Unternehmensziele festzustellen. Das Strategische Controlling orientiert sich neben der laufenden wirtschaftlichen Ergebnismessung an den strategischen Erfolgsfaktoren des Unternehmens, die sowohl für die gesamte Gruppe als auch die einzelnen Kundensegmente definiert sind. Diese Schlüsselfaktoren nehmen im Unternehmen eine besondere Rolle ein, um die langfristigen Strategien zielgerichtet am Markt umsetzen zu können und damit die eigene Marktposition zu behaupten bzw. auszubauen. Die Überwachung der gesetzten Etappenziele durch das Strategische Controlling stellt daher einen wichtigen Bestandteil hinsichtlich der Auswirkungen auf die Geschäftsentwicklung dar.

5. Resümee

Die verstärkte Kundenorientierung der Versicherer im EU-Binnenmarkt führt auch beim Strategischen Controlling dazu, daß der Kunde im Mittelpunkt der Betrachtungen steht. Durch die zeitnahe, unterjährige Ergebnismessung je Kundensegment und auch der Zielgruppen-Deckungsbeiträge sowie dem Aufzeigen von geschäftspolitischen Fehlentwicklungen ermöglicht das Strategische Controlling dem Management eine aktive, vorausschauende Steuerung und Lenkung des Unternehmens. Damit besteht für die Unternehmensführung die Chance zur direkten Beeinflussung einer Entwicklung am Markt bzw. des Umfeldes, d. h. statt auf Veränderungen nur zu reagieren, im Vorfeld aktiv zu agieren. Gerade hinsichtlich der verstärkten Wettbewerbszunahme im EU-Binnenmarkt gewinnt das Strategische Controlling damit an Bedeutung und stellt einen wichtigen Wettbewerbsfaktor für den unternehmerischen Markterfolg dar.

3. Kapitel:

Controlling: Zurück in die Zukunft?

Von der flexiblen Plankostenrechnung zur Prozeßkostenrechnung

Theoretisches Konzept und empirische Umsetzung am Beispiel des Werkes Hamburg der Mercedes-Benz AG

Rosemarie Hardt

1. Einleitung: Kosten- und Leistungsrechnung als Instrument des Controlling

Eine wesentliche Aufgabe des Controlling liegt in der Koordination des Führungsgesamtsystems. Bei der Erfüllung dieser Koordinationsfunktion liefert das Zielsystem des Unternehmens die Kriterien, an denen sich das Controlling zu orientieren hat (vgl. Küpper 1990, S. 332). Aus diesem Grunde nimmt das Controlling bei der Ausübung seiner Koordinationsaktivitäten eine **Zielausrichtungsfunktion** wahr, innerhalb derer sie

- die Unternehmensmitglieder dazu anregt, das Aktionsfeld ihrer Aktivitäten an den Zielen des Unternehmens auszurichten,
- das Management über eingetretene Zielabweichungen sowie die dafür verantwortlichen Ursachen informiert und
- bei potentiellen und realen Zielabweichungen den Einsatz gegensteuernder Maßnahmen einleitet (vgl. Hardt 1995, S. 32 - 34).

Die oben beschriebene Zielausrichtungsfunktion kann nur dann realisiert werden, wenn dem Controlling Informationen zur Verfügung stehen, die die angestrebten und tatsächlich erreichten Ergebnisse widerspiegeln. Da sich Unternehmensziele in ihrer letzten operativen Ausprägungsform nur durch Gegenüberstellung der Kosten und Leistungen messen lassen (vgl. Gälweiler 1986, S. 124), kann die **Bereitstellung controllingadäquater Kosten- und Leistungsinformationen** als die **wichtigste Koordinationsbasis** des Controlling bezeichnet werden. Die Erfassung, Gegenüberstellung und Bereitstellung zielrelevanter Kosten- und Leistungsinformationen fällt in das Aufgabengebiet der Kosten- und Leistungsrechnung (vgl. Oebel 1992, S. 958), die als Servicefunktion den Mitgliedern des Unternehmens die zur Funktionserfüllung notwendigen Informationen vorzuhalten hat (vgl. Wenz 1992, S. 133). Durch die Bereitstellung dieser Informationen trägt die Kosten- und Leistungsrechnung indirekt zur Verwirklichung der Unternehmensziele bei.

Heute zählt die Kosten- und Leistungsrechnung zu den wichtigsten Instrumenten des Controlling (vgl. Männel 1992, S. 40). Da die Kosten- und Leistungsrechnung eine **Servicefunktion** darstellt, ist der Umfang und die Genauigkeit der durch die Kosten- und Leistungsrechnung bereitzustellenden Informationen vom Informationsbedarf der Unternehmensmitglieder und hier insbesondere des Controlling abhängig (vgl. Kaiser 1990, S. 16).

Zu einer zielorientierten Planung der Unternehmensaktivitäten benötigt das Controlling für sämtliche Entscheidungsalternativen Kosten- und Leistungsinformationen, die den Zielerreichungsmaßstab (z. B. Preisziele, Kostensenkungsziele) in quantitativer Form widerspiegeln. Als Controllinginstrument besteht die Aufgabe der Kosten- und Leistungsrechnung daher in der Bereitstellung entscheidungsorientierter Informationen. Ein rationaler Entscheidungsfindungsprozeß allein sichert aber noch nicht die Zielerreichung; Entscheidungen müssen durchgesetzt werden. Eine aus der Sicht des Controlling wichtige Anforderung an die Kosten- und Leistungsrechnung liegt daher in der Bereitstellung von Informationen, die zur zielorientierten Steuerung des Verhaltens der Unternehmensmitglieder geeignet sind. Da fast jede unternehmerische Entscheidung funktions- und bereichsübergreifend auf die Unternehmensteilbereiche in positiver oder negativer Hinsicht einwirkt, bilden **kostenstellenübergreifende Sollinformationen** die entscheidende Koordinationsvoraussetzung für eine an den Oberzielen des Unternehmens ausgerichtete Planung sämtlicher betrieblicher Entscheidungstatbestände (vgl. Hardt 1995, S. 85). In der Vergangenheit ist eine Vielzahl von hochentwickelten Plankostenrechnungssystemen entwickelt worden, die, je nach Zielsetzung, sowohl auf Vollkostenbasis als auch auf Teilkostenbasis ausgestaltet werden können. Für die effiziente Gestaltung und Einführung eines controllingadäquaten Kosten- und Leistungsrechnungssystems ist es in jedem Fall hilfreich, die individuellen Stärken und Schwächen dieser Systeme zu kennen. Zu diesem Zweck werden die beiden in der Praxis am häufigsten eingesetzten **Kostenrechnungssysteme** (= flexible Plankostenrechnung auf Vollkostenbasis, flexible Plankostenrechnung auf Teilkostenbasis) zunächst aus der Perspektive des Controlling analysiert; anschließend wird an einem **Praxisbeispiel** untersucht, inwieweit die Informationsgenauigkeit dieser Rechnungs-systeme durch die zusätzliche Implementierung einer **Prozeßkostenrechnung** ver-bessert werden kann.

2. Beurteilung der flexiblen Plankostenrechnung aus der Sicht des Controlling

2. Flexible Plankostenrechnung auf Vollkostenbasis

Vollkostenrechnungssysteme sind primär zum Zwecke der **Absatzpreisfixierung** (für die Ermittlung von Selbstkosten) entwickelt worden (vgl. Hummel, Männel 1983, S. 19 - 20). Sie sind dadurch charakterisiert, daß sie sämtliche Kostenarten auf die

Kostenstellen verteilen und den Kostenträgern zurechnen, unabhängig davon, ob es sich um Einzel-, Gemeinkosten oder um fixe oder variable Kosten handelt.

Empirische Studien belegen, daß ca. 63 % der (deutschsprachigen) Unternehmen vollkostenorientiert sind; bei den in der Praxis eingesetzten Vollkostenrechnungssystemen dominiert mit einem Anteil von ca. 70 % eindeutig die **flexible Plankostenrechnung auf Vollkostenbasis** (vgl. Witt 1991, S. 120 - 123). Neben der Absatzpreisfixierung steht im Konzept der flexiblen Plankostenrechnung auf Vollkostenbasis als weitere Zielsetzung die Kostenstellenkontrolle im Vordergrund der Überlegungen. Die für eine Kostenstellenkontrolle erforderliche Ermittlung der Sollkosten je Kostenstelle wird im System der flexiblen Plankostenrechnung auf Vollkostenbasis gewährleistet, indem im Rahmen der Kostenplanung sämtliche Kosten in ihre fixen und variablen Kostenbestandteile aufgesplittet werden. Über die Bereitstellung von kostenstellenbezogenen Beschäftigungs- und Verbrauchsabweichungen erfüllt die flexible Plankostenrechnung auf Vollkostenbasis die Aufgaben der Kostenstellenkontrolle einwandfrei (vgl. Plaut 1961, S. 462). Aus der Sicht des Controlling erweist es sich allerdings als problematisch, daß die Kostenstellenleiter im Rahmen der Kostenkontrolle lediglich die aus ihren Entscheidungen innerhalb der jeweils eigenen Kostenstelle resultierenden Folgewirkungen zu vertreten haben. Eventuelle bereichsübergreifende negative Auswirkungen auf andere Kostenstellen sind somit häufig nicht durch den Entscheidungsträger, sondern durch andere Kostenstellenleiter zu verantworten. **Ein controllingadäquates Kosten- und Leistungsrechnungssystem sollte zwecks einer zielorientierten Steuerung und Kontrolle der Unternehmensteilbereiche derartige bereichsübergreifende Wirkungszusammenhänge berücksichtigen** (vgl. Hardt 1995, S. 124 - 125).

Die Aufsplittung der Kosten in fixe und variable Komponenten erfolgt im Konzept der flexiblen Plankostenrechnung auf Vollkostenbasis ausschließlich für die Zwecke der **Kostenstellenkontrolle**; für die Verrechnungssatzbildung im Rahmen der innerbetrieblichen Leistungsverrechnung und die Bildung der Kalkulationssätze für die Selbstkostenermittlung der Erzeugnisse werden dagegen Vollkosten herangezogen (vgl. Kilger 1974, Sp. 2987). Während für die Zwecke der Kostenstellenkontrolle als Maßgröße für die Kostenverursachung grundsätzlich direkte, quantitative Bezugsgrößen (z. B. Stückzahlen, Fertigungszeiten, Gewichtseinheiten) verwendet werden sollten, ist im Konzept der flexiblen Plankostenrechnung auf Vollkostenbasis zur kalkulatorischen Weiterverrechnung der Kosten indirekter Leistungsbereiche auf die Produkte nur die Verwendung indirekter Bezugsgrößen (auch: Hilfs- oder Verrechnungsbezugsgrößen, wie z. B. DM-Materialkosten) erlaubt (vgl. Kilger 1988, S. 337 - 339, 345; Kilger 1993, S. 329). Die Materialgemeinkosten-Zuschlagsprozentsätze werden ermittelt, indem die Materialgemeinkosten durch die Materialeinzelkosten dividiert werden. Für die Zuschlagsprozentsatzbildung des Vertriebs sowie des Verwaltungsbereiches werden i. d. R. die Herstellkosten der Erzeugnisse als Bezugsbasis herangezogen (vgl. Abb. 1).

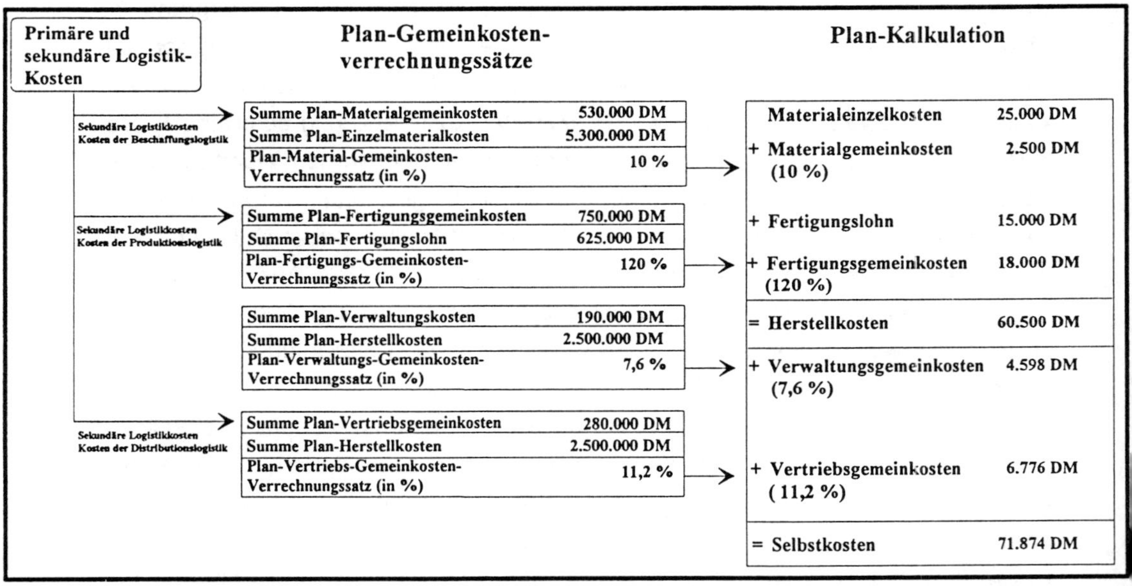

Abb. 1: Schematische Darstellung der Zuschlagsprozentsatzbildung und Plankalkulation am Beispiel einer Zuschlagskalkulation

Die im System der flexiblen Plankostenrechnung übliche Verrechnung der indirekten Kosten mit Hilfe pauschaler Zuschlagsprozentsätze auf die Erzeugnisse ist mit der **Gefahr** verbunden, daß Gemeinkosten in hohem Maße ungenau kalkuliert werden. So wird beispielsweise kaum ein Kostenbetrag der Kostenstellen des Materialbereiches tatsächlich von der indirekten Bezugsgröße des Materialeinsatzwertes abhängig sein. Ein weiterer allgemeiner **Schwachpunkt** ergibt sich aus der Tatsache, daß in der flexiblen Plankostenrechnung auf Vollkostenbasis sowohl die proportionalen als auch die fixen Kosten über jeweils gleiche Bezugsgrößen auf die Erzeugnisse weiterverrechnet werden (= Fixkostenproportionalisierung). Dieser Umstand ist mit gravierenden **Fehlentscheidungen** im Rahmen der Verkaufssteuerung und der Lösung von Verfahrenswahlproblemen verbunden. Hier sei beispielhaft auf die Eliminierung von (angeblichen) Verlustartikeln verwiesen. Oftmals werden Artikel aus dem Produktionsprogramm herausgenommen, weil die ermittelten Vollkosten über den Marktpreis nicht gedeckt sind. Bei derartigen Entscheidungen wird häufig übersehen, daß mit der Eliminierung dieses Produktes zwar die proportionalen Kosten abgebaut werden, die bisher verrechneten Fixkosten aber bei Konstanz der Kapazitäten bestehen bleiben bzw. von den übrigen Produkten mit der Wirkung getragen werden müssen, daß sich entweder die Vollkostensätze erhöhen oder der Gewinn mindert. Ähnliche Probleme ergeben sich auch bei der Wahl zwischen Eigenfertigung und Fremdbezug, wenn ausschließlich Vollkosten als Entscheidungsbasis herangezogen werden. Weiterhin sind bei der Durchführung einer Vollkostenrechnung die Preisuntergrenzen der betrieblichen Erzeugnisse nicht bekannt; damit besteht die Gefahr, daß in einer angespannten Wirtschaftslage Verkaufspreise gesetzt werden, die erheblich unter der Preisgrenze liegen.

2.2 Flexible Plankostenrechnung auf Teilkostenbasis (Grenzplankostenrechnung)

Das Hauptziel der meisten in der Vergangenheit konzipierten Teilkostenrechnungssysteme liegt darin, die aus den Mängeln einer Vollkostenrechnung resultierenden Gefahren des Treffens von **Fehlentscheidungen** zu vermeiden (vgl. Hummel, Männel 1983, S. 39). Im Gegensatz zu Vollkostenrechnungssystemen wird in Teilkostenrechnungssystemen grundsätzlich zwischen zwei Kostenkategorien unterschieden (z. B. fixe und variable Kosten); wesentlich ist, daß nur ein Teil dieser Kosten verursachungsgerecht auf die Erzeugnisse verrechnet wird. Bezogen auf die teilkostenorientierten Unternehmen weist die im folgenden näher zu erläuternde Grenzplankostenrechnung (auch: flexible Plankostenrechnung auf Teilkostenbasis) einen Anteil von ca. 62 % auf (vgl. Witt 1991, S. 121).

Als **Hauptziele der Grenzplankostenrechnung** können die laufende Kostenkontrolle und die Ermittlung entscheidungsrelevanter Kosten und Deckungsbeiträge für kurzfristige Planungsentscheidungen genannt werden (vgl. Kilger 1983, S. 58). Der wesentliche Unterschied zur flexiblen Plankostenrechnung auf Vollkostenbasis besteht darin, daß sowohl in der Kostenstellen- als auch in der Kostenträgerrechnung die konsequente Trennung von variablen und fixen Kostenbestandteilen eingehalten wird. Im Vergleich zur flexiblen Plankostenrechnung auf Vollkostenbasis ist die Funktion der Kostenstellenkontrolle mit der Entwicklung der Grenzplankostenrechnung nicht wesentlich verändert worden; eine aus der Sicht des Controlling wichtige **kostenstellenübergreifene Kostenkontrolle** ist in dem betrachteten Teilkostenrechnungssystem ebenfalls **nicht möglich**. Ein wesentlicher Vorteil der Grenzplankostenrechnung liegt darin, daß im Rahmen der Kostenträgerstückrechnung für die Ermittlung der Herstell- bzw. Selbstkosten lediglich die erzeugnisabhängigen variablen Kosten verrechnet werden. Auf diese Weise wird die in Vollkostenrechnungssystemen übliche künstliche Proportionalisierung der zeitabhängigen, fixen Kostenbestandteile mit der Wirkung vermieden, daß die über die Grenzplankostenrechnung ermittelten Erzeugnisstückkosten als Entscheidungsinformationen für kurzfristige dispositive Planungsentscheidungen herangezogen werden können. Hier sei insbesondere auf die mögliche **Ermittlung von Preisuntergrenzen** sowie auf dispositive Problemstellungen innerhalb der Verkaufssteuerung und kurzfristige Verfahrenswahlprobleme hingewiesen, für die i. d. R. die Vollplankostenrechnung keine Hilfestellung anbieten kann und häufig zu Fehlentscheidungen verleitet (vgl. Hardt 1995, S. 139). Während die variablen Kosten durch das Controlling laufend kontrolliert und gesteuert werden können, gehen die fixen Kosten im ursprünglichen Konzept der Grenzplankostenrechnung als Fixkostenblock (undifferenziert) in die Periodenerfolgsrechnung ein. Diese globale Betrachtung des Fixkostenblocks führt dazu, daß keine Erkenntnisse über den Grad der Fixkostendeckung durch die einzelnen Erzeugnisarten gewonnen werden können. Eine Reihe von Fixkostenkomponenten fallen aber nur deshalb an, weil ein bestimmtes Erzeugnis gefertigt wird, wie z. B. der Aufbau eines Werkes für die Produktion eines neuen Personenkraftwagens in einem Unternehmen der Automobilindustrie oder die Leasinggebühren für eine Spezialmaschine, auf der nur ein Erzeugnis hergestellt wird. Aber was bedeutet ein Deckungsbeitrag von 30 % und mehr, wenn die Aufnahme der Produktion des betreffenden Erzeugnisses allein schon Fixkosten in dieser Höhe verursacht hat? (vgl. Agthe 1959, S. 407). Derartige **controllingrelevante Fragestellungen** können mit Hilfe der (ursprünglichen) Grenzplankostenrechnung **nicht beantwortet** werden.

Zusammenfassend kann festgehalten werden, daß die aus der Perspektive des Controlling an eine Kosten- und Leistungsrechnung gestellten **Anforderungen** durch die flexible Plankostenrechnung auf Vollkostenbasis sowie die Grenzplankostenrechnung **nur unbefriedigend erfüllt** werden. Dies wird insbesondere damit begründet, daß beide Systeme aus Entscheidungen resultierende, über die jeweilige Kostenstelle hinausgehende Wirkungszusammenhänge nicht abbilden können. Ein weiteres **Problem** beider Rechnungssysteme liegt in der unzulänglichen Behandlung der überwiegend **fixen Gemeinkosten**. Während diese im System der flexiblen Plankostenrechnung auf Vollkostenbasis über pauschale Zuschlagsprozentsätze ohne Bezug auf die tatsächliche Leistungs- bzw. Kostenbeanspruchung eines Produktes auf die Erzeugnisse verrechnet werden, werden sie statt dessen im System der (ursprünglichen) Grenzplankostenrechnung undifferenziert als Fixkostenblock ausgewiesen, was einer controllingadäquaten, zielorientierten Steuerung und Kontrolle der permanent anwachsenden Fixkostenanteile entgegensteht.

Etwa ab Mitte/Ende der achziger Jahre wird in betriebswirtschaftlichen Publikationen unter dem Begriff **Prozeßkostenrechnung** ein Verfahren vorgestellt, das im Gegensatz zu den traditionellen Kosten- und Leistungsrechnungssystemen zur Planung und Steuerung der Gemeinkosten geeignet sein soll. Im Rahmen eines Promotionsvorhabens ist am **Beispiel** eines Werkes der **Mercedes-Benz AG** überprüft worden, inwieweit sich das theoretische Konzept der Prozeßkostenrechnung in die Praxis umsetzen läßt bzw. ob die Anforderungen des Controlling durch die zusätzliche Implementierung einer Prozeßkostenrechnung verbessert werden können (vgl. Hardt 1995, S. 174 ff.).

3. Erfahrungen mit der Prozeßkostenrechnung als Controllinginstrument am Beispiel des Werkes Hamburg der Mercedes-Benz AG

3.1 Kurzbeschreibung des Werkes

Die Mercedes-Benz AG produziert ihre Erzeugnisse in den Geschäftsbereichen Personenkraftwagen (PKW) und Nutzfahrzeuge (NFZ). Die Automobile werden arbeitsteilig durch insgesamt elf inländische Produktionsstätten gefertigt. Durch die Realisation dieses Produktionsverbundes können Produktionen, die eine bestimmte Fertigungstechnik verlangen, weitgehend auf einen Standort konzentriert werden.

Das im Mittelpunkt der folgenden Ausführungen stehende Werk Hamburg stellt mit seinen ca. 2.300 Mitarbeitern und einem Umsatz von rd. 650 Mio. DM ein vergleichsweise kleines Werk innerhalb des Produktionsverbundes dar. Im Werk Hamburg werden Aggregate, Bedienungselemente und Einzelteile gefertigt, die die übrigen Werke für die Montage von Baugruppen und schließlich für die Endmontage der PKW und NFZ benötigen. Das Werk Hamburg nimmt aus der Sicht der übrigen 10 inländischen Werke (im folgenden: Kunden) die Stellung eines Zulieferer-unternehmens ein.

Aufgrund des zunehmenden Wettbewerbsdrucks innerhalb der Automobilindustrie sowie des daraus resultierenden Kosten- und Preisdrucks auf die Zulieferunternehmen erlangt die **Ausschöpfung sämtlicher Rationalisierungspotentiale** in den Fertigungs- und Gemeinkostenbereichen zunehmend an Bedeutung.

Der zu einer zielorientierten Steuerung und Kontrolle sämtlicher Unternehmensaktivitäten erforderliche Informationsbedarf des Controlling wird in dem betrachteten Beispielunternehmen durch ein überwiegend vollkostenorientiertes Kostenrechnungsbasissystem gedeckt, mit Hilfe dessen allerdings bei Bedarf auch Teilkosteninformationen abgeleitet werden, so daß in diesem Fall von einer **kombinierten flexiblen Plankostenrechnung** auf Voll- und Teilkostenbasis gesprochen werden kann. Zwecks einer transparenteren Gestaltung der kostenstellenübergreifenden Wirkungszusammenhänge in den überwiegend durch Fixkosten charakterisierten Gemeinkostenbereichen sowie der Ableitung controllingadäquater Entscheidungsinformationen wurde am Beispiel der Querschnittsfunktion Logistik untersucht, inwieweit die Informationsgenauigkeit des implementierten Kostenrechnungsbasissystems durch den zusätzlichen Einsatz einer Prozeßkostenrechnung präzisiert werden kann.

3.2 Konzeptionelle Gestaltung und empirische Umsetzung einer Prozeßkostenrechnung am Beispiel der Logistik

3.21 Die Prozeßkostenrechnung im Überblick

Bei der Grundform der **Prozeßkostenrechnung** handelt es sich methodisch um eine **Plankostenrechnung auf Vollkostenbasis**, die als zusätzliche, ergänzende Systemkomponente zu bereits vorhandenen Kosten- und Leistungsrechnungssystemen (= Basissysteme) eingesetzt werden kann (vgl. Cooper, Kaplan 1993, S. 8). Der wesentliche **Unterschied** zur traditionellen Kostenrechnung besteht darin, daß konsequent **direkte Bezugsgrößen** Verwendung finden, die auch als **Kostentreiber** oder Cost-Drivers bezeichnet werden. Für die Prozeßkostenrechnung ist charakteristisch, daß die repetitiven Prozesse, die für die Erstellung einer Leistung notwendig sind, erfaßt, analysiert und bewertet werden. Hierdurch soll eine verursachungsgerechte Verrechnung der Kosten auf die Produkte, die Bereitstellung entscheidungsrelevanter Kostenwerte und eine Erhöhung der Kostentransparenz in den indirekten Unternehmensbereichen erzielt werden (vgl. Coenenberg, Fischer 1991, S. 31; Horváth, Renner 1990, S. 101).

Die **Prozeßkostenrechnung** kann entweder für die Analyse **sämtlicher** Unternehmensbereiche oder ausgewählter **Teilbereiche** eingesetzt werden. Für den empirischen Einsatz der Prozeßkostenrechnung im Rahmen der Logistik sind die wesentlichen Logistikkostenstellen des Werkes Hamburg (Wareneingang, Qualitätsprüfung, Lager, Innerbetrieblicher Transport, Materialdisposition, Ladungsträgerdisposition, Produktionssteuerung) als Untersuchungsfeld abgegrenzt worden (vgl. Hardt 1995, S. 177 ff.). Die Gestaltung und Umsetzung einer Prozeßkostenrechnung erfolgte in den nachstehenden drei Teilschritten:

1. Aufbau einer Prozeßkostenstellenrechnung
2. Bildung von Hauptprozessen
3. Prozeßorientierte Kostenträgerstückrechnung.

3.22 Aufbau einer Prozeßkostenstellenrechnung

Die **Tätigkeitsanalyse** ist der erste und aufwendigste Schritt der Prozeßkostenstellenrechnung. Das Ziel der Tätigkeitsanalyse besteht darin, auf der Grundlage der vorhandenen Bereichs- und Kostenstelleneinteilung unterscheidbare Teilprozesse herauszufiltern und somit die Kostenstellenleistungen in Form von operativen Tätigkeiten abzubilden. Die Tätigkeitsanalyse kann auf verschiedene Weise durchgeführt werden, wie z. B. durch persönliche Befragung des Kostenstellenleiters, Dokumentenanalyse oder über die Ergebnisse einer Gemeinkostenwertanalyse (GWA) oder eines Zero-Base-Budgeting (ZBB). Für die Gestaltung und Umsetzung einer Prozeßkostenrechnung in die Praxis ist die Methode der persönlichen **Befragung der Kostenstellenverantwortlichen** ausgewählt worden, die zu der in Abbildung 2 dargestellten Strukturierung der Logistik-Prozeßkette führte (vgl. Hardt 1995, S. 189 ff.). Nach Bildung der Teilprozesse waren diese im Rahmen der Prozeßkostenstellenrechnung daraufhin zu untersuchen, ob sie sich in Abhängigkeit von dem in der jeweiligen Kostenstelle zu erbringenden Leistungsvolumen **mengenvariabel** oder **mengenfix** verhalten.

Kostenstelle	Teilprozesse	
Wareneingang	1	Warenbegleitpapiere prüfen und bearbeiten
	2	Waren/Material physisch annehmen
Qualitätsprüfung	3	Physische Qualitätskontrollen "Waren/Material" durchführen
	4	Physikalische Qualitätskontrollen "Waren/Material" durchführen
Lager	5	Waren/Material einlagern
	6	Waren/Material kommissionieren
	7	Waren/Material auslagern
Innerbetrieblicher Transport	8	Waren/Material transportieren
	9	Ver- und Entsorgung "Ladungsträger" sicherstellen
Materialdisposition	10	Waren/Material disponieren
	11	Lieferstand der Lieferanten kontrollieren
Ladungsträgerdisposition	12	Ladungsträger beschaffen
	13	Bedarfs- und termingerechte Ladungsträgerbereitstellung "werksinterne Kostenstellen"
	14	Bedarfs- und termingerechte Ladungsträgerbereitstellung "Lieferanten"
Produktionssteuerung	15	Sachnummern dokumentieren und pflegen
	16	Fertigungsaufträge bearbeiten
Versand	17	Waren/Material versenden
	18	Verkehrsträger koordinieren und Verladung überwachen
	19	Versandpapiere prüfen und bearbeiten

Abb. 2: Strukturierung der Logistik-Prozeßkette in unterscheidbare Teilprozesse

Horváth und Mayer bezeichnen die so strukturierten Aktivitäten als leistungsmengeninduzierte (lmi) und leistungsmengenneutrale (lmn) Prozesse (vgl. Horváth, Mayer 1989, S. 216). Für sämtliche lmi-Prozesse mußten im weiteren Vorgehen geeignete (direkte) **Bezugsgrößen** gefunden werden, mit Hilfe derer die Prozesse mengenmäßig quantifiziert werden konnten (z. B. Anzahl der Frachtbriefe, Anzahl der Ladungsträger). Die notwendige Zuordnung der Prozeßkosten zu den entsprechenden Tätigkeiten kann mit Hilfe unterschiedlicher **Verteilungsschlüssel** erfolgen. Für die vorstehende empirische Umsetzung einer Prozeßkostenrechnung ist als Verteilungsschlüssel der **Arbeitsaufwand in Mannjahren** (MJ) je Teilprozeß ausgewählt worden, der n. h. M. im Regelfall eine zulässige Vereinfachung bei der Prozeßkostenermittlung darstellt (vgl. Horváth, Renner 1990, S. 103). Durch Division der anteiligen Planprozeßkosten und der zugehörigen Planprozeßmenge (= erwartete Häufigkeit eines bestimmten repetitiven Teilprozesses innerhalb eines bestimmten Zeitraumes) wurde gemäß der in der Literatur vorgeschlagenen Vorgehensweise je Kostenstelle für sämtliche lmi-Prozesse ein **Prozeßkostensatz** ermittelt (vgl. Mayer

Kostenstelle: Wareneingang							*Teilprozeßkosten in DM*					
Lfd. Nr. Teilprozeß	Teilprozesse		Bezugsgröße	Prozeßmenge	Kostenstellenkosten	Kapazität (MJ)	**TP-Kosten (lmi)** Gesamt	je TP	**TP-Kosten (lmn)** Gesamt	je TP	**TP-Kosten (lmi + lmn)** Gesamt	je TP
1	Warenbegleitpapiere prüfen und bearbeiten	lmi	Anzahl Lieferscheinpositionen	226.000		4,65	**1.108.846,15**	**4,91**	**97.430,00**	**0,43**	**1.206.276,15**	**5,34**
2	Waren/ Material physisch annehmen	lmi	Anzahl Ladungsträger "Kaufteile"	170.000		7,30	**1.740.769,23**	**10,24**	**152.954,62**	**0,90**	**1.893.723,85**	**11,14**
	Sonstige Prozesse	lmn	-			0,90			214.615,38			
	Bereich leiten	lmn	-			0,15			35.769,23			
Summe					**3.100.000,00**	**13,00**	**2.849.615,38**		**250.384,62**		**3.100.000,00**	

Abb. 3: Prozeßkostenstellenrechnung Wareneingang

1992, S. 220). Die Imn-Prozesse bzw. Imn-Prozeßkosten sind proportional zu den Imi-Prozessen verrechnet worden, so daß für jeden Imi-Prozeß jeweils ein Imi-Prozeßkostensatz, ein Imn-Prozeßkostensatz sowie ein Gesamtprozeßkostensatz ausgewiesen werden kann. Mit Hilfe der beschriebenen Vorgehensweise ist - wie in Abbildung 3 am Beispiel der Kostenstelle Wareneingang dargestellt - für jede Logistikkostenstelle des Werkes Hamburg eine Prozeßkostenstellenrechnung aufgebaut worden.

In den Kosten der Imi- und Imn-Prozesse sind jeweils sowohl fixe als auch variable Kostenbestandteile enthalten, d. h. die in der Plankostenrechnung auf Vollkostenbasis und in der Grenzplankostenrechnung übliche Aufteilung der Kosten in fixe und variable Bestandteile wird in der Prozeßkostenstellenrechnung nicht beibehalten.

3.23 Bildung von Hauptprozessen

Im Anschluß an die Prozeßkostenstellenrechnung besteht die Aufgabe darin, alle sachlich zusammenhängenden **Teilprozesse** zu **Hauptprozessen** zusammenzufassen. Die Hauptprozeßverdichtung führte in dem vorstehenden Praxisbeispiel zu sieben Hauptprozessen, die mit Hilfe des Kalkulationsprogramms Excel in einer Hierarchietabelle hinterlegt wurden (vgl. Abbildung 4) (vgl. Hardt 1995, S. 212 ff.).

Ein **Vorteil** der durchgeführten prozeßbezogenen Kostenstellenanalyse gegenüber den traditionellen Kostenrechnungsbasissystemen ist darin zu sehen, daß über die Aggregation kostenstellenübergreifender Teilprozesse die Kosten der Beschaffungs-, Produktions- und Distributionslogistik ausgewiesen werden können, die **querschnittsorientiert mehrere Kostenstellen** tangieren. Die Hauptprozesse zeigen die kostenbeeinflussenden Größen des Logistikbereiches auf. So sind z. B. Kostenreduzierungs- und in Folge Preissenkungsmaßnahmen möglich, indem die logistischen Hauptprozesse entweder kostengünstiger gestaltet oder mengenmäßig verringert werden. Beispielsweise würde der vermehrte Einsatz von Gleichteilen zu einer Verringerung der Anzahl der Sachnummern "Kaufteile" und zu einer Reduzierung der Anzahl der sachnummernabhängigen Teilprozesse führen (vgl. Abb. 4, Teilprozesse 10, 11, 12 und 15). Bei der Interpretation der Ergebnisse einer Prozeßkostenrechnung sollte aber stets daran gedacht werden, daß sich die Prozeßkosten nicht automatisch mit dem Abbau von Prozessen verringern. Eine Reduzierung dieser Kosten ist vielmehr erst nach Realisierung von **Kapazitätsanpassungsmaßnahmen** möglich (vgl. Hardt 1995, S. 218).

Hauptprozeß	Cost Driver (Anzahl)	Hauptprozeßmenge	Lfd. Nr. Teilprozeß	Teilprozeß	Quelle (Kostenstelle)	Bezugsgröße (Anzahl)	Teilprozeßmenge	Menge in Hauptprozeß	Prozent in Hauptprozeß
Beschaffungslogistik Lieferscheinpositionen "Kaufteile" bearbeiten	Lieferscheinpositionen	226.000	1	Warenbegleitpapiere prüfen und bearbeiten	Wareneingang	Lieferscheinpositionen	226.000	226.000	100,00 %
			3	Physische Qualitätskontrolle "Waren/Material" durchführen	Qualitätsprüfung	geprüfte Produkte	8.345	8.345	100,00 %
			4	Physikalische Qualitätskontrolle "Waren/Material" durchführen	Qualitätsprüfung	geprüfte Produkte	5.000	5.000	100,00 %
Beschaffungslogistik Kaufteile annehmen	Ladungsträger	170.000	2	Waren/Material physisch annehmen	Wareneingang	Ladungsträger "Kaufteile"	170.000	170.000	100,00 %
			5	Waren/Material einlagern	Lager	Ladungsträger	335.000	170.000	50,75 %
			14	Bedarfs- und termingerechte Ladungsträgerbereitstellung "Lieferanten"	Ladungsträgerdisposition	Ladungsträger	170.000	170.000	100,00 %
Beschaffungslogistik Sachnummern "Kaufteile" betreuen	Sachnummern "Kaufteile"	6.380	10	Waren/Material disponieren	Materialdisposition	Sachnummern "Kaufteile"	6.380	6.380	100,00 %
			11	Lieferstand der Lieferanten kontrollieren	Materialdisposition	Sachnummern "Kaufteile"	6.380	6.380	100,00 %
			12	Ladungsträger beschaffen	Ladungsträgerdisposition	Sachnummern	18.688	6.380	34,14 %
			15	Sachnummern dokumentieren und pflegen	Produktionssteuerung	Sachnummern	18.688	6.380	34,14 %
Produktionslogistik Fertigungsaufträge abwickeln	Fertigungsaufträge	30.000	5	Waren/Material einlagern	Lager	Ladungsträger	335.000	165.000	49,25 %
			6	Waren/Material kommissionieren	Lager	Ladungsträger	7.250	6.200	85,52 %
			7	Waren/Material auslagern	Lager	Ladungsträger	238.000	180.000	75,63 %
			8	Waren/Material transportieren	Innerbetrieblicher Transport	Ladungsträger	448.000	448.000	100,00 %
			9	Ver- und Entsorgung "Ladungsträger" sicherstellen	Innerbetrieblicher Transport	Ladungsträger	264.000	264.000	100,00 %
			13	Bedarfs- und terminrechte Ladungsträgerbereitstellung "werksinterne Kostenstellen"	Ladungsträgerdisposition	Ladungsträger	150.000	150.000	100,00 %
			16	Fertigungsaufträge bearbeiten	Produktionssteuerung	Fertigungsaufträge	30.000	30.000	100,00 %
Produktionslogistik Sachnummern "Hausteile" betreuen	Sachnummern "Hausteile"	18.688	12	Ladungsträger beschaffen	Ladungsträgerdisposition	Sachnummern	18.688	12.308	65,86 %
			15	Sachnummern dokumentieren und pflegen	Produktionssteuerung	Sachnummern	18.688	12.308	65,86 %
Distributionslogistik Versandpositionen "Fertigprodukte" bearbeiten	Versandpositionen	58.000	18	Verkehrsträger koordinieren und Verladung überwachen	Versand	Versandpositionen	58.000	58.000	100,00 %
			19	Versandpapiere prüfen und bearbeiten	Versand	Versandpositionen	58.000	58.000	100,00 %
Distributionslogistik Fertigprodukte versenden	Ladungsträger	242.000	6	Waren/Material kommissionieren	Lager	Ladungsträger	7.250	1.050	14,48 %
			7	Waren/Material auslagern	Lager	Ladungsträger	238.000	58.000	24,37 %
			17	Waren/Material versenden	Versand	Ladungsträger	242.000	242.000	100,00 %

Abb. 4: Hierarchietabelle zur Hauptprozeßverdichtung

3.24 Prozeßorientierte Kostenträgerstückrechnung

Ist ein Unternehmen lediglich an der Darstellung der kostenstellenübergreifenden Prozesse zwecks einer besseren **Kosten- und Leistungstransparenz** und daraus ableitbarer Entscheidungsinformationen interessiert, so können diese über das vorstehende Instrumentarium der Hauptprozeßverdichtung abgeleitet werden. Soll die Prozeßkostenrechnung darüber hinaus Auskünfte über die anteilige Ressourcennutzung und/oder der **Prozeßkosten je Erzeugniseinheit** bereitstellen, müssen die ermittelten Prozesse und Prozeßkosten auf die Produkte verrechnet werden.

Die Prozeßkostenrechnung ist dadurch charakterisiert, daß - im Gegensatz zur flexiblen Plankostenrechnung auf Voll- und Teilkostenbasis - die Kosten der (indirekten) Gemeinkostenbereiche mit Hilfe direkter Bezugsgrößen auf die Erzeugnisse verrechnet werden. Als Datenbasis können im Rahmen der prozeßorientierten Kostenträgerstückrechnung entweder die Teilprozeßkostensätze oder die über die Hauptprozeßverdichtung ermittelten Hauptprozeßkostensätze herangezogen werden. In dem betrachteten Praxisbeispiel stellt sich das Problem, daß die vielen verschiedenen zu produzierenden Baugruppen und -teile unterschiedliche Ablaufstrukturen aufweisen. Beispielsweise werden einige Kauf- und Hausteile vor den jeweiligen Produktionsvorgängen nicht eingelagert. Der in Abb. 4 ausgewiesene Teilprozeß 5 "Waren, Material einlagern" wäre in diesem Fall für diese Produkte nicht relevant. Derartige ablaufbedingte Einflüsse können mit Hilfe einer Hauptprozeßkalkulation, die lediglich die Durchschnittswerte des Gesamtteilespektrums widerspiegelt, nicht abgebildet werden. Aus diesem Grunde sind für die **empirische Umsetzung** der prozeßorientierten Kostenträgerstückrechnung die **Teilprozeßkostensätze** herangezogen worden. Die prozeßorientierte Kostenträgerstückrechnung wurde exemplarisch am Beispiel eines noch nicht im Produktionsprogramm enthaltenen Neuproduktes (= PKW-Vorderachse) durchgeführt. Die Vorkalkulation für dieses Neuprodukt wurde im ersten Schritt über die herkömmliche Zuschlagskalkulation und somit unter Verwendung der üblichen Material-, Fertigungs-, Verwaltungs- und Versandgemeinkostenzuschlagsprozentsätze durchgeführt. Detaillierte kostenstellenübergreifende Aussagen über eine zusätzliche mit dem Neuprodukt verbundene Ressourcennachfrage nach logistischen Prozessen oder Hinweise auf daraus resultierende mögliche Engpässe in den Gemeinkosten- bzw. Logistikkostenstellen sind daher nicht möglich. Unter der Prämisse, daß die Kapazitäten dieser Kostenstellen vor Hereinnahme des Neuproduktes voll ausgelastet sind, kann die zusätzliche Fertigung dieses Erzeugnisses zu Engpässen oder zu ungeplanten Kapazitätserweiterungsmaßnahmen in den Gemeinkostenstellen führen. Mit Hilfe des Einsatzes einer Prozeßkostenrechnung im Rahmen der Erzeugnis-Vorkalkulation wird eine Möglichkeit gesehen, daß bereits im frühen Planungsstadium der Programm- und Absatzplanung über die Bereitstellung von bereichsübergreifenden Prozeßinformationen **Zielabweichungen** und **Zielkonflikte** im Logistikbereich erkannt und Gegensteuerungsmaßnahmen eingeleitet werden können (vgl. Hardt 1995, S. 219 - 221).

Für die Realisierung einer prozeßorientierten Erzeugniskalkulation wurde die Strukturstückliste des Neuproduktes um prozeß- und logistikorientierte Komponenten (z. B. Anzahl der Lieferscheinpositionen/Jahr, Anzahl der Ladungsträger/Jahr, Anzahl der Versandpositionen/Jahr) erweitert. Die modifizierte Stückliste wurde in einem weiteren Schritt mit der um Erzeugnisinformationen erweiterten Hierarchietabelle verknüpft (vgl. Hardt 1995, S. 221 - 225). Diese PC-gestützte prozeßorientierte Erzeugniskalkulation liefert Anhaltspunkte darüber, in welchem Umfang die Anzahl der Teilprozesse in den verschiedenen Logistik-kostenstellen durch die Hereinnahme des Neuproduktes in das Produktions-programm prozentual zunimmt (vgl. Abb. 5). Beispielsweise würde das betrachtete Produkt in den Kostenstellen Wareneingang (vgl. Abb. 5, Teilprozeß 2), Lager (vgl. Abb. 5, Teilprozesse 5 und 6) und Innerbetrieblicher Transport (vgl. Abb. 5, Teilprozesse 8 und 9) durch die Hereinnahme der Vorderachse in das Produktionsprogramm ceteris paribus zu einer zusätzlichen prozentualen Ressourcenbeanspruchung von 30 und mehr als 80 % führen. Engpaßsituationen können in diesen Kostenstellen durch eine gezielte neue oder verbesserte Gestaltung der internen Abläufe oder gezielte Kapazitätsanpassungsmaßnahmen vermieden werden (vgl. Hardt 1995, S. 225-226).

4. Beurteilung des (praktischen) Einsatzes einer Prozeßkostenrechnung aus der Sicht des Controlling

Wie das vorstehende Praxisbeispiel zeigt, können mit Hilfe einer Prozeßkostenrechnung bereits auf der Stufe der Hauptprozeßverdichtung über die Aggregation von kostenstellenübergreifenden Teilprozessen die Kosten der Beschaffungs-, Produktions- und Distributionslogistik ausgewiesen sowie durch die Zuordnung der Logistikkosten zu den logistischen Teilprozessen ablaufbedingte Kostenschwerpunkte dargestellt und erste Anhaltspunkte für Kostenreduzierungsmaßnahmen gewonnen werden. Die **Prozeßkostenrechnung** erweist sich somit als

Hauptprozeß	Cost Driver (Anzahl)	Hauptprozeßmenge (Ist)	Lfd. Nr. Teilprozeß	Teilprozeß	Quelle (Kostenstelle	Bezugsgröße (Anzahl)	Menge in Hauptprozeß (Ist)	Prozeßmenge in Vorderachse (Zuwachs TP)	Menge in Hauptprozeß (Plan)	Differenz TP in %
Beschaffungslogistik Lieferscheinpositionen "Kaufteile" bearbeiten	Lieferscheinpositionen	226.000	1	Warenbegleitpapiere prüfen und bearbeiten	Wareneingang	Lieferscheinpositionen	226.000	2.900,00	228.900,00	1,28
			3	Physische Qualitätskontrolle "Waren/Material" durchführen	Qualitätsprüfung	geprüfte Produkte	8.345	104,40	8.449,40	1,25
			4	Physikalische Qualitätskontrolle "Waren/Material" durchführen	Qualitätsprüfung	geprüfte Produkte	5.000	63,80	5.063,80	1,28
Beschaffungslogistik Kaufteile annehmen	Ladungsträger	170.000	2	Waren/Material physisch annehmen	Wareneingang	Ladungsträger "Kaufteile"	170.000	62.666,67	232.666,67	36,86
			5	Waren/Material einlagern	Lager	Ladungsträger	170.000	16.333,33	186.333,33	9,61
			14	Bedarfs- und termingerechte Ladungsträgerbereitstellung "Lieferanten"	Ladungsträgerdisposition	Ladungsträger	170.000	62.666,67	232.666,67	36,86
Beschaffungslogistik Sachnummern "Kaufteile" betreuen	Sachnummern "Kaufteile"	6.380	10	Waren/Material disponieren	Materialdisposition	Sachnummern "Kaufteile"	6.380	14,00	6.394,00	0,22
			11	Lieferstand der Lieferanten kontrollieren	Materialdisposition	Sachnummern "Kaufteile"	6.380	14,00	6.394,00	0,22
			12	Ladungsträger beschaffen	Ladungsträgerdisposition	Sachnummern	6.380	14,00	6.394,00	0,22
			15	Sachnummern dokumentieren und pflegen	Produktionssteuerung	Sachnummern	6.380	14,00	6.394,00	0,22
Produktionslogistik Fertigungsaufträge abwickeln	Fertigungsaufträge	30.000	5	Waren/Material einlagern	Lager	Ladungsträger	165.000	129.333,33	294.333,33	78,38
			6	Waren/Material kommissionieren	Lager	Ladungsträger	6.200	0,00	6.200,00	0,00
			7	Waren/Material auslagern	Lager	Ladungsträger	180.000	145.666,67	325.666,67	80,93
			8	Waren/Material transportieren	Innerbetrieblicher Transport	Ladungsträger	448.000	291.333,33	739.333,33	65,03
			9	Ver- und Entsorgung "Ladungsträger" sicherstellen	Innerbetrieblicher Transport	Ladungsträger	264.000	178.999,67	442.999,67	67,80
			13	Bedarfs- und terminrechte Ladungsträgerbereitstellung "werksinterne Kostenstellen"	Ladungsträgerdisposition	Ladungsträger	150.000	89.499,83	239.499,83	59,67
			16	Fertigungsaufträge bearbeiten	Produktionssteuerung	Fertigungsaufträge	30.000	324,00	30.324,00	1,08
Produktionslogistik Sachnummern "Hausteile" betreuen	Sachnummern "Hausteile"	18.688	12	Ladungsträger beschaffen	Ladungsträgerdisposition	Sachnummern	12.308	20,00	12.328,00	0,16
			15	Sachnummern dokumentieren und pflegen	Produktionssteuerung	Sachnummern	12.308	20,00	12.328,00	0,16
Distributionslogistik Versandpositionen "Fertigprodukte" bearbeiten	Versandpositionen	58.000	18	Verkehrsträger koordinieren und Verladung überwachen	Versand	Versandpositionen	58.000	250,00	58.250,00	0,43
			19	Versandpapiere prüfen und bearbeiten	Versand	Versandpositionen	58.000	250,00	58.250,00	0,43
Distributionslogistik Fertigprodukte versenden	Ladungsträger	242.000	6	Waren/Material kommissionieren	Lager	Ladungsträger	1.050	0,00	1.050,00	0,00
			7	Waren/Material auslagern	Lager	Ladungsträger	58.000	0,00	58.000,00	0,00
			17	Waren/Material versenden	Versand	Ladungsträger	242.000	33.333,00	275.333,00	13,77

Abb. 5: Auswirkungen einer Programmerhöhung auf die Ressourcennachfrage nach logistischen Prozessen am Beispiel einer PKW-Vorderachse

ein **hilfreiches Steuerungsinstrument** zur Realisierung von Kostensenkungszielen, indem die (logistischen) Prozesse im Gemeinkostenbereich entweder kostengünstiger gestaltet oder mengenmäßig verringert werden. Allerdings birgt der Ausweis potentieller Einsparungseffekte mit Hilfe von Prozeßkostensätzen die **Gefahr** in sich, daß diese Informationen in der Praxis falsch interpretiert werden.

Aus diesem Grunde ist bei der Präsentation derartiger Daten stets explizit darauf hinzuweisen, daß eine Reduzierung von Gemein- bzw. Logistikkosten nicht automatisch mit einer Variation der Anzahl von Prozessen verbunden ist; ein derartiges Ergebnis ist vielmehr erst nach der Realisierung von Kapazitätsanpassungsmaßnahmen in den entsprechenden Kostenstellen möglich. Die Prozeßkostenrechnung kann aber über die Bereitstellung bereichsübergreifender Teilprozeßinformationen wertvolle **Hinweise** geben, in welchen Teilbereichen des Unternehmens **Kapazitätsanpassungsmaßnahmen zweckmäßig** erscheinen. Über die Höhe, den Zeitpunkt und die Struktur der Kostenveränderung kann die Prozeßkostenrechnung jedoch keine Auskünfte bereitstellen.

Im Gegensatz zur flexiblen Plankostenrechnung auf Voll- und Teilkostenbasis können mit Hilfe der prozeßorienierten Kostenträgerstückrechnung Aussagen darüber getroffen werden, ob durch ein bestimmtes Erzeugnis viele oder nur wenige (logistische) Prozesse nachgefragt werden. Diese **Informationsgrundlage** erweist sich für das Controlling insofern als vorteilhaft, als noch vor der Aufnahme eines Neuproduktes in das Produktions- und Absatzprogramm des Unternehmens Zielsteuerungsinformationen abgeleitet werden können. So konnten bei der Umsetzung der logistik-/prozeßorientierten Kostenträgerstückrechnung am Beispiel einer Vorkalkulation für ein noch nicht im Produktionspro-gramm enthaltenes Neuprodukt Aussagen über damit verbundene mögliche Nachfrageerhöhungen nach logistischen Prozessen, daraus resultierende potentielle Engpässe bzw. Kapazitätsanpassungsmaßnahmen teilprozeß- bzw. teilbereichsbezogen prognostiziert werden.

Insgesamt erweist sich die **Prozeßkostenrechnung als ein zukunfts- und zielorientiertes Steuerungsinstrument**, mit Hilfe dessen Informationen über die fortlaufende Nutzung der Ressourcen im Gemeinkosten- bzw. Logistikbereich erzeugnis-, teilprozeßbezogen und bereichsübergreifend bereitgestellt, teilprozeßbezogene Engpässe bzw. ungeplante Servicegradverschlechterungen vermieden und Rationalisierungspotentiale im Logistikbereich aufgedeckt werden können. Mit Blick auf die beschriebene Wettbewerbssituation in der Automobil-Zulieferindustrie wird der Prozeßkostenrechnung als zielorientiertes Steuerungsinstrument vermutlich in Zukunft eine an Relevanz gewinnende Bedeutung zukommen.

Literaturverzeichnis

Agthe, K., Stufenweise Fixkostendeckung im System des Direct Costing, in: ZfB, Heft 29/1959, S. 404 - 418.

Coenenberg, A. G.; Fischer, Th. M., Prozeßkostenrechnung - Strategische Neuorientierung in der Kostenrechnung, in: DBW, 51. Jg. (1991), Heft 1, S. 21 - 38.

Cooper, R.; Kaplan, R. S., Prozeßorientierte Systeme: Die Kosten der Ressourcennutzung messen, in: krp, Sonderheft 2/93, S. 7 - 14.

Gälweiler, A., Unternehmensplanung - Grundlagen und Praxis, Frankfurt a. M./New York 1986.

Hardt, R., Logistik-Controlling, Diss. Universität Hannover 1995.

Horváth, P.; Mayer, R., Prozeßkostenrechnung - Der neue Weg zu mehr Kostentransparenz und wirkungsvolleren Unternehmensstrategien, in: Controlling, 1. Jg. (1989), Heft 4, S. 214 - 219.

Horváth, P.; Renner, A., Prozeßkostenrechnung - Konzept, Realisierungsschritte und erste Erfahrungen, in: FB/IE, 39. Jg. (1990), S. 100 - 107.

Hummel, S.; Männel, W., Kostenrechnung, Bd. 2, 3. Aufl., Wiesbaden 1983.

Kaiser, K., Kosten- und Leistungsrechnung bei automatisierter Produktion, in: Bochumer Beiträge zur Unternehmensführung und Unternehmensforschung, Bd. 37, Wiesbaden 1990.

Kilger, W., Plankostenrechnung, in: HWB, 4., völlig neu gestaltete Aufl., Stuttgart 1974, Sp. 2984 - 3001.

Kilger, W., Grenzplankostenrechnung, in: Entwicklungslinien der Kosten- und Erlösrechnung, hrsg. v. Chmielewicz, K., Stuttgart 1983, S. 57 - 86.

Kilger, W., Flexible Plankostenrechnung und Deckungsbeitragsrechnung, 9. Aufl., Wiesbaden 1988.

Kilger, W., Flexible Plankostenrechnung und Deckungsbeitragsrechnung, 10. Aufl., Wiesbaden 1993.

Kloock, J., Plankosten- und Planleistungsrechnung, in: HWR, Bd. 3, völlig neu gestaltete Aufl., Stuttgart 1981, Sp. 1290 - 1309.

Küpper, H.-U., Controller-Anforderungsprofil in der Theorie, in: Handbuch Controlling, Stuttgart 1990, S. 325 - 342.

Männel, W., Stand und Weiterentwicklung der Kostenrechnung, in: krp, Heft 1/92, S. 38 - 49.

Männel, W., Moderne Konzepte für Kostenrechnung, Controlling und Kostenmanagement, in: krp, Heft 2/93, S. 69 - 78.

Mayer, R., Die Prozeßkostenrechnung als Instrument des Schnittstellenmanagements, in: Synergien durch Schnittstellen-Controlling, hrsg. v. Hórvath, P., Stuttgart 1991, S. 211 - 226.

Oebel, Chr., BDI-Empfehlungen zur Kosten- und Leistungsrechnung, in: Handbuch Kostenrechnung, Wiesbaden 1992, S. 957 - 966.

Plaut, H. G., Unternehmenssteuerung mit Hilfe der Voll- oder Grenzplankostenrechnung, in: Zeitschrift für Betriebswirtschaft, 31. Jg. (1961), S. 460 - 482.

Schweitzer, M., Systematik von Konzepten der Kosten- und Leistungsrechnung, in: Handbuch Kostenrechnung, hrsg. v. Männel, W., Wiesbaden 1992, S. 185 - 202.

Wenz, E., Kosten- und Leistungsrechnung mit der Einführung in die Kostentheorie, Herne/Berlin 1992.

Witt, G.-J., Deckungsbeitragsmanagement, München 1991.

Target Costing: Baustein eines modernen Controllingsystems bei Volkswagen de México

Claus Steinle / Henning Thiem / Claus Rothenhöfer

1. Target Costing im Führungssystem der Unternehmung

1.1 Planungs-/Kontroll- und Controllingsystem als Führungsunterstützung

Als oberstes Ziel der Unternehmung läßt sich die Erhaltung und erfolgreiche Weiterentwicklung der Unternehmung nennen (vgl. Hahn (1995), S. 232). Eine Unternehmung ist jedoch nur dann erfolgreich, wenn das im voraus gesetzte Ziel realisiert wird. Erfolg setzt demnach das Setzen eines Ziels, die Entwicklung einer Strategie, die Planung der Zielerreichung, die eigentliche Realisierung sowie die Kontrolle der Zielerreichung voraus (vgl. Preis (1995), S. 21).

Zur erfolgreichen Weiterentwicklung der Unternehmung sollten zukünftige Erfolgspotentiale aufgebaut, gepflegt und ausgeschöpft werden (vgl. Nagel/Ley (1994), S. 21). Erfolgspotentiale können als "... das gesamte Gefüge aller jeweils produkt- und markenspezifischen erfolgsrelevanten Voraussetzungen, die spätestens dann bestehen müssen, wenn es um die Erfolgsrealisierung geht" (Gälweiler (1987), S. 45), definiert werden. Der Aufbau neuer Erfolgspotentiale wird mit dem Ziel verfolgt, Bedingungen zu entwickeln, die zukünftig geeignet sind, einen entsprechenden Nutzen aus Vorsprüngen gegenüber den strategischen Mitbewerbern zu erzielen (vgl. Bleicher (1995), S. 23). Darüber hinaus müssen Veränderungen in der Umwelt der Unternehmung rechtzeitig antizipiert werden. Das Planungs-/Kontroll- und Controllingsystem einer Unternehmung stellt dabei das wichtigste Instrument der Unternehmungsführung für die Zielsetzung und Ableitung von Zielerreichungsmaßnahmen sowie die Überwachung der Zielerreichung dar (vgl. Hahn (1995), S. 231 sowie Niemand/Scholl (1995), S. 100).

Die integrierte Betrachtung sowie strategieadäquate und zielorientierte Beeinflussung der drei wesentlichen Erfolgsfaktoren Kosten, Zeit und Qualität ist für eine erfolgreiche Unternehmungssteuerung von großer Bedeutung (vgl. Niemand/Scholl (1995), S. 101 f. und Horváth/Seidenschwarz/Sommerfeldt (1993), S. 80). Eine Unternehmung wird in Zukunft nur dann erfolgreich sein, wenn es ihr in Anbetracht des ständig intensiver werdenden Wettbewerbs gelingt, die vom Kunden gewünschte Leistung zum richtigen Zeitpunkt und in der gewünschten Qualität zum optimalen Preis anzubieten (vgl. (Pierlo) 1992, S. 23).

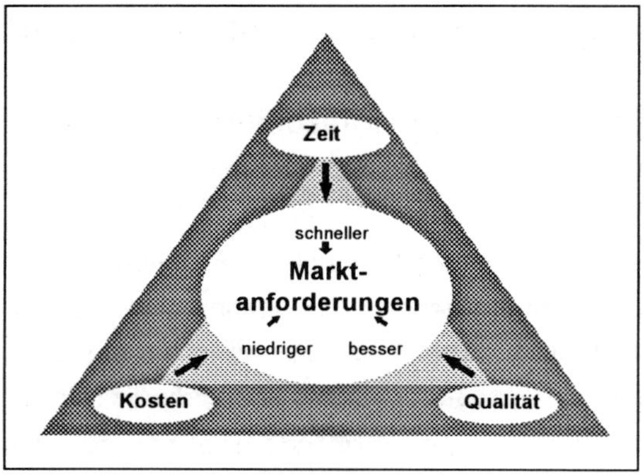

Abb. 1: Koordination von Qualität, Kosten und Zeit durch Target Costing
Quelle: In Anlehnung an Töpfer/Mehdorn (1993), S. 47

Mit Target Costing steht den Unternehmungen ein Instrument zur Verfügung, durch dessen Einsatz die adäquate Umsetzung der Strategien und Ziele, die frühzeitige Sicherstellung der erfolgreichen Umsetzung sowie die Möglichkeit der permanenten Mitverfolgung des Ausschöpfungsgrades der Erfolgspotentiale sichergestellt werden kann (vgl. den Beitrag von Claassen/Hilbert in diesem Buch).

1.2 Charakterisierung und Zielsetzung des Target Costing

Mit Target Costing wird die in der Vergangenheit vorherrschende unternehmungsinterne Betrachtungsweise durch eine konsequente Ausrichtung auf den spezifischen Markt und die Kunden ersetzt. Die Ermittlung des Zielpreises, d. h. des Preises, der für ein Produkt in einem ausgewählten Marktsegement erzielbar sein wird, bildet den Ausgangspunkt im Prozeß des Target Costing. Die Target Costs ergeben sich, indem die unter Berücksichtigung der strategischen Zielsetzungen der Unternehmung geplante Gewinnrendite vom Zielpreis subtrahiert wird (vgl. Zillmer (1992), S. 286).

Beim Target Costing handelt es sich um einen geschlossenen und ganzheitlichen Ansatz des strategischen Kostenmanagements, der sich über den gesamten Produktlebenszyklus hinweg erstreckt und der durch den Vollkostencharakter für alle Beteiligten einen eindeutigen Vorgabecharakter besitzt (vgl. Coenenberg/Fischer/ Schmitz (1994), S. 3 sowie Fickert (1993), S. 213 f.). Die konsequente Markt- und Kundenorientierung und die Ausrichtung auf die "frühen" Phasen des Produktentstehungsprozesses gewährleisten eine frühzeitige Beeinflussung der Kostenstruktur im Hinblick auf die vorgegebenen Ziele (vgl. Tanaka (1989), S. 49 und Ehrlenspiel (1992), S. 292 f.). Die Anforderungen des Kunden an Produkt und Preis werden somit bereits in der Phase der Produktentwicklung berücksichtigt.

Mit Hilfe des Zielkostenmanagements soll über die Konzentration auf die Gestaltung und Herstellung der einzelnen Produkte die gesamte Unternehmung stärker auf den Markt ausgerichtet werden. Über eine vom Markt ausgehende, kostenorientierte Steuerung aller Unternehmungsaktivitäten soll zudem die Wettbewerbsfähigkeit der Unternehmung erhöht werden (vgl. Götze (1993), S. 381 und Seidenschwarz (1993), S. 78). Beim Zielkostenmanagement geht es letztlich darum, einerseits die Unternehmung und Unternehmungsbereichsstrukturen auf strategische Ziele hin auszurichten, damit die für den späteren operativen Ablauf bestimmte Verteilung der Ressourcen möglichst effizienzfördernd wirkt, und andererseits Produktstrukturen in Abhängigkeit von den vom Markt gestellten Anforderungen möglichst frühzeitig zu beeinflussen. Über die produktfunktionale Betrachtung und Budgetierung der Kosten wird eine den Markt- und Kundenanforderungen entsprechende Produktgestaltung forciert (vgl. Horváth/ Seidenschwarz (1992), S. 143).

2. Zum Durchführungsprozeß des Zielkostenmanagements in der Unternehmung

2.1 Zielkostenfindung

Der Ausgangspunkt aller Aktivitäten des Zielkostenmanagements ist die klare Abgrenzung der Marktsegmente (zu den Besonderheiten der Marktsegmentierung vgl. Ehrmann (1991), S. 224) für das neue Produkt und dessen Positionierung unter Berücksichtigung der Strategien der Unternehmung und des Wettbewerbs (vgl. Laker (1995), S. 15). Ist das Marktsegment des Produktes festgelegt und dessen zukünftiges Absatzvolumen geplant, werden daraufhin die Zielkosten ermittelt, d. h. die vom Markt erlaubten Kosten, die die Produktführerschaft im Marktsegment sicherstellen. Mit den Zielkosten verfügt die Unternehmung über die erste Steuerungsgröße für die Planung und Koordination aller Aktivitäten, die während des gesamten Produktzyklus anfallen werden (vgl. Coenenberg/Fischer/Schmitz (1994), S. 5).

Beim "Market into Company" werden ausgehend von einem aus dem Markt abgeleiteten Preis für ein Produkt durch Abzug der angestrebten Rendite die Kosten errechnet, die maximal entstehen dürfen ("allowable costs"), ohne daß die Zielsetzungen der Unternehmung beeinträchtigt werden. Dadurch wird sichergestellt, daß alle Unternehmungssbereiche und -funktionen auf die strategischen Ziele ausgerichtet werden.

Die aufgrund der in einer Unternehmung aktuell vorhandenen Strukturen und angewendeten Technologien voraussichtlich anfallenden Standardkosten ("drifting costs") sind zumeist höher als die aus dem Markt abgeleiteten Zielkosten. Um die "strategische Lücke" zwischen den "drifting costs" und "allowable costs" zu schließen, müssen in der gesamten Unternehmung Anpassungsmaßnahmen in Gang gesetzt werden. Dem Target Costing fällt die Aufgabe zu, im Spannungsfeld von Kosten, Zeit und Qualität die Unternehmungsaktivitäten bezüglich der Marktanforderungen zu koordinieren (vgl. Niemand (1992), S. 119 f. sowie Seidenschwarz (1991), S. 200).

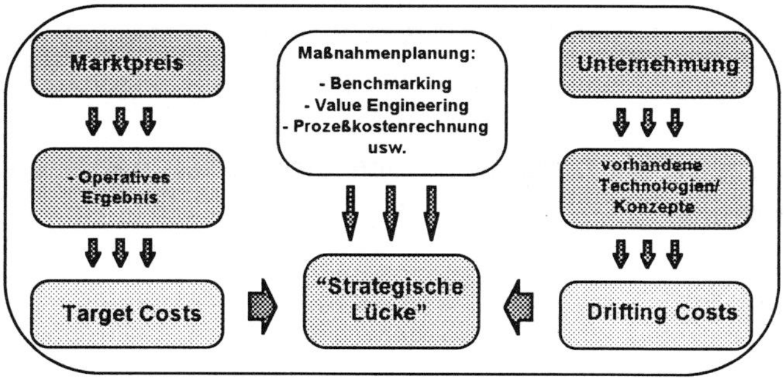

Abb. 2: Strategische Lücke als Differenz zwischen Target Costs und Drifting Costs

2.2 Zielkostenspaltung und -erreichung

Die ermittelten Zielkosten für das Gesamtprodukt erweisen sich als zu aggregiert, um konkrete Maßnahmen zur Schließung der "strategischen Lücke" zwischen "drifting und allowable costs" zu ergreifen. Um die Transparenz der Targets zu erhöhen, muß die Gesamtvorgabe in Detailvorgaben für die einzelnen Produktfunktionen, -komponenten und -teile heruntergebrochen werden (vgl. Horváth (1994), S. 481). Zur Spaltung der Zielkosten lassen sich zwei Methoden unterscheiden: die Funktionsmethode und die Komponentenmethode (vgl. Tanaka (1989), S. 52 ff.).

Die **Funktionsmethode** ist eine sehr differenzierte Bewertungsmethode zur Ausrichtung der Kostenstruktur an den Wünschen des Kunden. Sie definiert ein Produkt als ein Bündel von Produktfunktionen. Jede einzelne Produkteigenschaft besitzt für die Kunden einen bestimmten Nutzen, der sich jedoch individuell von Kunde zu Kunde unterscheiden kann (vgl. Heßen/Wesseler (1994), S. 149).

Nach der Bestimmung der Funktionsstruktur des Produktes ist im zweiten Schritt eine Gewichtung der Funktionen durchzuführen. Die Kunden messen den einzelnen Funktionen unterschiedliche Bedeutungen zu, die mit geeigneten Instrumenten des Marketing zu ermitteln sind. Der Preis stellt aus Sicht des Kunden den Gegenwert für den durch das Produkt erzeugten Nutzen dar. Die kundenorientierte Preisfindung ist von großer Bedeutung, da durch eine gezielte Produktmodifikation der Nutzen des Produktes erhöht wird und anhand der Gewichtung der Produktfunktionen die Zielkosten verteilt werden (vgl. Niemand (1992), S. 120).

Im dritten Schritt erfolgt die Bestimmung der Produktkomponenten, durch welche die Produktfunktionen insgesamt erfüllt werden sollen (vgl. Jakob (1993), S. 172). Aus diesem Grund wird ein Rohentwurf für das neue Produkt erstellt, aus dem die für die Funktionserfüllung des Produktes erforderlichen Komponenten abgeleitet werden (vgl. Coenenberg/Fischer/Schmitz (1994), S. 12). Aus den ermittelten Komponenten erfolgt daraufhin im vierten Schritt die Ableitung der Herstellkosten aus der vorhandenen Kostenrechnung und dem derzeitigen Technologiestand.

Im fünften Schritt werden die Produktfunktionen und -komponenten in einer Matrix gegenübergestellt, wobei durch ein interdisziplinär zusammengesetztes Team festgelegt wird, mit welchem Gewicht die jeweiligen Komponenten zur Realisierung der einzelnen Funktionen beitragen. Die prozentualen Angaben in der Matrix verdeutlichen, durch welche Komponenten die jeweilige Funktion umgesetzt wird. Werden die Anteile einer Komponente an der Realisierung aller Funktionen aufaddiert, erhält man den der Komponente vom Kunden beigemessenen Anteil an der Nutzenstiftung des Gesamtproduktes (Buggert/Wielpütz (1995), S. 92). Die festgelegten Zielkosten für eine Komponente sind in einem weiteren Schritt in die Kosten der darin enthaltenen Einzelteile zu zerlegen.

Eine Produktkomponente sollte im Idealfall in dem Maße Kosten verursachen, in dem sie zur Erfüllung der Funktionen beiträgt. Über die Gewichtung der Komponentenkosten mit ihrem Beitrag zum Kundennutzen kann das Kostenreduzierungspotential, aufgrund einer möglichen geringen Wertschätzung des Kunden, identifiziert werden. Der Zielkostenindex, der das Verhältnis zwischen dem funktionsbezogenen Teilgewicht und dem Kostenanteil der Komponente wiedergibt, dient der Überwachung dieser Forderung. Ergibt sich ein Zielkostenindex von 1, so entspricht der Ressourceneinsatz für eine Komponente genau der Kundengewichtung für diese Komponente. Dieser Wert kann aufgrund technischer Gegebenheiten, Sicherheitsbestimmungen usw., die der Kunde bei seiner subjektiven Beurteilung außer Acht läßt, nicht immer erreicht werden. Aus diesem Grund sollte eine Zielkostenzone festgelegt werden, innerhalb derer der Kundenwunsch als erfüllt angesehen werden kann (vgl. Niemand (1992), S. 121).

Die **Komponentenmethode** spaltet die gesamtproduktbezogenen Zielkosten analog der Kostenstruktur eines Vorgängermodells auf. Der Nachteil der Strukturfortschreibung der Kosten läßt sich durch eine anschließende Neubewertung der Kostenanteile nach ihrem Beitrag zum Kundennutzen weitgehend beseitigen. Die Komponentenmethode ist mit wesentlich weniger Aufwand verbunden und nähert sich im Ergebnis dem der Funktionsmethode an (vgl. Gaiser/Kieninger (1993), S. 66).

Ziel einer Maßnahmenplanung ist es, die Kostendifferenz zwischen "allowable costs" und "drifting costs" zu schließen. Der Unternehmung stehen eine Vielzahl von Instrumenten und Konzepten zur Verfügung, um die Kosten zu reduzieren und den Produktionsprozeß zu optimieren.

2.3 Notwendigkeit der Neuausrichtung des Controlling-Systems

Als Hauptproblem bei der Implementierung eines strategischen Planungs- und Kontrollsystems, welches für die Steuerung der Unternehmung in einer komplexen und dynamischen Umwelt unabdingbar ist, gilt die Umsetzung der Strategien im operativen Bereich (vgl. Niemand/Scholl (1995), S. 100). Die Integration des Target Costing Konzepts in das Controlling-System kann zu einer besseren Umsetzung der Strategien führen. Die Aufgabe des Controlling ist es, eine strategie- und marktadäquate Verhaltenssteuerung der Mitarbeiter sicherzustellen. Es gilt, ein System zu entwerfen, das die Mitarbeiter veranlaßt, in Übereinstimmung mit der Unternehmungsstrategie zu handeln und strategisch zu denken (vgl. Hiromoto (1989), S. 130).

Die aus dem Markt abgeleiteten Zielkostenvorgaben sind vom Controlling realistisch zu begründen und den Mitarbeitern plausibel zu machen, so daß deren Kostenbewußtsein im Hinblick auf die strategischen Ziele gefördert wird. Die Entwickler und Konstrukteure sind bei der Erreichung der Zielkosten besonders in die Verantwortung zu nehmen, da in ihrem Bereich die stärksten Möglichkeiten einer Kostenbeeinflussung liegen. Die Kostenverantwortung muß daher mit Hilfe des Controlling und des Target Costing mehr auf den Entwicklungsbereich verlagert werden (vgl. Franz (1993), S. 129).

Die Vielzahl der individuellen Vorstellungen der am Prozeß Beteiligten werden über die zu erreichenden Zielkosten koordiniert. Das Gelingen der Zusammenarbeit hängt im wesentlichen vom Controlling ab, das aufgrund seiner Versorgungsfunktion bezüglich Kosteninformationen eine zentrale Unterstützungsfunktion besitzt. Der Target Costing Prozeß muß permanent durch das Controlling System mit entscheidungsrelevanten und empfängerorientierten Informationen unterstützt und versorgt werden, um die marktgerechte Entwicklung und Fertigung des Produktes sicherzustellen (vgl. Buggert/Wielpütz (1995), S. 213 und Niemand/Scholl (1995), S. 101). Controlling muß sich als Initiator verstehen, das den Target Costing Prozeß in den einzelnen Entwicklungsstadien in Gang hält (vgl. Döpper (1992), S. 252). Die Informationen sollen leicht verständlich sein, sowie über beeinflußbare Größen Aufschluß geben, um den Teams Steuerungsimpulse zu vermitteln. Eine frühzeitige Bereitstellung der Informationen stellt dabei sicher, daß die Kostenstrukturen bereits im Entwicklungsstadium beeinflußt werden können. Die Aufgabe des Controlling wird sich zunehmend von einer eher operativen und gewinnorientierten zu einer strategisch-marktorientierten Koordinationstätigkeit der betrieblichen Funktionsbereiche verschieben (vgl. Buggert/Wielpütz (1995), S. 37).

Das Controlling hat aus den genannten Gründen bei der erfolgreichen Durchführung und Umsetzung des Target Costing Konzepts in der Unternehmung einen hohen Stellenwert. Die Aktivitäten des Controlling verlagern sich verstärkt auf die Entwicklungsphase, wobei die Schnittstellenprobleme zwischen den Teammitgliedern zu lösen sind und der Prozeß beratend zu begleiten ist. Die Controlling-Aufgaben sind zur Unterstützung des Target Costing zu dezentralisieren und müssen von jedem Aufgabenträger in allen Unternehmungsprozessen wahrgenommen werden. Ein so verstandenes "Selbst-Controlling" verhindert den Aufbau komplexer Steuerungssysteme und fördert das Kostenbewußtsein *aller* Mitarbeiter (vgl. Niemand/Scholl (1995), S. 105).

3. Der marktorientierte Zielfindungsprozeß im Rahmen des Target Costing bei Volkswagen de México

3.1 Zielsetzungen sowie Vorgaben: Ausgangsdeterminanten des Target Costing Prozesses

Volkswagen hat sich das Ziel gesetzt, sich in einem intensivierten Wettbewerbsumfeld bei gleichzeitiger Sicherung einer angemessenen Produktrentabilität zu behaupten. Qualitativ hochwertige Fahrzeuge aus einer modernen, kundenorientierten Produktpalette sollen aus diesem Grund zu einem marktfähigen Preis angeboten werden. Zudem sollen die Verkaufszahlen in allen drei Ländern der North American Region (USA, Kanada, Mexiko) erhöht werden, um weitere Kostenvorteile pro Fahrzeug erreichen zu können. Spätestens Anfang 1998, bei Serieneinsatz (Start of Production = SOP) der neuen Modelle, wird sich zeigen, ob Volkswagen wettbewerbsfähig genug ist, um an die Erfolge der 70'er Jahre anzuknüpfen (vgl. Rowland (1995), S. 36).

Beim Target Costing handelt sich um eine neue Denkweise der pointierten Markt- und Kundenorientierung, die, ebenso wie Simultaneous Engineering oder die neue Form der Zusammenarbeit mit den Systemlieferanten, bei Volkswagen eingeführt wurde (vgl. Claassen/Hilbert (1994), S. 35). Das von Volkswagen durch Target Costing angestrebte Ziel ist folgendermaßen formuliert: "Verbesserung der projektbezogenen Ergebnissituation durch gezielte Reduzierung der Standardkosten in Richtung wettbewerbskonformer Zielkosten" (vgl. Volkswagen AG (1994), S. 34).

Bei der Ausgestaltung des Target Costing Konzepts sind für Volkswagen de México zwei Vorgaben der Konzern- und Markenplanung gegeben. Die Preisermittlung der neuen Fahrzeuge orientiert sich am Wettbewerb in der North American Region. Desweiteren will man nicht nur das aktuelle, durchschnittliche Preisniveau der Wettbewerberzielgruppe zum Serieneinsatz erreichen, sondern auch eine angemessene Produktrentabilität erwirtschaften, die durchschnittlich für die Modellpalette der North American Region vorgegeben wird. Die genannten Vorgaben bilden den Rahmen, in dem der Target Costing Prozeß bei Volkswagen de México umzusetzen und auszugestalten ist.

3.2 Phasen des Target Costing Prozesses

3.2.1 Ableitung des Zielpreises

Gemäß der Konzern- und Markenplanung ist der Marktpreis für die neuen Fahrzeugprodukte aus dem Wettbewerb abzuleiten. Ziel ist es, das aktuelle durchschnittliche Preisniveau der Zielgruppe des Wettbewerbs zu erreichen. Aus diesem Grund ist zunächst das zukünftige Marktsegment zu bestimmen und die Wettbewerbszielgruppe festzulegen.

Nach der Festlegung des Marktsegments und der Wettbewerbszielgruppe ist aus Gründen der Komplexitätsreduzierung ein genau umrissenes Kalkulationsmodell aus der eigenen Modellpalette zu bestimmen. Kriterium bei der Auswahl des Kalkulationsmodells bei Volkswagen de México ist das in Zukunft erwartete Absatzvolumen eines Modells.

Da die betrachteten Konkurrenz-Produkte bereits mehrere Jahre auf dem Markt sind, kann deren Kosten- bzw. Preissituation nicht ohne weiteres auf das neu einzuführende Produkt übertragen werden. Die Festlegung des Zielpreises für das Nachfolgermodell zum Serieneinsatz erfolgt deshalb unter Berücksichtigung der Einflüsse von Inflation, zukünftigen Kundenwünschen, Produkt- und Materialkostenoptimierungen, dem Verhalten des strategischen Wettbewerbs und der prognostizierten Absatzsituation (vgl. Claassen/Hilbert (1994), S. 36).

Der ermittelte aktuelle Preisindex für das Kalkulationsmodell gibt eine gewisse Vorstellung über die zukünftigen Preisgestaltungsmöglichkeiten bzw. -vorgaben und stellt die Position der eigenen Unternehmung im Vergleich zu den strategischen Wettbewerbern dar. In einem nächsten Schritt muß ein Modell des Wettbewerbs bestimmt werden. Hier bietet sich ein Modell mit starkem Marktvolumen und durchschnittlichem Preisniveau an. Dessen Nettoerlös bildet die Basis zur Ableitung und weiteren Strukturierung und Spaltung der Zielkosten. Er ergibt sich, indem vom Marktpreis die Händlermarge subtrahiert wird.

3.2.2 Zielkostenspaltung: Bestimmung der Zielkosten für Fachgruppen, Komponenten und Fahrzeugeinzelteile

Die Delegation der Kostenverantwortung auf die einzelnen Unternehmungsbereiche und Mitarbeiter in den Projektteams erfordert eine entsprechende Detaillierung der Zielkosten (vgl. Claassen/Hilbert (1994), S. 38). Der zuvor ermittelte Nettoerlös läßt sich mit einer Ergebnisstruktur hinterlegen und wird entsprechend der unternehmerischen Zielsetzungen zwischen den Positionen Einzelkosten, Gemeinkosten, Risiko und operatives Ergebnis aufgeteilt. Die Berücksichtigung einer Risikovorsorge ist notwendig, da das zukünftige Abnehmerverhalten, das Absatzvolumen und die Aktionen der Wettbewerber nur schwer zu antizipieren sind.

Im weiteren Verlauf erfolgt nur eine Betrachtung der Einzelkosten je Fahrzeug, die nochmals in die Komponenten Material- und Fertigungspersonalkosten (FPK) und in die restlichen Einzelkosten aufgeteilt werden. Die Material- und Fertigungspersonalkosten dienen als Basis für die weitere Targetdifferenzierung.

Aufgrund der noch unzulänglichen Hilfsmittel in den "crossfunktionalen" Projektteams wird nach Ableitung der gesamtproduktbezogenen Target Costs unmittelbar an den Fachgruppen angesetzt (es handelt sich um die Fachgruppen Motor/Getriebe, Elektrik, Karosserie, Fahrwerk und Ausstattung). Bei der Volkswagen AG in Deutschland wird zunächst das Target für das entsprechende Kalkulationsmodell ermittelt. Ausgehend von der Struktur des Vorgängermodells bestimmt man den Anteil der fünf Fachgruppen, die an der Entwicklung des Fahrzeugs mitarbeiten. Da sich zwischen der Betrachtung des heutigen Referenzmodells und der Markteinführung des neuen Modells Veränderungen im Ausstattungsumfang ergeben (z. B. durch Produktaufwertungen aufgrund neuer Wettbewerbsstandards oder Forderungen des Gesetzgebers), steigen generell die Einzelkosten bis zur Markteinführung an. Abhängig von denen durch die Aufwertung betroffenen Fachgruppen können sich die Anteile der Fachgruppen an den gesamten Einzelkosten gegenüber dem Vorgängermodell verschieben.

Die sich daraus ergebenden Einzelkosten pro Fachgruppe werden als Bezugsgröße für Kostensenkungsmaßnahmen genommen. Mit einer zur Serieneinführung festzulegenden bzw. abzuleitenden Kosteneinsparungsvorgabe erhält man das Target für die Kostenbasis SOP je Fahrzeug. Die Kosteneinsparungsvorgabe wird zunächst pauschal für jede Fachgruppe vorgegeben. In einem anschließenden Abstimmungsprozeß wird sie individuell für jede Fachgruppe bestimmt, da sich herausstellen kann, daß möglicherweise in einem Bereich bereits alle Maßnahmen zur Kostensenkung erschöpft sind, während andere Bereiche noch erhebliche Potentiale bieten. Dieser Abstimmungsprozeß findet unter Berücksichtigung sämtlicher relevanter Informationen statt, wie z. B. Ergebnisse aus Zielgruppen- und Händlerbefragungen, Wettbewerbsanalysen und Clinicstudien der Serie, die in den Projektteams verarbeitet werden (vgl. Claassen/Hilbert (1994), S. 36).

Volkswagen de México orientiert sich in der frühen Phase von Target Costing an den Berechnungen und Target-Ableitungen der Volkswagen AG in Deutschland. Die Kosten des Vorgängermodells bzw. die in Deutschland ermittelten Targets werden aus Gründen der Vereinfachung herangezogen, zudem will Volkswagen de México den Maßnahmenbedarf zur Erreichung der Targets frühzeitig abschätzen können, um erste Maßnahmen zur Kostenreduzierung ergreifen zu können (vgl. Volkswagen AG (1994), S. 34). Die Targets werden somit zunächst als Anhaltspunkt herangezogen und später den spezifischen Besonderheiten, die in Mexiko vorherrschen, sukzessive angepaßt. Dabei werden in einem ersten Schritt die Einzelteile verglichen, die sowohl in den Fahrzeugen in Mexiko als auch in Deutschland eingebaut werden, wobei hier verschiedene Kalkulationsmodelle und produktspezifische Ausstattungsunterschiede zu berücksichtigen sind. Diesen Einzelteilen werden vom Projekt-Controlling in Mexiko die bei der Volkswagen AG in Deutschland ermittelten Targets zugeordnet. Bei Teilen, die aufgrund gesetzlicher Auflagen und kundenorientierter Besonderheiten spezifisch für die North American Region sind, werden vom Projekt-Controlling in Mexiko eigene Kosten-Targets aufgestellt. Anschließend werden die Targets für die Komponenten und für die Fachgruppen bis hin zum gesamtproduktbezogenen Target ermittelt. In einem letzten Schritt werden aus der Struktur der abschließend definierten Einzelteil-Targets die Zielvorgaben für die einzelnen Komponenten und Fachgruppen gebildet.

3.2.3 Maßnahmen zur Erreichung des Zielkostenniveaus

Der produktbezogene, crossfunktionale und kalendarisierte Maßnahmen- oder Businessplan spielt bei der Erreichung der Kostenziele bei Volkswagen eine wichtige Rolle. Er stellt die zur Zielerreichung erforderlichen Maßnahmen und Übereinkünfte detailliert dar. Das Kernstück des produktbezogenen Businessplans ist die Ergebnisprojektion des zu verfolgenden Fahrzeug-Projekts. Die Ergebnisdifferenz zwischen dem gegenwärtigen Stand und der zur zukünftigen Produkteinführung angestrebten Vorgabe muß mit Hilfe bereichsbezogener Maßnahmenpläne geschlossen werden. Dazu müssen zunächst vor Ort die positiven und negativen Einflußpotentiale auf das Ergebnis, also die markt- und produktbezogenen Chancen und Risiken, identifiziert werden. Zudem wird nicht nur die derzeitige Kostensituation dargestellt, sondern auch eine Projektion aller möglichen Chancen und Risiken durchgeführt, die bis zum Serieneinsatz eintreten können.

Grundsatz der Unternehmungsführung bei einer Standortentscheidung ist die weltweite Fertigung eines Fahrzeug-Typs mit nur einem Werkzeugsatz, d. h. ein Standort versorgt alle Märkte mit Teilesätzen (vgl. Volkswagen AG (1994), S. 10). Auf Basis dieser Strategie wurde von der Konzernleitung die Entscheidung getroffen, Fahrzeuge, die auf dem europäischen Markt vermarktet werden sollen, ebenfalls in Mexiko zu produzieren (vgl. Herrmann (1995), S. 16). Man erhofft sich hierdurch eine Verbesserung des operativen Ergebnisses, da die Fahrzeuge in Mexiko kostengünstiger produziert werden können und aufgrund der höheren Erlöse in Europa ein höherer Ergebnisbeitrag für diese Fahrzeuge erzielt wird. Durch das höhere Produktionsvolumen verbessert sich zudem die Verhandlungsposition von Volkswagen gegenüber den Lieferanten. Durch erhöhtes Sourcing in der North American Region kann es zudem gelingen, das Wechselkursrisiko zumindest zu verringern. Dies ist besonders im Hinblick auf Planungssicherheit und die Erreichung der gesetzten Kosten-Targets notwendig.

Die Fertigungstiefe von Volkswagen de México wurde in den vergangenen Jahren erheblich reduziert. Dies ist ein Bestandteil des Konzepts der schlanken Produktion. Neben dem Kosten- und Strukturaspekt ist auch die langfristige Fertigungsstrategie der Unternehmung bei einer Outsourcing-Strategie zu berücksichtigen. Mit der Auslagerung von Fertigungsteilen geht internes Know-how verloren, das später eventuell mit höherem Kostenaufwand wieder aufgebaut werden muß. Die Vergabe großer Teil-Umfänge an Zulieferer führt zudem dazu, daß sich das Kostensenkungspotential in der eigenen Unternehmung zunehmend verringert. Um das Target-Niveau erreichen zu können, muß aus diesem Grund eine neue Form der Zusammenarbeit zwischen Volkswagen und der Zulieferindustrie erfolgen.

Im zukünftigen Produktentstehungsprozeß wird den Lieferanten daher eine wichtigere Rolle als bisher zukommen. Um das Ziel der Kostenreduzierung durch die Synchronisierung der Entwicklungs- und Fertigungstiefe erreichen zu können, sollen die Lieferanten nicht nur Einzelteile und Baugruppen herstellen und liefern, sondern die volle Entwicklungs- und Qualitätsverantwortung für komplette Module übernehmen. Ziel für die Zukunft ist es, für den gesamten Modulprozeß den sogenannten Systemlieferanten zu finden, d. h. einen Lieferanten, der alle Phasen der Produktion eines Moduls eigenverantwortlich abdeckt. Der Lieferant muß in der Lage sein, im Rahmen von Vorgaben selbständige Problemlösungen für ganze Module mit eigenem Know-how zu erarbeiten. Der Lieferant trägt die volle Verantwortung für die Entwicklung und Produktion des Produktes (vgl. Volkswagen AG (1994), S. 45).

Ziel von Volkswagen de México ist es hierbei, den Zulieferer bei der notwendigen Kostenreduzierung zu unterstützen, indem Kostensenkungsmöglichkeiten aufgezeigt werden. Dies geschieht durch die frühzeitige Einbindung der Zulieferer in die Entwicklungs- und Konstruktionsphasen. Darüber hinaus werden die Zulieferer von Entwicklungsteams besucht, die den Produktionsprozeß der Zulieferer untersuchen und konkrete Vorschläge zur Kostensenkung unterbreiten.

4. Ein Praxisfall: Spaltung der Zielkosten am Beispiel der Komponente "Motor"

Die Funktionsmethode kommt zur Spaltung der Zielkosten bei Volkswagen zur Zeit noch nicht zur Anwendung. Dies wird damit begründet, daß sich Volkswagen noch in der Lern- und Einführungsphase des Target Costing befindet (vgl. Claassen/Hilbert (1994), S. 35). Dennoch kann es gelingen, auch aus Gesichtspunkten der Erfahrungssammlung, zunächst einzelne Teile und Komponenten mit Hilfe der Funktionsmethode zu bewerten. Der Target Costing Prozeß kann auf diese Weise sukzessive weiterentwickelt und optimiert werden.

Zur Bestimmung der aus Kundensicht relevanten Funktionen des Motors kann auf Kundenbefragungen und Marktanalysen zurückgegriffen werden, die von der Marketingabteilung der Volkswagen AG in Deutschland erhoben worden sind, derzeit jedoch noch nicht für den Target Costing Prozeß verwendet werden. Ziel der Befragung war es, die vom Kunden nachvollziehbaren Motorfunktionen zu erfahren, nicht aber die dahinterstehende Technik, mit der diese Funktionen realisiert werden. Zudem sollten Informationen darüber gewonnen werden, wie wichtig verschiedene Motorfunktionen aus Kundensicht sind und wie Kunden die Verbesserungen bestimmter Motorfunktionen finanziell bewerten (vgl. Volkswagen AG (1993)).

Den befragten Personen wurden sieben übergeordnete Motorfunktionen vorgelegt, die durch insgesamt 24 dahinterstehende Detailmerkmale beschrieben werden. Die in der Untersuchung berücksichtigten Motorfunktionen (y-Achse) und deren Gewichtung durch die Kunden (x-Achse) sind in Abbildung 3 dargestellt.

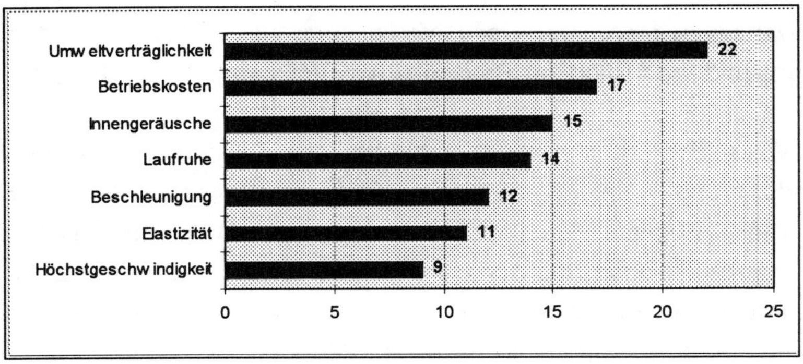

Abb. 3: Motorfunktionen und deren Wertigkeit aus Kundensicht
Quelle: Volkswagen AG (1993), S. 2

Die aufgrund der Befragung ermittelten Gewichte stellen gleichzeitig die vorläufigen Zielkostenanteile der Einzelfunktionen dar. Diese Schlußfolgerung läßt sich ziehen, da die Kosten so auf die Funktionen verteilt werden sollen, wie sie dem Kunden Nutzen stiften. Insofern ist die Gewichtungsstruktur der Einzelfunktionen die Basis für die Verteilung der Zielkostenanteile.

In einem nächsten Schritt sind die Komponenten zu ermitteln, die für die Realisierung der Funktionen verantwortlich sind. Um die Gewichtungsanteile der Komponenten ermitteln zu können, müssen zunächst ihre Einflüsse auf die Funktionserfüllung geschätzt werden. Die aus diesem Prozeß ermittelten Einflußfaktoren bilden dann die Grundlage der Gewichtsverteilung auf die Komponenten. Komponenten, die einen großen Einfluß auf die Erfüllung der Einzelfunktionen haben und die dem Kunden somit sehr wichtig sind, erhalten höhere Anteile als Komponenten, die weniger wichtige Funktionen realisieren. Diese Vorgehensweise berücksichtigt die Kundenwünsche bei der Zielkostenfestlegung für die Komponenten.

Die entsprechenden Gewichtungsanteile der Komponenten wurden von der Volkswagen AG in Deutschland nicht weiter untersucht. Um den Einfluß der einzelnen Motorkomponenten auf die Erfüllung der Motorfunktionen möglichst genau ermitteln zu können, wurden daher durch die Fachgruppe Motor/Getriebe zahlreiche Abstimmungsrunden durchgeführt. Diese fanden solange statt, bis ein Einvernehmen aller Gruppen-Mitglieder über den Einfluß der Komponenten auf die Realisierung der Funktionen vorlag.

Mit Hilfe der ermittelten Einflußfaktoren und der Funktionsgewichte ist es möglich, diese auf die zu realisierenden Komponenten zu verteilen. Werden die Komponentengewichte der Funktionen zusammengefaßt, ergeben sich deren Gesamtgewichtsanteile.

Nach der Gewichtung der Komponenten erfolgte in einem weiteren Schritt die Ermittlung der Targets für die entsprechenden Komponenten des Motors. Die Targets lagen für alle Komponenten des Motors bereits vor. Aus den Gesamtkosten für den Motor wurden daraufhin die Kostenanteile der einzelnen Komponenten ermittelt.

Die Teilgewichte und die Kostenanteile der Komponenten wurden gegenübergestellt und aus den Verhältnissen der Teilgewichte zu den Kostenanteilen Zielkostenindizes errechnet. Idealerweise erfolgt im Target Costing die Zuordnung der Kostenanteile im Verhältnis der Teilgewichte der einzelnen Funktionen. Der Zielkostenindex gibt Hinweise, inwieweit die Ressourcenverteilung mit den Nutzenwertvorstellungen des Kunden übereinstimmt.

Da der Kunde nicht alle technischen Gegebenheiten bei seiner Beurteilung in Betracht ziehen kann, wird eine Zielkostenzone von der Unternehmungsführung definiert. Die Bandbreite der Zielkostenzone wird durch Erfahrungswerte determiniert und ist letzlich ein Indiz dafür, mit welcher Konsequenz das Target Costing in der Unternehmung durchgeführt wird.

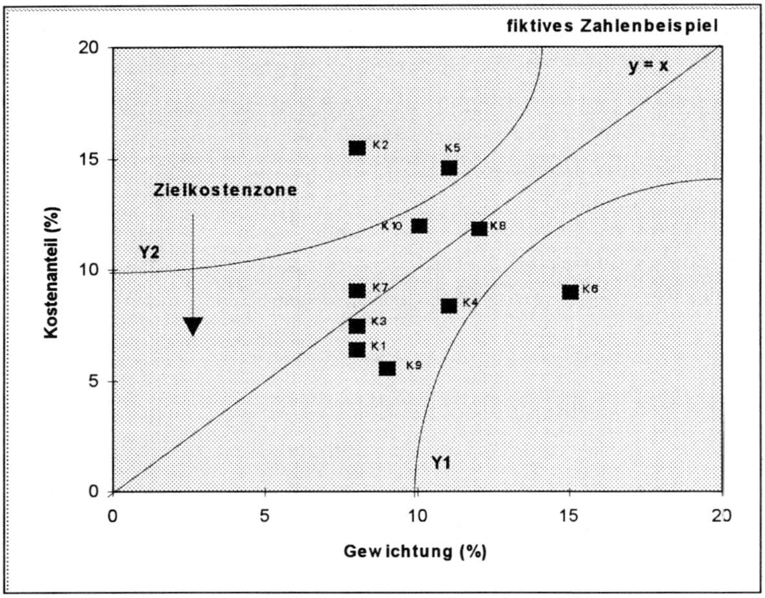

Abb. 4: Zielkostenkontrolldiagramm

Für Komponenten, die sich innerhalb des Zielkostenkorridors befinden, besteht zunächst kein Handlungsbedarf, dagegen sind bei den Komponenten des Motors, die außerhalb der Zielkostenzone liegen, Maßnahmen zu ergreifen. Die Komponenten K2 und K5 liegen z. B. oberhalb der definierten Zielkostenzone (Zielkostenindex < 1), was bedeutet, daß sie im Vergleich zu den von den Kunden zugemessenen Nutzen zu teuer produziert werden. Hier ist über eine Funktionsverbesserung nachzudenken, mit dem Ziel, die Zielkostenzone zu erreichen. Die Kostenanteile beider Komponenten machen über 30% an den Gesamtkosten des Motors aus, was die Notwendigkeit einer technischen Verbesserung der Komponenten hervorhebt.

5. Target Costing - Ein zentraler Baustein des Controlling zur Führungsunterstützung

Um die optimale Koordination der drei Erfolgsfaktoren Qualität, Zeit und Kosten sicherzustellen, müssen insbesondere Automobilhersteller vor dem Hintergrund der dynamischen und härter werdenden Rahmenbedingungen neue Wege suchen, um in Zukunft die Wettbewerbsfähigkeit zu erhalten bzw. zurückzugewinnen.

Die Erfordernis einer Ausrichtung aller Unternehmungsbereiche auf die Markt- und Kundenanforderungen wurde bereits von vielen Unternehmungen erkannt (vgl. Horváth/Niemand/Wolbold (1993), S. 24). Target Costing kann von Volkswagen de México als ein Konzept herangezogen werden, das die Unternehmung noch stärker auf den Markt und die Wünsche des Kunden ausrichtet und somit zum positiven Verlauf der Geschäftsaktivitäten beiträgt.

Bei der Implementierung des Target Costing in die Unternehmung existieren jedoch eine Vielzahl von Möglichkeiten und Problemfeldern. Die Ausgestaltung variiert mit der Wahl der Methode zur gesamtproduktbezogenen Zielpreisermittlung, der Festlegung des operativen Ergebnisses, der Vorgehensweise bei der Zielkostenspaltung und der Kombination der zur Verfügung stehenden Methoden und Instrumente zur Erreichung der Zielkosten. Zudem kann das markt- und strategieorientierte Zielkostenmanagement nur dann erfolgreich sein, wenn die abgeleiteten Vorgaben von allen am Produktionsprozeß beteiligten internen und externen Gruppen akzeptiert werden. Die Verbesserung der Wettbewerbsfähigkeit einer Unternehmung durch das Target Costing hängt jedoch von seiner konsequenten Durchführung und effizienten Ausgestaltung ab (vgl. Götze (1993), S. 389).

Die alleinige Anwendung von Target Costing kann die notwendige Einhaltung der Vorgaben nicht gewährleisten. Im Zielkostenmanagement sind weitere Methoden, wie z. B. das Benchmarking, Value Engineering und Total Quality Aktivitäten zu integrieren. Zudem besitzt die Prozeßkostenrechnung zur Reduzierung des Gemeinkostenanteils eine entscheidende Bedeutung für den Erfolg von Target Costing. Während der Herstellungsphase des Produktes sind mit Hilfe des Kaizen Costing systematisch und kontinuierlich die Kosten weiter zu senken. Entscheidend für die Erreichung der Zielkosten und somit auch für den Erfolg von Volkswagen de México ist die effiziente Anwendung und Kombination der Methoden.

Mit Target Costing wird bei einer konsequenten Anwendung eine reine Strukturfortschreibung verhindert. Vielmehr erfolgt eine Ableitung realisierbarer Vorgaben aus dem Markt. Dies stellt die positive zukünftige Geschäftsentwicklung von Volkswagen de México jedoch noch nicht sicher, da lediglich die Ziele ermittelt worden sind. Die abgeleiteten Kostenvorgaben sind schnellstmöglich unter Berücksichtigung von Qualität und Zeit umzusetzen. Aus diesem Grund hat die Struktur- und Prozeßorganisation eine wesentliche Bedeutung bei der Erreichung der Zielkosten. Jede Zielvorgabe muß in einer Unternehmung effizient umgesetzt werden, damit die Unternehmung am Markt erfolgreich agieren kann. Nur wenn die aufbau- und ablauforganisatorischen Voraussetzungen geschaffen sind, kann es auch gelingen, die Zielvorgaben zu erreichen.

Beim Target Costing handelt es sich somit nicht um ein Allheilmittel für eine erfolgreiche Unternehmungssteuerung, sondern um "... ein Konzept zur umfassenden Kostenplanung, Kostensteuerung und Kostenkontrolle, das hauptsächlich auf die frühen Phasen des Produktentwicklungsprozesses abzielt, um die Struktur der Produktkosten in Abhängigkeit der Marktanforderungen zu beeinflussen" (Horváth (1993), S. 232).

Literaturverzeichnis

Bleicher, K. (1995): Aufgaben der Unternehmungsführung, in: Corsten, H./Reiß, M. (Hrsg.), Handbuch der Unternehmensführung, Wiesbaden 1995, S. 19 - 32

Buggert, W./Wielpütz, A. (1995): Target Costing - Grundlagen und Umsetzung des Zielkostenmanagements, München u. a. 1995

Claassen, U./Hilbert, H. (1994): Target Costing als Brücke zwischen Zielpreisindex und konkreten Teilekosten am Beispiel eines europäischen Automobilherstellers, in: Jahrbuch Controlling 1994, Verlagsgruppe Handelsblatt GmbH, Düsseldorf 1994, S. 34 - 41

Coenenberg, A. G./Fischer, T./Schmitz, J. (1994): Target Costing und Product Life Cycle Costing als Instrumente des Kostenmanagements, in: Zeitschrift für Planung (1994) 5, S. 1 - 38

Döpper, K. (1992): Target orientiertes Controlling bei der Toshiba in Europa, in: Horváth, P. (Hrsg.), Effektives und schlankes Controlling, Stuttgart 1992, S. 245 - 259

Ehrlenspiel, K. (1992): Produktkostencontrolling und Simultaneous Engineering, in: Horváth, P. (Hrsg.), Effektives und schlankes Controlling, Stuttgart 1992, S. 289 - 308

Ehrmann, H. (1991): Marketing-Controlling, Ludwigshafen 1991

Fickert, R. (1993): Management Accounting - quo vadis?, in: Die Unternehmung (1993) 3, S. 203 - 224

Franz, K.-P. (1993): Target Costing - Konzept und kritische Bereiche, in: Controlling (1993) 3, S. 124 - 130

Gaiser, B./Kieninger, M. (1993): Fahrplan für die Einführung des Target Costing, in: Horváth, P. (Hrsg.), Target Costing - marktorientierte Zielkosten in der deutschen Praxis, Stuttgart 1993, S. 53 - 74

Gälweiler, A. (1987): Strategische Unternehmungsführung, Frankfurt a. M. 1987

Götze, U. (1993): ZP-Stichwort: Target Costing, in: Zeitschrift für Planung (1993) 4, S. 381 - 389

Hahn, D. (1995): Aufbau von Planungssystemen, in: Corsten, H./Reiß, M. (Hrsg.), Handbuch der Unternehmensführung, Wiesbaden 1995, S. 229 - 249

Herrmann, H. (1995): In Tokio wird die Zukunft des Automobils gefeiert, in: Die Welt vom 27.10.1995, S. 16

Heßen, H.-P./Wesseler, S. (1994): Marktorientierte Zielkostensteuerung bei der Audi AG, in: Controlling (1994) 3, S. 148 - 156

Hiromoto, T. (1989): Das Rechnungswesen als Innovationsmotor, in: Harvard Manager 11 (1989) 1, S. 129 - 133

Horváth, P. (1993): Glossar, in: Horváth, P. (Hrsg.), Target Costing - marktorientierte Zielkosten in der deutschen Praxis, Stuttgart 1993, S. 229 - 232

Horváth, P. (1994): Controlling, 5. Aufl., Wiesbaden 1994

Horváth, P./Niemand, S./Wolbold, M. (1993): Target Costing - State of the Art, in: Horváth, P. (Hrsg.), Target Costing - marktorientierte Zielkosten in der deutschen Praxis, Stuttgart 1993, S. 1 - 28

Horváth, P./Seidenschwarz, W. (1992): Zielkostenmanagement, in: Controlling (1992) 3, S. 142 - 150

Horváth, P./Seidenschwarz, W./Sommerfeldt, H. (1993): Kostenmanagement - Warum die Schildkröte gewinnt, in: Harvard Business Manager 3 (1993) 15, S. 73 - 81

Jakob, F. (1993): Target Costing im Anlagenbau - das Beispiel der LTG Lufttechnische GmbH, in: Horváth, P. (Hrsg.), Target Costing - marktorientierte Zielkosten in der deutschen Praxis, Stuttgart 1993, S. 155 - 190

Laker, M (1995): Produkt-/Preisstrategie und Target Costing, in: Transfer (1995) Nr. 29/30, S. 14 - 19

Nagel, K./Ley, D. (1994): Unternehmenssignale - Situationsbewertung, Strategieanalyse, Neupositionierung, Landsberg/Lech 1994

Niemand, S. (1992): Target Costing - konsequente Marktorientierung durch Zielkostenmanagement, in: Fortschrittliche Betriebsführung und Industrial Engineering 41 (1992) 3, S. 118 - 123

Niemand, S./Scholl, K. (1995): Benchmarking und Target Costing, in: Fortschrittliche Betriebsführung und Industrial Engineering 44 (1995) 3, S. 100 - 105

Pierlo, W. (1992): Schlanke Produktion, in: Office Management (1992) 1-2, S. 23

Preis, A. (1995): Strategisches Controlling, Wiesbaden 1995

Rowland, R. (1995): Epochal changes, in: Automotive News vom 14.08.1995, S. 36

Seidenschwarz, W. (1991): Target Costing - Schnittstellenbewältigung mit Zielkosten, in: Horváth, P. (Hrsg.), Synergien durch Schnittstellencontrolling, Stuttgart 1991, S. 191 - 209

Seidenschwarz, W. (1993): Target Costing: Marktorientiertes Zielkostenmanagement, München 1993

Tanaka, M. (1989): Cost Planning and Control Systems in the Design Phase of a New Product, in: Monden, Y./Sakurai, M. (Hrsg.), Japanese Management Accounting - A World Class Approach to Profit Management, Cambridge - Massachusetts 1989, S. 49 - 71

Töpfer, A./Mehdorn, H. (1993): Total Quality Management. Anforderungen und Umsetzung im Unternehmen, 2. durchges. Aufl., Neuwied u. a. 1993

Volkswagen AG (1993): Wertigkeit und Preisbildung für Motoren aus Kundensicht, Proj.-Nr. 92/D-48, Wolfsburg 1993

Volkswagen AG (1994): PEP-Handbuch - Handbuch für den Geschäftsprozeß Produktentstehung, Wolfsburg 1994

Zillmer, D. (1992): Target Costing - japanische und amerikanische Erfahrungen, in: Controller Magazin (1992) 5, S. 286 - 288

Controlling: Vom Rechnungswesen zum Potentialmanagement

Utz Claassen / Herwig Hilbert

1. Ausgangssituation

Die rezessive Entwicklung in der Automobilindustrie hat in den letzten Jahren die Spielregeln des unternehmerischen Wettbewerbs deutlich verändert. Statt auf Funktionen und Positionen kommt es immer mehr auf Prozesse und Fähigkeiten an, die in den Dienst einer strikten Kundenorientierung gestellt werden müssen. Nur das intelligente Verstehen und Erfüllen gegenwärtiger und künftiger **Kundenbedürfnisse** sowie die Schaffung von **Produktmehrwert** aus Kundensicht wird die Grundlage für einen dauerhaften Geschäftserfolg schaffen. Selbst gute Produkte, die zum richtigen Preis angeboten werden, verkaufen sich nicht mehr von selbst (vgl. Scheerer 1994, S. 9). Mit drastischen Produktkostenoptimierungs- und Beschaffungsprogrammen allein wird der Kampf um Marktanteile nicht zu gewinnen sein (vgl. Fix 1994, S. 74). Sie stellen eine notwendige, jedoch nicht hinreichende Bedingung des unternehmerischen Erfolgs dar. Demgemäß "...wird es künftig mehr darauf ankommen, das Richtige zu tun, als das, was wir ohnehin schon tun, immer besser zu machen." (vgl. Bono 1988, S. 833) Nicht allein die Produkte, deren rationelle Fertigung und Vermarktung, sondern auch die Schaffung von Bedürfnissen, "...die dem Kunden noch gar nicht bewußt sind" (vgl. Bono 1988, S. 835), werden künftig im Wettbewerb erfolgsentscheidend sein. Dies wird einerseits nur mit einer Strategie gelingen, die **durch antizipatives Denken** über weit in der Zukunft liegende Entwicklungen, Werte und Wechselwirkungen geprägt ist, und andererseits mit einem visionären Management, das durch Konzentration auf klar umrissene Zielgruppen und deren ureigenste Bedürfnisse einen so "zwingenden Nutzen", ggf. auch im Produktumfeld, entwickelt, daß dieser Nutzen als "Schlüsselreiz" die Zielgruppe nachhaltig dazu veranlaßt, das Angebot anzunehmen (vgl. Heidenreich 1983, S. 19). Dabei sollte jedoch jederzeit der Kunde eher als das Unternehmen (dort allerdings dann vor allem die Basis der gesamten kreativen Belegschaft, die ja zugleich Kundschaft sein kann) als Protagonist verstanden werden.

2. Gründe für eine zukunftsorientierte Ergänzung des Rechnungswesens

"Die Zukunft wird uns immer überraschen, aber sie sollte uns nicht überrumpeln", so ein Zitat nach B. Fuller. Wenn die Zukunft aber nicht vorhersehbar ist, dann sollte zumindest versucht werden, sie durch heutige Entscheidungen zu gestalten. Deshalb müssen heute folgende **Fragen** beantwortet werden: "Wie ist das

Unternehmen zu steuern, und welche Potentiale sind zu erschließen, um nicht nur heute im Wettbewerb bestehen zu können, sondern auch in Zukunft erfolgreich zu bleiben? Welche Instrumente müssen eingesetzt werden, und welchen Beitrag kann Controlling dabei leisten?" Offensichtlich besteht die dringende Notwendigkeit, ein zukunfts- und außenorientiertes Potentialmanagement zu installieren, zumal von einem auf das interne und gestrige Unternehmensgeschehen ausgerichteten Rechnungswesen keine Unterstützung bei der Lösung der zukunftsbezogenen Aufgabenstellung zu erwarten ist. Den Grund beschreiben Johnson/Kaplan wie folgt: "...too late, too aggregated and too distorted to be relevant for managers planning and control decisions" (vgl. Johnson/Kaplan 1987, S. 1).
Das derzeit in den meisten Unternehmen übliche traditionelle Rechnungswesen ist vorwiegend auf die Periodenbetrachtung fokussiert und unterstützt damit eine eher kurzfristige Sichtweise. Es gibt vor allem Auskunft über den kurzfristigen Erfolg und die Liquidität als überlebensrelevante Steuerungsgröße. Unternehmen sind in der Lage, eine gewisse Zeitspanne ohne Gewinn zu überstehen, Illiquidität bedeutet jedoch den sicheren Untergang.

3. Liquidität und Erfolg

Für die Ermittlung des betriebswirtschaftlichen Erfolges muß der Zeithorizont jedoch zusätzlich auch unter Einbeziehung interner Kenngrößen weiter gesteckt werden. Durch die Möglichkeit eines gegenläufigen Beziehungszusammenhangs zwischen Liquidität und Erfolg besteht die Gefahr der Fehleinschätzung bei zuviel Vertrauen auf ausschließlich rechnungswesenorientierte Erfolgsmessungen (vgl. Sakurai/ Keating 1994, S. 84). Das Rechnungswesen kann z. B. signalisieren, daß die Kasse noch gut gefüllt ist, obwohl sich das Unternehmen schon in der Verlustzone befindet. Umgekehrt kann das Rechenwerk einen momentanen Engpass an liquiden Mitteln aufzeigen, obwohl das Unternehmen noch Gewinne macht. Die jeweilige Erfolgssituation läßt sich deshalb nicht in die Zukunft projizieren, und Fehleinschätzungen, die in diesem Zusammenhang möglich sind, können nur durch den Übergang auf eine höhere Steuerungsebene, die Ebene der Erfolgspotentiale, vermieden werden.

4. Gegenwärtige und zukünftige Erfolgspotentiale

Das Management von "Erfolgspotentialen" ist auch und vor allem eine Offensivstrategie, mit der kreativ Neues geschaffen sowie die Wettbewerbsfähigkeit und der Kundennutzen erhöht werden soll. Es ist als eigenständige Disziplin zur nachhaltigen und langfristigen Ertragssicherung und getrennt vom operativ ausgerichteten Rechnungswesen zu sehen.
Gälweiler versteht unter diesen "Erfolgspotentialen" "das gesamte Gefüge aller jeweils produkt- und markenspezifischen erfolgsrelevanten Voraussetzungen, die spätestens dann bestehen müssen, wenn es um die Erfolgsrealisierung geht." (vgl. Gälweiler 1987, S. 26) Er nennt in diesem Zusammenhang insbesondere:

- Marktanteil und Erfahrungskurve,
- Anwender- und Kundenprobleme,
- Innovationen
- Substitutionszeitkurve

und unterscheidet dabei zwischen bestehenden und neuen bzw. künftigen Erfolgspotentialen. Die Begründung für diese Trennung findet sich sowohl im unterschiedlichen Zeithorizont als auch in der Tatsache, daß nicht von einer untergeordneten Steuerungsgröße auf die Ausprägung der übergeordneten Steuerungsgröße geschlossen werden kann, und zwar weder qualitativ noch quantitativ. Eine direkte Kausalbeziehung zwischen den verschiedenen Steuerungsebenen ist mithin nur sehr eingeschränkt bei einer ceteris paribus-Betrachtung gegeben. Zwischen den bestehenden und den neuen Erfolgspotentialen kann unter bestimmten Voraussetzungen ein inverser Beziehungszusammenhang gegeben sein, wie auch zwischen "Liquidität" und "Erfolg" bzw. wie zwischen der Steuerungsgröße "Erfolg" und den "gegenwärtigen Erfolgspotentialen". Von der übergeordneten Steuerungsgröße kann dagegen mit höherer Wahrscheinlichkeit auf die untergeordnete Steuerungsgröße geschlossen werden, genauer gesagt von der heutigen Ausprägung der übergeordneten auf die zukünftige Ausprägung der untergeordneten. Verfügt ein Unternehmen z. B. heute über ein hohes gegenwärtiges oder zukünftiges Erfolgspotential, dann ist die Wahrscheinlichkeit relativ hoch, daß in der Zukunft ein angemessenes Ergebnis und eine ausreichende Liquidität realisiert werden kann. Der Wirkungszusammenhang wird dabei umso signifikanter, je stärker die vorhandenen Managementprozesse in effizienter Weise eine Potentialausschöpfung sicherstellen. Bei grobem Mißmanagement kann selbstverständlich jedes Erfolgspotential verkümmern. Unter Berücksichtigung dieser Erkenntnis und der ungewissen Dauerhaftigkeit bestehender Erfolgspotentiale gilt es neue Erfolgspotentiale, die vor allem mit der technologischen Substitution und der Befriedigung von Kundenbedürfnissen, insbesondere jedoch der Zeitkomponente bei der technischen Substituierbarkeit von Kundenbedürfnissen, in engem Zusammenhang stehen, zu erschließen. Ihre Schaffung, Sicherung und Steuerung ist mit einer nochmaligen Erweiterung des Zeithorizonts verbunden.

5. Controllingseitige Voraussetzungen für erfolgreiches Potentialmanagement

5.1 Steuerungskriterien in Abhängigkeit vom Zeithorizont

Mit der oben dargelegten Betrachtung der Erfolgspotentiale ist eine wichtige Voraussetzung für erfolgreiches Potentialmanagement bereits definiert: die **umfassende Betrachtung unterschiedlicher Steuerungsebenen**. Die Multidimensionalität und Multikausalität des Unternehmenserfolgs läßt erwarten, daß sich die Erfolgspotentiale nicht nur in einigen wenigen, sondern in einer Vielzahl von Kriterien widerspiegeln. Ein praktikables und effizientes Potentialmanagement muß sich aber engpaßorientiert auf die Steuerungskriterien konzentrieren, über die der Unternehmenserfolg maßgeblich beeinflußt wird (vgl. Pfohl 1988, S. 814). Gleichwohl müssen diese priorisierten Kriterien das gesamte Spektrum der unterschiedlichen Steuerungsebenen abdecken, da ansonsten die Zeitachse nicht hinreichend berücksichtigt wird.

Gälweiler (vgl. Gälweiler 1987, S. 34) hat die Hierarchie der wichtigsten Steuerungskriterien und die dahinterstehenden Orientierungskriterien, anhand derer beurteilt werden kann, inwieweit diese Steuerungskriterien unter Kontrolle sind, sehr anschaulich vor dem Zeithorizont dargestellt (vgl. Abb. 1). Die netzwerkartige Verknüpfung dieser Kriterien hilft, durch Schaffung eines günstigen Bedingungsrahmens mit nur wenigen, aber dafür erfolgsentscheidenden Steuerungskriterien das Gros der Variablen im Netzwerk in die erfolgsversprechende Richtung zu "zwingen" (vgl. Malik 1993, S. 209).

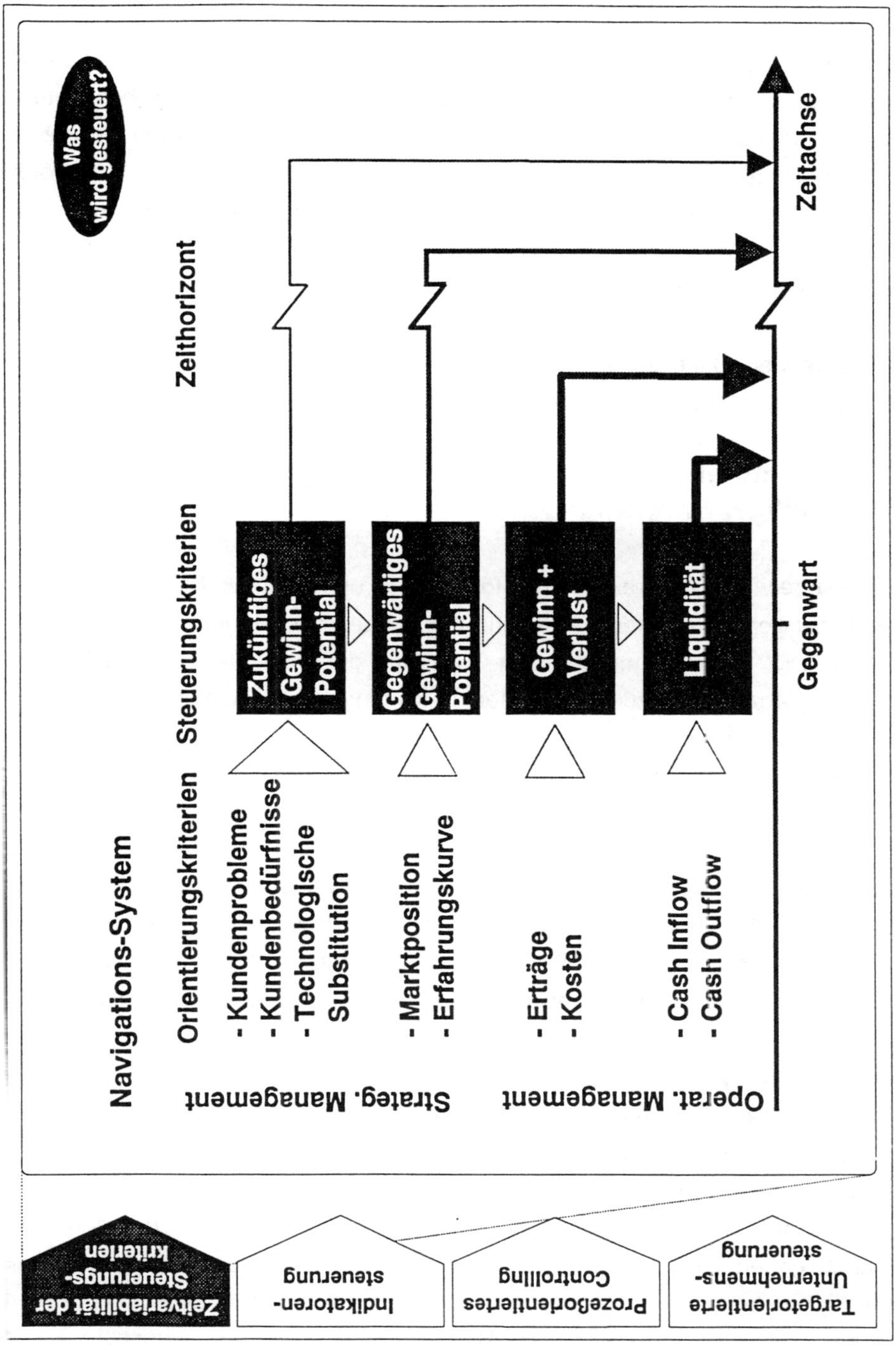

Abb. 1: Zeitvariabilität der Steuerungskriterien

Die Schlußfolgerung aus der Erkenntnis über die zeitliche und kausale Verknüpfung der unterschiedlichen Steuerungsebenen besteht eindeutig darin, daß eine notwendige, wenngleich nicht hinreichende Bedingung für erfolgreiches Potentialmanagement darin liegt, sich bei den für die Unternehmenssteuerung wesentlichen Steuerungskriterien nicht auf einen bestimmten Zeithorizont zu beschränken, sondern quasi eine Zeitvariabilität der Steuerungskriterien sowie das ganze Spektrum der Zeithorizonte bei der Verwendung bestimmter Steuerungskriterien sicherzustellen. Mit anderen Worten: Ein Unternehmen, das in seiner Steuerungskultur sich im Hinblick auf die Reichweite oder die Zeitperspektive der zu beobachtenden Dimensionen einschränkt, hat eine sehr wichtige Bedingung für erfolgreiches Potentialmanagement nicht erfüllt.

5.2 Indikatorensteuerung zur Erfassung schwacher Signale künftiger Entwicklungen

Eine weitere wichtige Voraussetzung für effektive und effiziente Steuerungsprozesse liegt in der konzeptionellen Festlegung von Steuerungskriterien, die in die Zukunft reichen. Die **Indikatorensteuerung** zielt auf die konkrete Ausgestaltung des Controllingprozesses. Steuerungskriterien lassen sich in Abhängigkeit vom Zeithorizont sehr variabel gestalten. Sie können z. B. ausschließlich auf Informationen der Vergangenheit basieren, um daraus auf ein künftiges Ertragspotential zu schließen. Andererseits können auch sehr aktuelle, noch quasi im Beeinflussungszeitraum befindliche Steuerungsgrößen ausgewählt werden. Ein konkretes Beispiel mag dies verdeutlichen: Einerseits kann unter Verwendung von Geschäftsberichten der Jahre 1980 bis 85 auf das zukünftige Ertragspotential im Jahre 2000 geschlossen werden. Andererseits können aber auch ganz aktuelle, eng an den Prozeß angekoppelte Daten verwendet werden, um die Zukunft zu prognostizieren.
Während es bei der Betrachtung unterschiedlicher Steuerungsebenen darum geht, "**was gemacht werden muß**", nämlich die Betrachtung sowohl von Steuerungskriterien, die sich in der Gegenwart deutlich niederschlagen, als auch solcher, die für die Zukunft wichtig sind, geht es bei der Indikatorensteuerung um die Frage, "**wie man das macht**", nämlich mittels Indikatoren, die wirklich verläßlich im Zeitrahmen der gesamten Spanne von der Gegenwart bis in die Zukunft die gewünschte Auskunft geben bzw. hinsichtlich ihrer Herkunft und Aktualität diesen gesamten **Zeitrahmen** bei größtmöglicher **Validität** und **Aktualität** abdecken. Da das Erfolgspotential primär durch das Markt-, Kosten- und Leistungspotential des Unternehmens bestimmt wird, bedarf es spezieller Indikatoren, die auf Verände-

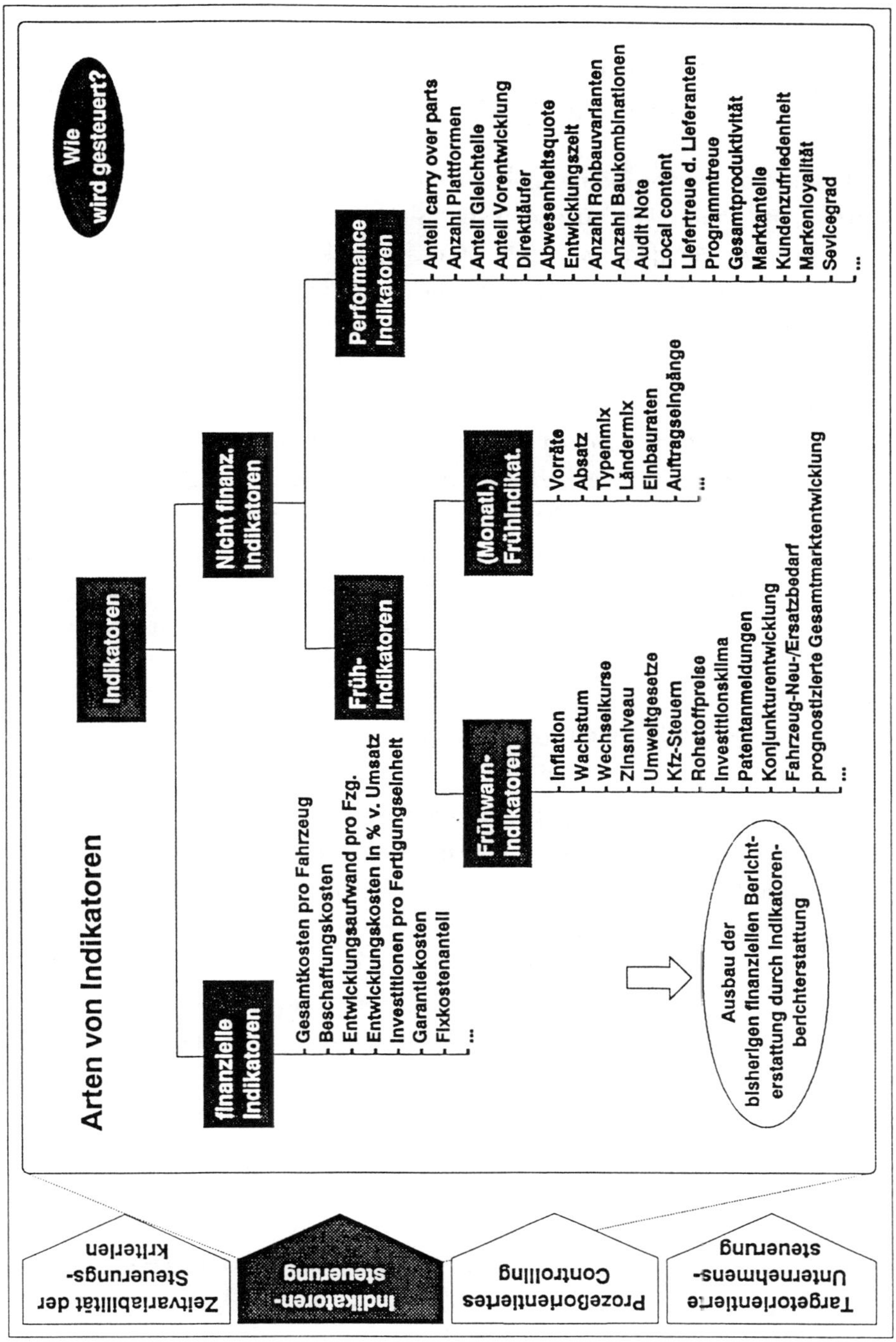

Abb. 2: Indikatoren zur Sensibilisierung der strategischen Erfolgsposition

rungen dieser Bestimmungsgrößen hinweisen. Dabei handelt es sich nicht nur um ökonomische, sondern ebenso um technologische oder soziale Dimensionen. Einen Überblick über denkbare Indikatoren gibt Abbildung 2.

Gerade die regelmäßige **nicht-finanzielle Indikatorenberichterstattung** kann als Ergänzung der finanziellen Aussagen sehr wichtig sein. Die Direktläuferquote in der Produktion oder die gegenwärtigen Qualitätsaudits mögen sich zwar zu einem bestimmten Zeitpunkt letztlich noch nicht voll im Rechnungswesen niedergeschlagen haben, können aber dennoch u. U. eine viel verläßlichere Auskunft darüber geben, in welche Richtung sich die Qualität und damit letztlich auch die Quantität der Produktionsprozesse bewegt, als die Gewährleistungskosten, die abgerechnet wurden, oder Produktionsvolumina bzw. Produktionskosten, die sich auf eine vergangene Periode beziehen und strenggenommen nicht mehr ganz aktuell sind.
Damit eignen sich solche Indikatoren unter Umständen, bezogen auf die Steuerungsebenenbetrachtung, nicht nur für die Beurteilung weit in der Zukunft liegender **Ertragspotentiale**, sondern durchaus auch für die Beurteilung des sich kurzfristig wahrscheinlich realisierenden **Gewinns** und der damit verbundenen Liquidität.

5.3 Prozeßorientierte Unternehmenssteuerung

Die oben genannten zwei Hauptthemenkomplexe konzentrieren sich primär auf die beiden Fragen, **was** zu steuern ist, und **wie** zu steuern ist. Bei der dritten zu diskutierenden Steuerungs-Erfolgskomponente geht es mehr um die Frage, **wer** zu steuern ist. Bei dieser Fragestellung ist grundsätzlich zwischen Bereichen und Prozessen zu unterscheiden. In der heute generell verbreiteten Unternehmenskultur westlicher Managementsysteme dominiert noch das strukturorientierte Controlling, und damit die strukturorientierte Unternehmenssteuerung und die strukturorientierte Entscheidungsfindung. Zielvorgaben oder Soll-/Ist-Vergleiche werden primär auf Geschäftsbereiche wie Vertrieb, Produktion, Entwicklung, Finanz oder Personal bezogen. Ein Potential wird aber selten durch eine Struktur realisiert, sondern vielmehr durch einen Prozeß, der erfolgreich sein kann oder auch nicht und damit zur Potentialausschöpfung beitragen kann oder auch nicht. Damit ist es auch sehr viel sinnvoller, zum Objekt der Unternehmenssteuerung die **Geschäftsprozesse** und **nicht** die **Geschäftsbereiche** zu machen. Geschäftsprozesse können z. B. Vermarktung, Produktentstehung, Produkterstellung sowie unterstützende Hilfsprozesse sein. Diesen Zusammenhang verdeutlicht Abbildung 3 nochmals.

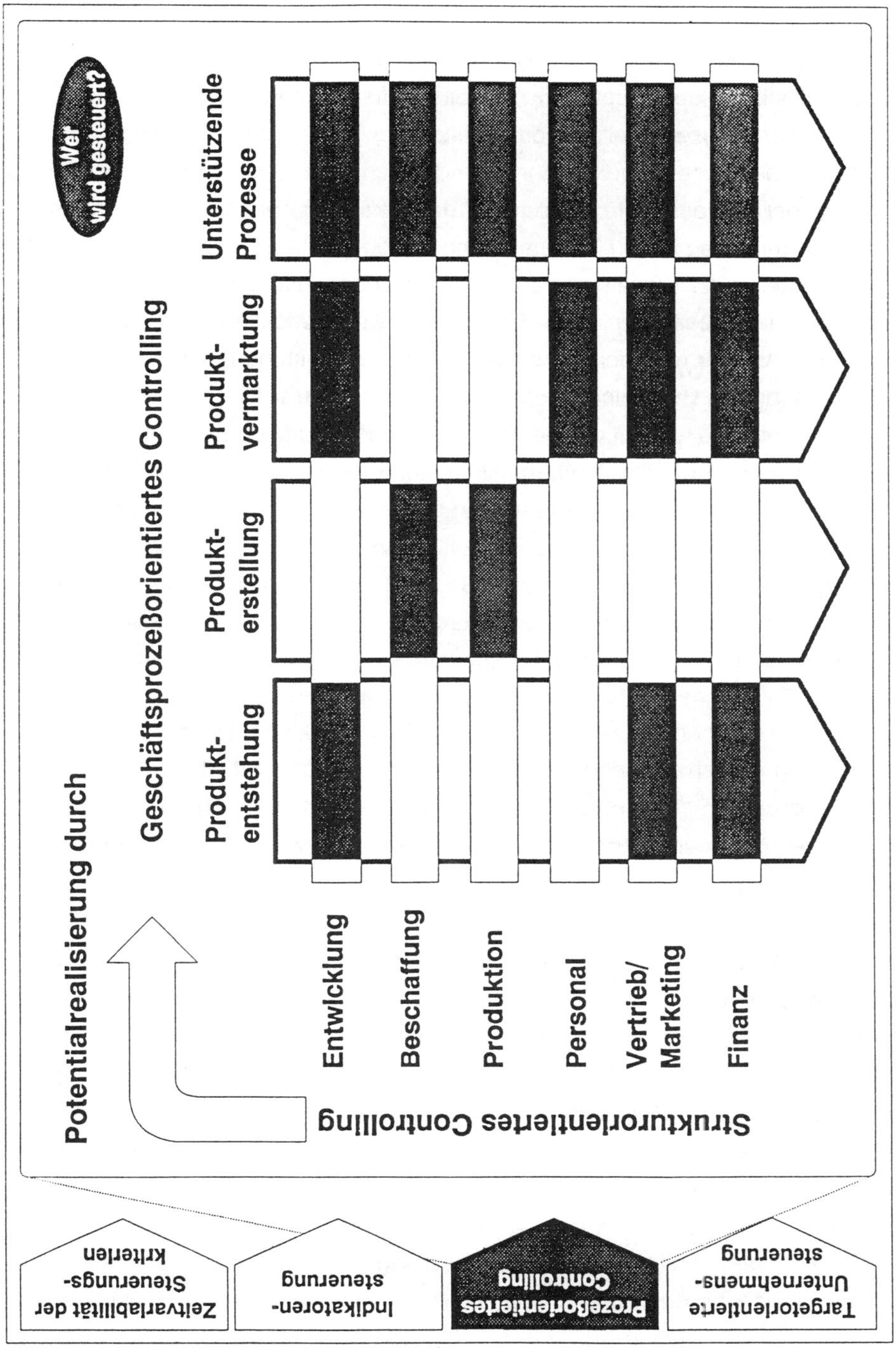

Abb. 3: Prozeßorientiertes Controlling oder geschäftsprozeßorientierte Unternehmenssteuerung

Bei den drei **Hauptprozessen** ist auf keinen Fall anzunehmen, daß diese deckungsgleich mit den ursprünglichen Geschäftsbereichen sind. So ist z. B. ganz klar, daß der Prozeß der Produktentstehung vor allem die Forschung und Entwicklung beinhaltet, aber auch sehr deutlich den Geschäftsbereich Vertrieb/ Marketing, der insbesondere hinsichtlich der Definition der Markterfordernisse und der Kundenwünsche starken Einfluß nehmen muß und damit auch bei der Teilnahme am Produktdefinitionsprozeß gefragt ist. Auch der Geschäftsbereich Finanz wird hinsichtlich der gesamten Zielsetzung in den Produktentstehungsprozeß mit einbezogen. Ähnlich wird der Geschäftsprozeß Vermarktung nicht nur den Vertrieb betreffen, sondern hat selbstverständlich auch Einfluß auf die Forschung und Entwicklung, ebenso wie auf die Geschäftsbereiche Finanz und Personal.
Das **prozeßorientierte Controlling** ist dementsprechend kein mirakulöses Wunderwerk einer Summe neuer Steuerungsgrößen, sondern es besteht einfach darin, Zielvorgabe, Zielerreichungsmessung, Soll-/Ist-Vergleiche, Zielvereinbarungen und Steuerungsprozesse nicht mehr streng auf eine Unternehmenseinheit zu beziehen, sondern auf den Geschäftsprozeß und die Summe der an diesem Geschäftsprozeß beteiligten Einheiten, die nur in ihrem Zusammenwirken und der Summe ihrer Fähigkeiten zur erfolgreichen Potentialausschöpfung beitragen können. Die Fokussierung auf einzelne Unternehmenseinheiten, die isoliert gar keine erfolgreiche Potentialausschöpfung erreichen können, ist damit eigentlich ein unmittelbarer **Widerspruch zum erfolgreichen Potentialmanagement**. Vielmehr ist "Teamwork auf der Makroebene" gefordert, ganz im Sinne des Simultaneous-Engineering-Prozesses, bei dem diese Forderung auf der Mikroebene heute schon weitgehend verwirklicht ist. Die entscheidende Voraussetzung für das Funktionieren einer prozeßorientierten Unternehmenssteuerung und einer prozeßorientierten Unternehmenskultur ist eine gewisse Disziplin und vor allem auch Reife sowie ein umfassendes Verständnis aller Geschäftsbereiche. Denn nur, wenn auch die einzelnen Geschäftsbereiche die Stärke und die Reife haben, sich von der ausschließlich bereichsindividuellen Messung und Erfolgsbeurteilung loszulösen, um einen gemeinsamen Beitrag mit anderen zu leisten und sich dann auch einer gemeinsamen Messung mit anderen zu unterziehen, kann die prozeßorientierte Unternehmenssteuerung erfolgreich eingeführt und umgesetzt werden. Demzufolge muß für alle Bereiche die **Erreichung und Umsetzung des Geschäftsprozeßziels** und damit die Erreichung des Unternehmensziels Vorrang haben vor dem Nachweis der Erreichung bzw. der Umsetzung des individuellen Bereichsziels. Das heißt natürlich auch, daß prozeßorientiertes Controlling nicht allein vom Controlling sichergestellt werden kann, sondern erst ein positiver Ausfluß einer erfolgreich veränderten

Unternehmenskultur ist. So gesehen hat auch die **Personalentwicklung** einen wichtigen Anteil an der erfolgreichen Einführung des Prozeßcontrolling.

5.4 Zielorientierte Unternehmenssteuerung

Die vierte Steuerungskomponente beschäftigt sich mit der Frage, "**wohin zu steuern ist**" und wie die erfolgreiche Umsetzung zu erfolgen hat. Denn eines ist klar: auch das erfolgreichste Steuerungsinstrumentarium ist dann sinnlos, wenn nicht die sachlich aggressive und erfolgreiche Zielorientierung und -umsetzung sichergestellt ist. Dies bedeutet, daß alle drei bisher besprochenen Punkte notwendige Bedingungen für eine erfolgreiche Unternehmenssteuerung sind. Die hinreichende Bedingung besteht jedoch erst darin, daß im Rahmen dieser differenzierten, sinnvollen und adäquaten Steuerungsinstrumente auch eine erfolgreiche Umsetzung stattfindet. Die erfolgreiche **Umsetzung** und die frühzeitige **Sicherstellung** der erfolgreichen Umsetzung sowie die jederzeitige Möglichkeit, den zunehmenden **Grad der Ausschöpfung** der Potentiale mitzuverfolgen, können eigentlich nur der Targetsetzungsprozeß, der Targetvereinbarungsprozeß, der Targetverfolgungsprozeß und damit hoffentlich auch der Targeterreichungsprozeß sicherstellen (vgl. Claassen/Hilbert 1993, S. 133-174). Dieses faßt Abbildung 4 nochmals zusammen.

Die ersten konkreten Beispiele einer solchen Umsetzung im Unternehmen liegen mit **Target Costing** (vgl. Claassen/Hilbert 1994, S. 34-41), **Target Investment** (vgl. Claassen/Hilbert 1994, S. 145-159), und **Target Engineering Expense** vor, wo aus zukünftigen Zielgrößen Rückschlüsse auf heutige Maßnahmen erfolgen. In einer etwas abgewandelten Form ist das schon ein Rückschluß einer übergeordneten Steuerungsgröße auf eine untergeordnete Steuerungsgröße, wenngleich dies hier eher im Sinne einer aktiven Einflußnahme geschieht und zur Zeit noch nicht im Sinne einer vollen Widerspiegelung in den heutigen Unternehmensergebnissen. Ganz entscheidend ist, daß diese **Targetphilosophie** auf alle Unternehmensbereiche ausgedehnt wird. Weiterhin ist wichtig, daß aus zukünftigen Zielsetzungen und zukünftigen konkreten Daten, die dann erforderlich sein werden, um Potentiale auszuschöpfen, Rückschlüsse gezogen werden auf die zwischen heute und in der Zukunft erforderlichen Maßnahmen. Mit anderen Worten: das, was in den nächsten fünf Jahren getan werden muß, wird nicht aus der heutigen Situation und einer daraus resultierenden Planung heraus definiert, sondern aus der **Vision**, die für Zeitpunkte in fünf oder zehn Jahren besteht sowie der deduktiven Ableitung aller der Dinge, die nötig sind, um dorthinzukommen.

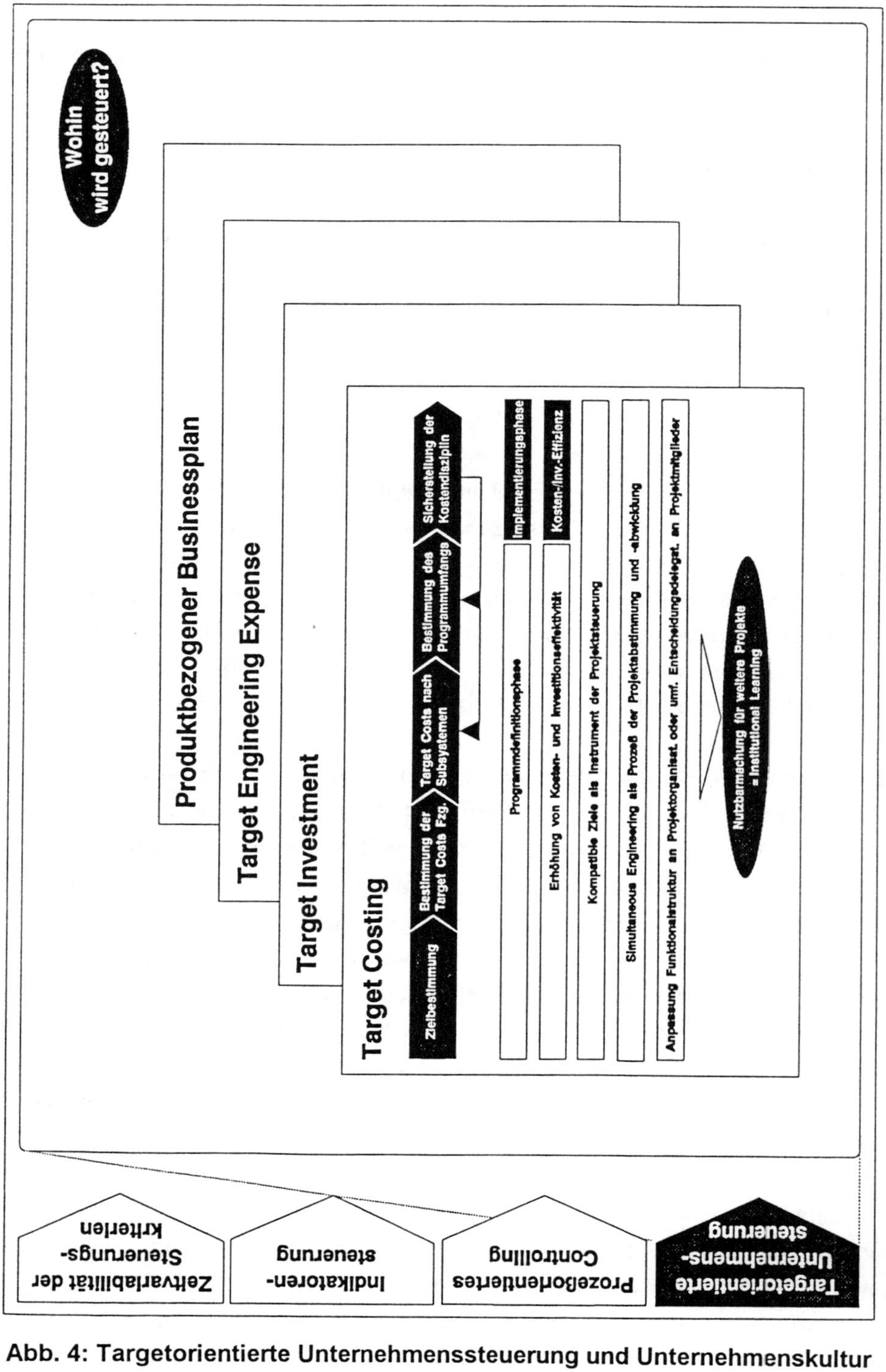

Abb. 4: Targetorientierte Unternehmenssteuerung und Unternehmenskultur

Der **produktbezogene Businessplan** stellt dabei das controlling-technische Bindeglied zwischen der heutigen Ist-Situation, den zukünftigen Targets, den daraus wieder resultierenden heutigen Maßnahmen und der zukünftigen Ist-Erreichung dar. Target Costing ist ohne den produktbezogenen, crossfunktionalen und kalendarisierten Maßnahmen- oder Businessplan nicht denkbar. Er stellt die zur Zielerreichung erforderlichen Maßnahmen und Commitments detailliert dar und hilft, die ggf. auftretende Ziellücke in der verbindlich kommittierten Ergebnisstruktur zu schließen.

Das **Kernstück** des produktbezogenen Businessplans ist die **Ergebnisprojektion** des zu verfolgenden Fahrzeug-Projekts. Die Ergebnisdifferenz zwischen dem gegenwärtigen Stand und der zur zukünftigen Produkteinführung angestrebten Vorgabe muß mit Hilfe bereichsbezogener **Maßnahmenpläne** geschlossen werden. Dazu müssen zunächst vor Ort die positiven und negativen Einflußpotentiale auf das Ergebnis, also die markt- und produktbezogenen Chancen und Risiken, identifiziert werden. Sobald dies geschehen ist, hat die Beschaffung ebenso an ihren Potentialen anzusetzen wie die Forschung und Entwicklung, die Produktion oder der Vertrieb.

6. Zusammenfassung und Ausblick

Zusammenfassend sei das "**magische Viereck des Potentialmanagements**" in Abbildung 5 dargestellt.

Dies besteht aus den Faktoren "Zeitvariabilität der Steuerungskriterien", "Indikatorensteuerung zur Sensibilisierung der Strategischen Erfolgsposition", "prozeßorientiertem Controlling oder geschäftsprozeßorientierter Unternehmenssteuerung" und "targetorientierter Unternehmenssteuerung und Unternehmenskultur".

Das Bedrohliche an jeder Krise ist der Glaube, daß mit Erfolgsrezepten der Vergangenheit die Zukunft gemeistert werden könnte. Wer diesem Irrglauben nicht verfällt und stattdessen im Wandel als natürlichen Phänomen auch eine Chance sieht, der wird mit Gelassenheit und Selbstvertrauen die Antworten auf künftig sich abzeichnende Probleme zu formulieren wissen.

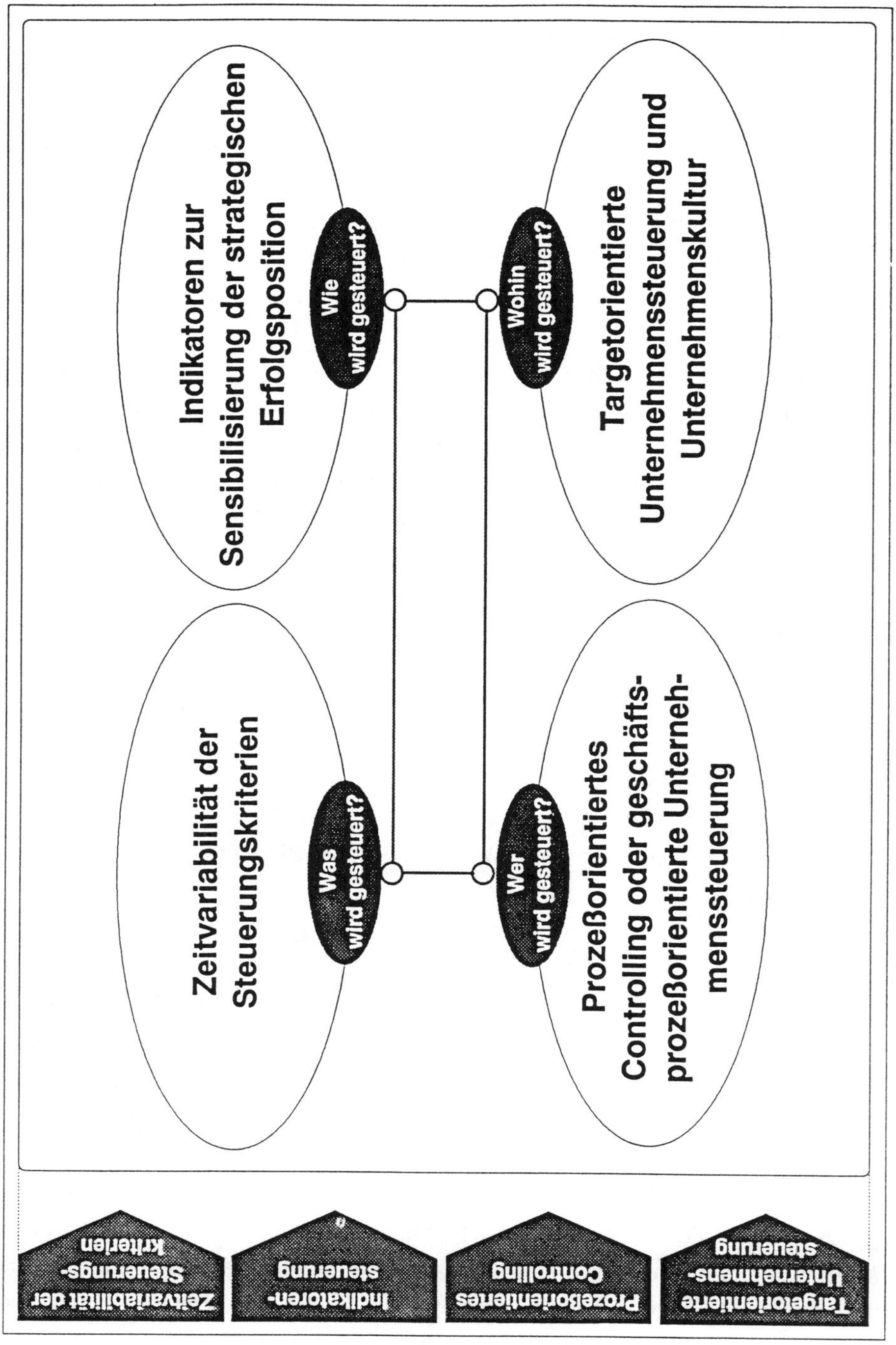

Abb. 5: "Magisches Viereck" des Potentialmanagements

Literaturverzeichnis

Bono, E., Das Primat des neuen Denkens; in: Henzler, H. A. (Hrsg.), Handbuch Strategische Führung, Wiesbaden 1988, S. 833 - 835

Claassen, U./Hilbert, H., Target Costing als wichtiges Element der finanziellen Projektsteuerung; in: Elmar Mayer [Hrsg.]: Der Controlling-Berater (Loseblattsammlung), Heft 5, Industrie-Controlling, Freiburg 1993, Gruppe 8, S. 133-174

Claassen, U./Hilbert, H., Target Costing als Brücke zwischen Zielpreisindex und konkreten Teilekosten am Beispiel eines europäischen Automobilherstellers; in: Jahrbuch Controlling 1994, Düsseldorf 1994, S. 34-41

Claassen, U./Hilbert, H., Durch Target Costing und Target Investment zur kompromißlosen Kundenorientierung bei Volkswagen, in: Horváth, P. (Hrsg.): Kunden und Prozesse im Fokus - Controlling und Reengineering, Stuttgart 1994, S. 145 -159

Fix, D., Ins Auge gehen, Professor Wolfgang Fritz über den Mangel an vernüftigen Marktstrategien; in: Wirtschaftswoche, 06.05.94, S. 74 - 76

Heidenreich, W., EKS-Strategie: Erfolg durch wirkungsvolleren Kräfteeinsatz, Frankfurt am Main, 1983

Gälweiler, A., Strategische Unternehmensführung, Frankfurt a. M., 1987

Johnson, H. T./Kaplan, R. S., Relevance Lost. The Rise and Fall of Management Accounting, Boston Mass. 1987

Malik, F., Controlling und vernetztes Denken, strategische Früherkennung; in: Controlling (Interne Schulungsunterlage der International School of integrated Management GmbH Braunschweig - ISIM), 1993, S. 197-230

Sakurai, M./Keating, P. J., Target Costing und Activity-Based Costing; in: Controlling, Heft 2, März/April 1994, S. 84-91

Scheerer, H., Kundengefühle sind Tatsachen; in: Harvard Business manager, Heft 2, 1994, S. 9-13

Pfohl, H. C., Strategische Kontrolle; in: Henzler, H. A. (Hrsg.), Handbuch Strategische Führung, Wiesbaden 1988, S. 801-824

Controllingsysteme 2005: Szenarien aus der Sicht eines Unternehmensberaters

Tom Sommerlatte

1. Einführung: Die Entwicklung des Controlling

2. Das prozeßorientierte Verständnis der Leistungserbringung

3. Die Ganzheitlichkeit des mentalen Modells im Unternehmen

4. Das aktive Management der Lernprozesse im Unternehmen

5. Die Abbildung des Funktionsmodells des Unternehmens im Informationssystem

1. Einführung: Die Entwicklung des Controlling

Controlling hat in den letzten 10 Jahren einen grundlegenden Wandel erlebt: Von der "**Kontrolle**" im Sinne des mißtrauischen Aufpassens und Nachprüfens zum "**Coaching**" der agierenden Führungskräfte durch Aufhellen des Funktionsmodells, nach dem sie umsichtig wirken und Erfolg sichern können.

In den nächsten 10 Jahren muß der Wandel jedoch weitergehen, denn die verschiedenartigen Controlling-Ansätze, die wir heute in den Unternehmen beobachten können - Marketing-Controlling, F&E-Controlling, Produktions-Controlling, Logistik-Controlling, Vertriebs-, Personal- und Finanz-Controlling - müssen zusammenkommen im Rahmen eines umfassenden Lernprozesses.

Das Prozeß-Controlling ist ein erster wichtiger Schritt in diese Richtung, denn hierdurch wird das Führungsbewußtsein von der funktionalen Suboptimierung zur funktionsübergreifenden Gesamtleistung gelenkt, zum Zusammenwirken von Marketing, F&E, Produktion, Logistik, Vertrieb, Personalentwicklung und Finanzen bei der Erhöhung des Kundennutzens und der Produktivität.

Die Rolle des Controlling muß dazu über die eines "Coaches" hinausgehen. Ebenso wie der Unternehmensberater, wenn er mehr ist als ein Erfüllungsgehilfe des Vorstands, seine eigentliche Aufgabe darin sieht, die Wirklichkeitsperzeption der Führungskräfte zu erweitern, ebenso muß der Controller in Zukunft immer stärker Moderator von Lernprozessen werden.

Seine Aufgabe wird zunehmend sein, den Verantwortlichen einzelner Zuständigkeitsbereiche immer wieder bewußt zu machen, wie ihr Verhalten andere Zuständigkeitsbereiche betrifft und wie sie im **Gesamtmodell** ihres Unternehmens oder ihres Geschäftsbereichs zu Leistungsfähigkeit und Zukunftssicherung beitragen.

Das Szenario eines Controllingsystems 2005 besteht daher meines Erachtens aus vier wesentlichen **Grundzügen**:

- Das prozeßorientierte Verständnis der Leistungserbringung

- Die Gesamtheitlichkeit des mentalen Modells des Unternehmens

- Das aktive Management der Lernprozesse im Unternehmen

- Die Abbildung des Funktionsmodells des Unternehmens im Informationssystem.

2. Das prozeßorientierte Verständnis der Leistungserbringung

Es wird immer deutlicher, daß die Wettbewerbsfähigkeit und interne Effektivität der Unternehmen nicht in erster Linie durch die Strukturorganisation und die Effizienz der einzelnen Leistungsbereiche bestimmt werden.

Vielmehr ist entscheidend, wie gut die einzelnen **Leistungsbereiche** im Gesamtzusammenhang aggregierter Leistungsprozesse aufeinander **abgestimmt** sind, um die bestmögliche marktorientierte Gesamtleistung zu erbringen.

Die hierfür maßgeblichen aggregierten Leistungsprozesse sind umfassender als es heute üblicherweise beim Business Process Reengineering gesehen wird. Sie beginnen immer beim Markt und enden beim Markt, so daß die im Unternehmen stattfindenden ablauforganisatorischen Teilprozesse nur unter Berücksichtigung ihrer Rolle und Wirksamkeit innerhalb der aggregierten Leistungsprozesse sinnvoll gesteuert werden können.

Diese aggregierten Leistungsprozesse sind generisch in allen Unternehmen ähnlich, müssen aber in Abhängigkeit von der Unternehmensstrategie gegenüber dem Wettbewerb so differenziert werden, daß ein Leistungs- oder Innovationsvorteil entsteht.

Nach dem Unternehmensmodell von Arthur D. Little laufen bewußt oder unbewußt, gestaltet oder ungestaltet in den Unternehmen neun **aggregierte Leistungsprozesse** ab (vgl. Abb. 1).

Jeder dieser aggregierten Leistungsprozesse besteht aus einer Reihe von Teilprozessen, an denen alle Funktionsbereiche des Unternehmens über einen Abstimmungsvorgang beteiligt sein müssen.

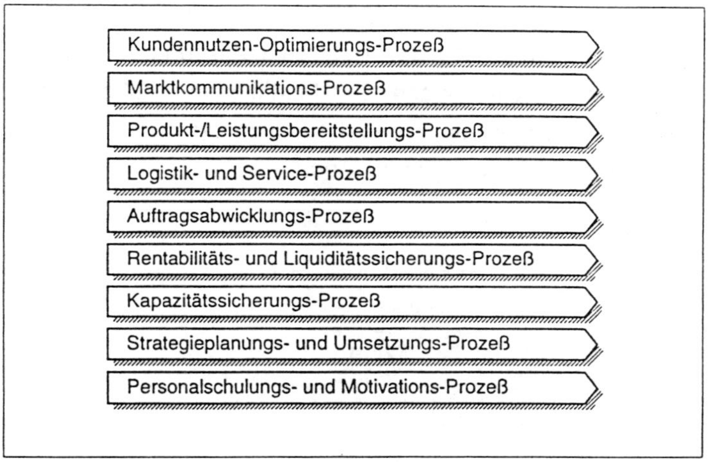

Abbildung 1: Die aggregierten, differenzierungsfähigen Leistungsprozesse im Unternehmen

Beispielsweise müssen Entwicklungsprojekte für neue Produkte als in den Kundennutzenoptimierungs-Prozeß eingebetteter Teilprozeß gesehen und gesteuert werden (vgl. Abb. 2).

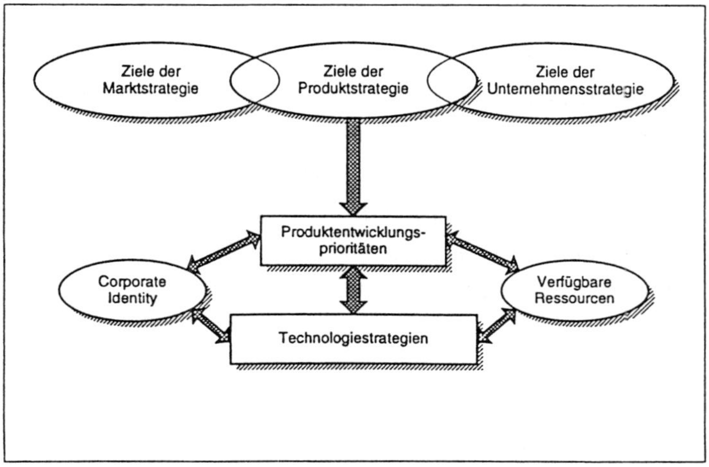

Abbildung 2: Die Teilprozesse und Abstimmungsanforderungen des Kundennutzenoptimierungs-Prozesses

Ebenso ist eine Marketingkampagne nur Teil eines aggregierten Prozesses zur Verdeutlichung der Differenzierung des Unternehmens und zur Umwandlung des Kundennutzens in Kaufentscheidungen. Der Marktkommunikations-Prozeß besteht wiederum aus sechs Teilprozessen, die erst zusammengenommen zu einer wirksamen Marketingleistung führen können (vgl. Abb. 3).

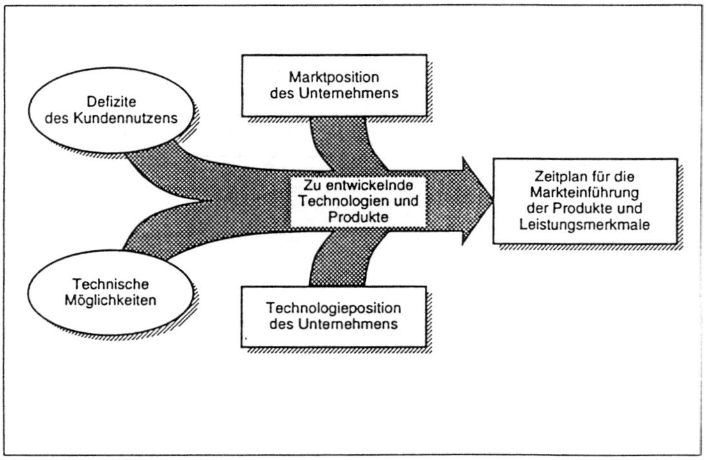

Abbildung 3: Die Teilprozesse und Abstimmungsanforderungen des Marktkommunikations-Prozesses

Eine der großen Herausforderungen für die Unternehmen besteht darin, sich in der Gestaltung und in den Leistungsschwerpunkten dieser aggregierten Leistungsprozesse zum Nutzen der Kunden kreativ vom Gros des Wettbewerbs zu unterscheiden (vgl. Sommerlatte/Wedekind (1990), S. 23-41). Daher das Konzept der "aggregierten, differenzierungsfähigen Leistungsprozesse" (**ADL-Prozesse**), das es im Bewußtsein der Mitarbeiter zu verankern gilt. Ziel eines prozeßorientierten Controlling muß es sein, den **Führungskräften** zu verdeutlichen, daß und wie sie in diese Prozesse **eingebunden** sind und zu ihrem Erfolg oder Mißerfolg beitragen.

Dazu muß das Controlling immer wieder Transparenz der wettbewerbskritischen Erfolgsfaktoren schaffen (im Sinne eines Benchmarking) und die Korrelation zwischen den Erfolgsfaktoren und den Leistungsprozessen aufdecken. Schwächen bei der Erfüllung der Erfolgsfaktoren können so auf Schwächen der Leistungsprozesse zurückgeführt werden. Darauf aufbauend kann dann im einzelnen untersucht werden, wo im Verlauf der betroffenen Leistungsprozesse Schwachstellen und Produktivitätssteigerungsmöglichkeiten liegen.

3. Die Ganzheitlichkeit des mentalen Modells im Unternehmen

Die aggregierten, differenzierungsfähigen Leistungsprozesse und ihre Korrelation mit den wettbewerbskritischen Erfolgsfaktoren stellen ein **mentales Modell** der Leistungserbringung des Unternehmens dar, das die einzelnen Verantwortungsbereiche überschreitet. Aber nur wenn alle **Teilverantwortlichen** dieses mentale Modell **vor Augen** haben und wenn das Controllingsystem ihnen hilft, ihre Leistung entsprechend diesem ganzheitlichen Modell zu verbessern, kann das Unternehmen insgesamt seine Leistung effizient und effektiv erbringen.

Die Ganzheitlichkeit und Gemeinsamkeit des mentalen Modells führen zu erhöhter Leistungsfähigkeit nach außen, indem im Bewußtsein der Mitarbeiter die entscheidenden Leistungsketten in den Mittelpunkt gerückt werden können. Durch die Einführung einer Prozeßkostenrechnung können die Kosten und die Produktivität der aggregierten, differenzierungsfähigen Leistungsprozesse gesteuert werden. Die Planungs-, Überwachungs- und Kommunikationsleistungen, die einen immer höheren Anteil an den Leistungsprozessen ausmachen, werden dadurch als integraler Bestandteil der marktorientierten Leistung des Unternehmens verstanden und können so überhaupt erst sinnvoll rationalisiert werden. So muß in jedem ADL-Prozeß die Wechselbeziehung zwischen den planenden, steuernden und koordinierenden Teilprozessen optimiert werden, damit nicht durch falsch angelegtes Business Process Reengineering die Leistung der ADL-Prozesse insgesamt sinkt. Die **Prozeßkostenrechnung** berücksichtigt die Planungs-, Steuerungs- und Koordinationsaufgaben pro ADL-Prozeß und ordnet ihnen Kosten zu. Dadurch entsteht eine auf die ADL-Prozesse bezogene wertanalytische Transparenz der Kostenstrukturen, die ein prozeßorientiertes Controlling erlaubt (vgl. Horváth/Mayer 1989).

Der Übergang zu dieser ganzheitlichen Betrachtungs- und Führungsweise erfordert jedoch eine neue Unternehmenskultur, in der organisatorisches Lernen ein wesentlicher Bestandteil ist.

4. Das aktive Management der Lernprozesse im Unternehmen

Den Unternehmen steht noch einmal ein dramatischer Wandel ins Haus, der aber eine andere Dimension haben wird als die Veränderungen, die sie in den letzten Jahren hinter sich gebracht haben. Dieser Wandel wird nicht eine Extrapolation der Rationalisierungsmaßnahmen sein, mit denen sie sich auf zunehmenden Kostenwettbewerb einstellen mußten, mit denen sie begrenztere, aber vollständigere unternehmerische Verantwortungsbereiche schufen, um flexibler und schneller zu werden, und mit denen sie auf neue Markt- und Geschäftsstrukturen reagierten.

Das alles waren "mechanische" Veränderungen, die dann auch in dem Begriff "Reengineering" gipfelten.

Bei dem nun bevorstehenden Wandel geht es in allererster Linie um "mentale" Veränderungen. Die Unternehmen müssen neu durchdenken, was sie tun, warum sie es tun und wie sie es tun. Es geht in den nächsten 10 Jahren um ein "**Rethinking**", nicht nur um ein "**Reengineering**". Dazu müssen eine Vielzahl von Lernbarrieren und Verhaltensblockaden ausgeräumt werden, die mit etablierten Führungs- und Verhaltensweisen in den Unternehmen zu tun haben.

Angesichts dieses Wandels reicht es nicht mehr aus, auf die Lernfähigkeit und Lernbereitschaft der einzelnen Mitarbeiter zu vertrauen. In arbeitsteiligen Organisationen gewinnt jedes Organisationsmitglied Zugang zu unterschiedlichem neuen Wissen, erlangt unterschiedliche neue Erkenntnisse und macht unterschiedliche neue Erfahrungen, die Techniker im technischen Bereich, die Marketing- und Vertriebsmitarbeiter im Markt, bei den Kunden, die Mitarbeiter im Bereich Finanzen im Umgang mit den Ergebnissen und Bilanzen (vgl. Abb. 4). Es besteht eine geringe Wahrscheinlichkeit, daß sie durch ihr eigenes Lernen zu neuen Verhaltensweisen kommen, die zueinander passen. Eine **lernende Organisation** entsteht nur, wenn sich die Organisationsmitglieder systematisch über ihr Wissen, ihre Erkenntnisse und ihre Erfahrungen abstimmen und ihr neues Verhalten im Rahmen einer gemeinsam als richtig erkannten Strategie entfalten (vgl. Abb. 5).

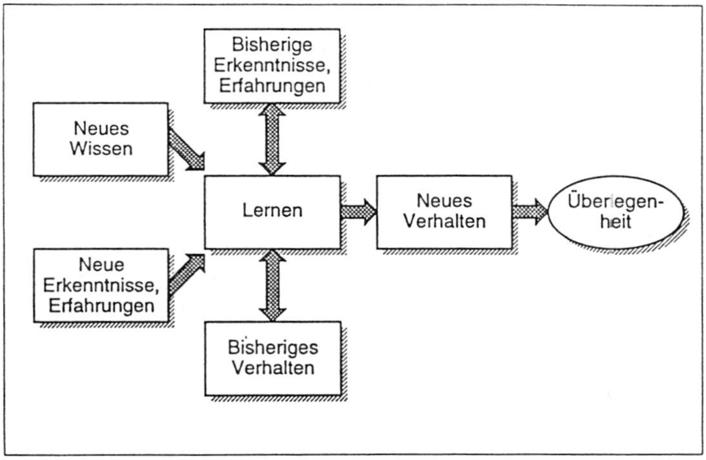

Abbildung 4: Die Teilprozesse und Abstimmungsanforderungen des Marktkommunikations-Prozesses

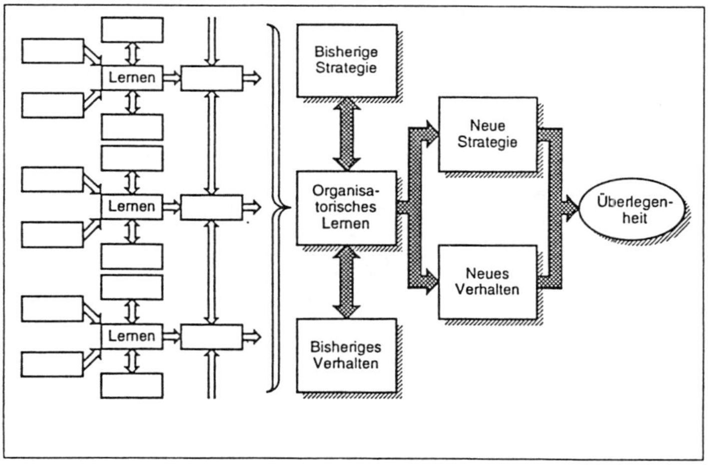

Abbildung 5: Die Teilprozesse und Abstimmungsanforderungen des Marktkommunikations-Prozesses

Um das dazu erforderliche gemeinsame mentale Modell zu entwickeln und à jour zu halten, sind wohldurchdachte Lernprozesse erforderlich. Diese Lernprozesse zu gestalten und in Gang zu halten, wird eine der wichtigsten Aufgaben des Controlling werden.

Eins der wichtigsten Lernziele wird darin bestehen, daß den wettbewerbskritischen ADL-Prozessen immer höhere Aufmerksamkeit aller Organisationsmitglieder gewidmet wird, so daß diese mit geringstmöglichen organisatorischen Komplikationen ablaufen können.

Organisatorische Komplikationen resultieren in der Regel aus Zuständigkeitsabgrenzungen und Schnittstellen, aus Zerteilungen von Leistungseinheiten, die, obwohl sie eine zusammenhängende Leistung erbringen sollen, unterschiedlich zugeordnet wurden, sowie aus sequentiellen Abstimmungsvorgängen, die eigentlich gleichzeitig erfolgen müßten.

Die damit verbundenen Kosten stellen heute in vielen Unternehmen bis zu einem Drittel der gesamten Kostenstruktur der Produkte und Dienstleistungen dar. Sie bauen sich durch **Übertragungs-, Zwischenspeicherungs- und Abstimmungsaufwendungen** auf, die an den **Schnittstellen** entstehen und sich über die gesamten funktionsübergreifenden Leistungsprozesse aufaddieren (vgl. Abb. 6).

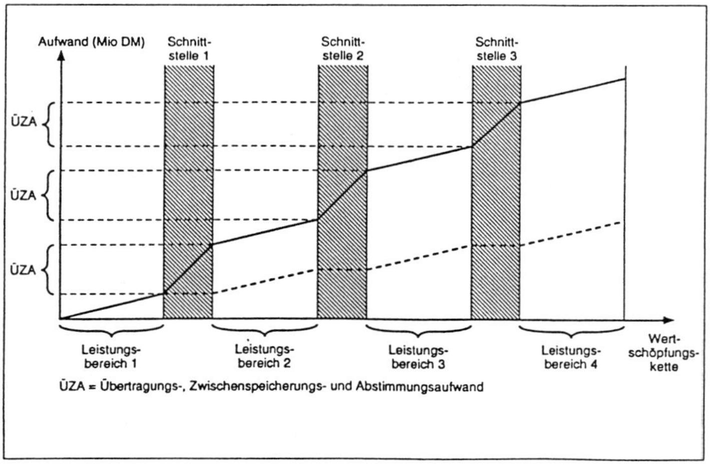

Abbildung 6: Die Teilprozesse und Abstimmungsanforderungen des Marktkommunikations-Prozesses

Diese Problematik aufzuzeigen und ihre Überwindung zu bewerkstelligen, ist eine der großen didaktischen Aufgaben des Controlling in den nächsten 10 Jahren. Der dazu erforderliche Lernprozeß besteht aus vier Phasen, die immer wieder durchlaufen werden müssen:

- der Phase der Bewußtseinsbildung über die Problematik, der Weckung der Änderungsbereitschaft und der Gestaltung einer **Zukunftsvision**

- der Phase der **Suche** nach Hebelwirkungen, Schwerpunkten und motivierenden Perspektiven von Veränderungen

- der Phase des **Neudurchdenkens** und Redesigns des Unternehmensmodells und

- der Phase der **Verhaltensänderung** und Erprobung/Verwirklichung des neuen Verhaltens im laufenden Geschäft.

Das Unternehmensmodell der anzustrebenden Hochleistungsorganisation beinhaltet die am Unternehmen Beteiligten und ihre Interessen sowie die Leistungsprozesse, Ressourcen und die Organisationsstruktur des Unternehmens (vgl. Abb. 7).

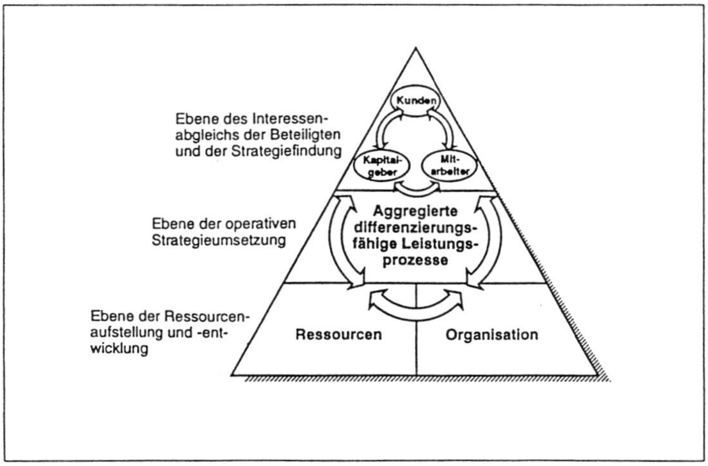

Abbildung 7: Die Teilprozesse und Abstimmungsanforderungen des Marktkommunikations-Prozesses

Dieses Modell verdeutlicht, daß die Leistungsprozesse, Ressourcen und die Organisation des Unternehmens nur dann sinnvoll aufeinander abgestimmt und weiterentwickelt werden können, wenn die am Unternehmen Beteiligten einen kontinuierlichen Interessensabgleich betreiben und auf der Basis eines gemeinsamen Verständnisses der operativen Voraussetzungen eine gemeinsame Strategie verfolgen.

Leistungsschwund kann immer auf Diskrepanzen in diesem Modell zurückgeführt werden:

- auf offene oder unausgesprochene Differenzen zwischen den Interessen und Absichten der am Unternehmen beteiligten Gruppen

- auf Differenzen zwischen der impliziten oder expliziten Strategie des Unternehmens und den Prozessen der Leistungserbringung

- auf Differenzen zwischen den Anforderungen der Leistungserbringung und den zur Verfügung stehenden Ressourcen sowie der Organisationsstruktur.

Das Controlling muß daher die Fähigkeit entwickeln, diese Diskrepanzen aufzudecken und die am Unternehmen Beteiligten durch den beschriebenen Lernprozeß dazu zu bringen, die Diskrepanzen abzubauen.

Es ist klar, daß hieraus auch völlig neue Anforderungen an das Informationssystem des Unternehmens resultieren.

5. Die Abbildung des Funktionsmodells des Unternehmens im Informationssystem

Wenn man heute die Anwendungslandschaft der **Datenverarbeitung** mit der "Topografie" der ADL-Prozesse zur Deckung zu bringen versucht, so entsteht ein erschreckendes Bild: Die Datenverarbeitung unterstützt in den meisten Unternehmen nicht die ADL-Prozesse, sondern nur einzelne abwicklungsorientierte Aufgabenbereiche. Das gleiche gilt für die Anwendungen der Telekommunikation.

Die Anwendungen der Datenverarbeitung sind inflexibel auf die bestehende Organisation und auf die gerade gültigen Parameter des Geschäfts festgelegt. Sie sind in zu viele Teilprozesse zergliedert, die nicht auf das gemeinsame Ziel - die Erfüllung der wettbewerbskritischen Erfolgsfaktoren - hin zusammenwirken, und die Informations- und Kommunikationssysteme erfüllen nicht ihren wichtigsten Zweck, nämlich den Überblick über die für die Leistungsprozesse erforderlichen Zusammenhänge zu verschaffen.

Das Controllingsystem 2005 setzt voraus, daß die Verantwortungsträger im Unternehmen im Zuge der Neugestaltung der aggregierten Leistungsprozesse auch mitbestimmen, welche Informations- und Kommunikationsprozesse die ADL-Prozesse unterstützen sollen. Denn der auf diese Weise definierte Informationsbedarf liefert auch die Struktur der Steuerungsparameter für das Controllingsystem 2005.

Die Entwicklung der Informations- und Kommunikationssysteme erlaubt immer mehr Flexibilität bei der datenmäßigen Abbildung des Funktionsmodells des Unternehmens.

So besteht jeder ADL-Prozeß aus vier Ebenen, die bezüglich des **Informationsmanagements** aufeinander abgestimmt werden müssen: der Ebene der Zielsetzung, der Ebene der Planung, der Ebene der Steuerung und der Ebene der operativen Durchführung. Nur wenn die Aufgaben auf diesen vier Ebenen durch klar zugeordnete Funktionsbereiche in koordinierter Weise wahrgenommen werden, kann der jeweilige ADL-Prozeß wirkungsvoll ablaufen.

Wie Ray Stata, einer der führenden Denker des organisationellen Lernens, sagt: "Control is an illusion - compelling in the short term, but unachievable in the long term. If we keep organizational learning in mind as a goal of information systems design, then we are more likely to generate the information and knowledge that managers need to take effective action" (Stata 1989, S. 63).

Der **Controller** des Jahres 2005 wird daher der **Moderator** von **Lernprozessen** sein müssen und dazu ein umfassendes Abbild der ADL-Prozesse im Informationssystem des Unternehmens benötigen, wenn er dem Unternehmen zu marktrelevanter Hochleistung verhelfen will.

Literaturverzeichnis

Sommerlatte, T. / Wedekind, T., "Leistungsprozesse und Organisationsstruktur", in: Arthur D. Little (Hrsg.), "Management der Hochleistungsorganisation", Wiesbaden, 1990

Horváth, P.; Mayer, R., Prozeßkostenrechnung - Der neue Weg zu mehr Kostentransparenz und wirkungsvolleren Unternehmensstrategien, in: Controlling, 1. Jg. (1989), Heft 4, S. 214 - 219.

Stata, R., "Organizational Learning - The Key to Management Information"; in: Sloan Management Review, Spring 1989, S. 63-74

Controller-Rollen: Anforderungsprofile, Persönlichkeit und Selbstverständnis - Ein empirisches Schlaglicht

Claus Steinle / Heike Bruch / Thomas Michels

1. Bildhafte Ausdrucksweisen zur Rolle des Controllers

Führung von Unternehmungen in der komplexer werdenden Umweltsituation, die von Turbulenzen und gesellschaftlichen, wirtschaftlichen und politischen Veränderungen geprägt ist, wird eine immer schwierigere Aufgabe. "Die Lage ist vergleichbar mit der Navigation in unbekannten Gewässern, ohne zuverlässige Karten und ohne sichere Orientierungspunkte." (Kornblum 1995, S. 103). Dieses Stichwort findet sich im wohl bekanntesten Bild zur besseren Anschaulichkeit der Rolle des Controllers wieder. Der Controller als **Navigator, Lotse oder betriebswirtschaftlicher Steuermann** sorgt unter Zuhilfenahme von Zahleninformationen dafür, daß die "Kapitäne" (Geschäftsführer) in den einzelnen Funktionsbereichen mit ihren "Schiffen" (Unternehmungen) sicher im unruhigen Meer operieren (vgl. Deyle 1990, S. 183). Der Kapitän entscheidet, der Navigator bietet ihm die nötigen Entscheidungsgrundlagen.

Trotz der Plausibilität des Ansatzes kann durch das böswillige Hinzuziehen einer Standardkarrikatur ein Problem bei der Assoziation aufkommen. Bismarck verläßt als Lotse das von Kaiser Wilhelm II. geleitete Schiff, was dem Ende des deutschen Kaiserreichs gleichkommt. Der Navigator Bismarck kann schließlich das Schiff besser führen als der Kapitän, wozu ist dieser dann noch nötig ? Nur zu Repräsentationszwecken ? (vgl. Deyhle 1990, S. 183)

Hier zeigt sich die Gefahr von **Fehlinterpretationen** von zunächst eingängigen und unmittelbar verständlichen Bildern. Stehen Bilder in ihrem Sinn nicht für sich allein, muß eine Erklärung des eigentlich Gemeinten geleistet werden, womit der Sinn einer Metapher verfehlt wird, sei die Fehlauslegung bewußt oder unbewußt geschehen. Man schafft sich durch die bildhafte Ausdrucksweise nur noch größere Schwierigkeiten (vgl. Weber 1995, S. 366).

Bemerkenswert ist in diesem Zusammenhang allerdings, daß Weber als Kritiker der "Lu(a)st der bildhaften Ausdrucksweise" (Weber 1994, S. 267) selbst ein neues Bild kreiert - der Controller als **Seelsorger** (vgl. Weber 1995, S. 367 ff. oder 1994, S. 268 ff.).

Controller wie auch Seelsorger sind bemüht, anhand kurzfristiger Aktionen (Verzicht auf Opportunismus in Form von Sünde bzw. Ressortegoismus) ein langfristiges Ziel, bei dem einen das ewige Leben, beim anderen die dauerhafte Unternehmungsentwicklung, zu erreichen. Beide sollen Hilfestellungen und Unterstützung im Entscheidungsprozeß leisten, aber nicht fertige Lösungen anbieten. Dazu ist von beiden auch ein aktives Zugehen auf ihre Schützlinge und ein standhaftes Verfechten der eigenen Position nötig.

Die Zwei benötigen für ihre Rollenerfüllung in ihrer Gemeinde oder ihrer Unternehmung Vertrauen von Mitarbeitern. Dem Beichtgeheimnis des Pastors entspricht das Verhalten des Controllers, Mißstände nicht sofort publik zu machen, sondern gemeinsam Lösungen zu erarbeiten.

Obwohl im Detail diverse Unterschiede festzustellen sind, besitzt das Bild des Seelsorgers gegenüber dem des Navigators den Vorteil, nicht so technokratisch zu sein. Es kann somit besser zum Nachdenken über die eigene Rolle anregen.

Vor dem Hintergrund einer einführenden Diskussion über Ziele und Aufgaben des Controlling soll nun ein aktuelles Anforderungsprofil des Controllers anhand von Stellenanzeigen der Wochenendausgaben der FRANKFURTER ALLGEMEINEN ZEITUNG vom Oktober/November 1995 ermittelt werden. Untergliedert in fachliche und persönliche Anforderungen werden praktische und theoretische Ansprüche verglichen und analysiert.

2. Controlling und dessen Wahrnehmung durch den Controller / die Controllerin

2.1. Ziele und Aufgaben des Controlling

In der Literatur findet man eine Unterscheidung in zwei Arten von Controllingzielen: direkte und indirekte Ziele (vgl. Eschenbach/Niedermayr 1994, S. 51 f.). Während direkte Controllingziele festlegen, ob der Aufgabenbereich des Controlling Informationsversorgung, Führungskoordination oder auch Mitentscheidung umfaßt und nach Baumgartner (vgl. Baumgartner 1980, S. 55) einen Mittel-Zweck-Charakter auf die Erreichung von Unternehmungszielen aufweist, spricht man von indirekten Controllingzielen als mittelbare Ziele einer Unternehmung, die mittels einer Unterstützung durch das Controlling erreicht werden sollen.

So finden sich bei diversen Autoren die allgemeinen Unternehmungsziele als **indirektes Controlling-Zielsystem** (vgl. Baumgartner 1980, S. 56; Hórvath 1994, S. 142; Weber 1995, S. 50; Welge 1988, S. 26 ff.). Konkret ließen sich hier verschiedenste Ziele aller an einer Unternehmung beteiligten Koalitionspartner benennen. So verfolgt der Eigen- oder Fremdkapitalgeber Ziele zur Erhaltung und Vermehrung seines eingesetzten Kapitals. Mitarbeitern geht es prinzipiell um die Erhaltung des Arbeitsplatzes, Arbeitszufriedenheit oder Steigerung des Ausbildungsniveaus. Das Umfeld einer Unternehmung schafft die Rahmenbedingungen, in denen die Unternehmung existiert (vgl. Eschenbach/Niedermayr 1994, S. 67 ff.).

Sprechen Autoren von **direkten Controllingzielen**, so meinen sie damit speziell das Informations- und das Koordinationsziel. Vom Controlling wird in bezug auf das Informationsziel gefordert, die Unternehmungsführung mit Planungs- und Steuerungsinformationen und Methoden und Modellen zur systematischen Registrierung, Verarbeitung und Bereitstellung zweckgerichteten Wissens zu versorgen (vgl. z.B. Hahn 1992, S. 154 ff.). Außerdem soll die Reaktions-, Antizipations- und Adaptionsfähigkeit der Unternehmung im Hinblick auf erwartete oder bereits eingetretene Umfeldveränderungen gesichert werden (vgl. Niedermayr 1993, S. 46 ff.).

Küpper/Weber/Zünd (1990) betonen den zunehmenden Koordinationsbedarf mit der steigenden Komplexität von Führungssystemen. Dieser läßt sich immer weniger von der Unternehmungsleitung selbst durchführen, so daß eine eigenständige Abteilung "Controlling" mit Beratungs- und Servicefunktionen vor allem in Großunternehmungen eingeführt werden sollte (vgl. Küpper/Weber/Zünd 1990, S. 284). Koordination intendiert dabei die Abstimmung arbeitsteilig vollzogener Handlungen vor dem Hintergrund eines übergeordneten Zielsystems (vgl. z.B. Schweitzer/Friedl 1992, S. 144). Grundlegend beschränkt sich Controlling nicht auf die Koordination zwischen den einzelnen Teilsystemen, sondern umfaßt auch die Koordination innerhalb der Teilsysteme (vgl. Weber 1995, S. 49).

Es kann jedoch nicht davon ausgegangen werden, daß alle Zieldimensionen unabhängig und überschneidungsfrei sind. Eher sind die direkten und indirekten **Ziele miteinander vernetzt**, so daß eine isolierte Wirkungsbetrachtung kaum möglich ist. Es kann folglich durchaus dazu kommen, daß die Verfolgung jedes Ziels isoliert für sich positive Auswirkungen auf die Gesamteffizienz hat, der Wirkungsverbund allerdings zu negativen Folgen führt.

So kann zwischen dem Koordinationsziel und der Informationsversorgung ein positiver Zusammenhang vermutet werden, da die Koordination eine adäquate Informationsversorgung und Dokumentation aller relevanten Informationen unterstützt. Probleme bereitet aber der Zusammenhang des Flexibilitätsziels in Form hoher Antizipations- und Reaktionsfähigkeit mit dem Koordinationsziel. Ist es das Ziel der Koordination, ein möglichst geordnetes und abgestimmtes System zu schaffen, so verlangt das Flexibilitätsziel demgegenüber, dieses System immer wieder in Frage zu stellen. Eine zu intensive Koordination wirkt negativ auf die Flexibilität (vgl. Welge 1988, S. 45 ff.).

2.2. Aktuelle Aufgabenbereiche des Controllers: Eine Auswertung von Stellenanzeigen

Die rasante Entwicklung bei der Aufgabenstellung und den Tätigkeitsbereichen des Controllers veranlaßte mehrfach verschiedene Wissenschaftler, Analysen über die Aktivitäten und Rollen des Controllers in den Unternehmungen durchzuführen, da nur in der betrieblichen Praxis die Frage nach Aufgabenbereichen und Anforderungen beantwortet werden kann (vgl. z.B. Peemöller/Schmid/Meister 1989 oder v.Landsberg 1988). Nachfolgend soll das Berufsbild des Controllers anhand von 124 Stellenanzeigen analysiert werden. Es ist bereits hier eine **Tendenz zu Schwerpunkttätigkeiten** des Controllers zu erkennen. Berücksichtigt wurden allein Anzeigen, in denen direkt Controller, Controlling-Leiter oder Sparten-Controller gesucht wurden, um dem Gedanken des institutionalisierten Controlling zu folgen. Von einer Differenzierung der Anzeigen aus verschiedenen Wirtschaftszweigen und unterschiedlichen Unternehmungsgrößen wurde abgesehen, da über diese sicherlich wesentlichen Einflußfaktoren auf die Aufgaben häufig keine Angaben zu finden waren.

Sollen Stellenanzeigen bei der Zielgruppe aufgrund der inhaltlichen Gestaltung Aufmerksamkeit erzeugen bzw. die Zielgruppe durch Angaben deutlich eingrenzen (vgl. Arnold 1992, Sp. 1822), so ist es erstaunlich, daß in 17 der 124 Stellenanzeigen (fast 14%) keine bzw. nur wenig detaillierte Informationen im Sinn von "im Controlling der Unternehmung tätig" über das Arbeitsfeld des Controllers aufgeführt sind.

Die Aufgabenfelder des Controlling finden sich ausführlich in Abbildung 1.

	Absolut	Absolut in %
- Informationsversorgung	**88**	**82,24%**
Berichtswesen/Reporting	58	54,21%
Einführung, Pflege und Weiterentwicklung des Controlling-Instrumentariums	41	38,32%
Erstellung monatlicher KLR	27	25,23%
Prognosen/Forecasting	11	10,28%
Investitions-/Wirtschaftlichkeitsrechnungen	10	9,35%
Entwicklung eines übergreifenden Management-Informations-Systems	9	8,41%
Zahlen-/Datenaufbereitung/Kennziffernerarbeitung	6	5,61%
- Betriebswirtschaftliche Beratung und Betreuung	**55**	**51,40%**
Beratung des Managements und der Fachabteilungen	37	34,58%
Unterstützung bei Entscheidungen, Maßnahmenerarbeitung	22	20,56%
Beratung/Betreuung der Beteiligungsgesellschaften	13	12,15%
- Planungsaufgaben	**61**	**57,01%**
Unternehmungsplanung (allgemein)	35	32,71%
Budgetierung	30	28,04%
strategische Planungsaufgaben	9	8,41%
operative Planungsaufgaben	7	6,54%
- Kontrollaufgaben	**29**	**27,10%**
Kontrollaufgaben (allgemein)	14	13,08%
Soll/Ist-Vergleich	13	12,15%
- Analysetätigkeiten	**50**	**46,73%**
Betriebswirtschaftliche Analysen	39	36,45%
Abweichungsanalysen	12	11,21%
Ergebnisanalysen	8	7,48%
- Koordinationsaufgaben	**13**	**12,18%**
Koordination der Unternehmungsplanung	9	8,41%
Zusammentragung von Daten aller Gesellschaften	5	4,67%
- Sonderaufgaben	**56**	**52,34%**
Projektcontrolling/-management	21	19,63%
Betriebswirtschaftliche Sonderaufgaben/-untersuchungen/Studien	14	13,08%
Verantwortung für EDV und Software der Buchhaltung	10	9,35%
Finanz- und Betriebsbuchhaltung	9	8,41%
Personalführung	6	5,61%
Spartencontrolling	5	4,67%
Verantwortung für Cash-Management und Steuern	5	4,67%

Von den 124 Anzeigen machten 107 konkrete Angaben zu den Controlling-Aufgaben. Mehrfachnennungen sind möglich.

Abb. 1: Aufgabenfelder des Controlling in aktuellen Stellenanzeigen

Probleme ergaben sich bei der Auswertung, da die genannten Aufgaben nicht immer eindeutig zugeordnet werden konnten. Schwerpunkte der Controller-Tätigkeit sind insgesamt im Informationsversorgungsbereich, bei der Beratung von Mitarbeitern, bei Planungs-, Analyse- und Sonderaufgaben, aber weniger im Kontroll- und Koordinationsbereich zu sehen.

Explizit ist bei **Informationsversorgungsaufgaben** in mehr als der Hälfte aller verwendbaren Anzeigen das Reporting oder Berichtswesen aufgeführt, aber auch die Einführung, Pflege und Weiterentwicklung der Controlling-Instrumente nimmt noch einen hohen Stellenwert (38,32%) ein. Bei den Betreuungs- und **Beratungstätigkeiten** spielt vor allem die enge Zusammenarbeit mit Vorstand und/oder Geschäftsführung und allen anderen Fachabteilungen eine große Rolle (34,58%).

Wird bei Planungsaufgaben häufig keine konkrete Funktion genannt, so spiegelt doch die Budgetierung mit fast 30% die angegebene Hauptaufgabe wider. Die recht häufige Nennung **betriebswirtschaftlicher Analysen** (über 36%) in Verbindung mit der recht geringen Zahl für Kontrollaufgaben läßt sich eventuell damit erklären, daß die inserierenden Unternehmungen mit Analysen auch Kontrolltätigkeiten assoziieren, so daß diese nicht mehr gesondert aufgeführt werden.

Wichtige Aufgabenstellungen für den Controller bestehen auch in der Betreuung von Projekten oder der Mitwirkung im **Projektmanagement** (19,63%) und der Durchführung betriebswirtschaftlicher **Sonderaufgaben** (13,08%).

Relativ geringe Nennungen bei DV-gestütztem Controlling und Verantwortung für die EDV und Software lassen vermuten, daß die Unterstützung jeglicher Aufgaben durch den Einsatz von EDV als selbstverständlich vorausgesetzt werden, was die Ergebnisse unter 3.1. bekräftigen.

2.3. Entwicklungs-/ Veränderungstendenzen

Um eine Entwicklungstendenz der Aufgabenfelder des Controllers aufzuzeigen, beziehen viele Untersuchungen auch Controller-ähnliche Stellen mit in die Analyse ein, die typischerweise von Controllern wahrgenommene Funktionsinhalte wie z. B. Betriebswirtschaft, Rechnungswesen und Planung mit einschließen (vgl. Weber/Kosmider 1991, S. 27 ff.). In einer von Weber/Kosmider durchgeführten Analyse von Stellenanzeigen der FRANKFURTER ALLGEMEINEN ZEITUNG zwischen 1949 und 1989 zeigt sich neben einer starken Zunahme von Controller-Stellen, die aber erst in den 80er Jahren die Zahl Controller-ähnlicher Stellen überstieg, daß im Zeitablauf ein **Aufgabenwandel** beim Controller zu verzeichnen ist. Konzentrierte man sich in den ersten Jahren noch auf Aufgabenfelder wie Buchhaltung, Bilanzierung, Steuerwesen oder Kostenrechnung, ist in den Folgejahren eine Veränderung in Richtung Berichtswesen, operativer Planung, Budgetierung und Budgetkontrolle, Soll-Ist-Vergleich sowie Abweichungsanalysen zu erkennen. Strategische Elemente und Mitgestaltung der Unternehmungspolitik, die in der Theorie eine zunehmende Rolle spielen, werden bislang selten genannt, wie dies unsere Untersuchung zeigt. Die noch anfangs ermittelten Hauptttätigkeitsfelder nehmen in Controller-Stellen immer weiter an Bedeutung ab; sie werden anderen Aufgabenträgern in der Unternehmung zugeordnet (vgl. Weber 1995, S. 8 ff.).

Diese Einschätzung wird von Ergebnissen der Analyse von Peemöller/Schmid/Meister (1989) und der aktuellen Analyse gestützt (vgl. Abb. 2: "Entwicklungstendenzen im Berufsbild). Allerdings scheint die **Servicefunktion** des Controllers für Geschäftsführung und Fachabteilungen **dominierend** zu werden. Darauf deuten die hohen Werte beim Berichtswesen (40% / 54%) (Der erste Wert ist jeweils der Untersuchung von Peemöller/Schmid/Meister 1989 entnommen, der zweite entstammt unserer Analyse). und die deutlich gestiegenen Beratungs- und Betreuungstätigkeiten (29% / 51%) hin. Die Wichtigkeit der allgemeinen Planungsaufgaben und der Budgetierung, dies liegt bei beiden jeweils zwischen 25 % und 30 % und hiermit zusammenhängender Analysetätigkeiten darf aber nicht übergangen werden. Die Nennung von **Kontrollaufgaben** im Vergleich zu Planungsaufgaben in Stellenanzeigen scheint jedoch **zurückzugehen** (bspw. Soll/Ist-Vergleich bei 17% bzw. 12%). Dieses mag seine Ursache zum einen im falsch verbreiteten Image des Controller-Berufs als "Kontrolleur" haben; zum anderen kann es an der schon oben erwähnten Verknüpfung von Analyse- und Kontrollaufgaben liegen, welche die separate Nennung von Kontrollaufgaben erübrigt.

Bei der Controller-Tätigkeit kann also nicht von einem konstant gebliebenen Berufsfeld ausgegangen werden, da sich im Laufe der Zeit Aufgabenstellungen stark verändert haben.

	Peemöller/ Schmid/Meister (1989)	Steinle/Bruch/ Michels (1996)
• Servicefunktion für Geschäfts-führung / Fachabteilung	40 %	54 %
• Beratung / Betreuung	29 %	51 %
• Planungsaufgaben / Budgetierung	25 %	30 %
• Kontrollaufgaben / Soll-Ist-Vergleich	17 %	12 %

Abb. 2: Entwicklungstendenzen im Berufsbild

3. Ermittlung eines Anforderungsprofils für den Controller / die Controllerin

3.1. Fachliche Anforderungen in der Literatur sowie in Stellenanzeigen

In fachlicher Hinsicht wird in der Literatur zumeist lediglich auf vorhandene Praxiserfahrungen eingegangen (vgl. Deyhle 1990, S. 37 und Küpper 1990, S. 337). Zur Erfüllung der Controlling-Aufgaben ist die Kenntnis und Anwendung des **Controlling-Instrumentariums**, wie z.B. die Anwendung der Kosten- und Leistungsrechnung, Investitionsrechnungen, aber auch das externe Rechnungswesen in Verbindung mit elektronischer Datenverarbeitung erforderlich. Aufgrund der Koordinationsfunktionen des Controllers im Führungs- und Informationssystem der Unternehmung muß er Planungs- und Kontrollsysteme einrichten, mit deren Hilfe er Auswirkungen auf die Unternehmungspolitik einschätzen kann. Für die bessere Veranschaulichung ihrer Ergebnisvorschläge und zur Weckung von Interesse bei den potentiellen Informationsempfängern bietet sich die Anwendung von Kreativitäts- und Motivationstechniken an (vgl. Deyhle 1990, S. 40). Ferner muß sich der Controller an Situationen anpassen können; insofern sollte auch **Lernfähigkeit** als relativ leicht zu bestimmende Anforderung in den Eignungskatalog aufgenommen werden.

Fachliche Anforderungen an den Controller haben sich im Laufe der letzten Jahre deutlich verändert. Durch die Vergrößerung der Märkte werden an Controller immer komplexere Aufgabenbereiche weitergegeben, denen vorwiegend Akademiker gerecht werden können, was sich auch bei wandelnden Ansprüchen an die formale Ausbildung zeigt (vgl. Görg 1991, S. 99; seine Aussagen beziehen sich auf einen Vergleich von Stellenanzeigen für Controller Anfang und Ende der 80er Jahre).

Die Entwicklungen fachlicher Anforderungsarten setzen sich in der aktuellen Untersuchung der Stellenanzeigen fort (vgl. Görg 1991, S. 98 f.). Man verzeichnet einen Trend hin zur **Akademisierung** des Controller-Berufs. Wünschten 1983/84 noch 45% der befragten Unternehmungen explizit einen Praktiker und nur 10% einen Akademiker, so benötigten 1989/90 schon 75% einen Hochschulabsolventen zur Besetzung der Controller-Position.

Ende 1995 wurden Akademiker in 88% der Stellenanzeigen gewünscht, wobei ein allgemeines betriebswirtschaftliches Studium mit 71% dominiert (Alle nachfolgenden Angaben wurden durch die Analyse der Stellenanzeigen der FRANKFURTER ALLGEMEINEN ZEITUNG-Wochenendausgaben vom Oktober/November 1995 ermittelt.). Eine kaufmännische Ausbildung wird, wenn sie überhaupt erforderlich ist (hier nur in 9% aller Anzeigen), zumeist in Verbindung mit einem Studium gern gesehen.

In Bezug auf Praxiserfahrungen sind vorliegende, **mehrjährige Berufsausübungen** und vorhandene Fachkenntnisse von erheblicher Bedeutung. Dies zeigt deren Nennung in fast jeder Anzeige (95%). Die Erfahrungen sollten möglichst in Controlling- oder Rechnungswesen-Abteilungen (49% bzw. 22% der 116 Anzeigen mit Forderungen von Berufserfahrung) gemacht worden sein.

Obwohl in nur 9% aller Inserate "Aufgaben im Zusammenhang mit elektronischer Datenverarbeitung" genannt wurden, läßt sich vermuten, daß **EDV-Kenntnisse** als elementar vorausgesetzt werden. Eine Stützung dieser These zeigt sich darin, daß in fast drei Viertel aller Anzeigen von Bewerbern erwartet wird, daß diese sich der elektronischen Datenverarbeitung als Hilfsmittel bedienen können.

Die zunehmende Globalisierung des Wettbewerbs bringt einen Bedeutungszuwachs der **Fremdsprachenkenntnisse** mit sich. Viele deutsche Unternehmungen führen das Reporting in der Muttersprache ihrer Holding durch und kommunizieren mit Gesellschaften im internationalen Bereich. In 63% aller Anzeigen werden Fremdsprachenkenntnisse gefordert, wovon die englische Sprache mit 97 % der Nennungen eine herausragende Stellung einnimmt. Andere Sprachen werden zumeist in Verbindung mit Englisch als vorteilhaft angesehen, explizit wird hierbei Französisch mit 12% am häufigsten erwähnt.

Als Fazit kann für fachliche Anforderungen festgehalten werden, daß Bewerber eine Kombination aus akademischer und praktischer Vorbildung mitbringen sollen. Ein im Rahmen des Hochschulstudiums vermitteltes analytisches Denkvermögen und notwendiges Fachwissen sind für eine effektive Controller-Tätigkeit unverzichtbar. Dies zeigt sich auch darin, daß Bewerber ohne Praxiserfahrung und Praktiker ohne theoretische Ausbildung selten gesucht werden.

3.2. Das persönliche Anforderungsprofil des Controllers in Literatur und Stellenanzeigen

Eine mindestens ebenso große Bedeutung wie den fachlichen Kenntnissen wird dem Persönlichkeitsbild des Bewerbers zugemessen. Dieses ist verstärkt bei sich ändernden Aufgaben im Controlling festzustellen, da keine genauen Aussagen über zukünftige Arbeitsgebiete gemacht werden können. Der ständige Kontakt mit unterschiedlichen Stellen und Bereichen in der Unternehmung erfordert neben fachlichen Kenntnissen individuelle Eigenschaften, um der innerbetrieblichen "Verkaufsaufgabe" eines Controllers gerecht werden zu können (vgl. Görg 1991, S. 100).

Häufig fehlt es dem Generalisten "Controller" gegenüber Spezialisten in den einzelnen Unternehmungsbereichen an Fachwissen. Seine erfolgreiche Aufgabenerfüllung ist daher wesentlich von seiner individuellen **Überzeugungsfähigkeit** abhängig (vgl. Küpper 1990, S. 341).

Zur Befriedigung der weitgefächerten Anforderungen im fachlichen Bereich muß sich der Controller in Arbeitsgebiete und Probleme verschiedener Adressaten hineinversetzen und ganzheitlich denkend Lösungsmodelle entwickeln können. Weil das Controlling aufgrund seiner organisatorischen Einordnung häufig als Stabsstelle der Geschäftsleitung nicht über Weisungsbefugnisse verfügt, brauchen Controller ein hohes Maß an **Willensstärke** und Durchsetzungskraft für ihre Überlegungen.

Zur Vermittlung zwischen den einzelnen Bereichen oder einzelnen Mitarbeitern benötigt der Controller ein ausgeprägtes Sozialverhalten mit Kommunikations- und **Kontaktstärke**. Nur ein ausgeprägtes Sozialverhalten und Zuverlässigkeit bei der Erhebung von Informationen und von Entscheidungsgrundlagen können zur erforderlichen Akzeptanz führen (vgl. Küpper 1990, S. 341).

Wenngleich Persönlichkeitsmerkmale unbestimmte, interpretationsfähige Begriffskonstrukte sind und sie dem Führungserfolg zwar nicht abträglich sind, ihn gleichzeitig jedoch nicht garantieren (vgl. Oechsler 1982, S. 37 f.), ist ihr Verbreitungs- und Beliebtheitsgrad in Stellenanzeigen nicht zu leugnen. Von den 121 Anzeigen, in denen generell Fähigkeiten von dem Bewerber gefordert wurden, machten 98 Angaben zu persönlichen Eigenschaften.

In fast 50% aller Inserate wird **analytisches Denkvermögen** gewünscht. Dieser Wert entspricht in etwa der ermittelten Verteilungshäufigkeit von 45% bei Klinkenberg (vgl. Klinkenberg 1994, S. 411). Die Analyse von Peemöller et al. (1989) verzeichnete analytische Fähigkeiten noch mit 25,1% (vgl. Peemöller/Schmid/Meister 1989, S. 299; diese Quelle gilt auch für nachfolgend angegebene Werte der Untersuchung und Abb. 3: "Persönliche Anforderungen an Controller/-in"). Auch die Untersuchung von Pfohl/Zettelmeyer (1986), die allerdings keine genauen prozentualen Werte nennt, mißt dieser Fähigkeit in Stellenanzeigen eher geringere Bedeutung bei (vgl. Pfohl/Zettelmeyer 1986, S. 130). Man kann also durchaus von einem Zuwachs in der Bedeutung im Laufe der letzten 5 bis 6 Jahre sprechen.

Ähnliche Ergebnisse zeigen sich bei der Entwicklung von **Teamfähigkeit** und Kooperationsbereitschaft. Während in der aktuellen Analyse in 41,8% der Stellenanzeigen hierzu Aussagen getroffen wurden, liegen die Werte von Klinkenberg bei 37,5% und von Peemöller et al. bei 26,2%.

Weitere wichtige Qualitäten sind persönliches **Engagement** (38%) und Eigeninitiative (22%). Faßt man beides unter einem Gesichtspunkt zusammen, wie dies bei Peemöller et al. getan wurde (hier 29,8%), hätten diese Eigenschaften den höchsten Wert für heutige Controller (Allerdings müßte hier auf die Möglichkeit von Mehrfachnennungen geachtet werden.). Ein entsprechendes Ergebnis konnten auch Pfohl/Zettelmeyer in ihrer praktischen Nachforschung eruieren.

Eigenschaften	Peemöller/ Schmid/Meister (1989) 1242 Anzeigen	Klinkenberg (1994) 40 Anzeigen	Steinle/Bruch/ Michels (1996) 98 Anzeigen
Kommunikationsfähigkeit	12,20 %	22,50 %	21,40 %
Teamfähigkeit und Kooperationsbereitschaft	26,20 %	37,50 %	41,80 %
Durchsetzungsvermögen	18,40 %	17,50 %	20,40 %
Analytisches Denkvermögen	25,10 %	45,00 %	48,00 %
Flexibilität	8,10 %	7,50 %	16,30 %
Organisationstalent	5,60 %	2,50 %	2,00 %

Abb. 3: Persönliche Anforderungen an Controller/-in

Auch wenn die Stichprobenumfänge der zitierten Studien stark divergieren, kann die Tendenzaussage getroffen werden, daß einige bestimmte Eigenschaften, wie analytisches Denken und Teamfähigkeit, mit wachsender Häufigkeit Eintritt in Stellenanzeigen finden. Es läßt sich auch daraus ableiten, daß sich für das Berufsbild des Controllers mittlerweile ein weitgehend festgefügtes Eigenschaftsprofil entwickelt hat (anders Weber 1995, S. 394).

3.3. Gemeinsamkeiten und Diskrepanzen der Controller-Anforderungen: Eine Deutung

Zwischen theoretisch plausiblen und praktisch gewünschten Anforderungsmerkmalen an den Controller treten zum Teil beträchtliche Unterschiede auf, was zum einen am Rückstand der Theorie gegenüber der Wirtschaftspraxis liegt (vgl. v. Landsberg 1990, S. 363), zum anderen aber mit potentiellen Aktivitäten, welche dem Controlling von wissenschaftlicher Seite beigemessen werden, aber noch nicht in die Praxis umgesetzt sind, zusammenhängen. Dabei soll insbesondere auf die normativ notwendige **Integration des strategischen Controlling** in den Aufgabenbereich des Controllers verwiesen werden (vgl. bspw. Beitrag Steinle/Eggers/Lawa in diesem Band). Hiermit zusammenhängende Kenntnisse über Früherkennungssysteme oder "schwache Signale" werden in Stellenanzeigen vergleichsweise selten genannt, da in den meisten Unternehmungen (noch) eine verstärkt operative Orientierung vertreten wird.

Kenntnisse, die zur Erfüllung der Aufgaben in den Bereichen Planung, Kontrolle und Information erforderlich sind, werden in Stellenanzeigen sowie in der Literatur ähnlich stark betont. Die Anwendung von **Führungsstilen** zur Zielkonfliktvermeidung bzw. zur Leistungs- und Zufriedenheitsverbesserung wird in Offerten nur sporadisch erwähnt. Gerade in diesem Bereich können aber persönliche Merkmale wie Kooperations- und Teamfähigkeit ähnliche Auswirkungen auf den Zielerreichungsprozeß haben; sie werden jedoch nicht in Form von Fachkenntnissen verlangt.

Hinsichtlich der dominierenden Persönlichkeitsmerkmale ergibt der aktuelle Vergleich kaum Divergenzen zwischen der Literaturmeinung und den Stellenanzeigen. Analytische Fähigkeiten, Kooperationsbereitschaft, Durchsetzungsvermögen und Kommunikationsstärke werden von beiden Seiten als zentrale, zur Aufgabenerfüllung benötigte Eigenschaften angesehen (vgl. Küpper 1990, S. 341). Die in der Literatur geforderte Führungseigenschaft wird nicht ausdrücklich in den Stellenanzeigen genannt, vielmehr kann man davon ausgehen, daß andere Fähigkeiten in ihrer Gesamtheit Führungsqualität ausmachen. Das gleiche gilt vermutlich auch für die nicht explizite Erwähnung von Engagement und Eigeninitiative in der Literatur, welche in der Analyse der Stellenanzeigen das größte Gewicht haben.

Entwicklungen hinsichtlich einer veränderten Literatursichtweise können anhand der Untersuchungsergebnisse von Pfohl/Zettelmeyer (1986) aufgezeigt werden (vgl. Pfohl/Zettelmeyer 1986, S. 130 f.). Hier wird in der Theorie noch vertreten, daß Kooperationsbereitschaft und Zuverlässigkeit für die Erfüllung der Controller-Funktion nützlich, aber nicht notwendig sind, was sich im Laufe der letzten 10 Jahre verändert hat. Da sie aber selbst davon sprechen, dieses Anforderungsprofil nicht als statisch zu betrachten, kann es in diesem Fall modifiziert werden (vgl. Pfohl/Zettelmeyer 1986, S. 132).

4. Selbst- und Fremdbilder des Controllers

4.1. Ergebnisse von Expertengesprächen in niedersächsischen Unternehmungen

Die unter Zuhilfenahme eines Gesprächsleitfadens befragten zehn Controller verstehen ihre Rolle in der Unternehmung fast ausnahmslos als Dienstleister oder **interner Berater** aller Organisationsteilnehmer. Häufig werden auch bildhafte Vergleiche, wie "Navigator" oder "das Gewissen der Unternehmung" zur Veranschaulichung ihres Selbstverständnisses eingesetzt. Die Tätigkeit des Controllers muß immer im Zusammenhang mit der Sicherung des Unternehmungsfortbestands gesehen werden, da seine Hauptaufgabe die Transparenzschaffung beim Treffen von Vorstands- bzw. Geschäftsführungsentscheidungen ist. So besteht die Wirksamkeit seines Handelns auch im stetigen "Zugehen" auf Unternehmungsmitglieder. Seinen Einbezug in Entscheidungsempfehlungen für die Geschäftsführung in Form eines "Management by Objectives" soll zum einen dafür sorgen, daß sich niemand bei einem Beschluß übergangen fühlt und sich zum anderen ein Vertrauensverhältnis zwischen den Abteilungen und dem Controlling aufbauen kann.

Interessant sind die Aussagen zur Kontrollfunktion des Controllers. Werden in der Theorie überwachende Tätigkeiten im Sinn einer Vergangenheitsorientierung bei Controller-Aufgaben oftmals regelrecht "geleugnet", so stellt beispielsweise der Abteilungsleiter "Beteiligungscontrolling" einer großen Industrie- und Dienstleistungsunternehmung fest, daß die Controller-Tätigkeiten in "seiner" Unternehmung zu 50% mit **Kontrollaufgaben** zu tun haben. Inhaltlich ähnliche Statements findet man in den Aussagen des Chefs "Beteiligungscontrolling" eines großen Stromversorgers. Man sollte den Sinn von Soll-Ist-Vergleichen oder anderen Kontrollaufgaben nicht in der Überwachung der Mitarbeiter sehen, sondern mehr die Analyse der Auswirkungen bei Abweichungen und abzuleitende Maßnahmenkataloge betonen. Erst der bei Kontrollen durchgeführte Abgleich von Vergangenheits- und Gegenwartswerten kann eine für die Zukunft erfolgreiche Wettbewerbsposition sichern.

Daß sich durch diese Funktion des Controllers nicht nur Verständnis, sondern auch Mißstimmung in der Belegschaft verbreitet, sieht der Leiter Controlling einer großen Dienstleistungsunternehmung sogar als unbedingtes Muß. Der Controller darf nicht "**jedermanns Freund**" in der Unternehmung sein, da er sonst die von ihm zu übernehmenden Rollen des "Störenfrieds" oder "Provokateurs" nicht ausüben kann. Dabei ist es nach Ansicht eines Vertreters aus dem Banken- und Sparkassenbereich wichtig, seinen Forderungen auch Nachdruck zu verleihen, um die Relevanz des Anliegens verständlich zu machen. Aus diesem Grund scheinen sich wohl auch Kommunikationsstärke und Teamfähigkeit als bedeutendste persönliche Eigenschaften herauszukristallisieren, um die analytisch ermittelten Entscheidungsempfehlungen auch auf geeignete Weise den "internen Kunden verkaufen zu können." Gestützt wird diese Folgerung durch die rhetorische Schulung der Controlling-Mitarbeiter in fast allen befragten Unternehmungen.

Akzeptanzschaffung durch die Vermittlung des "für den Controller richtigen Verständnisses" scheint eine immerwährende Aufgabe aller Controller zu sein. Zwar ist bei den meisten Unternehmungen Anerkennung seitens des Managements und einzelner Fachabteilungen gegeben, doch kommt es gelegentlich zu Problemen zwischen einzelnen Personen aufgrund eines "mißverstandenen" Controlling. Erst wenn die Rolle des Controllers als Berater oder Entscheidungsunterstützer von den involvierten Fachabteilungen und Vorstandsmitgliedern verstanden und von Controllern auch ausgeübt wird, ist ein produktives Miteinander möglich.

Nachfolgend soll nun ermittelt werden, wie die Zusammenarbeit zwischen Controller und Management sowie Mitarbeitern verschiedener Fachbereiche aussieht, und wie der Controller von beiden Seiten bezüglich seines Nutzens für die Unternehmung beurteilt wird. Neben eigenen Einschätzungen der Controller sollen vor allem Gesprächsergebnisse mit Repräsentanten der Geschäftsführung sowie vorliegende Untersuchungen von Witt (1989,1994) zu Rate gezogen werden.

Generell läßt sich festhalten, daß die managementseitige Beurteilung stark personenabhängig ist. Selbst wenn das Management dem Controlling eine hohe Bedeutung beimißt, kann ein subjektiv negativ beurteilter Controller die Einschätzung des Managements beeinflussen (vgl. Witt 1989, S.127). Die Aussagen einiger Controller bestätigen diese Auffassung. "Die **Chemie** zwischen Vorstandsmitglied und Controller **muß stimmen**!", ist die Meinung des Abteilungsleiters "Beteiligungscontrolling" eines großen Stromversorgers und des Abteilungsleiters Controlling einer großen Industrieunternehmung.

Ist ein **Vertrauensverhältnis** aufgebaut, wird die Akzeptanz seitens der Geschäftsführung größer. Ein Vertreter des Managements einer Dienstleistungsunternehmung versteht den Controller dann als neutralen Sachverständigen, der Handlungsempfehlungen für Geschäftsführung und Fachabteilungen geben kann.

Probleme ergeben sich auch bei der Erstellung eines absenderorientierten Berichtswesens durch den Controller. Häufig wird noch zuviel unnötiges Datenmaterial produziert, das für die zu treffenden Entscheidungen des Vorstands irrelevant ist. Es zeigt sich darin, daß vielen Controllern noch "**Kundenorientierung**" fehlt. Dies bedeutet bspw. auf die einzelnen Mitarbeiter zuzugehen und gemeinsame Lösungsvorschläge zu erarbeiten.

Weiterhin deuten die Untersuchungen Witts und die Befragungsergebnisse darauf hin, daß das Management der **Kommunikationsfähigkeit** des Controllers einen hohen Stellenwert zuschreibt. In den Antworten der Geschäftsführungsmitglieder konnte gerade hier eine Höhergewichtung festgestellt werden, was wohl damit zu erklären ist, daß sie mit den bestehenden Ausprägungen bei den Controllern nicht zufrieden sind (vgl. Witt 1994, S. 8). Auch der Vertreter des Managements einer Dienstleistungsgesellschaft ist der Meinung, daß bei der Auswahl von Controllern verstärkt auf die Persönlichkeitsstruktur und hier speziell auf Analyse- und Kommunikationsfähigkeiten geachtet werden muß.

Das Controlling unterstützt jedoch nicht nur das Management, sondern berät und betreut auch unterschiedliche Fachabteilungen der Unternehmung. Häufig erzeugen die Ratschläge des Controlling hier allerdings eher Mißstimmungen, da sie, zumeist nach durchgeführten Soll-Ist-Vergleichen oder Budgetkontrollen, eingespielte Abläufe verändern bzw. diese einseitig aus Controlling-Sicht verbessern wollen. Mögliche kritische Analysen des Controlling führen in einer großen Versicherungsunternehmung beispielsweise vereinzelt zu Ablehnung. Mit gleichen Erfahrungen warten zwei Industrieunternehmungen auf.

Der Leiter der Controlling-Abteilung einer Dienstleistungsunternehmung führt diese Distanzierung auf den zumeist vorhandenen **Generationskonflikt** zwischen vielfach jüngeren Controllern und langjährig in der Unternehmung Beschäftigten zurück. Die Veränderung von bewährten Arbeitsmethoden oder andere Hilfestellungen zur ökonomischeren Handhabung werden von Mitgliedern nicht akzeptiert, was Spannungen zur Folge hat. Zur Lösung dieses Problemfeldes ist die ständige Einbeziehung der Mitarbeiter in Zielfindungsprozesse erforderlich. Der Controller muß als Unterstützer verstanden werden, was im Fall einer Industrieunternehmung auch zu positiven Resonanzen geführt hat.

Ein weiterer Weg, der von den Unternehmungen primär zur Komplexitätsbewältigung und sekundär als Möglichkeit zur engeren Kontaktaufnahme mit den Mitarbeitern gesehen wird, ist der Aufbau eines neben dem Zentralcontrolling bestehenden dezentralen Controlling-Systems. So zeigt sich beispielsweise in einer großen Dienstleistungsunternehmung, daß das dezentrale Controlling als "Anwalt des Ressorts" gesehen wird und somit zur Bildung eines "Wir-Gefühls" beiträgt

4.2. Würdigung der Einschätzungen

Mit zunehmender **Unternehmungsgröße** ist eine stärkere Differenzierung der organisatorischen Gestaltung des Controlling-Bereiches festzustellen. So bestehen in fast allen befragten Unternehmungen neben der zentralen Controlling-Abteilung dezentrale Einheiten, die den gestiegenen Koordinationsbedarf bewältigen. Nur in Unternehmungen mit einer Mitarbeiterzahl, die kleiner als 2.000 ist, liegt kein dezentrales Controlling vor. Eine Ausnahme bildet eine Dienstleistungsunternehmung mit 870 Mitarbeitern, in der das Controlling als Institution jedoch bereits seit mehr als 15 Jahren besteht. Durch ein dezentrales Controllingsystem soll eine stärkere Kundenorientierung erreicht werden.

Geht man von der **Branchenzugehörigkeit** als zweitem untersuchten Kontextfaktor aus, so lassen sich hier keine Unterschiede bezüglich der Controlling-Gestaltung feststellen. Aufgabenbereiche der jeweiligen Controlling-Bereiche entsprechen sich in Industrie- und Dienstleistungsunternehmungen weitgehend.

Auffällig ist, daß der **zeitliche Bestand** einer Controlling-Abteilung und ihre Akzeptanz in der Unternehmung positiv korrelieren. Zu Beginn der Konstitution einer Controlling-Stelle werden von Mitarbeiterseite zunächst Nutzen- und Praxisdefizite befürchtet, später nimmt die Akzeptanz deutlich zu. Erst im Laufe der Zeit entwickelt sich bei Controllern und Mitarbeitern ein "intersubjektiv geteiltes Verständnis" dessen, was Controlling zu leisten imstande ist. Akzeptanz und Feedback von diversen Unternehmungsmitgliedern sollen als Faktoren für unterschiedliche Einschätzungen der Controller-Rolle herangezogen werden, da beide konkrete Reaktionen auf Controller-Tätigkeiten darstellen.

5. Das Selbstmanagement des Controllers / der Controllerin: Empfehlungen und Techniken

Der Controller muß Kenntnis darüber erlangen, welches "Produkt" seine unternehmungsinternen "Abnehmer" von ihm verlangen und wie er selbst die Abnahme seines Produktes sicherstellen und gleichzeitig größere Nachfrage erzeugen kann (vgl. Berger 1989, S. 183). Dabei hat sich erwiesen, daß dieses verhaltensorientierte Controlling auf die individuellen, situationsgerechten Informationsbedürfnisse und die intellektuellen Fähigkeiten des Managers abgestimmt werden soll (vgl. Witt 1989, S. 130). Die allererste Forderung an den Controller lautet somit, empfänger- und nicht absenderorientiert zu berichten (vgl. Deyhle 1986, S. 78). Dieses unterstreicht die Aussagen der befragten Geschäftsführungsvertreter, die eine Verbesserung des derzeitigen Berichtswesens als wesentliche Aufgabe des Controllers ansehen. Oft wird in der Informationsversorgung des Managements ein Mangel an "echten Informationen" offenbar, womit situativ selektierte, visuell aufbereitete und bei Bedarf unmittelbar zur Verfügung stehende Daten angesprochen sind (vgl. Kornblum 1995, S. 105). Statt eines detaillierten Zahlensystems, an dem der Kunde nicht interessiert ist, sollte eher ein **globaler Überblick** zur schnell möglichen Entscheidungsfindung erstellt werden (vgl. Berger 1989, S. 184).

Der Controller muß sich hierzu einen internen "Kundenkreis" aufbauen, der seine Leistungen nicht nur zwangsweise, d.h. aufgrund betriebsinterner Vorschriften, sondern auch freiwillig in Anspruch nimmt; als optimalen Ausdruck vermehrter Kontaktaufnahme kann die Veränderung von Zwangskunden zu freiwilligen Kunden gesehen werden (vgl. Berger 1989, S. 185) bzw. das direkte Zugehen der Mitarbeiter verschiedener Fachabteilungen bei komplexen Problemstellungen. "Ungefragte Beratung soll erlaubt sein. Mit **liebenswürdiger Penetranz** hat ein Controller unverdrossen auch weniger frohstimmende Sachverhalte einzufügen. Also verkauft der Controller das Controlling - er muß die Kundschaft überzeugen, Hausbesuche machen, Erklärungsfähigkeit einfügen, den Fuß in die Türe stellen und dies auch immer wieder aufs Neue vollbringen." (Deyhle 1989b, S. 282)

Als Ergänzung zu den primären Verhaltensempfehlungen "Empfängerorientierung" und "Kundenkontakt" soll ein Hinweis auf weiterere Techniken zur effektiveren Nutzung des Controlling ausgearbeitet werden. Bei der nachfolgenden Zusammenstellung liegt die Aufzählung der von Deyhle als hauptsächlich angesehenen und die durch die Expertengespräche herausgearbeiteten, sich in der Praxis bewährenden Techniken zugrunde (vgl. bspw. Deyhle 1990, S. 143 ff.).

-Termine / jour-fixe-Prinzip

Durch die Festsetzung konkreter Zeitpunkte zu gegenseitiger Koordination und Information entsteht ein produktiver Druck, relevante Daten pünktlich vorliegen zu haben. Vorteilhaft scheint sich auszuwirken, ein regelmäßiges Meeting zwischen Controller und Manager im Sinne eines "jour-fixe" zu vereinbaren, damit nicht der Eindruck entsteht, daß der Controller nur erscheint, wenn negative Ergebnisabweichungen zu melden sind (vgl. Deyhle 1990, S. 14). Trotzdem ist die Notwendigkeit spontaner Treffen bei ungünstigen Ertragsentwicklungen als evident anzusehen, da hier auf konkrete Problemstellungen eingegangen wird, wobei sich das regelmässige Treffen zu einer allgemein informierenden Veranstaltung entwickeln kann.

-Veranschaulichung / Visualisierung der analysierten Daten

Die bloße Auflistung von Zahlen gibt zwar die Informationen an die Entscheidungsinstanzen weiter, sie kann aber auch schnell zu Unübersichtlichkeit und fehlender Akzeptanz des Berichtes führen. Angesichts der Ergebnisdarstellungsverantwortung des Controllers muß sich dieser Gedanken darüber machen, ob eine graphische Illustration einen Trend eventuell besser veranschaulichen kann bzw. eher zu weitergehenden Informationswünschen bei den Adressaten beiträgt (vgl. Deyhle 1990, S. 155). Empfohlen wird der Einsatz von Flipcharts, computererstellten Darstellungen und ähnlichen Visualisierungstechniken.

-Keine "Vor-" Wertungen der ermittelten Daten / Gemeinsame Zielerarbeitung

Ein Controller sollte nicht versuchen, ein besserer Fachmann als die entscheidende Instanz zu sein. Durch den Vorschlag von Lösungsmöglichkeiten kommt schnell der Ruf der Besserwisserei bei Mitarbeitern auf (vgl. Berger 1989, S. 184). Rolle des Controllers muß es sein, Vorschau- und Erwartungsrechnungen zu erarbeiten und bei Bedarf mit in die Entscheidungsfindung integriert zu werden (vgl. Deyhle 1990, S. 148).

6. Entwicklungstendenzen für Controller / -in und das Controlling

Schon heute sieht sich der Controller vielfältigen und sich schnell verändernden Anforderungen gegenüber, denen er aktiv und konstruktiv begegnen muß. **Permanenter Wandel** wird zur Konstanten (vgl. Biel 1994, S. 225).

Neben der instrumentellen Verknüpfung des Controlling mit der Entwicklung eines "Lean Management" soll sich das Controlling auch selbst Gedanken über die eigene notwendige "Verschlankung" im Sinne eines "Lean Controlling" machen. In diesem Zusammenhang können die herkömmlichen Controlling-Funktionen "Koordination" und "Information" zur Diskussion gestellt werden (vgl. Scherm 1994, S. 654 f. und Beitrag Bruch/Lawa in diesem Band). Über verbesserte DV-Unterstützung und verstärkte Verantwortungsübernahme der Mitarbeiter durch vermehrte Eigenkontrollen (vgl. Weber 1995, S. 404 f.) kann die Arbeit an den Stellen durchgeführt werden, an denen sie am sinnvollsten zu leisten ist. Überwachungs- und Durchführungskontrollen sollen auf ein Minimum reduziert bzw. in den Wertschöpfungsprozeß integriert werden (vgl. Biel 1994, S. 225). Eigensteuerung soll durch ein, vom Controlling aufgebautes, übergreifendes Management-Informations-System gefördert werden (vgl. Kornblum 1995, S. 106 f.).

Möchte man die Controllingarbeit vor dem Hintergrund des "Lean Controlling" schlanker gestalten, bietet sich vor allem eine Verringerung der Planungsfunktion an. Gelingt es der Unternehmungsführung durch Planungsreduktion in Form einer Verringerung der Planungshäufigkeit, der Planungsgenauigkeit und des Planungsumfangs operativen "**Planungsballast** abzuwerfen", ohne daß die Qualität der Planung insgesamt leidet, wird ein Kosten- und Zeitvorteil erreicht. Ansatzpunkte für eine zukunftsgerichtete Verschlankung bietet eine Konzentration auf strategische, erfolgsfaktoren-spezifische Planungsfelder. Dies bringt weiterhin den Vorteil mit sich, daß Planung nicht ausschließlich als Pflichtübung, sondern als permanente Herausforderung begriffen wird (vgl. ausführlich Weber 1995, S. 399 ff.).

Betrachtet man diese Überlegungen in ihrer Gesamtheit, scheint der Controller durch seine Aktivitäten mit der Zeit sein **Arbeitsfeld selber** zu **verändern**.

Hat es der Controller durch seine eigene Aktivität erreicht, ein automatisiertes, operatives Controlling-System einzurichten sowie ein unternehmungsindividuelles Controlling-Leitbild bei allen Führungskräften zu verankern und ist es ihm gelungen, gut ausgebildete Nachwuchskräfte mit Controlling-Verständnis in der Unternehmung zu plazieren, stellt sich bewußt die Frage, welche Aufgaben der Controller dann noch erfüllen kann (vgl. Stinner 1988, S. 273). Eine Antwort hierauf ist schwer zu finden. Da aber bereits in den vorhergehenden Abschnitten davon ausgegangen wurde, daß dem Controller-Beruf kein statisches Aufgabengebiet zugeordnet ist, sondern entsprechende Rollenerwartungen fortlaufend an Umweltveränderungen angepaßt werden müssen, ist auch in näherer Zukunft eine Änderung des Aufgaben- und Rollenverständnisses zu erwarten.

Insbesondere beim Übergang vom operativen zum **strategischen Controlling**, der von der Literatur gefordert wird, ergibt sich für den Controller eine wichtige Zukunftsaufgabe. Zweifel bei der Ausführung treten hier allerdings hinsichtlich der sehr hohen, aber notwendigen Qualifikationsanforderungen und einer Konfliktträchtigkeit auf, die aus seiner Einbindung in die Unternehmungsspitze resultieren. Möglicherweise empfiehlt sich daher die Aufteilung der Controlling-Abteilung in einen strategischen und einen operativen Bereich, wobei im strategischen Bereich die Entwicklung eines mit fachlichen und persönlichen Qualitäten ausgestatteten strategischen Controlling-Spezialisten durchaus möglich scheint. Praktisch könnte schon die übergangsweise Zusammenarbeit von strategischen Planern und operativen Controllern einen strategisch orientierten Controller-Typ hervorbringen (vgl. Steinle/Lawa/Kolbeck 1994, S. 393).

Dem Controller kommt zunehmend die Rolle des Trainers, Coach, Kommunikations- und **Methodenförderers** zu, da letztlich er das Controlling "managt" (vgl. Biel 1994, S. 226). Interessant ist auch das Sichtbarwerden des Vergleichs des Controllers mit einem Pfarrer. Nicht erst bei den aktuellen Veröffentlichungen von Weber (1994, 1995) ist dieses Bild zu finden, auch Deyhle nahm sich dieses "Gleichnisses" an. Er stellt die Frage, ob Menschen, die selber beten wollen, einen Pfarrer überflüssig machen oder, ob es nicht gerade umgekehrt ist und dieser nicht zuerst zu fragen ist, wie man dies am besten tun könnte (vgl. Deyhle 1989a, S. 181).

Controller sollten ihre Rolle und Aufgaben permanent überdenken, "...bevor dies andere mit unkontrollierbaren Konsequenzen für sie tun." (Weber 1995, S. 416) Das pauschale Streichen von Controller-Stellen ist nicht zu empfehlen; Veränderungen im Controller-Bereich müssen stets im Zusammenhang mit der Entwicklung des Gesamtführungssystems gesehen werden.

Gerade in dieser Entwicklung der Managementsysteme liegt für Controller die entscheidende Herausforderung der nächsten Jahre.

Literaturverzeichnis

Arnold, U. (1992): Personalwerbung. In: Gaugler, E./ Weber, W. (Hrsg.), Handwörterbuch des Personalwesens, 2. Auflage, Stuttgart 1992, Sp. 1815-1825

Baumgartner, B. (1980): Die Controller-Konzeption - Theoretische Darstellung und praktische Anwendung, Bern, Stuttgart 1980

Berger, H.-J. (1989): Controllers persönliches Marketing. In: Controller Magazin 1989, H. 4, S. 183-187

Biel, A. (1994): Controller's sich verändernde Umfelder. Mengendaten - Controlling. In: cm 1994, H. 4, S. 225-228

Deyhle, A. (1986): Controller-Praxis: Führung durch Ziele, Planung und Controlling, Bd. II: Soll-Ist-Vergleich und Führungs-Stil, 6., neubearbeitete Auflage, Gauting / München 1986

Deyhle, A. (1989a): Quo vadis Controller ? - Bausteine für ein Szenario. In: cm 1989, H. 4, S. 180-182

Deyhle, A. (1989b): Controller - der das Controlling managt. In: cm 1989, H. 5, S. 281-284

Deyhle, A. (1990): Controller Handbuch. Enzyklopädisches Lexikon für die Controller-Praxis, Band F, 3., neu geschriebene Auflage, München 1990

Eschenbach, R./Niedermayr, R. (1994): Die Konzeption des Controlling. In: Eschenbach, R. (Hrsg.), Controlling, Stuttgart 1994, S. 49-95

Görg, B. (1991): Was erwarten Unternehmen von einem Controller? - Was erwarten Controller von einem Unternehmen? In: Eschenbach, R. (Hrsg.), Der Controller - Controlling als Serviceleistung. Was kann das Unternehmen vom Controller fordern? Tagungsbericht vom Österreichischen Controllertag 1990, Wien 1991, S. 95-104

Hahn, D (1992): Kostenrechnung und Controlling. In: Männel, W. (Hrsg.), Handbuch Kostenrechnung, Wiesbaden 1992, S. 154-166

Horváth, P. (1994): Controlling. 5., überarbeitete Auflage, München 1994

Klinkenberg, U. (1994): Persönlichkeitsmerkmale in Stellenanzeigen für qualifizierte Fach- und Führungskräfte. Eine Überprüfung ihrer Verwendung sowie der Selektions- und Akquisitionseffektivität. In: ZfP, 8. Jg., 1994, H. 4, S. 401-418

Kornblum, W. (1995): Controlling in der Praxis - eine kontinuierliche Herausforderung. In: cm 1995, H. 2, S. 103-109

Küpper, H.-U. (1990): Controller-Anforderungsprofil in der Theorie. In: Mayer, E./ Weber, J. (Hrsg.), Handbuch Controlling, Stuttgart 1990, S. 325-342

Küpper, H.-U./ Weber, J./ Zünd, A. (1990): Zum Verständnis und Selbstverständnis des Controlling - Thesen zur Konsensbildung. In: ZfB, 60. Jg., 1990, H. 3, S. 281-293

Landsberg, G.v. (1988): Berufsbild des Controllers, unter Mitarbeit von Elmar Mayer, Stuttgart 1988

Landsberg, G.v. (1990): Controller-Anforderungen in der Praxis. In: Mayer, E./ Weber, J. (Hrsg.), Handbuch Controlling, Stuttgart 1990, S. 343-364

Niedermayr, R. (1993): System, Kontext und Effizienz des Controlling in österreichischen Unternehmen. Konzeption, Bezugsrahmen und empirische Ergebnisse, Wien 1993

Odiorne, G.S. (1979): MBO II: A system of managerial leadership for the 80s, Belmont, California 1979

Oechsler, W.A. (1982): Ergebnisse führungstheoretischer Ansätze und Anwendungsmöglichkeiten von Führungsmodellen. In: Gabele, E./ Liebel, H./ Oechsler, W.A. (Hrsg.), Führungsgrundsätze und Führungsmodelle, Bamberg 1982, S. 35-66

Peemöller, V.-H./ Schmid, R./ Meister, U. (1989): Das Berufsbild des Controllers - Eine Auswertung von Stellenanzeigen der Jahre 1985 bis 1987. In: cm 1989, H. 6, S. 295-301

Pfohl, H.-C./ Zettelmeyer, B. (1986): Anforderungen an den Controller in der Literatur und in Stellenanzeigen. In: Krp 1986, H. 4, S. 125-132

Scherm, E. (1994): Konsequenzen eines Lean Management für die Planung und das Controlling in der Unternehmung. In: DBW, 54. Jg., 1994, H. 4, S. 645-661

Schweitzer, M./ Friedl, B. (1992): Beitrag zu einer umfassenden Controlling-Konzeption. In: Spremann, K. (Hrsg.): Controlling, Wiesbaden 1992, S. 141-167

Stinner, R. (1988): Controlling: Anspruch und Wirklichkeit. In: cm 1988, H. 5, S. 271-275

Weber, J. (1994): Controller sind Navigatoren, Co-Piloten, Hofnarren - oder gar Pfarrer ? In: cm 1994, H. 5, S. 267-270

Weber, J. (1995): Einführung in das Controlling, 6., durchgesehene und erweiterte Auflage, Stuttgart 1995

Weber, J./ Kosmider, A. (1991): Controlling-Entwicklung in der Bundesrepublik Deutschland im Spiegel von Stellenanzeigen. In: ZfB-Ergänzungsheft 3/1991, Controlling. Selbstverständnis - Instrumente - Perspektiven, S. 17-35

Welge, M.-K. (1988): Unternehmungsführung, Band 3. Controlling / unter Mitarbeit von Helmut Edelmann, Stuttgart 1988

Witt, F.-J. (1989): Gegenseitige Einschätzung von Managern und Controllern. In: Krp 1989, H. 3, S. 127-130

Witt, F.-J. (1994): Controllingkultur. In: Witt, F.J. (Hrsg.), Controllingprofile, München 1994, S. 2-16

Wunderer, R./ Grunwald, W. (1980): Führungslehre, Band 1, Grundlagen der Führung, Berlin/ New York 1980

4. Kapitel:

Zusammenfassung und Ausblick

Zukunftsorientierung des Controlling und Controlling in der Zukunft

Claus Steinle / Bernd Eggers / Dieter Lawa

1. Die "neue Dimension" des Controlling

Angesichts der ständig steigenden Umweltdynamik und -komplexität wird Controlling-Konzepten und -Systemen auch bis zur Jahrtausendwende ein sehr hoher Stellenwert in Theorie und Praxis zukommen. Dabei wird aufgrund des hohen Wettbewerbsdrucks vor allem eine konsequente markt- und ressourcenorientierte Steuerung des Unternehmungsgeschehens von hoher Virulenz sein. Aufgrund der noch eher zunehmenden Umweltturbulenzen wird das Controlling mit seinen Bausteinen Planung, Steuerung und Kontrolle sowie Koordination und Informationsversorgung zum **Navigationssystem auf allen Ebenen** werden.

Dem Wandlungsdruck der Märkte entsprechend muß das Controlling - wie die anderen betrieblichen Funktionen auch - in hohem Maße anpassungs- und entwicklungsfähig sein. In der letzten Dekade spiegelte sich dies in der Entwicklung von der klassischen Kontrolle zum umfassenden Steuerungsinstrument Controlling wider. In der nächsten Dekade werden beim Controlling Attribute wie "ganzheitlich/vernetzend", "antizipativ/früherkennungsorientiert" und "lernorientiert/selbststeuernd" in den Vordergrund rücken.

2. Entwicklungstendenzen des Controlling

In den Beiträgen in diesem Buch sind eine Reihe von Tendenzen angeklungen, die das Controlling in der Zukunft bestimmen bzw. heute schon ein zukunftsorientiertes Controlling ausmachen. Danach wird das **Controlling** in der **Zukunft**

(1) sich verstärkt am Leistungserstellungsprozeß und weniger an den Funktionsbereichen orientieren,

(2) stärker als bisher strategisch, antizipativ und früherkennungsorientiert sein,

(3) sich konsequenter als bisher der Steuerung von marktkritischen Erfolgsfaktoren zuwenden,

(4) von einem ganzheitlichen, bereichsübergreifenden Verständnis ausgehen,

(5) sich am "Schlankheitsideal" orientieren müssen bzw. stets einen added value erbringen müssen,

(6) in hohem Maße von der Leitidee der lernenden Organisation geprägt sein,

(7) eine weiter verbesserte DV-Unterstützung als Grundlage haben und

(8) stärker ökologieorientiert sein.

Im einzelnen sind mit den angeführten Entwicklungstendenzen folgende Inhalte verbunden:

(1) Prozeßorientierung des Controlling

Hintergrund dieses Anspruchs an ein zukunftsgerichtetes Controlling ist die Forderung "Geschäftsprozesse statt Geschäftsbereiche/-funktionen als Objekt der Unternehmungssteuerung". Dieser Forderung trägt ein Geschäftsprozeßmanagement (incl. -controlling) Rechnung, das sich an der Wertschöpfungskette in der Unternehmung orientiert (vgl. von Eiff 1994, S. 365). Eine ausschließlich funktionale Orientierung des Controlling stößt aufgrund der vermehrten bereichsübergreifenden Abstimmungsprozesse bei der Leistungserstellung immer stärker an ihre Grenzen. Nur eine funktionseinheitenübergreifende und querschnittsorientierte Prozeßorientierung erlaubt z. B. die Identifizierung überflüssiger Schnittstellen und damit von **Kostensenkungspotentialen**. Eine funktionale Suboptimierung der knappen Ressourcen kann insofern durch ein Prozeß-Controlling zugunsten einer optimalen Steuerung des gesamten Leistungsprozesses verhindert werden. Als Instrument wird die **Prozeßkostenrechnung** vermutlich weite Verbreitung finden, mit deren Hilfe abteilungsübergreifende Prozesse analysiert und bewertet werden können (vgl. Götze/Meyerhoff 1993, S. 67).

(2) Strategisches, antizipatives Controlling

Der Schwerpunkt des Controlling liegt heute noch im operativen Bereich. Auch ist die Umorientierung von der klassischen Kontrolle zum steuerungsorientierten Controlling noch nicht überall vollzogen. Dies obwohl die Kontrolle in Form einer Soll-Ist-Abweichungsdiagnose nur "späte" Erkenntnisse liefern kann, ihr damit nur eine "Spätrevisionsfunktion" zukommt und sie antizipative Handlungspotentiale nicht erschließt (vgl. Steinle 1986, S. 9). Insofern gilt es in der Zukunft das strategische, antizipative Controlling im Sinne einer aktiven, vorausschauenden Steuerung des Unternehmungsgeschehens weiter auszubauen. Ein Weg dazu ist die Nutzung der Früherkennungsphilosophie für das Controlling, wonach "**schwache Signale**" bezogen auf Chancen/Bedrohungen zeitig identifiziert und problemadäquat auf der Aktionsebene in Form von "Antwortstrategien" berücksichtigt werden. Ein weiterer Ansatzpunkt des strategischen Controlling sind die **Erfolgsfaktoren** einer Unternehmung.

(3) Erfolgsfaktorenorientiertes Controlling

Erfolgsfaktoren haben im Rahmen der strategischen Planung und des strategischen Controlling eine informatorische Schlüsselfunktion, da sie die Aufmerksamkeit auf für den Unternehmungserfolg besonders relevante Sachverhalte lenken und eine richtungsweisende Orientierungsfunktion ausüben (vgl. Steinle/Lawa/Schmidt 1993, S. 197). Entsprechend sollte im Rahmen des strategischen Controlling die Steuerung von Erfolgspotentialen einen hohen Stellenwert haben. Dem Controlling fällt dabei die Aufgabe zu, die wettbewerbskritischen Erfolgsfaktoren zu identifizieren und ihre marktgerechte Steuerung zu initiieren. Wichtig dabei ist auch, das Zusammenwirken der einzelnen Erfolgsfaktoren untereinander zu erfassen und zu steuern. Diese Überlegung läuft auf ein integratives Erfolgsfaktoren-Controlling und -Management hinaus. Ein gut ausgebautes **Controlling-System** hat aber nicht nur instrumentellen Charakter etwa zur Erfolgsfaktoren-Steuerung, sondern ist selbst ein **Erfolgsfaktor an sich**, wie aus einem empirischen Projekt an der Universität Hannover zu den Faktoren wirtschaftlichen Erfolgs hervorgeht (vgl. Steinle/Kirschbaum/Kirschbaum 1994, S. 14 ff.).

(4) Ganzheitliches Controlling

Die Leitidee "ganzheitlich-vernetztes Denken", die auf eine Forschungsgruppe an der Hochschule St. Gallen um Probst et al. zurückgeht (vgl. grundlegend z. B. Probst/Gomez 1989), wird in der Zukunft verstärkt handlungsleitend für das Controlling werden. Das "Credo" eines ganzheitlichen Controlling läßt sich aus den Grundsätzen des vernetzten Denkens St. Galler Prägung ableiten: Es ist auf das "Ganze" (im Sinne von Gesamtsystem) gerichtet und unterscheidet sich dadurch von analytischen Herangehensweisen, die auf (isolierten) Teilausschnitten basieren.

Zudem stehen bei diesem Ansatz Zusammenhänge und Vernetzungen im Rahmen der betrieblichen Abläufe im Vordergrund der Betrachtung. Die bereits angesprochenen Entwicklungsperspektiven "bereichsübergreifendes Prozeß-Controlling" und "integratives Erfolgsfaktoren-Controlling" weisen schon in diese Richtung. Aus anwendungsorientierter Sicht kann ein ganzheitliches Controlling durch Problemlösungsverfahren umgesetzt werden, die auf das **vernetzte Denken** und Handeln gerichtet sind. Ein Beispiel dafür ist die im Beitrag von Eggers vorgestellte PUZZLE-Methodik (vgl. zur PUZZLE-Methodik auch ausführlich Eggers 1994, S. 250 ff.).

(5) Lean Controlling

Ähnlich dem Erfolgsfaktorenaspekt hat das Controlling auch bezogen auf das Lean Management eine Doppelrolle: Zum einen dient es als Instrument, um Verschlankungspotentiale zu identifizieren und den Lean-Gedanken im betrieblichen Ablaufgeschehen umzusetzen. Zum anderen ist das Controlling selbst Gegenstand von Lean-Überlegungen, d. h. auch für das Controlling stellt sich die Notwendigkeit der Verschlankung. Bezogen auf den letzten Aspekt wird von "Lean-Controlling" gesprochen. Zur Disposition stehen bei konsequenter Umsetzung des "Lean"-Gedankens insbesondere die herkömmlichen Controlling-Funktionen Information und Koordination (vgl. Scherm 1994, S. 654 f.). Die wegen der Funktionsaufgliederung bisher notwendigen, aber unproduktiven Mittlerfunktionen eines herkömmlichen Controlling werden aufgrund eines verbesserten Schnittstellenmanagements (etwa durch ein Prozeß-Controlling) im Rahmen von Lean Management verringert. Der Anteil der **Eigensteuerung** durch **Teams** im Rahmen der gesamten Steuerungsfunktion wird innerhalb einer schlanken Unternehmung wachsen. Insofern erfährt das Controlling im Zuge der Umsetzung einer Lean Management-Konzeption eine Rückführung auf seinen Kern, der insbesondere in der Zielverfolgung im Rahmen des Managementprozesses liegt (vgl. Scherm 1994, S. 657).

(6) Lernorientierte Controlling-Philosophie

Eine konsequente Umsetzung der Lean-Philosophie mit dem ihr inhärenten Dezentralisierungspotential führt zu einer Verlagerung der Controllingfunktionen in die Köpfe aller Mitarbeiter (vgl. Scherm 1994, S. 657). Controlling ist damit nicht nur die Angelegenheit von Spezialisten, sondern es muß im Kopf eines jeden Mitarbeiters stattfinden (vgl. Metzler 1994, S. 145 f.). Voraussetzung für die

Umsetzung dieses neuen Controlling-Verständnisses ist ein breit angelegter Personal- und Organisationsentwicklungsprozeß. Der Controller wird in Zukunft verstärkt diese **Lernprozesse initiieren** und **moderieren**, um eine weitgehende Selbststeuerungskompetenz der Arbeitsgruppen in der Produktion etc. aufzubauen und abzusichern. Da als Antwort auf die permanenten Veränderungen ein ständiger Anpassungs- und Veränderungsprozeß in den Unternehmungen notwendig ist, wird das in Gang halten derartiger Lernprozesse zu den wichtigsten Aufgaben eines zukunftsorientierten Controlling zählen (vgl. hierzu grundlegend auch Senge 1990).

(7) DV-Unterstützung des Controlling

Aufgrund der anfallenden großen Datenmengen und im Interesse ihrer effizienten Aufarbeitung ist eine angemessene DV-Unterstützung des Controlling unabdingbar. Aus der bereits angeführten Hannoveraner Erfolgsfaktorenstudie geht hervor, daß die verstärkte Nutzung eines computergestützten Controllingsystems ein Merkmal erfolgreicher Unternehmungen ist (vgl. Steinle/Kirschbaum/Kirschbaum 1994, S. 17). Mit der voranschreitenden Entwicklung im EDV-Bereich wird auch die DV-Unterstützung des Controlling weiter verbessert werden. Der Controller entwickelt sich mehr und mehr vom Informationslieferanten zum (beratenden) Architekten von DV-gestützten Informationssystemen. Entsprechend muß der Controller schon heute und erst recht in der Zukunft vertiefte **Wirtschaftsinformatik-Kenntnisse** besitzen. Mit der Entwicklung von Multimedia (z. B. Online-Dienste) wird sich noch einmal eine grundlegende Systemänderung im Controlling ergeben.

(8) Öko-Controlling

Ein stärkeres Umweltbewußtsein bei den Verbrauchern in den letzten Jahren, damit einhergehende verschärfte gesetzliche Auflagen und die Bewirtschaftung zunehmend knapper werdender Ressourcen sind wichtige Gründe, wieso sich Unternehmungen heute der Ökologieproblematik offensiv stellen müssen. Bezogen auf den Controlling-Bereich hat dies zu Vorstellungen von einem ökologieorientierten Controlling geführt. Mit Hilfe des ökologiebezogenen Controlling sollen **Umweltauswirkungen** der Produktion, Konsumption und Entsorgung systematisch erfaßt und damit planbar, kontrollierbar und **steuerbar** werden (vgl. Steinle/Lawa/Jordan 1995, S. 104). Viele Unternehmungen stehen heute erst am Anfang eines ökologieorientierten Controlling bzw. verfügen noch nicht über ein derartiges Instrumentarium. Der zunehmende umweltbezogene Problemdruck sorgt dafür, daß das ökologiebezogene Controlling zukünftig eine wichtige Komponente im Controllingsystem einer Unternehmung darstellen wird.

3. Zukunftsorientiertes Controlling als "Brücke" zum Controlling in der Zukunft

Die angeführten Entwicklungstendenzen skizzieren heute schon absehbare Aufgabenfelder eines Controllings in der Zukunft bzw. existente Herausforderungen an ein zukunftsorientiertes Controlling. Sicherlich sind damit aber nicht alle Entwicklungsperspektiven angesprochen. Auch wird die Zukunft weitere Anforderungen an das Controlling stellen. Entscheidend ist heute für die Unternehmungen, vor dem Hintergrund der genannten Entwicklungspfade ein zukunftsorientiertes Controlling zu implementieren, das gewissermaßen die "Brücke" zum Controlling in der Zukunft darstellt. Dazu bedarf es einer hohen **Lern-** und **Entwicklungsfähigkeit** des **Controlling** bzw. der dahinter stehenden Mitarbeiter. Insofern kann Controlling nicht losgelöst gesehen werden von Personal- und Organisationsentwicklungsprozessen.

Innovative Controlling-Systeme und -Instrumente werden aufgrund der sich ständig ändernden Umfeldbedingungen nicht situationsüberdauernd sein. Deshalb kommt es künftig darauf an, in proaktiver Weise den Anpassungsbedarf des Controlling im Sinne eines Re-Engineering zu handhaben. Dabei werden die "Steuerräder, Navigationssysteme" und vor allem die Controllerinnen und Controller sich selbst in der rauhen See der wirbelnden und zukunftsschaffenden Praxis bewähren müssen. Denn wie lautet eine alte Weisheit: einen guten Steuermann erkennt man erst im Sturm.

Literaturverzeichnis

Eggers, B. (1994): Ganzheitlich-vernetzendes Management. Konzepte, Workshop-Instrumente und strategieorientierte PUZZLE-Methodik, Wiesbaden 1994

Eiff, W. von (1994): Geschäftsprozeßmanagement. Integration von Lean Management - Kultur und Business Process Reengineering; in: Zeitschrift Führung und Organisation, 63. Jg., 1994, H. 6, S. 364-371

Götze, U./Meyerhoff, J. C. (1993): Die Prozeßkostenrechnung - Stand und Entwicklungstendenzen; in: Zeitschrift für Planung, 4. Jg., 1993, H. 1, S. 65-96

Metzler, H.-P. (1994): Controlling gehört "unter die Leute"; in: Controller Magazin, 19. Jg., 1994, H. 3, S. 145-150

Probst, G. J. B./ Gomez, P. (1989): Die Methodik des vernetzten Denkens zur Lösung komplexer Probleme; in: Probst, G. J. B./Gomez, P. (Hrsg.), Vernetztes Denken - Unternehmen ganzheitlich führen, Wiesbaden 1989, S. 3-18

Scherm, E. (1994): Konsequenzen eines Lean Management für die Planung und das Controlling in der Unternehmung; in: Die Betriebswirtschaft, 54. Jg., 1994, H. 5, S. 645-661

Senge, P. M. (1990): The Fifth Discipline: The Art & Practice of The Learning Organization, New York 1990

Steinle, C. (1986): Zukunftsgerichtetes Controlling; in: Der Betriebswirt, 27. Jg., 1986, H. 2, S. 6-13

Steinle, C./Kirschbaum, J./ Kirschbaum, V. (1994): Was zeichnet erfolgreiche Unternehmungen aus? in: Der Betriebswirt, 35. Jg., 1994, H. 3, S. 14-17

Steinle, C./Lawa, D./ Jordan, W. (1995): Elemente und Instrumente eines ökologiebezogenen Controlling - Überblick und Implementationshinweise; in: Betriebswirtschaftliche Forschung und Praxis, 47. Jg., 1995, H. 1, S. 99-117

Steinle, C./ Lawa, D./Schmidt, C. (1993): Entwicklung eines planungsstützenden Erfolgsfaktorenmodells: Rahmen sowie Anwendung in einer Dienstleistungsunternehmung; in: Zeitschrift für Planung, 4. Jg., 1993, H. 3, S. 195-214

Die Autorinnen und Autoren

Friedel Ahlers, Dr. rer. pol., geb. 1960, studierte 1980-1986 Betriebswirtschaftslehre/Wirtschaftswissenschaften in Hamburg und Oldenburg. Von 1986-1991 war er als wissenschaftlicher Mitarbeiter an der Abteilung Unternehmensführung und Organisation (Prof. Dr. Claus Steinle) der Universität Hannover beschäftigt und promovierte dort im Juli 1993 mit einer Arbeit zur Nachwuchskräfterekrutierung. Seit 1994 ist er als Dozent in der Erwachsenenbildung tätig.

Gert Bergmann, Mag. rer. soc. oec., MIM, geboren 1964, spondierte 1988 an der Wirtschaftsuniversität Wien zum Magister der Wirtschaftswissenschaften (Mag. rer. soc. oec.) und erwarb 1990 den Master of International Management (MIM) an der American Graduate School - Thunderbird in Phoenix (USA). Nach einiger Zeit bei Ford of Europe, Abteilung Strategic Business Planning, in England, wechselte er 1991 zur Volkswagen AG in den Bereich Business Plan Koordination. 1993 wandte er sich als Vorstandsreferent des Geschäftsbereichs Asien-Pazifik dieser Region zu und leitet seit 1994 das Generalsekretariat und den Bereich New Business Development der Volkswagen Asia-Pacific Ltd. in Hong Kong.

Ulrich Bertram, Dr. rer. pol., geboren 1960, studierte 1980-1985 Wirtschaftswissenschaften mit dem Abschluß Dipl.-Ökonom an der Universität Hannover. Anschließend war er als Produktionscontroller bei der Volkswagen AG sowie als wissenschaftlicher Mitarbeiter am Lehrstuhl für Unternehmensführung und Organisation von Prof. Dr. Steinle an der Universität Hannover tätig. 1993 promovierte er zu dem Thema "Früherkennungsorientierte Steuerung". 1989 erfolgte der Wechsel zur Versicherungsgruppe Hannover (VGH) in die Betriebsorganisation. Dort ist er seit 1993 Abteilungsleiter für Unternehmenscontrolling und -organisation. Seit Mitte 1994 ist er als Mitglied der Strategie-Team-Leitung für die Umsetzung der "einstufigen, fallabschließenden Bearbeitung des Breitengeschäfts durch den Außendienst" freigestellt. Außerdem nimmt er Lehraufträge zu den Themenbereichen Management und Organisation an der Universität Hannover wahr.

Uwe Wolfgang Botschatzke, Dr. rer. pol., geboren 1959, studierte bis 1985 Wirtschaftswissenschaften an der Universität Hannover. Nach Tätigkeiten bei der Preussen Elektra AG in Hannover und der BHW-Bausparkasse AG in Hameln ist er nun als Consultant bei der Bankberatung, Gesellschaft für Organisation und Personalentwicklung mbH in Wedemark beschäftigt. Im Januar 1993 promovierte er am Lehrstuhl für Unternehmensführung und Organisation von Prof. Dr. Claus Steinle an der Universität Hannover zum Thema "Informationsverarbeitungs-Controlling in Dienstleistungsunternehmungen."

Heike Bruch, Dipl.-Kauffrau, geboren 1966, studierte 1987-1991 an der Freien Universität Berlin Betriebswirtschaftslehre und war 1989-1991 Vorstandsassistentin des Bundesverbandes Junger Unternehmer in Berlin. Seit 1991 ist sie wissenschaftliche Mitarbeiterin am Institut für Unternehmensplanung/Abteilung Unternehmensführung und Organisation der Universität Hannover bei Prof. Dr. Claus Steinle. Außerdem ist sie in der Erwachsenenbildung zu den Themengebieten Moderation und Kommunikation, Personalführung, Controlling und Management tätig. Ihre Forschungsschwerpunkte liegen auf dem Gebiet dezentraler Managementkonzeptionen und Outsourcing.

Utz Claassen, Dr., geboren 1963, studierte an der Universität Hannover Wirtschaftswissenschaften mit dem Abschluß als Diplom-Ökonom. Anschließend folgten 1985-1987 Michael Wills Scholar, Magdalen College Oxford und 1986-87 Magdalen College MCR President; Oxford Univ. GRC President verbunden mit einer Forschungstätigkeit am Templeton College, Oxford Centre for Management Studies. Von 1987 bis 1989 war er als Unternehmensberater bei Mc Kinsey & Co., Inc., Düsseldorf beschäftigt. 1989 promovierte er an der Universität Hannover im Bereich Wirtschaftswissenschaften. Von 1989 bis 1992 nahm er verschiedene leitende Funktionen bei Ford of Europe, Warley und Dunton/Essex, sowie bei Ford-Werke AG, Köln wahr. Der Eintritt in die Volkswagen AG erfolgte 1992. Dort war er in den Jahren 1993 und 1994 Leiter des Bereiches Controlling Produktlinien und Vertreter des Markenvorstandes Controlling und Rechnungswesen. Zur Zeit ist er Executive Vice President Finance bei der SEAT S. A., Barcelona/Spanien.

Gustav Egger, Dipl.-Ing., geboren 1953, studierte 1977-1982 Wirtschaftsingenieurwesen. Von 1983 bis 1989 war er bei der Deutschen Bank AG hauptsächlich für internationale Projektfinanzierungen tätig. Seit 1989 ist er bei der Deutschen Beteiligungsgesellschaft mbH beschäftigt, z. Z. als Leiter des Beteiligungs-Controlling.

Bernd Eggers, Dr. rer. pol., geboren 1961, absolvierte zunächst eine kaufmännische Ausbildung bei der Bahlsen KG, wo er anschließend als Industriekaufmann im Bereich Logistik tätig war. Nach einem Studium der Wirtschaftswissenschaften an der Universität Hannover war er von 1989 bis 1994 dort an der Lehreinheit Unternehmensführung und Organisation von Prof. Dr. Claus Steinle als Wissenschaftlicher Mitarbeiter und nach der Promotion in 1993 als Akademischer Rat tätig. Von 1994 bis 1996 Referent im Vorstandsstab Personal der Bertelsmann AG; seit Oktober 1996 Senior Associate bei McKinsey & Company, Inc. Er ist Lehrbeauftragter an verschiedenen Universitäten, hält regelmäßig Vorträge im In- und Ausland und ist Autor einiger Bücher und zahlreicher Aufsätze mit den Schwerpunkten ganzheitlich-vernetzendes Management, strategisches Controlling, Büro der Zukunft, Personalmanagement und Unternehmenskultur.

Heinrich Exeler, Dr. rer. nat., geboren 1957, studierte 1978-1984 Betriebswirtschaft an den Universitäten Bielefeld und Georgia (USA). Anschließend war er bis 1988 wissenschaftlicher Mitarbeiter in der Abteilung Betriebswirtschaft der Universität Ulm und in den Jahren 1987/88 auch Lehrbeauftragter für Marketing an der Universität Ulm. 1988 erfolgte der Eintritt in die Continental AG im Bereich Marketing-Controlling. Seit 1991 ist er dort als Abteilungsleiter im zentralen Marketing-Controlling und seit Anfang 1994 als Leiter Marketing Controlling Deutschland tätig.

Arnold Fischer, Dipl.-Kaufmann, geboren 1936, absolvierte 1951-1954 eine Ausbildung zum Industriekaufmann und war bis 1960 Kaufm. Angestellter. Von 1960 bis 1963 machte er sein Abitur an einer Wirtschaftsoberschule und studierte anschließend bis 1967 Betriebswirtschaftslehre in Hannover und Göttingen. Seit 1968 ist er bei der Continental AG mit der Entwicklung von Controlling-Systemen beauftragt und seit 1977 Leiter der Zentralen Betriebswirtschaft des Continental-Konzerns. Er ist Mitglied in mehreren Arbeitskreisen, Gastdozent bei der Management Akademie Essen und Lehrbeauftragter der Universität Hannover. Er hat zum Themenbereich Controlling verschiedene Aufsätze publiziert.

Heinrich Focke, Dr. rer. nat., Dipl.-Mathematiker und Steuerberater, geboren 1952, studierte 1970-1974 an den Universitäten Bielefeld, Köln und Zürich Mathematik, Betriebswirtschaft und Soziologie. Seine Tätigkeit als wissenschaftlicher Assistent und Lehrbeauftragter an der Universität Osnabrück schloß er mit der Promotion ab. In den Jahren 1978/79 war er zunächst Management-Consultant bei der A. T. Kearney GmbH in Düsseldorf und anschließend - unterbrochen durch seine Tätigkeit bei der Karoli Wirtschaftsprüfung GmbH in Essen von 1982-1984 mit der Zulassung als Steuerberater - Prokurist im Gerling-Konzern in Köln. Im März 1986 wechselte er zur Magdeburger Versicherungsgruppe, Hannover, und war dort bis 1989 als Vorstandsmitglied für die Ressorts Finanzen, Rechnungswesen, Leben und Vertrieb verantwortlich. 1989 trat er als Stellvertretender Vorsitzender der Vorstände in die Zürich Versicherungen Deutschland ein und übernahm im Juli 1990 den Vorsitz.

Hauke Fürstenwerth, Dr. rer. nat., geboren 1948, studierte 1967-1975 Chemie an den Universitäten Kiel und Heidelberg. Anschließend folgte ein zweijähriger Forschungsaufenthalt an der University of Hawaii. Nach dem Eintritt in den Bayer Konzern 1977 war er in verschiedenen Positionen in der Bayer-Forschung tätig; 1988/89 als Leiter des Stabes des Sektors Landwirtschaft und von 1990-1994 Leiter der Forschungsplanung. Seit Januar 1995 obliegt ihm die Leitung der Insektizidforschung.

Wolfgang Greife, Prof. Dr. rer. pol., geboren 1958, absolvierte 1978-1980 eine kaufmännische Ausbildung bei der Siemens AG in Hannover, Berlin und Regensburg. Anschließend studierte und promovierte er an der Universität Hannover. Nach Abschluß seiner Promotion war er 1990 bis 1992 Mitarbeiter und ab 1992 Leiter des Referats Personalberichtswesen/-Controlling der zentralen Personalabteilung des Haftpflichtverbandes der Deutschen Industrie V.a.G. (HDI). Seit April 1994 ist er Professor für Allgemeine Betriebswirtschaftslehre, insb. Produktionswirtschaft, an der Fachhochschule Brandenburg.

Markus Grimmeisen, Dipl.-Kfm., geboren 1967, studierte technisch orientierte Betriebswirtschaftslehre an der Universität Stuttgart. Seit 1993 ist er wissenschaftlicher Mitarbeiter am Lehrstuhl für Allgemeine Betriebswirtschaftslehre und Organisation der Universität Stuttgart von Prof. Dr. Michael Reiß. Seine Forschungsschwerpunkte liegen bei Fragen der Auswirkungen neuer Organisations-konzepte auf Kostenstrukturen, dem Controlling von Prozessen des Wandels sowie der Implementierung von Organisationskonzepten.

Rosemarie Hardt, Dr. rer. pol., geboren 1956, war von 1972 bis 1984 Angestellte bei der Landeshauptstadt Hannover. Ihr anschließendes Studium der Wirtschaftswissenschaften an der Universität Hannover schloß sie 1990 mit dem Grad einer Dipl.-Ökonomin ab. Als Angestellte bei der Mercedes-Benz AG, Hamburg nahm sie bis 1994 verschiedene Positionen wahr: Datenverarbeitungskoordinatorin, Nachwuchskraft und betriebswirtschaftliche Sachbearbeiterin in der Abteilung Rechnungswesen und Controlling. Ab Frühjahr 1992 war sie nebenamtliche Dozentin an der Fachhochschule Hamburg, Institut für Kontaktstudien. Als externe Doktorandin promovierte sie im Januar 1995 am Institut für Unternehmensplanung der Universität Hannover. Seit Februar 1995 ist sie als Dozentin/Professorin an der Berufsakademie Berlin tätig.

Herwig Hilbert, Dipl.-Wirtschaftsing., geboren 1947, absolvierte zunächst ein Studium an der Ingenieurschule in Frankfurt/Main, Fachrichtung Verfahrenstechnik und sammelte praktische Erfahrungen in verschiedenen Engineering-Unternehmen. Anschließend studierte er Wirtschaftsingenieurwesen an der Technischen Hochschule in Darmstadt. Seit seinem Eintritt in die Volkswagen AG 1978 arbeitete er in verschiedenen Positionen mit folgenden Tätigkeitsschwerpunkten: Produktivitätsanalytik, Projekt-Controlling, Investitions- und Wirtschaftlichkeitsrechnung, sowie Forschungs- & Entwicklungsstrategie. Sein derzeitiges Aufgabengebiet umfaßt Konzeptentwicklungen und Sonderaufgaben in der Abteilung Controlling Produktlinien.

Wigand Langemeyer, Prof. Dr. rer. pol., geboren 1955, studierte 1977-1982 Wirtschaftswissenschaften an der Universität Hannover. Von 1982 bis 1988 war er wissenschaftlicher Mitarbeiter und promovierte 1987 an der Universität Hannover. 1988 nahm er die Tätigkeit beim Haftpflichtverband der Deutschen Industrie V.a.G. (HDI) auf. Dort war er 1989 bis 1992 als Leiter des Referats Berichtswesen/Planung der zentralen Personalabteilung und 1992 bis 1993 als Leiter der Zentralabteilung Betriebsorganisation tätig. Seit Januar 1994 ist er Professor für Betriebswirtschaftslehre und Recht an der Fachhochschule Hannover.

Dieter Lawa, Dipl.-Ökonom, geboren 1962, war nach dem wirtschaftswissenschaftlichen Studium an der Universität Hannover dort von 1990 bis 1995 Mitarbeiter bei Prof. Dr. Claus Steinle. 1990/91 war er darüber hinaus freier Mitarbeiter beim Refa-Institut Darmstadt und seit 1991 freier Trainer sowie Lehrgangsleiter bei verschiedenen Organisationen, vornehmlich in der Erwachsenenbildung. Seit April 1995 ist er Consultant in der Unternehmens- und Beteiligungsberatung der NORD/LB Norddeutsche Landesbank in Hannover. Zudem ist er Lehrbeauftragter an der Fachhochschule Hannover, dem Management Institut Herrenhausen, Mitglied im Prüfungsausschuß Controlling der IHK Hannover-Hildesheim sowie Autor und Mitherausgeber zahlreicher Publikationen. Seine Forschungsschwerpunkte liegen auf dem Gebiet des strategischen Management sowie im Bereich japanischer Managementtechniken, worüber er derzeit promoviert.

Thomas Michels, Dipl.-Ökonom, geboren 1969, studierte von 1990 bis 1996 Wirtschaftswissenschaften an der Universität Hannover. Er schrieb seine Diplomarbeit zum Thema "Controller-Rollen". Seine Studienschwerpunkte lagen in den Bereichen Unternehmensführung und Organisation, Produktion und Steuern.

Michael Reiß, Prof. Dr. rer. pol., geboren 1949, studierte Wirtschaftswissenschaften und Psychologie. Anschließend war er 1973-1986 als Forschungsassistent, Wissenschaftlicher Angestellter und Hochschulassistent an der Universität Freiburg tätig, wo er in Betriebswirtschaftslehre 1978 promovierte und sich 1984 habilitierte. In den Jahren 1986 bis 1988 war er Lehrstuhlvertreter an der Universität zu Köln. Seit 1988 ist er Inhaber des Lehrstuhls für Allgemeine Betriebswirtschaftslehre und Organisation an der Universität Stuttgart. Außerdem wirkt er als Dozent an der Verwaltungs- und Wirtschaftsakademie und Berufsakademie sowie als Mitglied in diversen Arbeitskreisen und Projektgruppen. Er kann auf über 100 Veröffentlichungen auf den Gebieten Organisationsgestaltung, Komplexitätsmanagement, Personalführung, Kooperationsmanagement, Planung, Controlling, Qualitätsmanagement und Management des Wandels verweisen.

Claus Rothenhöfer, Dipl.-Ökonom, geboren 1969, studierte von 1991 bis 1996 Wirtschaftswissenschaften an den Universitäten Essen und Hannover. Während seines Studiums war er im Rahmen mehrerer Praktika bei der Volkswagen AG im In- und Ausland beschäftigt. Im Wintersemester 1995/96 fertigte er seine Diplomarbeit zum Target Costing in einem Fahrzeugprojekt bei Volkswagen de México in Puebla an, wo er seit April 1996 als Assistent des Geschäftsführers Financial Services México tätig ist.

Erika Schulz, Dr. rer. oec., geboren 1953, studierte Volkswirtschaftslehre an der Technischen Universität Berlin. Anschließend war sie zunächst von 1978 bis 1980 Tutorin am Institut für Statistik, Ökonometrie und Operations Research und dann bis 1986 Wissenschaftliche Mitarbeiterin am Institut für Volkswirtschaftslehre der Technischen Universität Berlin. 1981 erhielt sie den Forschungspreis der Bundesanstalt für Arbeit. Seit 1986 ist sie im Deutschen Institut für Wirtschaftsforschung in Berlin als Wissenschaftliche Referentin beschäftigt. Ihre Forschungsschwerpunkte liegen in den Bereichen Bevölkerungsforschung, Analyse der Wirtschafts- und Arbeitsmarktstrukturen und Umweltökonomie.

Werner Schulz, Dr. rer. oec., geboren 1952, übte über zehn Jahre hinaus eine praktische Tätigkeit im Einzelhandel aus und studierte Volkswirtschaftslehre an der Technischen Universität Berlin. Anschließend war er von 1978 bis 1980 Tutor am Institut für Statistik, Ökonometrie und Operations Research und danach Wissenschaftlicher Mitarbeiter am Institut für Volkswirtschaftslehre der Technischen Universität Berlin. Seit 1985 ist er im Umweltbundesamt in Berlin im Fachgebiet "Wirtschaftswissenschaftliche Umweltfragen" beschäftigt, ab 1991 als Leiter dieses Fachgebietes. Seine Forschungsschwerpunkte liegen in den Bereichen volks- und betriebswirtschaftliche Fragen des Umweltschutzes (Umweltökonomie) und Kosten-Nutzen-Untersuchungen. Seit 1986 nimmt er verschiedene Lehraufträge wahr und kann auf zahlreiche Veröffentlichungen verweisen.

Lothar Simons, Dr. jur., geboren 1940, studierte 1960-1964 Rechtswissenschaften an den Universitäten München und Münster. 1966 promovierte er an der Universität Münster und legte 1969 die große juristische Staatsprüfung ab. Seit 1970 ist er im Personal-/Finanzwesen und Recht, Schwerpunkt Personal tätig. Nach 12 Jahren als Leiter des Bereiches Personal- und Sozialwesen eines Industrieunternehmens ist er seit 1985 in gleicher Funktion im Haftpflichtverband der Deutschen Industrie V.a.G. (HDI) tätig. Außerdem ist er ehrenamtlicher Richter am Landesarbeitsgericht Niedersachsen und Lehrbeauftragter an der Fachhochschule Hannover.

Claus Steinle, Prof. Dr. rer. pol., geboren 1946, schloß sein Studium an der Universität Freiburg ab und wurde dort 1974 promoviert. In den Jahren 1974-1976 war er Mitarbeiter des DFG-Projekts "Erfolgsverwendung" und danach wissenschaftlicher bzw. Hochschulassistent an der Technischen Universität Berlin. 1986 erfolgte die Berufung auf die Professur "Unternehmensführung und Organisation" an der Universität Hannover. Seine Hauptarbeitsgebiete liegen in den Gebieten Planung und Kontrolle, Organisationsgestaltung und -änderung, Personalführung und Zukunft der Büroarbeit. Zu diesen Themen sind bislang sieben Bücher und weit über 70 Buch- und Zeitschriftenbeiträge veröffentlicht worden. Seit 1992 führt er eine Panel-Studie zu den Faktoren wirtschaftlichen Erfolgs von Unternehmungen (bis 1995) durch.

Tom Sommerlatte, Dr., geboren 1938, studierte Chemie und Chemische Verfahrenstechnik an der Freien Universität Berlin, an der University of Rochester, New York, und an der Université de Paris. In Paris promovierte er auf dem Gebiet der strahlenchemischen Herstellung von Spezialkunststoffen. Anschließend war er bei der Studiengruppe für Systemforschung der Deutschen Kernforschungsgesellschaft tätig. Ferner erwarb er den Grad eines Master of Business Administration (MBA) am Europäischen Institut für Unternehmensführung (INSEAD) in Fontainebleau. In seiner mehr als zwanzigjährigen Berufstätigkeit hat er sich auf die Wechselbeziehung zwischen Unternehmensstrategie und Technologie spezialisiert. Von 1976 bis 1978 war er im Europäischen Dirketorat von Arthur D. Little International für den Beratungsbereich Operations Management, von 1978 bis 1982 für den Beratungsbereich Telematik verantwortlich. Anschließend wurde ihm bis 1990 die Geschäftsführung für die deutschen Niederlassungen von Arthur D. Little International übertragen. Seit 1990 ist er Managing Director der europäischen Aktivitäten des Unternehmens. Darüber hinaus ist er Senior Vice President von Arthur D. Little, Inc. Als Autor und Mitautor hat er zahlreiche Beiträge zu Themen des strategischen und operativen Managements veröffentlicht.

Jörg Stockmann, Dipl.-Wirtschaftsingenieur, geboren 1959, absolvierte 1980-1986 den hochschulübergreifenden Studiengang Wirtschaftsingenieurwesen in Hamburg. Von 1986-1990 war er Nachwuchskraft des Werkes Hamburg der Daimler-Benz AG und Gruppenleiter im Bereich Materialwirtschaft. Nach seinem Standortwechsel ins Werk Sindelfingen der Mercedes-Benz AG wurde er 1992 Hauptgruppenleiter im Bereich Materialwirtschaft/DV-Koordination und Nachwuchskraft der Mercedes Benz-AG zur Ausbildung zum Materialwirtschaftsleiter. Seit seinem Wechsel zur Harry-Brot GmbH 1992 ist er dort als Bereichsleiter Logistik beschäftigt. Außerdem ist er Mitglied im VDI, DGFL, FGL und Arbeitskreissprecher der Transport- und Hafenlogistik (FGL). Seine Veröffentlichungen betreffen hauptsächlich Themen in den Bereichen Distributions- und Tourenplanung sowie Standortoptimierung.

Henning Thiem, Dipl.-Ökonom, geboren 1968, absolvierte von 1988 bis 1994 ein Studium der Wirtschaftswissenschaften an der Universität Hannover. Nach der Mitarbeit in einem empirischen Forschungsprojekt ist er seit 1995 als wissenschaftlicher Mitarbeiter bei Prof. Dr. Claus Steinle an der Abteilung Unternehmensführung und Organisation der Universität Hannover beschäftigt. Darüber hinaus ist er als Dozent in der Erwachsenenbildung zu Managementthemen tätig. Seine Forschungsschwerpunkte liegen in den Bereichen Erfolgsfaktoren und Umweltmanagement.

Rüdiger Wesch, Dipl.-Kfm., geboren 1952, studierte 1973-1979 Betriebswirtschaft an der Universität Dortmund. 1980 trat er bei einer Tochter der Polygram Deutschland im Bereich Rechnungswesen ein und wechselte 1981 in die Konzernzentrale nach Hamburg. Ab 1984 war er als Controller-Assistent mit zentraler Zuständigkeit für alle Polygram Fabriken und Distributionszentren weltweit tätig und wurde im Frühjahr 1990 Abteilungsleiter Controlling Distribution in Hannover. Seit 1993 hat er die Gesamtverantwortung Controlling der Polygram Manufactoring & Distribution Centres GmbH Hannover übernommen.